世界の言語シリーズ 3

モンゴル語

塩谷 茂樹・中嶋 善輝

大阪大学出版会

はじめに

本書は，大学におけるモンゴル語（モンゴル文字）初級・中級教材（大学の専門科目の1，2年に相当）として，またモンゴル語（モンゴル文字）の独習書としても利用できるように編集されている．

御存知の通り，モンゴル語と言えば，狭義では，モンゴル国の標準語であるキリル文字表記による「ハルハ方言」（Khalkha Mongolian）と，中国・内モンゴル自治区を中心に話されるモンゴル文字表記による「内モンゴル方言」（Inner Mongolian）の二大方言を指すが，その他，同系言語には，ロシア連邦の「ブリヤート語」（Buryad）や「カルムィク語」（Kalmyk）などがある．

本書の特徴は，あくまでもモンゴル文字表記によるモンゴル語の学習を中心としながらも，それと同時にキリル文字表記によるモンゴル語も学習できるように工夫を凝らした点にある．すなわち，基本的には，見出し語として「モンゴル文字表記」を取り上げ，さらに「ラテン文字転写」，「キリル文字表記」，「日本語訳」の順で，一つのセットとして情報を提供できるように，換言すれば，モンゴル文字表記とキリル文字表記の両方のモンゴル語を同時に，しかも体系的に学習できるように配列してある．

モンゴル文字表記によるモンゴル語は，単に従来の中国・内モンゴル自治区を中心とした地域にとどまらず，モンゴル国でも，民主化以後，小学校よりキリル文字表記と同時に，モンゴル文字表記によるモンゴル語教育が行われており，その重要性はますます高まるばかりである．

本書は，大阪大学世界言語研究センターの教員である専任講師中嶋善輝と，私，塩谷茂樹の共著であり，両者の執筆分担は次の通りである．

〈中嶋善輝担当分〉

第1章 文字と発音編，第2章 名詞語尾編，第5章 名詞類，語彙集，及び本書全文のパソコン入力作業．

〈塩谷茂樹担当分〉

第3章 動詞語尾編，第4章 モンゴル文語の重要文法事項，第6章 動詞類，第7章 不変化詞類，第8章 派生接尾辞編，第9章 ことわざ編，第10章 慣用句編，第11章 講読編，及び各章における全練習問題．

本書の完成に際し，とりわけモンゴル文字の校正に当たっては，大阪大学大学院言語文化研究科に在籍中の，中国・内モンゴル出身の成格楽図（ツェンゲルト）氏にお世話になった．また，付属のCD録音及び写真に関しては，大阪大学外国語学部非常勤講師で，モンゴル国出身のYa. バダムハンドさんにご協力いただいた．さらに，世界言語研究センター特任助教の並川嘉文先生には，CD録音の際に様々な便宜を図っていただいた．ここに記して三人の方に心から感謝の気持ちを申し上げたい．

最後に，本書によるモンゴル文字やキリル文字表記のモンゴル語の学習を通して，モンゴルの言語のみならず，民族，歴史，文化，その他様々な分野に強い関心を持ち，近い将来，日本とモンゴルの交流のかけ橋となるような立派な人材が一人でも多く育つことを切に願ってやまない．

2011年3月3日

大阪大学世界言語研究センター
塩谷茂樹（SHIOTANI Shigeki）

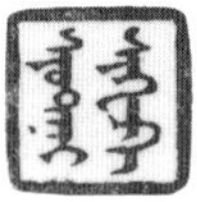

目　次

音声を聞くには

の付いた箇所は音声を聞くことができます。

① ウェブブラウザ上で聞く

音声再生用 URL

http://el.minoh.osaka-u.ac.jp/books/SekainogengoShiriizu03_Mongorugo/

② ダウンロードして聞く

ウェブブラウザ上以外で音声ファイルを再生したい場合は、
下記のURLから音声ファイルをダウンロードしてください。

ダウンロード用 URL

http://el.minoh.osaka-u.ac.jp/books/SekainogengoShiriizu03_Mongorugo/j7zkyuaxx6ybzcn3/

初版第 1 刷、初版第 2 刷付属 CD に収録されていた音声データは、
第 3 刷以降、上記 URL に移行しました。

世界の言語シリーズ　3

モンゴル語

第1章　文字と発音編

1　キリル文字とその発音

モンゴル語は，800年余りの歴史を持つ（ウイグル式）モンゴル文字と，1940年代に導入されたキリル文字という，2つの文字体系による文章語を持っている．本書は，キリル文字で綴るモンゴル国の公用語（ハルハ方言）を土台に，口語モンゴル語とモンゴル文字文語を，同時並行で学ぶことを意図している．したがって，まずは，現代口語音を綴るキリル文字の文字と発音の基礎を学ぶ．

モンゴル語キリル文字アルファベット　1

	ブロック体	イタリック体	名　称
1	А а	*А а*	а [aː]
2	Б б	*Б б*	бэ [beː]
3	В в	*В в*	вэ [weː]
4	Г г	*Г г*	гэ [geː]
5	Д д	*Д д*	дэ [deː]
6	Е е	*Е е*	йэ [jeː]
7	Ё ё	*Ё ё*	йо [jɔː]
8	Ж ж	*Ж ж*	жэ [ʥeː]
9	З з	*З з*	зэ [ʣeː]
10	И и	*И и*	и [iː]
11	Й й	*Й й*	хагас и
12	К к	*К к*	ка [kaː]
13	Л л	*Л л*	эл [eɬ]
14	М м	*М м*	эм [em]
15	Н н	*Н н*	эн [en]
16	О о	*О о*	о [ɔː]
17	Ө ө	*Ө ө*	ө [ɵː]
18	П п	*П п*	пэ [peː]
19	Р р	*Р р*	эр [er]

	ブロック体	イタリック体	名　称
20	С с	*С с*	эс [es]
21	Т т	*Т т*	тэ [teː]
22	У у	*У у*	у [oː]
23	Ү ү	*Ү ү*	ү [uː]
24	Ф ф	*Ф ф*	эф [ef]
25	Х х	*Х х*	ха [χaː] / хэ [xeː]
26	Ц ц	*Ц ц*	цэ [ʦeː]
27	Ч ч	*Ч ч*	чэ [ʨeː]
28	Ш ш	*Ш ш*	эш [e̝ɕ]
29	Щ щ	*Щ щ*	щэ [e̝ɕʨeː]
30	ъ	*ъ*	хатуугийн тэмдэг （硬音符）
31	ы	*ы*	ы [ɪː] （эр и, жаран нэг）
32	ь	*ь*	зөөлний тэмдэг （軟音符）
33	Э э	*Э э*	э [eː]
34	Ю ю	*Ю ю*	йү [juː]
35	Я я	*Я я*	йа [jaː]

2 ## キリル文字と発音

1　а　[a̰]　ар [ar] 後ろ，араа [araː] 臼歯，айл [aɛ̆ɬ] 家庭
[æ]　амь [æmj] 命
＊ -на は [n] を表す；авна [awən] 取る（終止形）

2　б　[b]　бар [bar] トラ，албан [aɬbəŋ] 公務の，алба [aɬəb] 公務

3　в　[w]　ав [aw] 狩り，авах [awəχ] 取る（こと），ваар [waːr] 瓦；авбал [abbəɬ] 取れば

4　г　[ɢ]　гар [ɢar] 手
＊ -га / -го は [ɢ] を表す；бага [baɢ] 小さい，чанга [tɕʰaŋɢ]　強烈な，хаалга [χaːɬəɢ] 扉，ботго [bɔᵗtəɢ] 幼ラクダ
[g]　гэр [ger] 家，баг [bag] チーム，өгнө [ɵgən] 与える，өнгө [ɵŋg] 色
[ʁ]　агаар [aʁaːr] 空気

5　д　[d]　дагах [daʁəχ] 従う，одоо [ɔᵈdɔː] 今，эд [ed] 品物，дунд [dond] 中間

6　е　[je] ～ [je̜] ер [je̜r] 90，биеэ [bijeː] 自らの体を
[jɵ]　ер [jɵr] 一般，ерөөл [jɵrɵːɬ] 祝詞，өеө [ɵjɵː] 傾斜した
[ju]　үеүд [ujuːd]（複数の）節・時，биеүд [bijuːd]（複数の）体
[jɪ]　үер [ujɪr] 洪水，үен [ujɪŋ]〈動物〉テン
[j]　үе [uj] 節・時，бие [bij] 体，биеийн [bijiːŋ] 体の
[ij]　өгье [ɵgij] 与えよう，хийе [xiːj] しよう
[jɔ]　Европ [jɔwrɔːp] ヨーロッパ

7　ё　[jɔ]　ёр [jɔr]（凶）兆，соёо [sɔjɔː] 牙
[jo]　хоёул [χɔjoːɬ] 2つとも，оёулах [ɔjoːɬəχ] 縫わせる
[jɪ]　хоёр [χɔjɪr] 2，соёл [sɔjɪɬ] 文化
[j]　оё [ɔj] 縫え（命令形），оёё [ɔjɪj] 縫おう
[ɪj]　оръё [ɔrɪj] 入ろう，хоноё [χɔnɪj] 泊まろう
[ij]　сольё [sœɬij] 交換しよう

8　ж　[ʥ]　жар [ʥar] 60，хажуу [χaᵈᶻʥoː] 傍ら，аж [aʥ] 営み

9　з　[ʣ]　зав [ʣaw] 暇，газар [ɢaᵈᶻʣər] 場所，хэзээ [xe̜ᵈᶻʣeː] いつ，аз [aʣ] 幸運

3 10　и　[i]（～ [ɪ]，[ʲ]）ир [ir] 刃，уушги [oːɕig] 肺，адил [æᵈdɪɬ] 同じ
＊二重子音の後で先行する母音と子音の口蓋化（本来の音に若干 [ʲ] の音色が加わること）を表す；анги [æŋgʲ] クラス，банди

[bænʲdʲ] 小僧，архи [ærɪxʲ] 酒，салхи [sæɬɪxʲ] 風，борви [bœrɪwʲ] アキレス腱，ноднин [nœdʲnəŋ] 去年；Ази [aːʤ] アジア，Англи [æːŋgɪɬ] イギリス

＊長母音は ий と綴る；бийр [biːr] 筆

＊ иа, ио, иу は口蓋化子音の次の長母音を表す；авиа [æwʲaː] 音声，дохио [dœxʲɔː] 合図，хариу [χærʲoː] 答え

11 й　　a, o, y, э, ү に続けて二重母音を表す（なお，*өй という綴りはない）

[ĭ] у, ү の後で；уйлах [oĭɬəχ] 泣く，үйл [uĭɬ] 行為

[ɛ̆] a, o の後で；байх [baɛ̆χ] ある，ой [ɔɛ̆] 森

＊ эй は [eː]；хэрэгтэй [xerəgteː] 必要な

＊ ий は [iː]；ийм [iːm] こんな，хий [xiː] 気体

12 к [k]（～ [χ], [x]）借用語で用いる；касс [kaːs] レジ，кирилл [kiriːɬ] キリル（文字）

13 л [ɬ] лаа [ɬaː] ロウソク，хэлэх [xeɬəx] 言う，гал [ɢaɬ] 火，агуулга [aʁoːɬəɢ] 内容，лхагва [ɬᵡawəg] 水曜

14 м [m] мал [maɬ] 家畜，амар [amər] 易しい，ам [am] 口，домбо [dɔmb] ポット，грамм [graːm] グラム

15 н [n] нар [nar] 太陽，анд [and] 義兄弟，санах [sanəχ] 思う

＊ -на / -нэ / -но / -нө は [n] を表す；байна [baĕn] 在る

[ŋ] ан [aŋ]（狩りの）鳥獣

16 о [ɔ] ор [ɔr] ベッド，бороо [bɔrɔː] 雨，толбо [tʰɔɬəb] 斑点，солонго [sɔɬəŋɢ] 虹

[œ] богино [bœgɪn] 短い，морь [mœrʲ] 馬

＊ -но は [n] を表す；дорно [dɔrən] 東

17 ө [ɵ] өр [ɵr] 負債，өрөө [ɵrɵː] 部屋，мөнгө [mɵŋg] お金

＊ -нө は [n] を表す；өрнө [ɵrən] 西

18 п [p] пагдгар [pʰagdɢər] ずんぐりした，пар пар [pʰar pʰar] パチパチ，дампуу [dampʰoː] 破産の，спорт [spɔːrt] スポーツ

19 р [r] бараа [baraː] 商品，барих [bærɪχ] 握る，арвин [ærʲwɪŋ] たくさんの，арга [arəɢ] 方法，дэр [der] 枕

＊語頭では借用語に用いる；рид [rid] 神通力

20 с [s] сар [sar] 月，асар [aˢsər] 非常に，загас [ʣaʁəs] 魚，сонсъё [sɔnsɪj] 聞こう，сийрэг [siːrəg] まばらな

21 т [t] тэр [tʰer] あれ，тамхи [tʰæmɪxʲ] タバコ，

atаа [atʰaː] 嫉妬，дотор [dɔᵗtər] 中，ат [at] 去勢ラクダ

4

22 у [o] уран [orəŋ] 技芸の，уур [oːr] 蒸気，буруу [boroː] 間違い，
ялангуяа [jaɬəŋɢojaː] 特に，дугуй [doʁoĭ] 車輪，
аугаа [aŏʁaː] 偉大な，гуай [ɢŏaĭ] …さん；минут [minoːt] 分
[ø] улирал [øɬɪrəɬ] 季節，хувь [χøwʲ] 分け前
[u] ロシア語系借用語で；уран [uraːŋ] ウラン

23 ү [u] үр [ur] 種，үүр [uːr] 巣，түрүү [tʰuruː] 先ほど

24 ф [f]（～ [p]）借用語で用いる；форм [fɔːrm] 形式，
кофе [kɔːfe] コーヒー

25 х [χ] хар [χar] 黒い，ухаан [oχaːŋ] 知恵，ах [aχ] 兄，анх [aŋχ] 最初
[x] хэр [xer] 程度，ихэр [ixər] 双子，их [ix] 大きな，энх [eŋx] 平和，
хяр [xʲar] 尾根，гархи [ɢærɪxʲ] 金属環

26 ц [ʦ] цэр [ʦʰer] 痰，хацар [χaᵗˢʦər] ほお，хэцүү [xeᵗˢʦuː] 困難な，
ац [aʦ] 分岐

27 ч [ʨ] чанар [ʨʰanər] 品質，ачаа [aʨʰaː] 積荷，ач [aʨ] 孫

28 ш [ɕ] шар [ɕar] 黄色の，шинэ [ɕin] 新しい，ашиг [aᶜɕig] 利益，
ааш [aːɕ] 気性，уншъя [onɕij] 読もう

29 щ [ʃʧ] ロシア語系借用語でのみ用いる

30 ъ[i)] харъя [χarɪj] 見よう

31 ы 男性名詞（口蓋子音終わりを除く）の属格・対格の長母音を表す；
[iː] номын [nɔmiːŋ] 本の，амыг [amiːg] 口を
[ɪː] утгыг [otʁɪːg] 意味を

32 ь[ii)] [j] хавь [χæwʲ] 付近，гааль [ɢaːɬʲ] ～ [ɢaĕɬʲ] 関税，
хууль [χoːɬʲ] ～ [χoĭɬʲ] 法律，харья [χærij] 帰ろう，
эрье [erij] 探そう

33 э [e] ～ [e̞] эр [er] 男，эрээн [ereːŋ] まだらの，бэлгэ [beɬəg] 兆し，
лимбэ [ɬimb] 笛，ингэ [iŋg] 母ラクダ，хүргэе [xurgij] 届けよう
-нэ は [n] を表す；энэ [en] これ

34 ю [ju] юм [jum] 物，юүлэх [juːɬəx] 注ぎ移す
[jo] юу [joː] 何，аюул [ajoːɬ] 危険

35 я [ja] яр [jar] 潰瘍，мянга [mʲaŋɢ]1000，аяар [ajaːr] ゆっくり
[jæ] яриа [jærʲaː] 話，гавьяа [ɢæwʲjaː] 功績
[jɪ] аянга [ajɪŋɢ] 雷，баяр [bajɪr] 喜び，хаях [χajɪχ] 捨てる
[jo] хаяулах [χajoːɬəχ] 捨てさせる

[j]　ая [aj] 旋律，уух [o:j] 飲もう，гаргая [ɢarʁɪj] 出そう，
　　уяя [ojɪj] 縛ろう，харья [χærij] 帰ろう，саяын [saji:ŋ] さっきの

［注］

i ） ъは基本的に，1語中の閉音節と次の母音始まりの音節を切り離す記号である．モンゴル語では主に，閉音節語幹の男性語動詞の1人称命令形（《…しよう》の意を表す）において，続く補助母音を切り離す記号として使われる．

ii ） ьは，子音に付けて口蓋化を表す記号（なお，二重子音の後ではиがこの役割を果たす）．その際，第1音節の男性母音もある程度口蓋化を伴う．また，и語幹の男性語動詞および女性語動詞の1人称命令形で用い，続く補助母音を切り離すのに使われる．

補足説明

① 基本母音

a / o / y, и, э / ө / ү の7母音は，基本母音と呼ばれる．そしてそれらは，下表に見るように，男性母音，中性母音，女性母音に分類される．

男性母音	中性母音	女性母音
а у	и	э ү
о		ө

男性母音と女性母音は互いに対立的に存在し，伝統的なモンゴル語語彙では，一語中にそれらが混ざり合って現れることはない．モンゴル語学では，男性母音からなる単語を〈男性語〉と呼び，女性母音からなる単語を〈女性語〉と呼ぶ．中性母音は，男性語中にも女性語中にも現れる．ただし，初頭音節がиからなる単語は女性語となる．また，円唇広母音 o / ө を初頭音節に持つ語においては，それぞれ平唇母音 a / э が次音節に来ることはなく（ただし語尾 -тэйのэは除く），必ず長母音 уу / үү を介して a / э と共に一語中に現れる．

② 短母音と長母音

原則的には基本母音（a / o / y, э / ө / ү, и）を1つ綴ったものが短母音を表す．

また，基本母音をそれぞれ，аа, оо, уу, ээ, өө, үү, ий（*ии とは書かない。なお，「*」は仮定の綴りを示す記号で，実際にはそう綴らないことを表す。以下同じ）のように重ねて書いたものが長母音を表す．ただし，短母音 а, о, э, ө の発音は，2 音節目以降では曖昧母音 [ə] として，また，и は口蓋化子音の後を除けば概して [ɪ] のように発音される．у, ү は，若干の接尾辞を除き，2 音節目以降では通常，長母音か二重母音などでしか現れない．

なお，（子音＋）1 つの母音からなる綴りにおける母音は，ふつう長母音で発音される．

例）би [biː]《私》，та [tʰaː]《あなた》，чи [tɕʰiː]《君》，ба [baː]《および》，за [ʣaː]《はい》など．

その他，ня-бо [nʲaːbɔː]《会計員〈нягтлан бодогч の略〉》，ТҮЦ [tʰuːʦ]《キオスク〈Түргэн Үйлчилгээний Цэг の略〉》のような若干の略称も，長母音で発音するものがある．

また，特にロシア語などからの借用語における，原語でアクセントのある音節の 1 つの母音を，通常長母音で発音する．例）зал [ʣaːɬ]《大広間》，сахар [saːχər]《砂糖》，такси [tʰaksiː]《タクシー》，цирк [ʦʰiːrk]《サーカス》，кино [kinɔː]《映画》など．以下，本課ではこのような長母音を，必要に応じて ā や ō のように「¯」で記すことにする．

③ 補助母音

以下の 6 つは補助母音と呼ばれる．

я, е, ё, ю, ы, й

特に я [ja], е [je] ～ [jө], ё [jɔ], ю [ju] ～ [jo] は，基本的には「й ＋ 母音」を一綴りにした，日本語のヤ行の仮名に似た音節文字である．上で見たように，単語や語中の位置などによって，複数の音価を持つ．

ы は，男性語名詞の属格と対格で用い，1 文字だが長母音（[iː] ～ [ɪː]）を表し，女性形の ий [iː] と，母音調和の対立を表す．й は，次の④を参照．

④ 二重母音

以下のものが二重母音である．

ай, ой, уй, эй, үй ; ау, уа

なお，②で述べたように，キリル文字の正書法で ий は，и の長母音とされる．ところが実際は，例えば дэлхий《世界》のように -ий 終わりの語の属格は，通常 дэлхийн《世界の》のように，н の付加のみで表される．これは，-й に終わる二重母音語，例えば далай《海》や эмэгтэй《女性》の属格形が，それぞれ далайн《海の》，эмэгтэйн《女性の》となるのと同様であり，「隠れた н」を持たない長母音終わりの語，例えば цагдаа《警察》や өвөө《おじいさん》の属格が，цагдаагийн《警察の》や өвөөгийн《おじいさんの》のように -гийн となるのとは異なる．この点で，語末の -ий は，二重母音に準ずると言えよう（-ий はモンゴル文字では通常 -ei と二重母音で表される．また，эй というキリル文字綴りは，実際には [eː] と長母音に発音され，名称と実体にはズレがある）．

ちなみに иа, ио, иу は，口蓋化子音の次に来る長母音（aa, oo, yy）を綴ったものであり，二重母音ではない．

⑤ 母音調和

モンゴル語は膠着語である．語幹に接尾辞を付加することで，語を派生したり，活用する．その際，付加される接尾辞の母音は，基本的には初頭音節における母音の性に準じる．この現象を母音調和と言う．

男性語の例）ax 兄 → ахын 兄の（-ын は男性語の属格形）→
ахынхаа 自分の兄の

女性語の例）эх 母 → эхийн 母の（-ийн は女性語の属格形）→
эхийнхээ 自分の母の

なお，初頭音節の母音が円唇広母音 о / ө の場合，それに続く母音は，基本的にはそれぞれ о / ө が続く．この現象を特に円唇調和と言う．

о の例 1）орох 入る → оролцох 参加する（-лцо- は相互を表す）→
оролцохоо 自らが参加することを（-оо は再帰対格を表す）

ө の例 1）өгөх 与える → өгөлцөх 与え合う（-лцө- は相互を表す）→
өгөлцөхөө 自ら与え合うことを（-өө は再帰対格を表す）

ただし，о / ө の円唇調和は，語中でそれぞれ у / ү を持つ形態素が介入すると解除され，以降の母音調和の核は у / ү に移る．

о の例 2）орох 入る → оруулах 入れる（-уул- は使役を表す）→
оруулахаа 自らが入れることを（-аа は再帰対格を表す）

ө の例 2）өгөх 与える → өгүүлэх 与えさせる（-үүл- は使役を表す）→
өгүүлэхээ 自ら与えさせることを（-ээ は再帰対格を表す）

⑥ 曖昧母音と子音の綴り方

キリル文字では，基本的に単語は発音通りに綴るとされるが，上述の通り，短母音は 2 音節目以降では，曖昧母音として発音される．曖昧母音の書き表し方に関し，キリル文字の正書法では，（伝統的なモンゴル語単語の）子音に着目し，聞こえ度（sonority）の高低によって，大きく2つに分類している．

そのうち，聞こえ度の高い б, в, г, л, м, н, р の7子音は，эгшигт гийгүүлэгч「母音持ち子音」と呼び，綴る際には前後いずれかに必ず母音を伴う，とする．例えば，намар [namər]《秋》の属格形は намрын《秋の》となり，2番目の а [ə] は脱落して綴られる．一方，самбар [sambər]《黒板》の属格形は самбарын《黒板の》で，2番目の а [ə] は脱落させないで綴る．*самбрын と綴らないのは，「母音持ち子音」の б が，母音を伴わなくなってしまうからである．

また，聞こえ度の低い д, ж, з, с, т, х, ц, ч, ш の9子音は，заримдаг гийгүүлэгч「不完全子音」～「非共鳴子音」と呼ばれ，綴る際にある時は母音を伴い，ある時は伴わないで綴る，としている．

ただし，この規則には，様々な附則や例外（の例外）とされるものがあり，ここでは煩雑を避けるため，上記原則だけの言及にとどめる．

⑦ アクセント

モンゴル語のアクセントは，概して最終音節の母音にくる．

газáр [ɢa^{ʤ}ʤə́r] 場所，үйлдвэ́р [uĭɬdwə́r] 工場，эмхтгэгдсэ́н [emxtgəgdsə́ŋ] 編纂された，одóо [ɔᵈdɔ́ː] 今，завсарлагáа [ʤawsərɬəʁáː] 途中休憩，боловсруулагдáх [bɔɬəwsroːɬəgdə́χ] 精練される

キリル文字の綴りは，-га／-го で [ɢ]，-на／-нэ／-но／-нө で [n] を表すなど，短母音と子音が一体となった特殊なものがある．その上，⑥ で述べた曖昧母音と子音の綴り方に関する決まりごと等の条件が影響する．正しいとされる綴りは，いわばそれらの総合・折衷なので，場合によっては，見かけ上の綴りに，アクセントを置くべき母音が書かれない（～書けない）こともあるため，留意されたい．

барилга [bærɪɬə́ɢ] 建物，оньсго [œnʲsə́ɢ] なぞなぞ，хутга [χoˡtə́ɢ] ナイフ，гарна [ɢarə́n] 出る，дотно [dɔˡtə́n] 親しい

2 モンゴル文字（1）

2.1 母音字母（1）

第1課で学んだ通り，モンゴル語には7つの基本母音がある．ただし，下表で見るように，モンゴル文字の母音字は形の上では，5母音しか区別しない．モンゴル文字文語をラテン文字で識別的に置き換えて綴ることを転写というが，転写で7母音は，a, o, u（男性母音）とe, ö, ü（女性母音），i（中性母音）と表記する．

モンゴル文字のアルファベットは，キリル文字やラテン文字のアルファベットとは異なり，1つの音を表す文字が，主に語頭と語中，語末でそれぞれ異なった文字形をとる．転写とモンゴル文字アルファベットの母音字の対応は，以下の通りである．

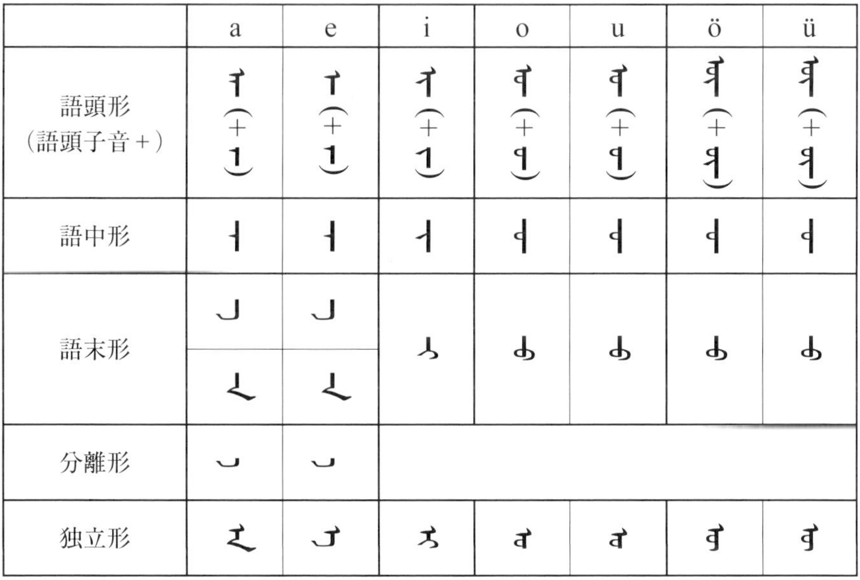

1） 7つの母音字の，5つの語頭形は，3つの文字素，ᠠ（’），ᠶ（Y），ᠣ（W）の組み合わせで作られている．すなわち，a は「”」，e は「’」，i は「’Y」，o／u は「’W」，ö／ü は「’W Y」という構成をしている．モンゴル語で語頭の「’」は титэм《冠》，語中の「’」は шүд《歯》，「Y」は шилбэ《すね》，「W」は гэдэс《腹》，そして各文字を貫く中心線を нуруу《背》と呼ぶ．

2） 「a／eの連写右払い」は сүүл《尾》，「a／eの連写左払い」は урагшилга，また「a／eの分離形」は цацлага などと呼ばれる．

3） a／e の語末形には，左払い（ ᠠ ）と右払い（ ᠠ ）の2つがあるが，左払いは，中心線（нуруу）から右へ弓型（нум）に張り出る子音（b, p, f, k, g, ḳ）に付加され，右払いはそれ以外の子音に付加される．

4） 右へ弓型に張り出る子音字（b, p, f, k, g, ḳ）に円唇母音（o／u, ö／ü）が続く際には，弓の内側に母音を包み込むように綴る．

5） o／ö は，本書の転写においては，第1音節にのみ現れる．

6） ö／ü の шилбэ《すね》は，伝統的なモンゴル語の単語においては第1音節にのみ現れる．ただし，地名や人名のような合成語では，語中でも шилбэ が書かれる．

例）

ᠠᠯᠲᠠᠨᠴᠥᠭᠦᠴᠡ	Altančögüče, Алтанцөгц	アルタンツグツ（地名）
ᠪᠥᠬᠡᠮᠥᠷᠡᠨ	Bökemören, Бөхмөрөн	ブフムルン（地名）
ᠯᠬᠠᠭᠪᠠᠰᠦᠷᠦᠩ	Lhaγbasürüng, Лхагвасүрэн	ルハグワスレン（人名）

また，新しい外来語の「ウ」音を表記する際に使われる ü は，語中でも語末でも шилбэ を持った形が用いられる．

7） 以下に，独立形の語例を示す．なお，モンゴル文字綴りのうち，左は活字体，右はその手書体である．

ᠠ	ᠠ	a aa ああ！	ᠡ	ᠡ	e ээ へえ！	ᠢ	ᠢ	i ий うわ！
ᠣ	ᠣ	o оо 粉	ᠥ	ᠥ	ö өө 瑕疵			

参考）

eü	ou	ou-a（古典的綴り）
YY	oo	oo
いぼ	おお！	粉

8） 分離形（цацлага；ᠠ）は，-q / -γ に続く場合，-q / -γ の語末形の下に義務的に書かれる（ここでは，母音字の分離形と非分離形の観察にとどめ，以下で現れる未修の子音字は，各項目を参照されたい）.

baq-a	baγ-a
бах	бага
喜び	小さな

n, m, l, y, ǰ, r に終わる一定の語においては，цацлага を用いるか сүүл を用いるかは，慣用的に決まっている.

ner-e	比較） nara
нэр	нар
名前	太陽
sar-a	比較） sara
сар	сар
月（年月の）	月（天体の）

なお，本書では分離形の転写において，一律にハイフンを用いて表記した.

9） モンゴル文字の1つの母音字は基本的に短母音を表す．しかしながら，現代語での発音では，長母音で発音されたり，脱落する場合も少なくない．以下に，似通った文字素で構成される若干例を示す.

A

＜短母音で読む a ＞	＜読まれない語末の a＞	＜長母音で読む語頭の a＞
ab	aba	abu
ав	ав	аав
取れ！	狩	お父さん

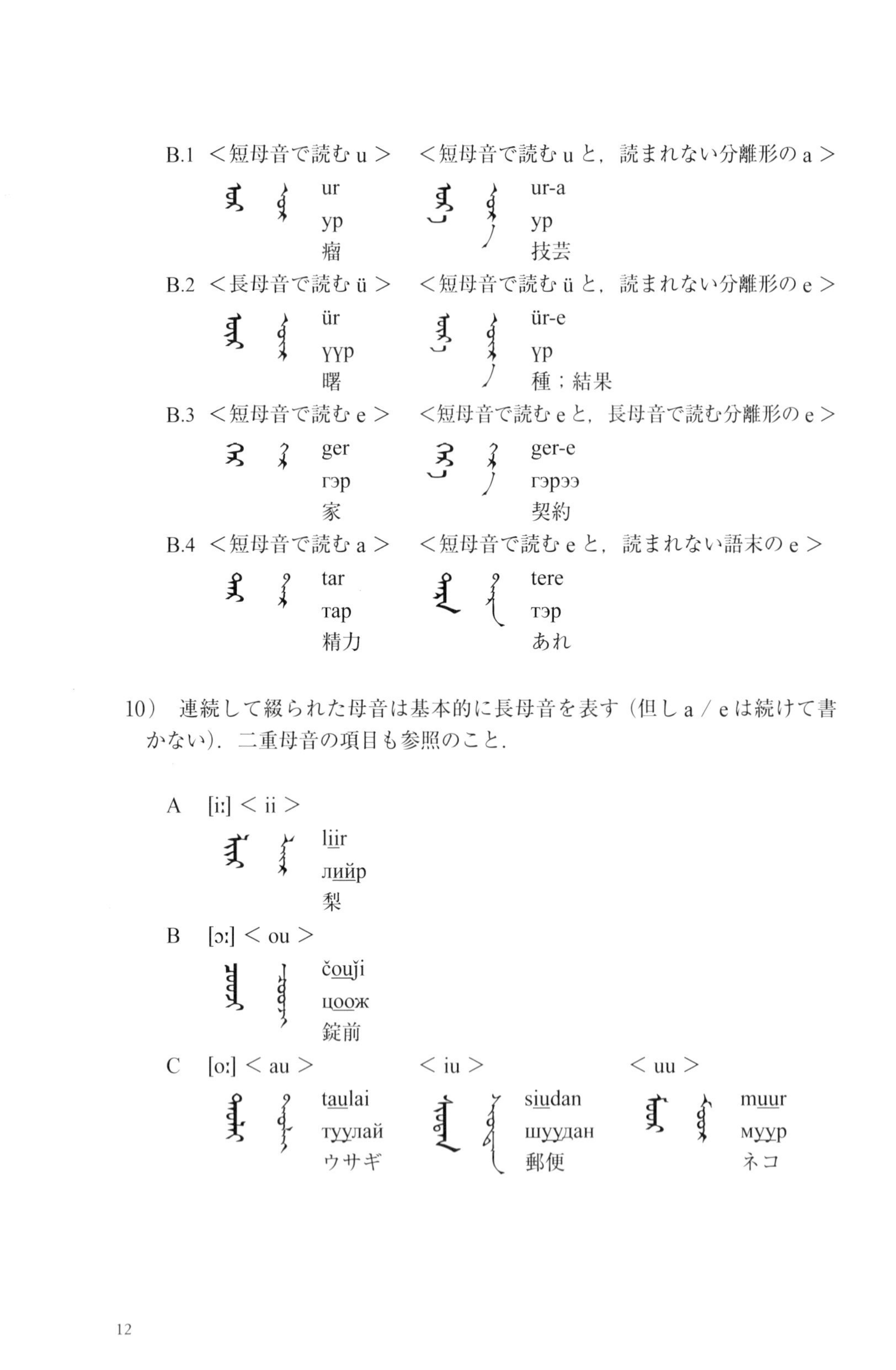

B.1 ＜短母音で読む u＞　＜短母音で読む u と，読まれない分離形の a＞

ur　ur-a
ур　ур
瘤　技芸

B.2 ＜長母音で読む ü＞　＜短母音で読む ü と，読まれない分離形の e＞

ür　ür-e
үүр　үр
曙　種；結果

B.3 ＜短母音で読む e＞　＜短母音で読む e と，長母音で読む分離形の e＞

ger　ger-e
гэр　гэрээ
家　契約

B.4 ＜短母音で読む a＞　＜短母音で読む e と，読まれない語末の e＞

tar　tere
тар　тэр
精力　あれ

10）　連続して綴られた母音は基本的に長母音を表す（但し a / e は続けて書かない）．二重母音の項目も参照のこと．

A　[iː] ＜ii＞

liir
лийр
梨

B　[ɔː] ＜ou＞

čouǰi
цоож
錠前

C　[oː] ＜au＞　＜iu＞　＜uu＞

taulai　siudan　muur
туулай　шуудан　муур
ウサギ　郵便　ネコ

D　[ɵː] < öü >

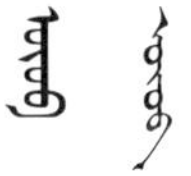

öüb
өөв
えっ何？

E　[uː] < eü >　　< iü >　　< üü >

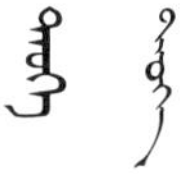

teüke
түүх
歴史

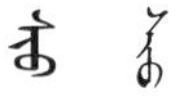

siü
шүү
…だよ

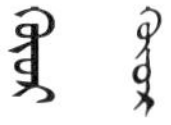

güür
гүүр
橋

ただし

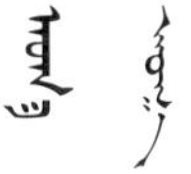

auγ-a
аугаа
偉大な

単語によっては，母音を二重に綴っても短母音で発音する．

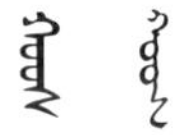

qous
хос
ペア，対

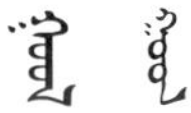

γoul
гол
川

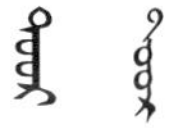

tour
тор
網

11） e, o, ü は，外来語を表記する場合，若干異なった形を使う．「モンゴル文字（4）」を参照のこと．

5

練習問題（2.1）

次の単語をモンゴル文字で書きなさい．

（1）нэр　（2）нар　（3）гэр　（4）тэр　（5）туулай　（6）гол

2.2　二重母音

キリル文字で主に ай, эй, ой, уй, үй と綴られる二重母音の，転写とモンゴル文字の綴りは，以下のようである．

	ayi	eyi	oyi	uyi	üi
語頭形（語頭子音＋）	ᠠᠶᠢ（＋‍ᠠᠶᠢ）	ᠡᠶᠢ（＋‍ᠡᠶᠢ）	ᠣᠶᠢ（＋‍ᠣᠶᠢ）	ᠤᠶᠢ（＋‍ᠤᠶᠢ）	ᠦᠶᠢ（＋‍ᠦᠶᠢ）
語中形	‍ᠠᠶᠢ‍	‍ᠡᠶᠢ‍	‍ᠣᠶᠢ‍	‍ᠤᠶᠢ‍	-üyi- ‍ᠦᠶᠢ‍
語末形	-ai ‍ᠠᠢ	-ei ‍ᠡᠢ	-oi ‍ᠣᠢ	-ui ‍ᠤᠢ	-üi ‍ᠦᠢ
独立形	ᠠᠢ	ᠡᠢ	ᠣᠢ	ᠤᠢ	ᠦᠢ

1） 以下，それぞれの二重母音の使われる語例を挙げ，その綴り方を観察する．未修の子音字は，各項目を参照されたい．

A ＜ ayi- ＞

ᠠᠶᠢᠯ ᠠᠶᠢᠯ ayil айл 家庭

＜ -ayi- ＞

ᠰᠠᠶᠢᠨ ᠰᠠᠶᠢᠨ sayin сайн 良い

＜ -ai ＞

ᠰᠠᠢ ᠰᠠᠢ sai сай 川の跡

＜ ai ＞

ᠠᠢ ᠠᠢ ai ай 範疇

B ＜ eyi- ＞

ᠡᠶᠢᠨ ᠡᠶᠢᠨ eyin ийн こんな

＜ -eyi- ＞

ᠲᠡᠶᠢᠨ ᠲᠡᠶᠢᠨ teyin тийн そんな

＜ -ei ＞

ᠨᠡᠢ ᠨᠡᠢ nei ний 打解けた

＜ ei ＞

ᠡᠢ ᠡᠢ ei ий おお怖い

＊ ei は i の独立形と同形

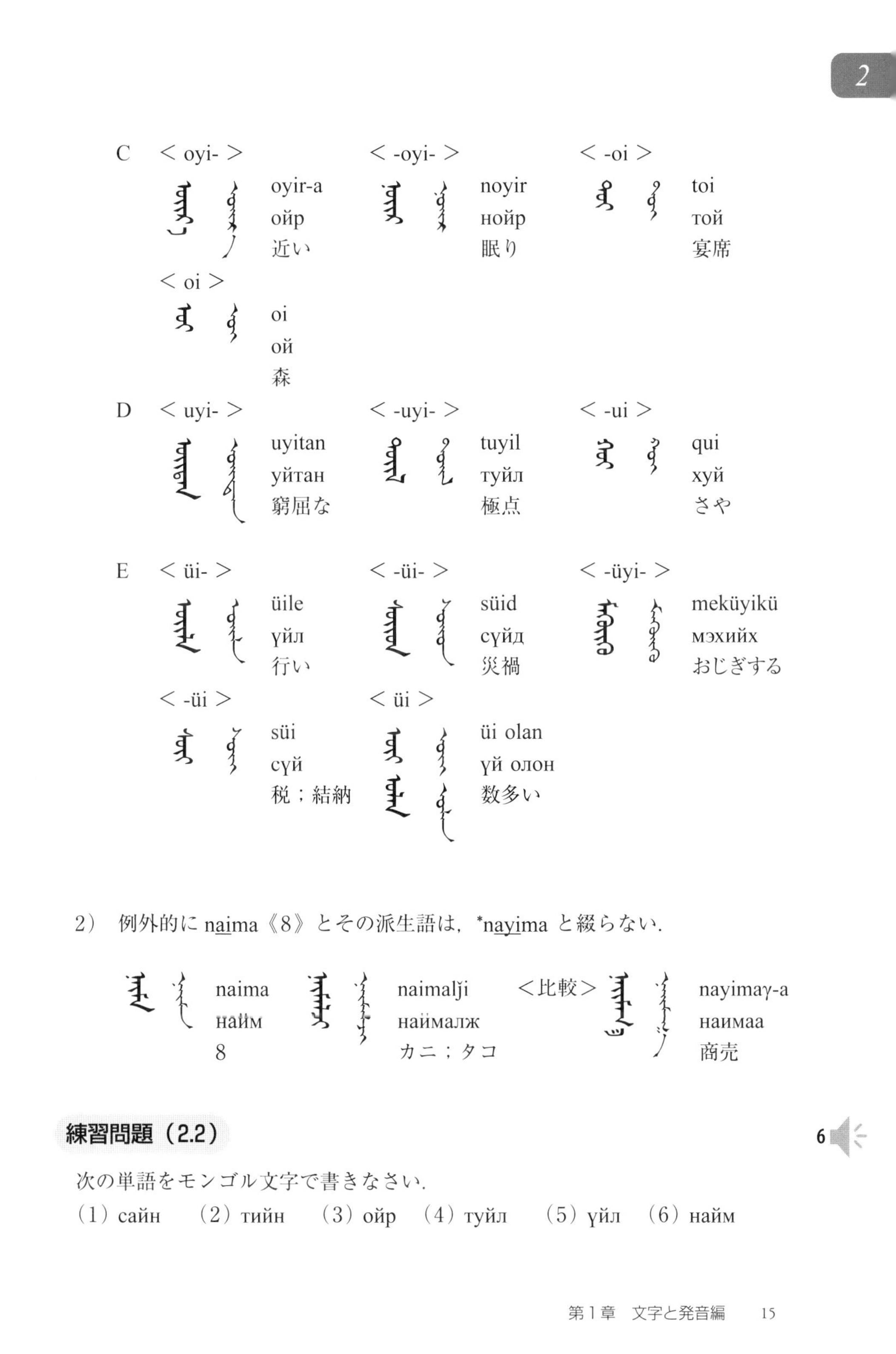

C ＜ oyi- ＞

oyir-a
ойр
近い

＜ -oyi- ＞

noyir
нойр
眠り

＜ -oi ＞

toi
той
宴席

＜ oi ＞

oi
ой
森

D ＜ uyi- ＞

uyitan
уйтан
窮屈な

＜ -uyi- ＞

tuyil
туйл
極点

＜ -ui ＞

qui
хуй
さや

E ＜ üi- ＞

üile
үйл
行い

＜ -üi- ＞

süid
сүйд
災禍

＜ -üyi- ＞

meküyikü
мэхийх
おじぎする

＜ -üi ＞

süi
сүй
税；結納

＜ üi ＞

üi olan
үй олон
数多い

2） 例外的に naima《8》とその派生語は，*nayima と綴らない．

naima
найм
8

naimalǰi
наймалж
カニ；タコ

＜比較＞

nayimaγ-a
наимаа
商売

練習問題（2.2）

6

次の単語をモンゴル文字で書きなさい．

（1）сайн　（2）тийн　（3）ойр　（4）туйл　（5）үйл　（6）найм

3 モンゴル文字（2）子音字母（1）

3.1 r（p）

子音rは，伝統的なモンゴル語の単語ではふつう語頭に立たない．ところが，語中と語末では極めて頻繁に現れる．モンゴル文字のアルファベット順でrは後方に並ぶが，この文字を初めに習得しておくと，他の文字の順を追った学習が柔軟になる．したがって，まずはこの文字から子音字の学習を始めたい．

	r	ra	re	ri	ro	ru	rö	rü
語頭形	ᠷ‍	ᠷᠠ‍	ᠷᠡ‍	ᠷᠢ‍	ᠷᠣ‍	ᠷᠤ‍	ᠷᠥ‍	ᠷᠦ‍
語中形	‍ᠷ‍	‍ᠷᠠ‍	‍ᠷᠡ‍	‍ᠷᠢ‍	‍ᠷᠣ‍	‍ᠷᠤ‍	‍ᠷᠥ‍	‍ᠷᠦ‍
語末形	‍ᠷ	‍ᠷᠠ ‍ᠷᠠ	‍ᠷᠡ ‍ᠷᠡ	‍ᠷᠢ	‍ᠷᠣ	‍ᠷᠤ	‍ᠷᠥ	‍ᠷᠦ
独立形		ᠷᠠ	ᠷᠡ	ᠷᠢ	ᠷᠣ	ᠷᠤ	ᠷᠥ	ᠷᠦ

1　語中音節頭

1.1　ra

＜ -ra- ＞

ᠠᠷᠠᠢ　arai
арай
少し

＜ -ra ＞

ᠢᠷᠠ　ira
яр
分けろ

＜ -r-a ＞

ᠣᠶᠢᠷ᠎ᠠ　oyir-a
ойр
近い

1.2　re

＜ -re- ＞

ᠡᠷᠡᠦ　ereü
эрүү
あご

＜ -re ＞

ᠡᠷᠡ　ere
эр
強く括れ

＜ -r-e ＞

ᠡᠷ᠎ᠡ　er-e
эр
男

1.3　ri

＜ -ri- ＞

ᠦᠷᠢᠶ᠎ᠡ　üriy-e
үрээ
去勢馬
（3~5 才）

＜ -ri ＞

ᠣᠷᠢ　ori
орь
若い

ᠥᠷᠢ　öri
өр
負債

＊ただし「-i + 分離形」の i は転写で y とみなす

1.4　ru

＜ -ru- ＞

ᠣᠷᠤᠢ　orui
орой
晩

＜（a/u）-ru ＞

ᠠᠷᠤ　aru
ар
後ろ

＜（o）-ru ＞

ᠣᠷᠤ　oru
ор
ベッド

＜ -ru-a ＞

ᠢᠷᠤ᠎ᠠ　iru-a
ёр
（凶）兆

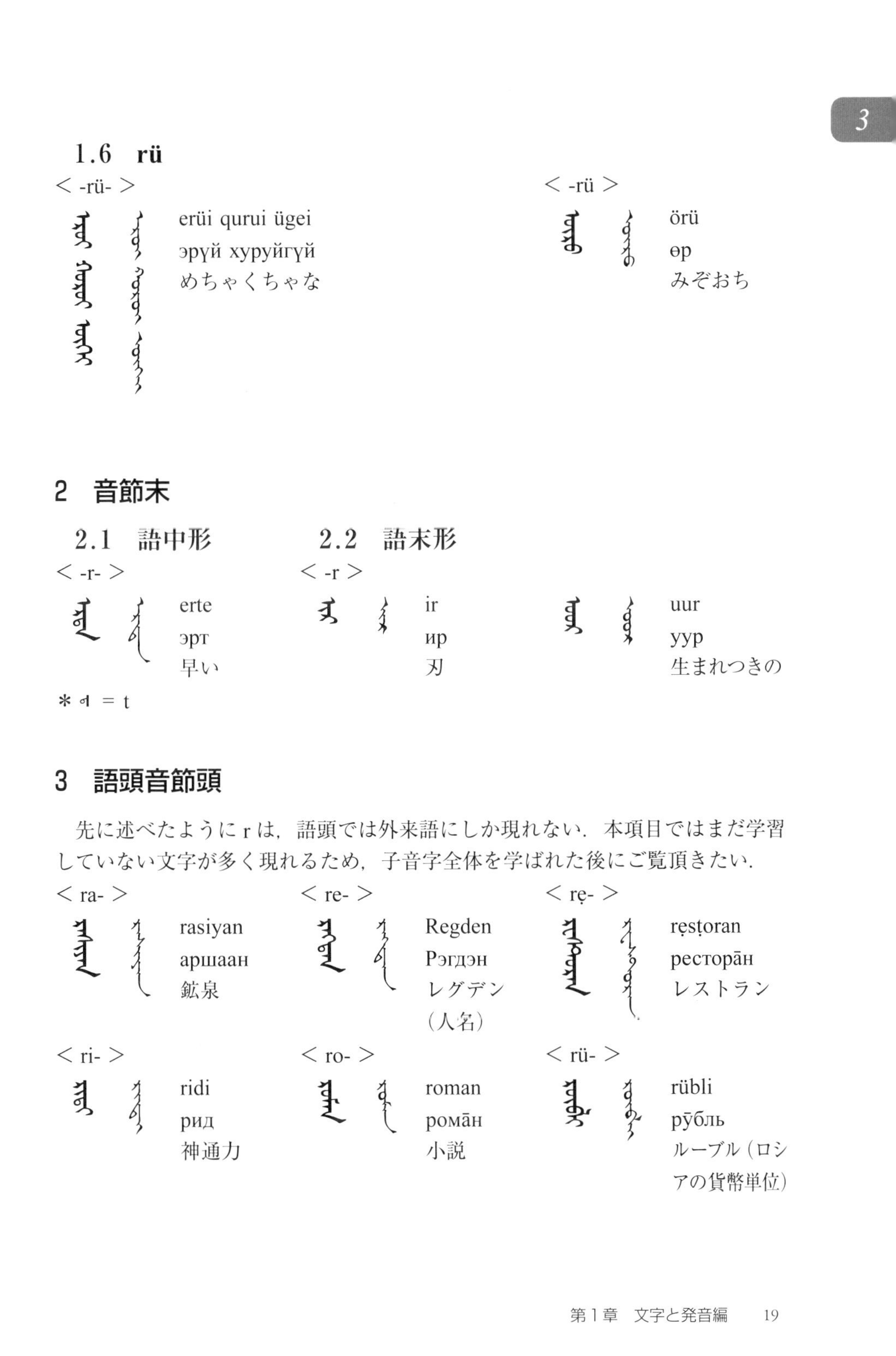

1.6 rü

< -rü- >

erüi qurui ügei
эрүй хуруйгүй
めちゃくちゃな

< -rü >

örü
өр
みぞおち

2 音節末

2.1 語中形

< -r- >

erte
эрт
早い

＊ ᠲ = t

2.2 語末形

< -r >

ir
ир
刃

uur
уур
生まれつきの

3 語頭音節頭

先に述べたように r は，語頭では外来語にしか現れない．本項目ではまだ学習していない文字が多く現れるため，子音字全体を学ばれた後にご覧頂きたい．

< ra- >

rasiyan
аршаан
鉱泉

< re- >

Regden
Рэгдэн
レグデン
（人名）

< rẹ- >

rẹsṭoran
ресторāн
レストラン

< ri- >

ridi
рид
神通力

< ro- >

roman
ромāн
小説

< rü- >

rübli
рӯбль
ルーブル（ロシアの貨幣単位）

7

練習問題（3.1）

次の単語をモンゴル文字で書きなさい.

(1) арай　(2) эрүү　(3) орь　(4) орой　(5) ёр　(6) эрт

3.2　n (н)

n は基本的に，титэм ないし шүд の左側に，点を 1 つ付した文字形で表される．ただしこの点は，音節末の位置では省略される．つまり，語中において子音に先行する場合や，語末形で点は伴わない（新しい外来語を表記する際にはこの限りではなく，音節末でも点を付加する場合もある）．

	n	na	ne	ni	no	nu	nö	nü
語頭形	ᠨ‍	ᠨᠠ‍	ᠨᠡ‍	ᠨᠢ‍	ᠨᠣ‍	ᠨᠤ‍	ᠨᠥ‍	ᠨᠦ‍
語中形	‍ᠨ‍ （＋母音）　‍ᠨ‍ （＋子音）	‍ᠨᠠ‍	‍ᠨᠡ‍	‍ᠨᠢ‍	‍ᠨᠣ‍	‍ᠨᠤ‍	‍ᠨᠥ‍	‍ᠨᠦ‍
語末形	‍ᠨ	‍ᠨᠠ / ‍ᠨ᠎ᠠ	‍ᠨᠡ / ‍ᠨ᠎ᠡ	‍ᠨᠢ	‍ᠨᠣ	‍ᠨᠤ	‍ᠨᠥ	‍ᠨᠦ
独立形		ᠨᠠ	ᠨᠡ	ᠨᠢ	ᠨᠣ	ᠨᠤ	ᠨᠥ	ᠨᠦ

1　音節頭

1.1　na

< na- >

ᠨᠠᠷᠠ　ᠨᠠᠷᠠ
nara
нар
太陽

< -na- >

ᠠᠨᠠᠷ　ᠠᠨᠠᠷ
anar
анар
ザクロ

< -na >

ᠤᠨᠠ　ᠤᠨᠠ
una
уна
落ちろ

< -n-a >

ᠤᠨᠠᠨ᠎ᠠ　ᠤᠨᠠᠨ᠎ᠠ
unan-a
унана
落ちる

1.2　ne

< ne- >

ᠨᠡᠷ᠎ᠡ　ᠨᠡᠷ᠎ᠡ
ner-e
нэр
名前

< -ne- >

ᠦᠨᠡᠨ　ᠦᠨᠡᠨ
ünen
үнэн
本当の

< -ne >

ᠡᠨᠡ　ᠡᠨᠡ
ene
энэ
これ

< -n-e >

ᠦᠨ᠎ᠡ　ᠦᠨ᠎ᠡ
ün-e
үнэ
値段

1.3　ni

< ni- >

ᠨᠢᠷᠠᠢ　ᠨᠢᠷᠠᠢ
nirai
нярай
新生児

< -ni- >

ᠠᠨᠢᠷ　ᠠᠨᠢᠷ
anir
анир
音；音信

< -ni >

ᠤᠨᠢ　ᠤᠨᠢ
uni
унь
ゲルの梁棒

< ni >

ᠨᠢ　ᠨᠢ
ni
нь [n]
その

1.4 no

< no- >		< -nu- >		< -nu >	
ᠨᠣᠶᠢᠷ ᠨᠣᠶᠢᠷ	noyir нойр 眠り	ᠣᠨᠣᠨ ᠣᠨᠣᠨ	Onun Онон オノン（河）	ᠣᠨᠤ ᠣᠨᠤ	onu оно 当てろ

1.5 nu

< nu- >		< -nu- >		< -nu >	
ᠨᠤᠷᠠᠨ᠎ᠠ ᠨᠤᠷᠠᠨ᠎ᠠ	nuran-a нурна 崩れる	ᠤᠨᠤᠨ᠎ᠠ ᠤᠨᠤᠨ᠎ᠠ	unun-a унана 乗る	ᠤᠨᠤ ᠤᠨᠤ	unu уна 乗れ

1.6 nö

< nö- >		< -nü- >		< -nü >	
ᠨᠥᠷᠢ ᠨᠥᠷᠢ	nöri нөр 固執性の	ᠥᠨᠥᠳᠦᠷ ᠥᠨᠥᠳᠦᠷ	önüdür өнөөдөр 今日	ᠥᠨᠦ ᠥᠨᠦ	önü өнөө 今の

＊ ᠳ ＝ d

1.7 nü

< nü- >		< -nü- >		< -nü >	
ᠨᠦᠷ᠎ᠡ ᠨᠦᠷ᠎ᠡ	nür-e нүр コケモモ	ᠦᠨᠦᠷ ᠦᠨᠦᠷ	ünür үнэр におい	ᠲᠡᠨᠦ ᠲᠡᠨᠦ	tenü тэнэ さまよえ

＊ ᠲ ＝ t

2 音節末

2.1 語中形

< -n- > -n+d-（ᠳ）を例に挙げる.

ᠡᠨᠳᠡ ᠡᠨᠳᠡ	ende энд ここに	ᠢᠨᠳᠡᠦ ᠢᠨᠳᠡᠦ	indeü индүү アイロン	ᠣᠨᠳᠤᠤ ᠣᠨᠳᠤᠤ	onduu ондоо 別の

2.2 語末形

＜ -n ＞

ᠣᠨ ᠣᠨ on он 年	ᠡᠶᠢᠨ ᠡᠶᠢᠨ eyin ийн このような	ᠣᠷᠤᠨ ᠣᠷᠤᠨ orun орон 地域，くに

練習問題（3.2） 8

次の単語をモンゴル文字で書きなさい.

(1) үнэн　(2) унь　(3) нойр　(4) өнөөдөр　(5) энд　(6) орон

3.3 b（б（～в））

b は，中心線から右に張り出た弓を持つので，円唇母音（o, u, ö, ü）を続けて書く際には，中に包み込むように綴ることに注意.

	b	ba	be	bi	bo	bu	bö	bü
語頭形	ᠪ‍	ᠪᠠ‍	ᠪᠡ‍	ᠪᠢ‍	ᠪᠣ‍	ᠪᠤ‍	ᠪᠥ‍	ᠪᠦ‍
語中形	‍ᠪ‍	‍ᠪᠠ‍	‍ᠪᠡ‍	‍ᠪᠢ‍	‍ᠪᠣ‍	‍ᠪᠤ‍	‍ᠪᠥ‍	‍ᠪᠦ‍
語末形	‍ᠪ	‍ᠪᠠ	‍ᠪᠡ	‍ᠪᠢ	‍ᠪᠣ	‍ᠪᠤ	‍ᠪᠥ	‍ᠪᠦ
独立形		ᠪᠠ	ᠪᠡ	ᠪᠢ	ᠪᠣ	ᠪᠤ	ᠪᠥ	ᠪᠦ

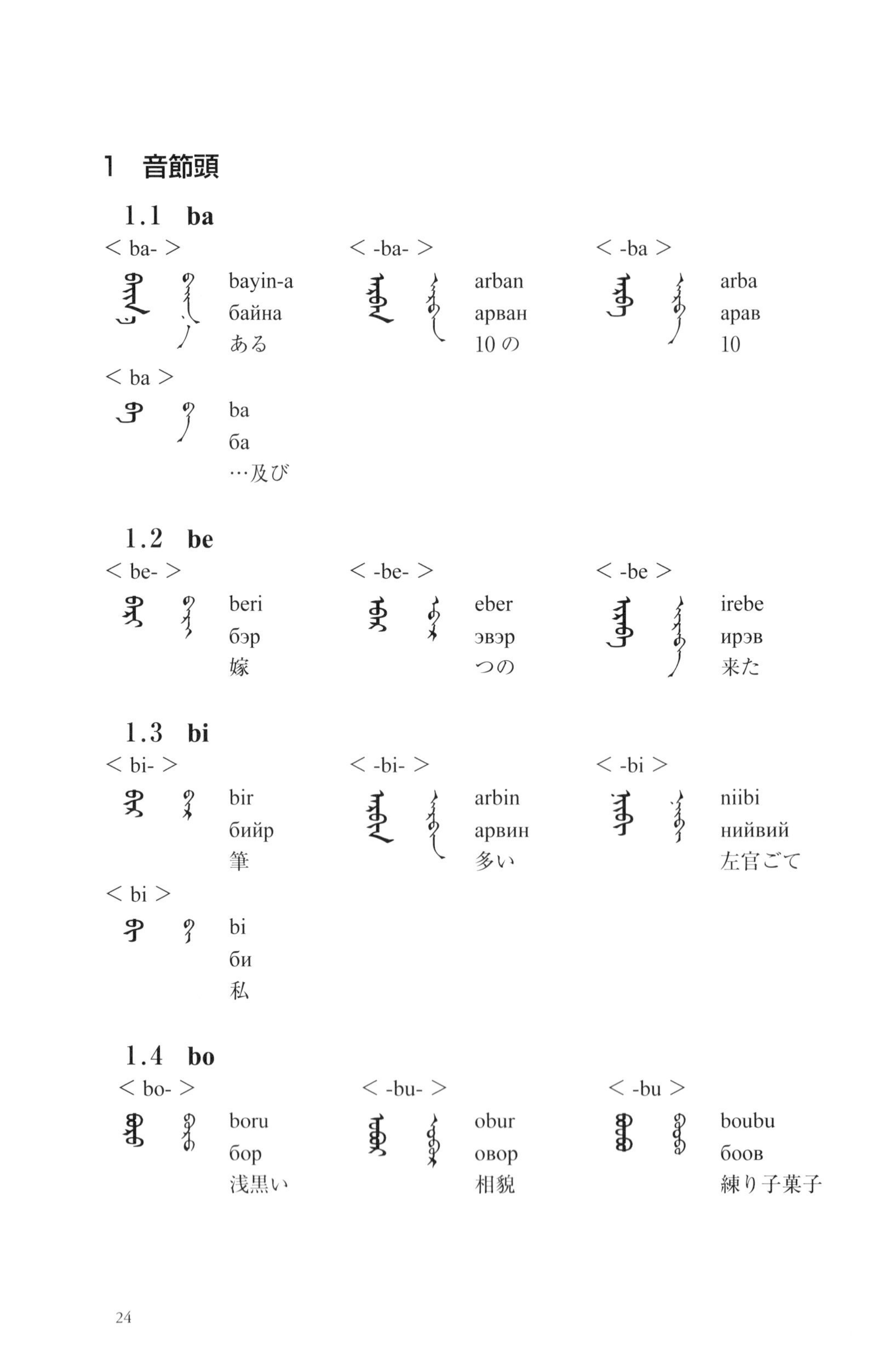

1　音節頭

1.1　ba

< ba- >

bayin-a
байна
ある

< -ba- >

arban
арван
10の

< -ba >

arba
арав
10

< ba >

ba
ба
…及び

1.2　be

< be- >

beri
бэр
嫁

< -be- >

eber
эвэр
つの

< -be >

irebe
ирэв
来た

1.3　bi

< bi- >

bir
бийр
筆

< -bi- >

arbin
арвин
多い

< -bi >

niibi
нийвий
左官ごて

< bi >

bi
би
私

1.4　bo

< bo- >

boru
бор
浅黒い

< -bu- >

obur
овор
相貌

< -bu >

boubu
боов
練り子菓子

1.5 bu

< bu- >

ᠪᠤᠤᠷ᠎ᠠ buur-a
буур
種ラクダ

< -bu- >

ᠠᠪᠤᠷᠢ aburi
авир
性格

< -bu >

ᠠᠪᠤ abu
аав
お父さん

1.6 bö

< bö- >

ᠪᠥᠷᠲᠦ börtü
бөрт
黒灰斑

< -bü- >

ᠥᠪᠦᠷ öbür
өвөр
南面

< -bü >

ᠬᠥᠪᠦ köbü
хөв
ほぐし伸ばせ

* ᠲ = t

* ᠬᠥ = kö-

1.7 bü

< bü- >

ᠪᠦᠷᠢᠨ bürin
бүрэн
完全な

< -bü- >

ᠡᠪᠦᠷ ebür
өвөр
懐

< -bü >

ᠫᠦᠷᠪᠦ pürbü
пүрэв
木曜

* ᠫᠦ = pü-

2 音節末

2.1 語中形

< -b- >

ᠡᠪᠲᠡᠢ ebtei
эвтэй
仲の良い

* ᠲ = t

2.2 語末形

< -b >

ᠡᠪ eb
эв
仲の良さ

ᠥᠪ öb
өв
遺産

練習問題（3.3）

9

次の単語をモンゴル文字で書きなさい.

(1) байна (2) ирэв (3) би (4) авир (5) бүрэн (6) өв

3.4 q / k (x)

キリル文字ではxという同じ文字形で表される，対応するモンゴル文字のqとkは，母音の種類に従って使い分けて表記される．これは，文字の起源的が互いに異なることに由来するのであるが，現代語では一般に，qは男性母音時の〔χ〕音が相当し，kは女性・中性母音時に発音される[x]音を表す．なお，q／kは音節末の位置には来ない．

	q	k	qa	ke	ki	qo	qu	kö	kü
語頭形	ᠬ‍	ᠬ‍	ᠬᠠ‍	ᠬᠡ‍	ᠬᠢ‍	ᠬᠣ‍	ᠬᠤ‍	ᠬᠥ‍	ᠬᠦ‍
語中形	‍ᠬ‍（+母音）	‍ᠬ‍（+母音）	‍ᠬᠠ‍	‍ᠬᠡ‍	‍ᠬᠢ‍	‍ᠬᠣ‍	‍ᠬᠤ‍	‍ᠬᠥ‍	‍ᠬᠦ‍
語末形			‍ᠬᠠ	‍ᠬᠡ	‍ᠬᠢ	‍ᠬᠣ	‍ᠬᠤ	‍ᠬᠥ	‍ᠬᠦ
独立形			ᠬᠠ	ᠬᠡ	ᠬᠢ	ᠬᠣ	ᠬᠤ	ᠬᠥ	ᠬᠦ

1 qa

< qa- >

ᠬᠠᠪᠤᠷ
qabur
хавар
春

< -qa- >

ᠨᠣᠬᠠᠢ
noqai
нохой
イヌ

< -q-a >

ᠠᠬ᠎ᠠ
aq-a
ах
兄

< qa >

ᠬᠠ
qa
хаа
前足

2 ke

< ke- >

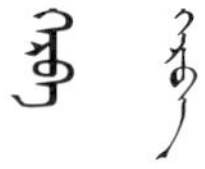

kerbe
хэрвээ
もし

< -ke- >

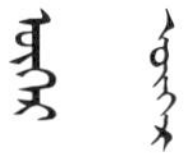

üker
үхэр
牛

< -ke >

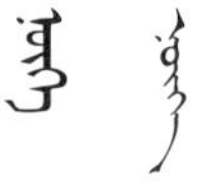

nüke
нүх
穴

< ke >

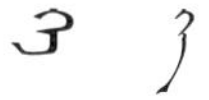

ke
хээ
模様

3 ki

< ki- >

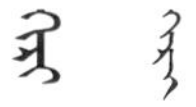

kiri
хир
程度

< -ki- >

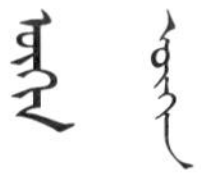

ökin
охин
娘

< -ki >

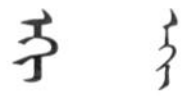

eki
эх
最初

< ki >

ki
-х
…の（もの）

4 qo

< qo- >

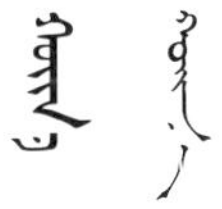

qoyin-a
хойно
後ろに

< -qu- >

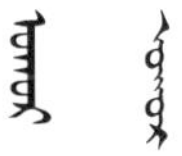

oqur
охор
短い

< -qu >

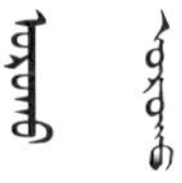

oruqu
орох
入る

5　qu

＜ qu- ＞

ᠬᠤᠪᠢ　ᠬᠤᠪᠢ　qubi
хувь
分け前

＜ -qu- ＞

ᠤᠬᠤᠨ᠎ᠠ　ᠤᠬᠤᠨ᠎ᠠ　uqun-a
ухна
種ヤギ

＜ -qu ＞

ᠠᠪᠬᠤ　ᠠᠪᠬᠤ　abqu
авах
取る

6　kö

＜ kö- ＞

ᠬᠥᠬᠡ　ᠬᠥᠬᠡ　köke
хөх
青い

＜ -kü- ＞

ᠨᠥᠬᠥᠷ　ᠨᠥᠬᠥᠷ　nökür
нөхөр
友；夫

＜ -kü ＞

ᠥᠷᠨᠢᠬᠦ　ᠥᠷᠨᠢᠬᠦ　örnikü
өрнөх
発展する

＜ kọ̈ ＞

ᠬᠥ　ᠬᠥ　kọ̈
хөө
すす

7　kü

＜ kü- ＞

ᠬᠦᠦ　ᠬᠦᠦ　küü
хүү
息子

＜ -kü- ＞

ᠪᠦᠬᠦᠢ　ᠪᠦᠬᠦᠢ　büküi
бүхий
…のある

＜ -kü ＞

ᠬᠢᠬᠦ　ᠬᠢᠬᠦ　kikü
хийх
する；作る

＜ kü ＞

ᠡᠨᠡ ᠬᠦ　ᠡᠨᠡ ᠬᠦ　ene kü
энэхүү
正にこの

練習問題（3.4）

次の単語をモンゴル文字で書きなさい.

(1) хавар　(2) үхэр　(3) охин　(4) хойно　(5) нөхөр　(6) хүү

3.5　γ / g (г)

キリル文字ではгという同じ文字形で表される，モンゴル文字のγとgは，先のq / k同様，母音の種類に従って使い分けて表記される．γは，qに2つの点を付した形をしており判別的である．ところがgには，点など識別するものがなく，kと全く同じ形を用いる．γの2つの点は，nの点同様，音節末の位置では省略され書かれない．γ / gは共に，子音として発音される他，母音間の位置では単語によって，長母音を表す記号としても機能し，その場合発音されない．

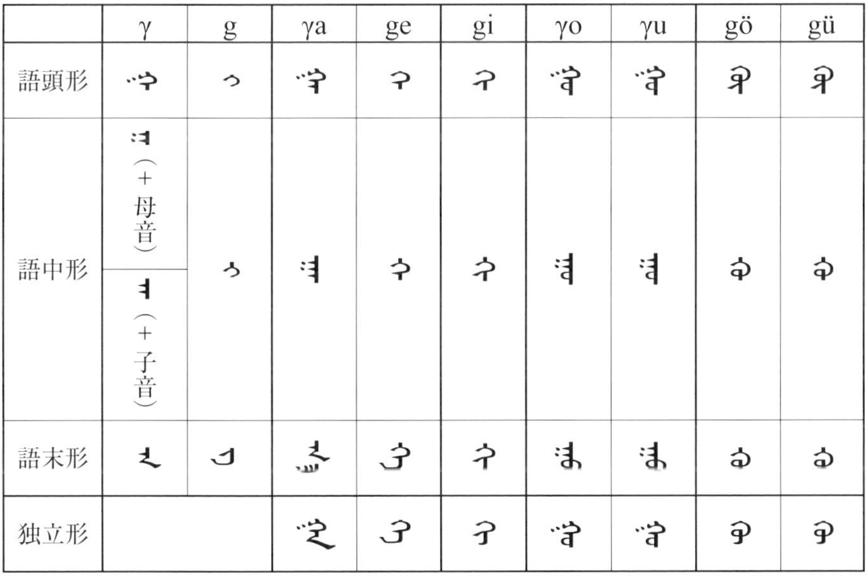

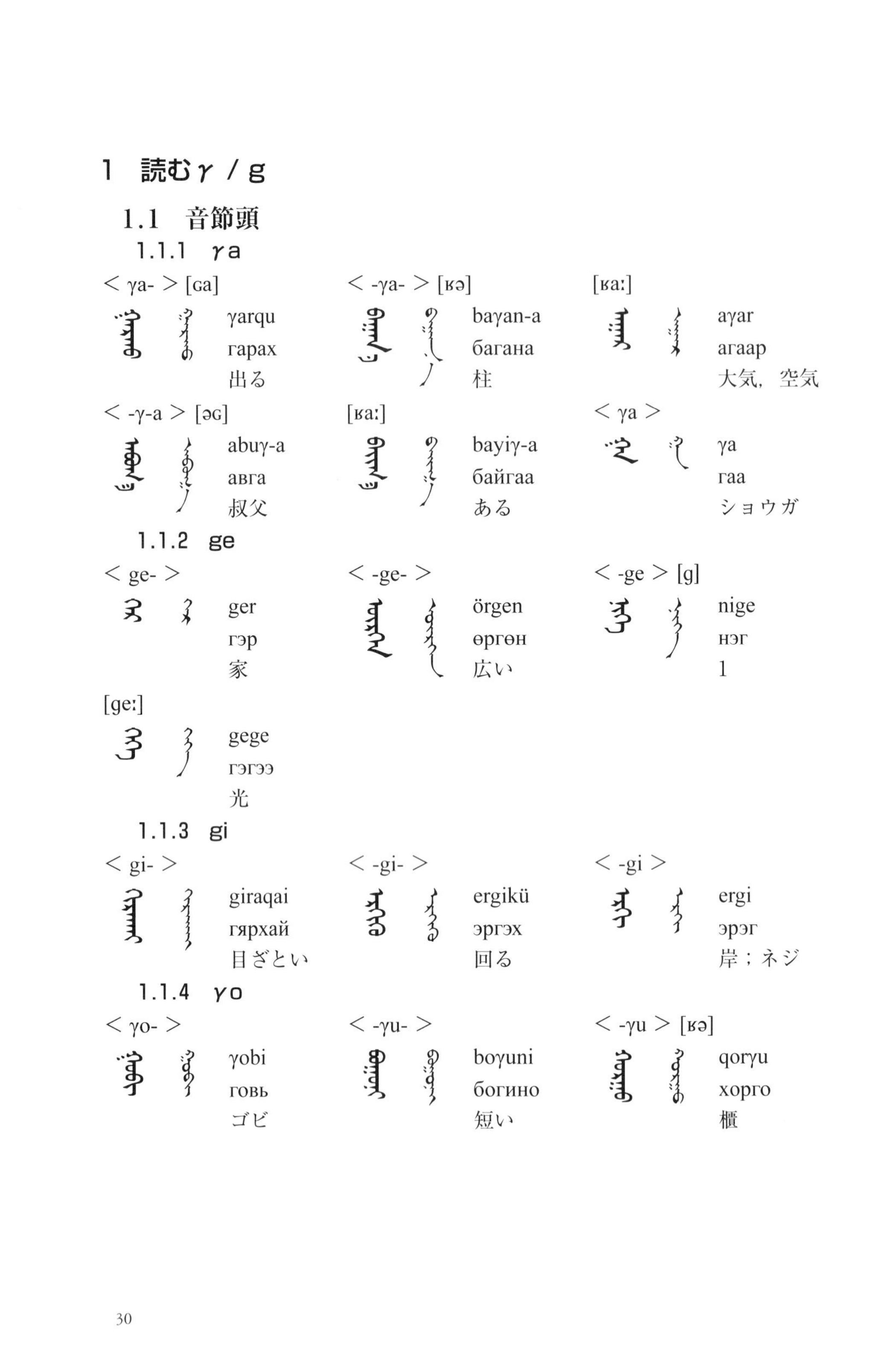

1 読むγ / g

1.1 音節頭

1.1.1 γa

< γa- > [ɢa]

γarqu
гарах
出る

< -γa- > [ʁə]

baγan-a
багана
柱

[ʁaː]

aγar
агаар
大気，空気

< -γ-a > [əɢ]

abuγ-a
авга
叔父

[ʁaː]

bayiγ-a
байгаа
ある

< γa >

γa
гаа
ショウガ

1.1.2 ge

< ge- >

ger
гэр
家

< -ge- >

örgen
өргөн
広い

< -ge > [g]

nige
нэг
1

[geː]

gege
гэгээ
光

1.1.3 gi

< gi- >

giraqai
гярхай
目ざとい

< -gi- >

ergikü
эргэх
回る

< -gi >

ergi
эрэг
岸；ネジ

1.1.4 γo

< γo- >

γobi
говь
ゴビ

< -γu- >

boγuni
богино
短い

< -γu > [ʁə]

qorγu
хорго
櫃

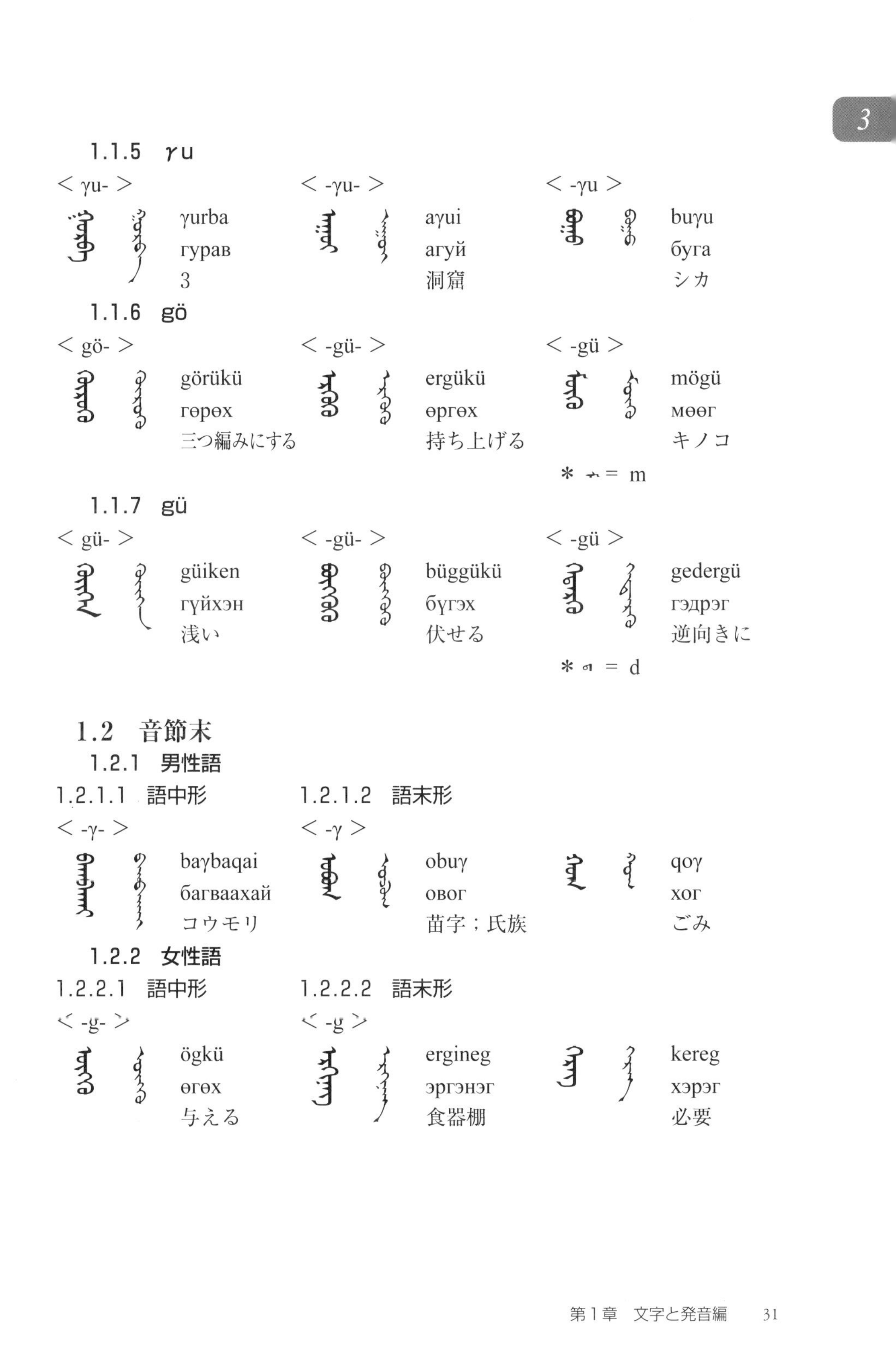

1.1.5 γu

< γu- >

γurba
гурав
3

< -γu- >

aγui
агуй
洞窟

< -γu >

buγu
буга
シカ

1.1.6 gö

< gö- >

görükü
гөрөх
三つ編みにする

< -gü- >

ergükü
өргөх
持ち上げる

< -gü >

mögü
мөөг
キノコ

＊ ᠮ = m

1.1.7 gü

< gü- >

güiken
гүйхэн
浅い

< -gü- >

büggükü
бүгэх
伏せる

< -gü >

gedergü
гэдрэг
逆向きに

＊ ᠳ = d

1.2 音節末

1.2.1 男性語

1.2.1.1 語中形

< -γ- >

baγbaqai
багваахай
コウモリ

1.2.1.2 語末形

< -γ >

obuγ
овог
苗字；氏族

qoγ
хог
ごみ

1.2.2 女性語

1.2.2.1 語中形

< -g- >

ögkü
өгөх
与える

1.2.2.2 語末形

< -g >

ergineg
эргэнэг
食器棚

kereg
хэрэг
必要

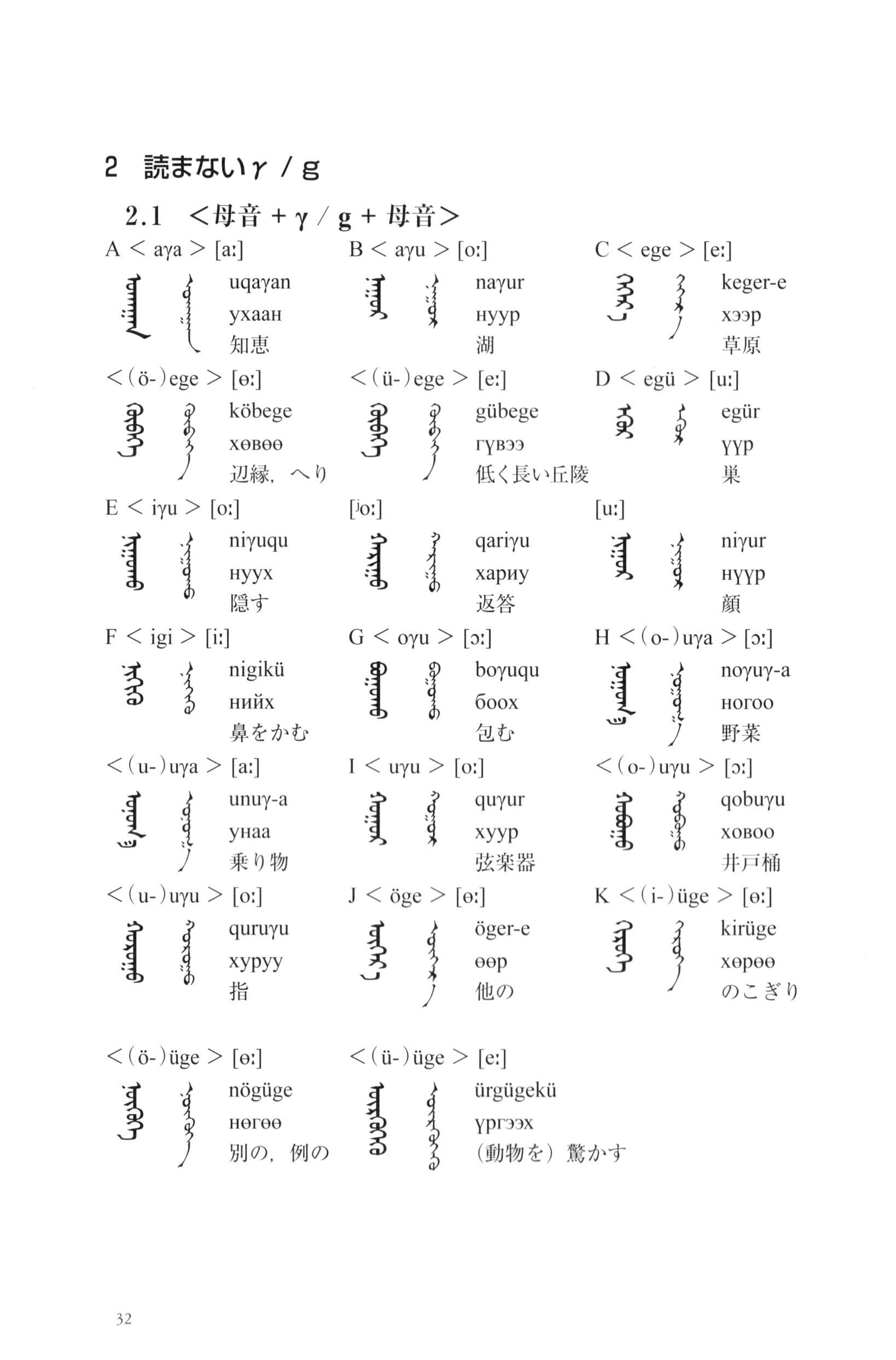

2　読まないγ / g

2.1　＜母音 + γ / g + 母音＞

A ＜ aγa ＞ [aː]

uqaγan
ухаан
知恵

B ＜ aγu ＞ [oː]

naγur
нуур
湖

C ＜ ege ＞ [eː]

keger-e
хээр
草原

＜(ö-)ege ＞ [ɵː]

köbege
хөвөө
辺縁，へり

＜(ü-)ege ＞ [eː]

gübege
гүвээ
低く長い丘陵

D ＜ egü ＞ [uː]

egür
үүр
巣

E ＜ iγu ＞ [oː]

niγuqu
нуух
隠す

[ʲoː]

qariγu
хариу
返答

[uː]

niγur
нүүр
顔

F ＜ igi ＞ [iː]

nigikü
нийх
鼻をかむ

G ＜ oγu ＞ [ɔː]

boγuqu
боох
包む

H ＜(o-)uγa ＞ [ɔː]

noγuγ-a
ногоо
野菜

＜(u-)uγa ＞ [aː]

unuγ-a
унаа
乗り物

I ＜ uγu ＞ [oː]

quγur
хуур
弦楽器

＜(o-)uγu ＞ [ɔː]

qobuγu
ховоо
井戸桶

＜(u-)uγu ＞ [oː]

quruγu
хуруу
指

J ＜ öge ＞ [ɵː]

öger-e
өөр
他の

K ＜(i-)üge ＞ [ɵː]

kirüge
хөрөө
のこぎり

＜(ö-)üge ＞ [ɵː]

nögüge
нөгөө
別の，例の

＜(ü-)üge ＞ [eː]

ürgügekü
үргээх
（動物を）驚かす

2.2 ＜母音＋γ／g＋母音＋γ／g＋母音＞

A ＜ aγaγa ＞ [aː]

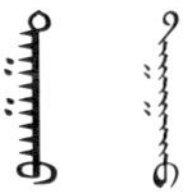

daγaγaqu
даах
請け負う

B ＜ egege ＞ [eː]

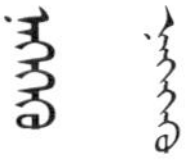

negegekü
нээх
開ける

C ＜ ögege- ＞ [ɵː]

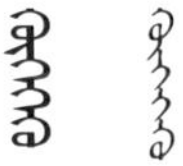

kögegekü
хөөх
追う

＊ ᠳ ＝ d

練習問題（3.5） 11

次の単語をモンゴル文字で書きなさい.

(1) гарах　(2) нэг　(3) богино　(4) өгөх　(5) хуруу　(6) нээх

3.6 ng（н[г]）

ng は「n ＋ g」よりなる文字であるが，モンゴル文字としては 1 文字とみなす．下に直接母音を伴うことがなく，常に音節末の位置に現れる．つまり，語中にあっては，必ず何らかの子音を下に伴って使われる．以下 1 は，既習の文字に付いた場合の若干例である．

	ng
語頭形	
語中形	
語末形	

1　語中形

< -ngn- >

angnaqu
агнах
狩る

engnege
эгнээ
列

< -ngq- >

angq-a
анх
初め

qongqu
хонх
鈴，ベル

< -ngk- >

engke
энх
平和な

< -ngγ- >

ongγun
онгон
神聖な

< -ngg- >

anggi
анги
クラス

2　語末形

< -ng >

ang
ан
狩の獲物

qubing
хувин
バケツ

γangγang
ганган
おしゃれな

12 **練習問題（3.6）**

次の単語をモンゴル文字で書きなさい.

(1) агнах　(2) анх　(3) энх　(4) анги　(5) ан　(6) ганган

3.7 m（м）

モンゴル文字の m は，титэм に гэзэг《お下げ髪》を付けた形で表される．

	m	ma	me	mi	mo	mu	mö	mü
語頭形	ᠮ	ᠮᠠ	ᠮᠡ	ᠮᠢ	ᠮᠣ	ᠮᠤ	ᠮᠥ	ᠮᠦ
語中形	ᠮ	ᠮᠠ	ᠮᠡ	ᠮᠢ	ᠮᠣ	ᠮᠤ	ᠮᠥ	ᠮᠦ
語末形	ᠮ	ᠮᠠ ᠮ᠎ᠠ	ᠮᠡ ᠮ᠎ᠡ	ᠮᠢ	ᠮᠣ	ᠮᠤ	ᠮᠥ	ᠮᠦ
独立形		ᠮᠠ	ᠮᠡ	ᠮᠢ	ᠮᠣ	ᠮᠤ	ᠮᠥ	ᠮᠦ

1　音節頭

1.1　ma

＜ ma- ＞

ᠮᠠᠭᠤ　maγu
муу
悪い

＜ -ma- ＞

ᠠᠮᠠᠷ　amar
амар
簡単な

＜ -ma ＞

ᠨᠠᠢᠮᠠ　naima
найм
8

＜ -m-a ＞

ᠨᠢᠮ᠎ᠠ　nim-a
ням
日曜

1.2　me

＜ me- ＞

ᠮᠡᠬᠡ　meke
мэх
詭計

＜ -me- ＞

ᠢᠷᠮᠡᠭ　irmeg
ирмэг
へり，角

＜ -me ＞

ᠨᠡᠮᠡ　neme
нэм
加えろ

< -m-e >

ᠡᠮᠡ ᠡᠮᠡ
em-e
эм
女

1.3 mi

< mi- >

ᠮᠢᠭᠮᠠᠷ ᠮᠢᠭᠮᠠᠷ
miγmar
мягмар
火曜

< -mi- >

ᠨᠣᠮᠢᠨ ᠨᠣᠮᠢᠨ
nomin
номин
瑠璃

< -mi >

ᠠᠮᠢ ᠠᠮᠢ
ami
амь
命

1.4 mo

< mo- >

ᠮᠣᠷᠢ ᠮᠣᠷᠢ
mori
морь
馬

< -mu- >

ᠨᠣᠮᠤᠬᠠᠨ ᠨᠣᠮᠤᠬᠠᠨ
nomuqan
номхон
おとなしい

< -mu >

ᠣᠶᠢᠮᠤ ᠣᠶᠢᠮᠤ
oyimu
ойм
丸木舟

1.5 mu

< mu- >

ᠮᠤᠬᠤᠯᠠᠭ ᠮᠤᠬᠤᠯᠠᠭ
muqulaγ
мухлаг
屋台店

* ᠯ = l

< -mu- >

ᠨᠠᠮᠤᠷ ᠨᠠᠮᠤᠷ
namur
намар
秋

< -mu >

ᠨᠤᠮᠤ ᠨᠤᠮᠤ
numu
нум
弓

1.6 mö

< mö- >

ᠮᠥᠩᠭᠦ ᠮᠥᠩᠭᠦ
mönggü
мөнгө
銀；お金

< -mü- >

ᠬᠥᠮᠦᠷᠭᠡ ᠬᠥᠮᠦᠷᠭᠡ
kömürge
хөмрөг
倉庫

< -mü >

ᠮᠥᠮᠦ ᠮᠥᠮᠦ
mömü
мөөм
乳房

1.7 mü

< -mü- >

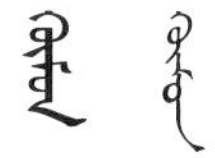

kümün
хүн
人

< -mü >

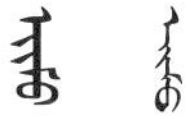

eyimü
ийм
こんな

2 音節末

2.1 語中形

< -m- >

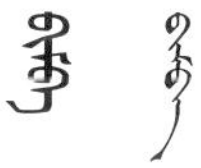

bimba
бямба
土曜

2.2 語末形

< -m >

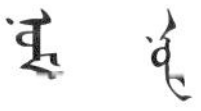

nom
ном
本

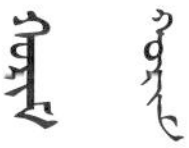

qurim
хурим
結婚式

13

練習問題（3.7）

次の単語をモンゴル文字で書きなさい.

(1) муу　(2) ирмэг　(3) амь　(4) намар　(5) хүн　(6) хурим

3.8 l (л)

モンゴル文字の l は，титэм に эвэр《つの》を付けた形で表される．

	l	la	le	li	lo	lu	lö	lü
語頭形	ᠯ	ᠯᠠ	ᠯᠡ	ᠯᠢ	ᠯᠣ	ᠯᠤ	ᠯᠥ	ᠯᠦ
語中形	ᠯ	ᠯᠠ	ᠯᠡ	ᠯᠢ	ᠯᠣ	ᠯᠤ	ᠯᠥ	ᠯᠦ
語末形	ᠯ	ᠯᠠ ᠯ᠎ᠠ	ᠯᠡ ᠯ᠎ᠡ	ᠯᠢ	ᠯᠣ	ᠯᠤ	ᠯᠥ	ᠯᠦ
独立形		ᠯᠠ	ᠯᠡ	ᠯᠢ	ᠯᠣ	ᠯᠤ	ᠯᠥ	ᠯᠦ

1　音節頭

1.1　la

＜ la- ＞

ᠯᠠᠪ　lab
лав
必ず

＜ -la- ＞

ᠣᠯᠠᠨ　olan
олон
多くの

＜ -la ＞

ᠠᠭᠤᠯᠠ　aγula
уул
山

＜ -l-a ＞ [ɬ]

ᠲᠠᠯ᠎ᠠ　tal-a
тал
草原

[ɬaː]

ᠠᠪᠤᠯ᠎ᠠ　abul-a
авлаа
取った

[ɬɔː]

ᠣᠷᠤᠯ᠎ᠠ　orul-a
орлоо
入った

＊ ᠲ ＝ t

＜ la ＞ [ɬaː]

ᠯᠠ　la
лаа
ロウソク

[ɬ]

ᠯᠠ　la / le
л [ɬ]
…だけ〈限定〉

1.2 **le**

< le- >

ᠯᠡᠭᠯᠡᠶᠢᠬᠦ legleyikü
лэглийх
毛深くある

< -le- >

ᠪᠡᠯᠡᠭ beleg
бэлэг
贈物

< -le >

ᠡᠭᠦᠯᠡ egüle
үүл
雲

< -l-e > [ɬ]

ᠡᠯ᠎ᠡ el-e
эл
この，本

[ɬeː]

ᠬᠡᠯᠡᠯ᠎ᠡ kelel-e
хэллээ
言った

[ɬɵː]

ᠥᠭᠭᠦᠯ᠎ᠡ öggül-e
өглөө
与えた

1.3 **li**

< li- >

ᠯᠢᠩᠪᠦ lingbü
лимбэ
横笛

< -li- >

ᠠᠯᠢᠮ᠎ᠠ alim-a
алим
リンゴ

< -li >

ᠠᠯᠢ ali
аль
どれ，どの

1.4 **lo**

< lo- >

ᠯᠣᠩᠬᠤ longqu
лонх
瓶

< -lu- >

ᠪᠣᠯᠤᠷ bolur
болор
水晶

< -lu >

ᠬᠣᠷᠯᠤ qorlu
хорол
法輪

1.5 **lu**

< lu- >

ᠯᠤᠤ luu
луу
竜

< -lu- >

ᠪᠤᠯᠤᠩ bulung
булан
角，隅

< -lu >

ᠯᠠᠯᠤ lalu
лал
イスラム

1.6 **lö**

< lö- >

ᠯᠥᠦᠯᠦᠢ löülüi
лөөлий
不成功の

< -lü- >

ᠨᠥᠯᠦᠭᠡ nölüge
нөлөө
影響

< -lü >

ᠥᠯᠦ ölü
өл
灰白色の

1.7 lü

< lü- >

ᠯᠦᠦ lüü
луү
枝編みの篭

< -lü- >

ᠪᠦᠯᠦᠭ bülüg
бүлэг
グループ

< -lü >

ᠪᠦᠯᠦ bülü
бүл
母方のいとこ

2 音節末

2.1 語中形

< -l- >

ᠡᠯᠪᠡᠭ elbeg
элбэг
豊富な

2.2 語末形

< -l >

ᠭᠠᠯ γal
гал
火

ᠮᠣᠩᠭᠣᠯ Mongγul
Монгол
モンゴル

14 **練習問題（3.8）**

次の単語をモンゴル文字で書きなさい.

(1) уул (2) тал (3) үүл (4) алим (5) нөлөө (6) Монгол

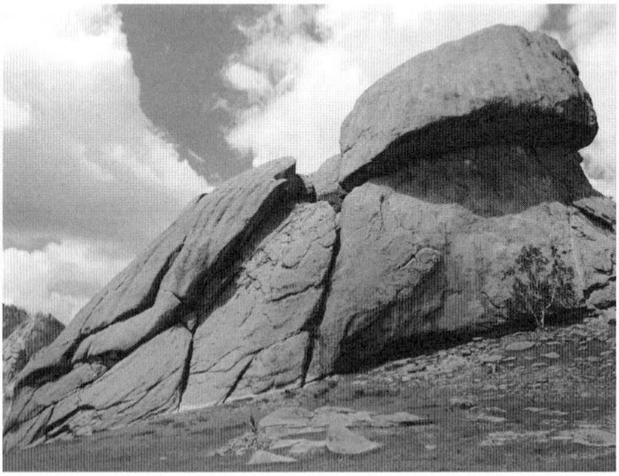

テレルジのメルヒー・ハダ（亀岩）

4 モンゴル文字（3）子音字母（2）

4.1 s（c）

モンゴル文字のsは，横から見た口元のような右に大きく張り出た形で表される．

	s	sa	se	si	so	su	sö	sü
語頭形	ᠰ	ᠰᠠ	ᠰᠡ	ᠰᠢ	ᠰᠣ	ᠰᠤ	ᠰᠥ	ᠰᠦ
語中形	ᠰ	ᠰᠠ	ᠰᠡ	ᠰᠢ	ᠰᠣ	ᠰᠤ	ᠰᠥ	ᠰᠦ
語末形	ᠰ	ᠰᠠ	ᠰᠡ	ᠰᠢ	ᠰᠣ	ᠰᠤ	ᠰᠥ	ᠰᠦ
単　独		ᠰᠠ	ᠰᠡ	ᠰᠢ	ᠰᠣ	ᠰᠤ	ᠰᠥ	ᠰᠦ

1　音節頭

1.1　sa

< sa- >

ᠰᠠᠯᠬᠢ　salki
салхи
風

< -sa- >

ᠠᠰᠠᠭᠤᠬᠤ　asaγuqu
асуух
尋ねる

< -sa >

ᠪᠠᠰᠠ　basa
бас
…もまた

1.2　se

< se- >

ᠰᠡᠷᠢᠭᠦᠨ　serigün
сэрүүн
涼しい

< -se- >

ᠢᠰᠡᠭᠡᠢ　isegei
исгий
フェルト

< -se >

ᠪᠥᠭᠰᠡ　bögse
бөгс
臀部

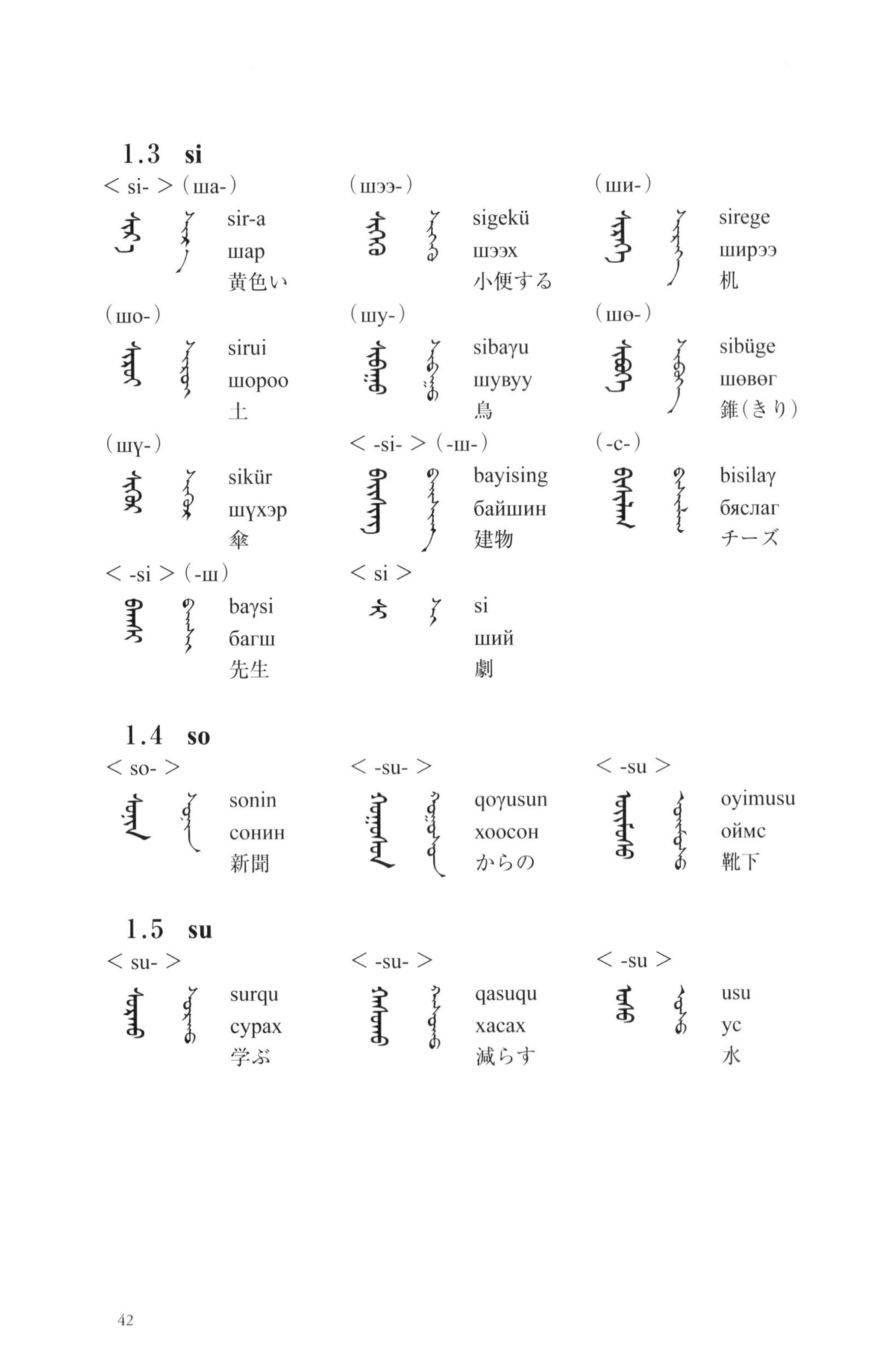

1.3 si

＜ si- ＞（ша-）

- sir-a / шар / 黄色い

（шээ-）

- sigekü / шээх / 小便する

（ши-）

- sirege / ширээ / 机

（шо-）

- sirui / шороо / 土

（шу-）

- sibaγu / шувуу / 鳥

（шө-）

- sibüge / шөвөг / 錐（きり）

（шү-）

- sikür / шүхэр / 傘

＜ -si- ＞（-ш-）

- bayising / байшин / 建物

（-с-）

- bisilaγ / бяслаг / チーズ

＜ -si ＞（-ш）

- baγsi / багш / 先生

＜ si ＞

- si / ший / 劇

1.4 so

＜ so- ＞

- sonin / сонин / 新聞

＜ -su- ＞

- qoγusun / хоосон / からの

＜ -su ＞

- oyimusu / оймс / 靴下

1.5 su

＜ su- ＞

- surqu / сурах / 学ぶ

＜ -su- ＞

- qasuqu / хасах / 減らす

＜ -su ＞

- usu / ус / 水

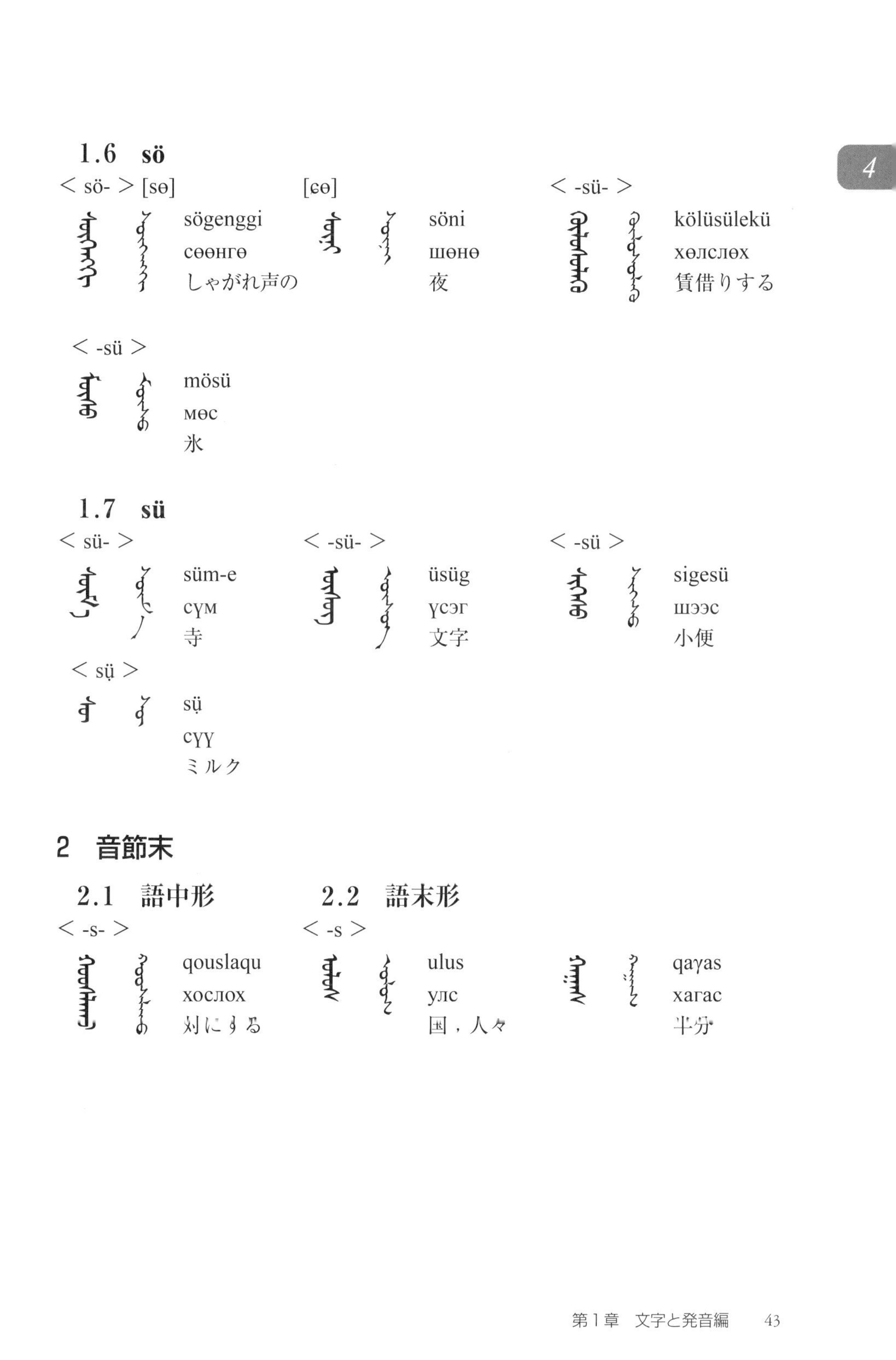

1.6 sö

< sö- > [sɵ]

sögenggi
сөөнгө
しゃがれ声の

[ɕɵ]

söni
шөнө
夜

< -sü- >

kölüsülekü
хөлслөх
賃借りする

< -sü >

mösü
мөс
氷

1.7 sü

< sü- >

süm-e
сүм
寺

< -sü- >

üsüg
үсэг
文字

< -sü >

sigesü
шээс
小便

< sụ̈ >

sụ̈
сүү
ミルク

2 音節末

2.1 語中形

< -s- >

qouslaqu
хослох
対にする

2.2 語末形

< -s >

ulus
улс
国，人々

qaγas
хагас
半分

3　子音団

< -rsl- >

ᠠᠷᠰᠯᠠᠨ
arslan
арслан
ライオン

< -rs >

ᠪᠠᠷᠰ
bars
бар(с)
トラ

4　-sq- / -sk- (-сг- ～ -шг-)

キリル文字で -сг- (少数の語で -шг-) と綴られる，対応するモンゴル文字綴りは通常 -sq- / -sk- となる．モンゴル文字綴りを見ながらの転写では，男性語の場合は q で綴られるため γ と転写することはないであろうが，女性語の場合は，g と k が同形の文字であるため，-сг- が -sk- と転写されることに注意が必要である．

4.1　-сг-

4.1.1　男性語

< -sq- >

ᠪᠠᠭᠠᠰᠬᠠᠬᠤ
baγasqaqu
багасгах
小さくする

ᠬᠤᠪᠢᠰᠬᠠᠯ
qubisqal
хувьсгал
革命

ᠠᠮᠢᠰᠬᠤᠯ
amisqul
амьсгал
呼吸

4.1.2　女性語

< -sk- >

ᠡᠮᠦᠰᠬᠡᠬᠦ
emüskekü
өмсгөх
着せる

ᠥᠰᠬᠡᠬᠦ
öskekü
өсгөх
育てる

ᠭᠡᠰᠬᠡᠬᠦ
geskekü
гэсгэх
融かす

4.2　-шг-

4.2.1　男性語

< -sk- >

ᠠᠭᠤᠰᠬᠢ
aγuski
уушги
肺

ᠮᠤᠰᠬᠢᠬᠤ
muskiqu
мушгих
ねじる

4.2.2 女性語

< -sk- >

ᠢᠰᠭᠦᠯᠬᠦ	ᠢᠰᠭᠦᠯᠬᠦ	iskülkü өшиглөх 蹴る	ᠬᠥᠰᠬᠦᠯᠡᠬᠦ	ᠬᠥᠰᠬᠦᠯᠡᠬᠦ	köskülekü хөшиглөх 肉をこそぐ	ᠭᠢᠰᠬᠢᠬᠦ	ᠭᠢᠰᠬᠢᠬᠦ	giskikü гишгэх 踏む

練習問題（4.1）

15

次の単語をモンゴル文字で書きなさい.

(1) сэрүүн　(2) шувуу　(3) оймс　(4) шөнө　(5) хагас　(6) уушги

4.2 t（т）

モンゴル文字のtは，語頭ではтитэмの上に○を冠し，語中・語末では，шилбэの先に○が下に付いた形で表される．モンゴル語の伝統的な音韻体系において，tは音節末の位置には来ない．新しい外来語を表記する場合のtは，伝統語の綴り方とは文字形の使い方が若干異なるので注意が必要である．

A. 伝統的モンゴル語表記のt

	t	ta	te	ti	to	tu	tö	tü
語頭形	ᠲ‍	ᠲᠠ‍	ᠲᠡ‍	ᠲᠢ‍	ᠲᠣ‍	ᠲᠤ‍	ᠲᠥ‍	ᠲᠦ‍
語中形	‍ᠲ‍	‍ᠲᠠ‍	‍ᠲᠡ‍	‍ᠲᠢ‍	‍ᠲᠣ‍	‍ᠲᠤ‍	‍ᠲᠥ‍	‍ᠲᠦ‍
語末形		‍ᠲᠠ	‍ᠲᠡ	‍ᠲᠢ	‍ᠲᠣ	‍ᠲᠤ	‍ᠲᠥ	‍ᠲᠦ
単　独		ᠲᠠ	ᠲᠡ	ᠲᠢ	ᠲᠣ	ᠲᠤ	ᠲᠥ	ᠲᠦ

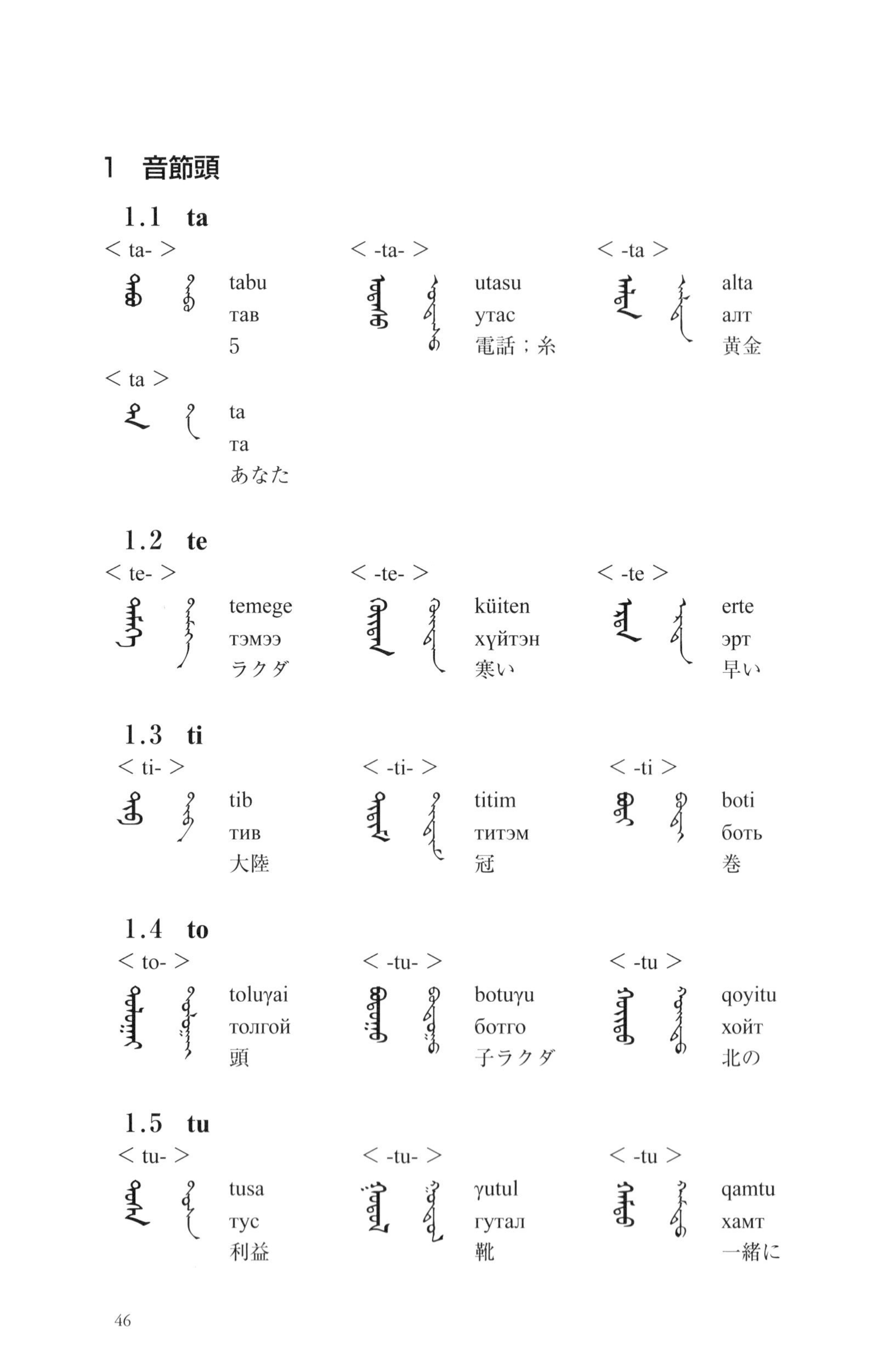

1　音節頭

1.1　ta

< ta- >

tabu
тав
5

< -ta- >

utasu
утас
電話；糸

< -ta >

alta
алт
黄金

< ta >

ta
та
あなた

1.2　te

< te- >

temege
тэмээ
ラクダ

< -te- >

küiten
хүйтэн
寒い

< -te >

erte
эрт
早い

1.3　ti

< ti- >

tib
тив
大陸

< -ti- >

titim
титэм
冠

< -ti >

boti
боть
巻

1.4　to

< to- >

toluγai
толгой
頭

< -tu- >

botuγu
ботго
子ラクダ

< -tu >

qoyitu
хойт
北の

1.5　tu

< tu- >

tusa
тус
利益

< -tu- >

γutul
гутал
靴

< -tu >

qamtu
хамт
一緒に

1.6　tö

＜ tö- ＞

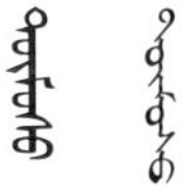

tömüsü
төмс
芋

＜ -tü- ＞

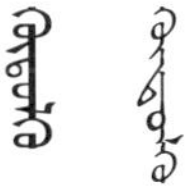

kötülkü
хөтлөх
引いて行く

＜ -tü ＞

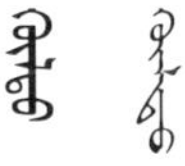

költü
хөлт
脚付きの

1.7　tü

＜ tü- ＞

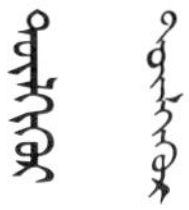

tülkigür
түлхүүр
鍵，キー

＜ -tü- ＞

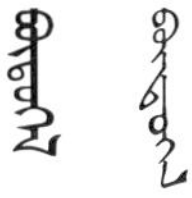

bütügel
бүтээл
著作

＜ -tü ＞

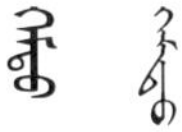

gemtü
гэмт
罪のある

2　子音団

＜ tngr- ＞

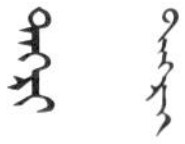

tngri
тэнгэр
天

B．特殊な t

近年の新しい外来語を表記する場合の t は，以下の文字形が用いられる．本課では，区別が必要な場合には t の下に点を付して ṭ とし，通常の t と表記を区別した．

	ṭ
語頭形	
語中形	
語末形	

＜ t- ＞

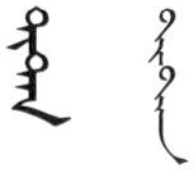

tiṭan
титāн
チタン

＜ -t- ＞

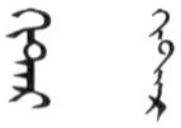

giṭar
гитāр
ギター

＜ -t ＞

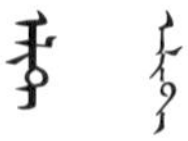

elit
элйт
エリート

16 **練習問題（4.2）**

次の単語をモンゴル文字で書きなさい.

（1）алт　（2）тэмээ　（3）боть　（4）толгой　（5）гутал　（6）түлхүүр

4.3　d（д）

モンゴル文字の d は，基本的に t と同じ文字形で表される．ただし，伝統的なモンゴル語の音韻体系において，t は音節末の位置には来ないため，音節末形がない．一方 d は，音節末子音となるので，その分の文字形を有している点で異なっている．

A．伝統的モンゴル語表記の d

	d		da	de	di	do	du	dö	dü
語頭形	ᠳ‍		ᠳᠠ‍	ᠳᠡ‍	ᠳᠢ‍	ᠳᠣ‍	ᠳᠤ‍	ᠳᠥ‍	ᠳᠦ‍
語中形	‍ᠳ‍（＋母音）	‍ᠳ‍（＋子音）	‍ᠳᠠ‍	‍ᠳᠡ‍	‍ᠳᠢ‍	‍ᠳᠣ‍	‍ᠳᠤ‍	‍ᠳᠥ‍	‍ᠳᠦ‍
語末形	‍ᠳ		‍ᠳᠠ	‍ᠳᠡ	‍ᠳᠢ	‍ᠳᠣ	‍ᠳᠤ	‍ᠳᠥ	‍ᠳᠦ
単　独			ᠳᠠ	ᠳᠡ	ᠳᠢ	ᠳᠣ	ᠳᠤ	ᠳᠥ	ᠳᠦ

1 音節頭

1.1 da

＜ da- ＞

dalai
далай
海

＜ -da- ＞

qudal
худал
うそ

＜ -da ＞

qada
хад
岩

＜ da ＞

da（～ de）
даа[4]
…だね

1.2 de

＜ de- ＞

delekei
дэлхий
世界

＜ -de- ＞

ködege
хөдөө
田舎

＜ -de ＞

egüde
үүд
ドア，扉

1.3 di

＜ di- ＞

diglim
дэглэм
規律

＜ -di- ＞

qandib
хандив
寄付

＜ -di ＞

bandi
банди
小僧

1.4 do

＜ do- ＞

doluγ-a
долоо
7

＜ -du- ＞

bodul
бодол
考え

＜ -du ＞

modu
мод
木

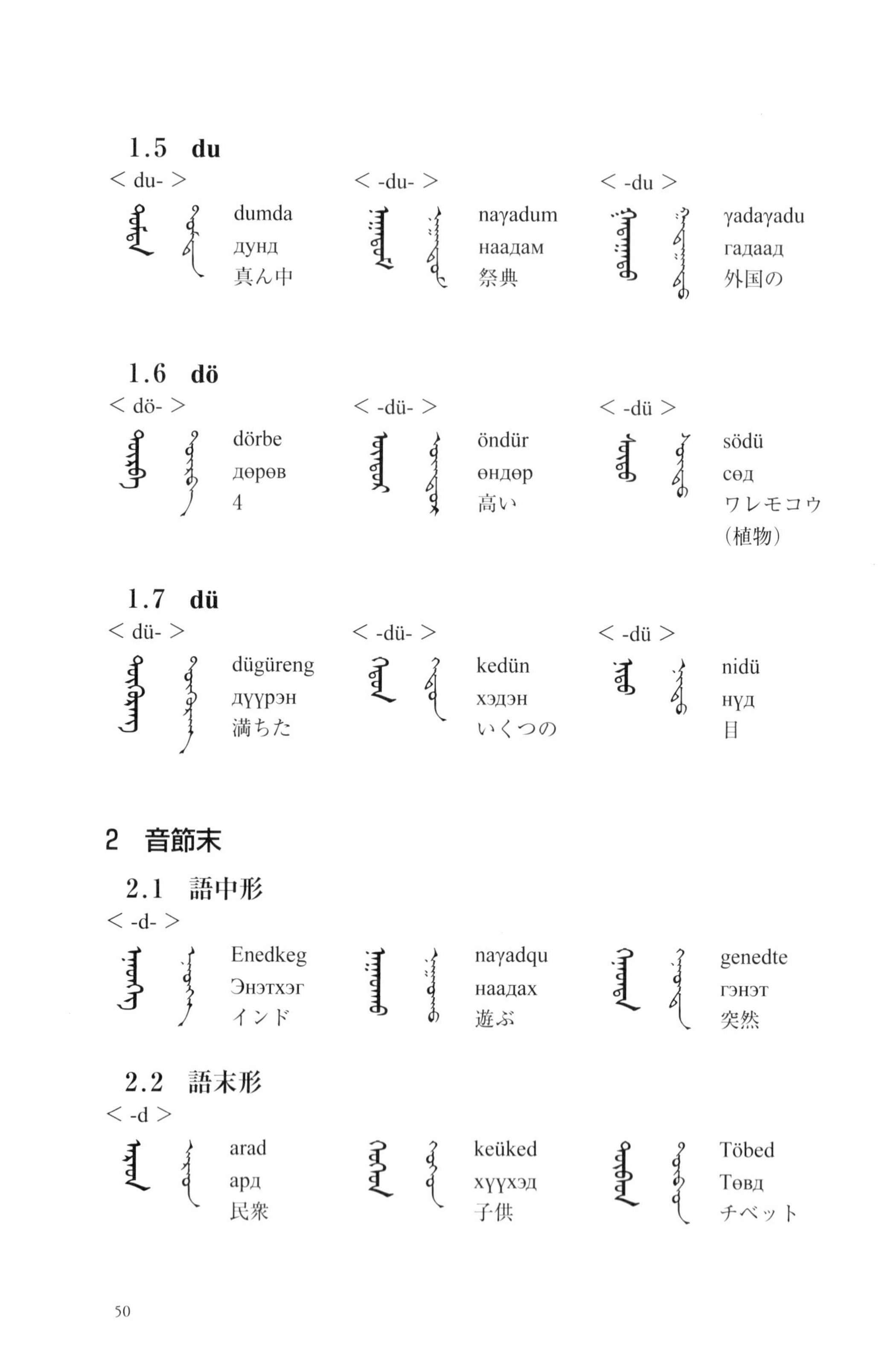

1.5 du

< du- >	< -du- >	< -du >
dumda	naγadum	γadaγadu
дунд	наадам	гадаад
真ん中	祭典	外国の

1.6 dö

< dö- >	< -dü- >	< -dü >
dörbe	öndür	södü
дөрөв	өндөр	сөд
4	高い	ワレモコウ（植物）

1.7 dü

< dü- >	< -dü- >	< -dü >
dügüreng	kedün	nidü
дүүрэн	хэдэн	нүд
満ちた	いくつの	目

2 音節末

2.1 語中形

< -d- >

Enedkeg	naγadqu	genedte
Энэтхэг	наадах	гэнэт
インド	遊ぶ	突然

2.2 語末形

< -d >

arad	keüked	Töbed
ард	хүүхэд	Төвд
民衆	子供	チベット

3　-dq- / -dk-（-тг-）

ハルハ方言で -тг- と綴られる，対応するモンゴル文字綴りは通常，-dq- / -dk- となる．モンゴル文字綴りを見ながらの転写では，男性語の場合は q で綴られるため，γ と転写することはないであろうが，女性語の場合は，g と k が同形の文字であるため，-тг- が -dk- と転写されることに注意されたい．

3.1　男性語

< -dq- >

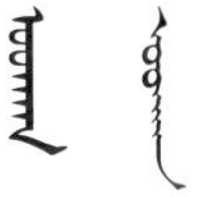
odqan
отгон
末子の

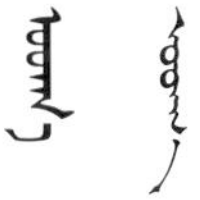
udq-a
утга
意味

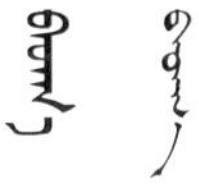
badq-a
батга
にきび

3.2　女性語

< -dk- >

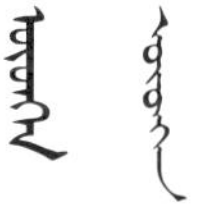
ödken
өтгөн
濃い

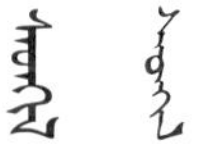
sedkil
сэтгэл
心

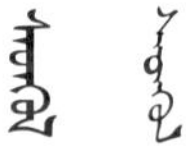
sedkül
сэтгүүл
雑誌

B. 特殊な d

伝統的に d 音を書き分けている単語や，新しい外来語を表記する場合の d は，以下の文字形が用いられる．本課では，区別が必要な場合には，d の下に点を付して ḍ とし，通常の d と表記を区別した．

	ḍ
語頭形	
語中形	
語末形	

4.1　音節頭

＜ ḍa- ＞

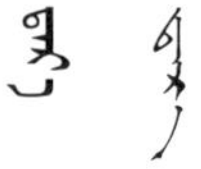

ḍar-a（eke）
дар（эх）
女神

＜ ḍi- ＞

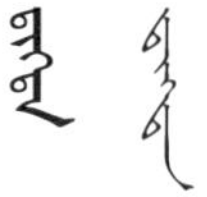

ḍigde
дэгд
リンドウ

＜ ḍo- ＞

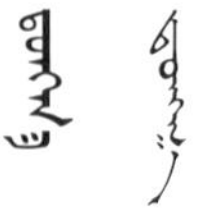

ḍongγ-a
донгаа
サイカチ

＜ ḍu- ＞

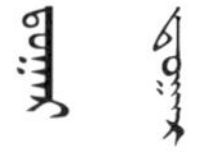

ḍuγar
дугаар
番号

＜ ḍö- ＞

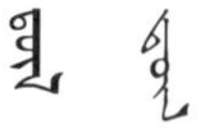

ḍöl
дөл
丘の平地

＜ ḍü- ＞

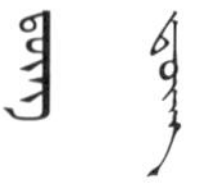

ḍüng
дүн
結果

4.2　音節末

4.2.1　語中形

＜ -ḍ- ＞

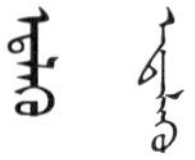

eḍlekü
эдлэх
用いる

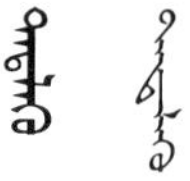

deḍlekü
дэдлэх
2 番目になる

4.2.2　語末形

＜ -ḍ ＞

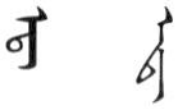

eḍ
эд
品物

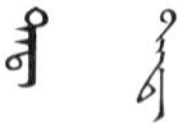

deḍ
дэд
副の

17 **練習問題（4.3）**

次の単語をモンゴル文字で書きなさい.

(1) хөдөө　(2) дунд　(3) хүүхэд　(4) утга　(5) дүн　(6) эд

4.4　č（ц, ч）

モンゴル文字の č は，нуруу の左に L の字形に張出した枝を持つ，キリル文字の ч に似た文字形で表される．č がキリル文字の ц と ч にそれぞれ対応するのは，ハルハ方言が歴史的に，ča, če, čo, ču, čö, čü を ц 音系に発展させ，「či + 次音節の母音」を主に ч 音系に発展させたことによる．なお，モンゴル語の伝統的な語において，č は音節末の位置には来ない．

	č	ča	če	či	čo	ču	čö	čü
語頭形	ᠴ	ᠴᠠ	ᠴᠡ	ᠴᠢ	ᠴᠣ	ᠴᠤ	ᠴᠥ	ᠴᠦ
語中形	ᠴ	ᠴᠠ	ᠴᠡ	ᠴᠢ	ᠴᠣ	ᠴᠤ	ᠴᠥ	ᠴᠦ
語末形	(ᠴ)	ᠴᠠ	ᠴᠡ	ᠴᠢ	ᠴᠣ	ᠴᠤ	ᠴᠥ	ᠴᠦ
単　独		ᠴᠠ	ᠴᠡ	ᠴᠢ	ᠴᠣ	ᠴᠤ	ᠴᠥ	ᠴᠦ

＊ 語末形 ᠴ は外来語表記で見られることがある．

1　ča

＜ča-＞

ᠴᠠᠭᠠᠨ　ᠴᠠᠭᠠᠨ
čaγan
цагаан
白い

＜-ča-＞

ᠬᠤᠪᠴᠠᠰᠤ　ᠬᠤᠪᠴᠠᠰᠤ
qubčasu
хувцас
衣服

＜-ča＞

ᠣᠷᠤᠴᠠ　ᠣᠷᠤᠴᠠ
oruča
орц
入口

2　če

＜če-＞

ᠴᠡᠪᠡᠷ　ᠴᠡᠪᠡᠷ
čeber
цэвэр
清潔な

＜-če-＞

ᠴᠡᠴᠡᠭ　ᠴᠡᠴᠡᠭ
čečeg
цэцэг
花

＜-če＞

ᠺᠢᠴᠡ　ᠺᠢᠴᠡ
kiče
хийц
作り

3　či

3.1　＜či-＞（ча-）

ᠴᠢᠨᠠᠷ　ᠴᠢᠨᠠᠷ
činar
чанар
質

（чи-）

ᠴᠢᠬᠢ　ᠴᠢᠬᠢ
čiki
чих
耳

（чо-）

ᠴᠢᠨᠤ᠎ᠠ　ᠴᠢᠨᠤ᠎ᠠ
činu-a
чоно
オオカミ

（чу-）

ᠴᠢᠯᠠᠭᠤ čilaγu
чулуу
石

（чө-）

ᠴᠢᠯᠦᠭᠡ čilüge
чөлөө
自由

＜ -či- ＞（-чи-）

ᠪᠢᠴᠢᠭ bičig
бичиг
文字；書物

＜ -či ＞（-ч）

ᠡᠮᠴᠢ emči
эмч
医者

＜ či ＞

ᠴᠢ či
чи
君

3.2

＜ či- ＞（ца-）

ᠴᠢᠷᠠᠢ čirai
царай
顔

（цу-）

ᠴᠢᠰᠤ čisu
цус
血

＜ -či- ＞（-цэ-）

ᠡᠴᠢᠭᠡ ečige
эцэг
父

4 čo

＜ čo- ＞（цо-）

ᠴᠣᠩᠬᠤ čongqu
цонх
窓

＜ -ču- ＞（-ц-）

ᠣᠨᠴᠤᠭᠤᠢ končuγui
онцгой
特別な

＜ -ču ＞（-ч）

ᠪᠣᠰᠴᠤ bosču
босч
起きて

（-ж）

ᠣᠳᠴᠤ odču
одож
行って

5 ču

＜ ču- ＞（цу-）

ᠴᠤᠪᠠ čuba
цув
雨合羽

（чу-）

ᠴᠤᠬᠤᠮ čuqum
чухам
いったい

＜ -ču- ＞（-ц-）

ᠢᠪᠴᠤᠤ ibčuu
явцуу
窮屈な

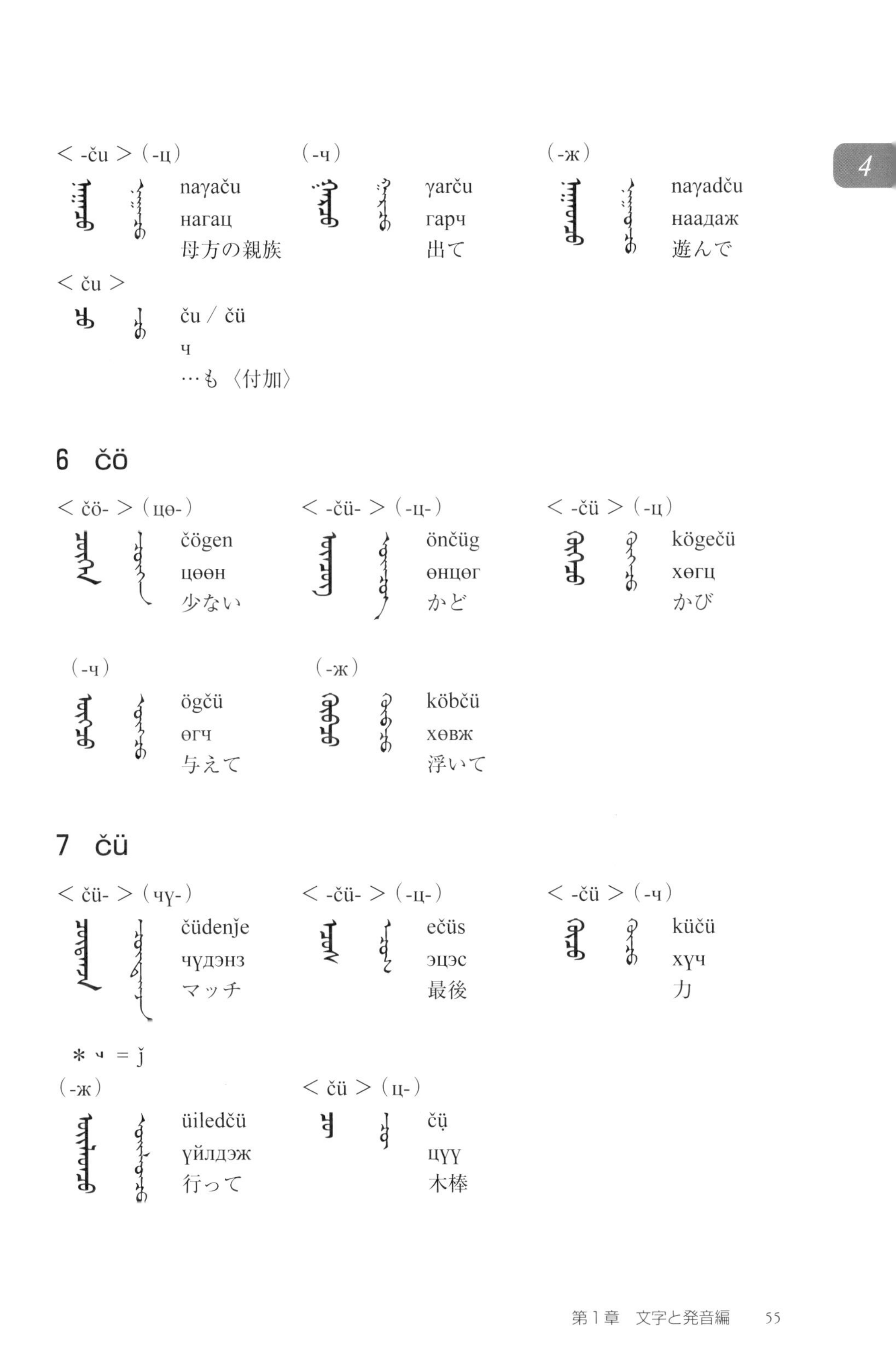

< -ču > (-ц)

naγaču
нагац
母方の親族

(-ч)

γarču
гарч
出て

(-ж)

naγadču
наадаж
遊んで

< ču >

ču / čü
ч
…も〈付加〉

6 čö

< čö- > (цө-)

čögen
цөөн
少ない

< -čü- > (-ц-)

önčüg
өнцөг
かど

< -čü > (-ц)

kögečü
хөгц
かび

(-ч)

ögčü
өгч
与えて

(-ж)

köbčü
хөвж
浮いて

7 čü

< čü- > (чү-)

čüdenje
чүдэнз
マッチ

< -čü- > (-ц-)

ečüs
эцэс
最後

< -čü > (-ч)

küčü
хүч
力

＊ ч = ǰ

(-ж)

üiledčü
үйлдэж
行って

< čü > (ц-)

čü̦
цүү
木棒

18 練習問題（4.4）

次の単語をモンゴル文字で書きなさい.

(1) орц　(2) цэвэр　(3) чулуу　(4) цус　(5) цөөн　(6) хүч

4.5　ǰ（з，ж）

モンゴル文字のǰは，語頭ではнуруу の左に斜め下に下がるшилбэで表され，語中にあっては逆に，左上に向かって斜めに張出した枝のような形で表される．ǰがキリル文字のзとжにそれぞれ対応するのは，原則的にはハルハ方言が歴史的に，ǰa, ǰe, ǰo, ǰu, ǰö, ǰü をз音系に発展させ，「ǰi＋次音節の母音」を主にж音系に発展させ分化したことによる．

なお，ǰの語頭形は，起源的にшилбэ（i）やyと同じである．一方，語中形と語末形のǰは，čと同一起源となる．

	ǰ	ǰa	ǰe	ǰi	ǰo	ǰu	ǰö	ǰü
語頭形	ᠵ‍	ᠵᠠ‍	ᠵᠡ‍	ᠵᠢ‍	ᠵᠣ‍	ᠵᠤ‍	ᠵᠥ‍	ᠵᠦ‍
語中形	‍ᠵ‍	‍ᠵᠠ‍	‍ᠵᠡ‍	‍ᠵᠢ‍	‍ᠵᠣ‍	‍ᠵᠤ‍	‍ᠵᠥ‍	‍ᠵᠦ‍
語末形	(‍ᠵ)	‍ᠵᠠ	‍ᠵᠡ	‍ᠵᠢ	‍ᠵᠣ	‍ᠵᠤ	‍ᠵᠥ	‍ᠵᠦ
単　独		ᠵᠠ	ᠵᠡ	ᠵᠢ	ᠵᠣ	ᠵᠤ	ᠵᠥ	ᠵᠦ

＊ 語末形 ‍ᠵ は外来語表記で用いる.

1　ǰa

1.1　< ǰa- >（за-）　< -ǰa- >（-з-）　< -ǰa >（-з）

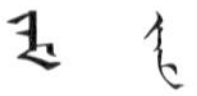

ǰam
зам
道

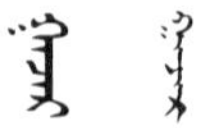

γaǰar
газар
場所

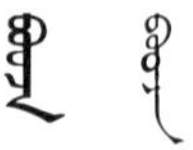

buuǰa
бууз
肉まん

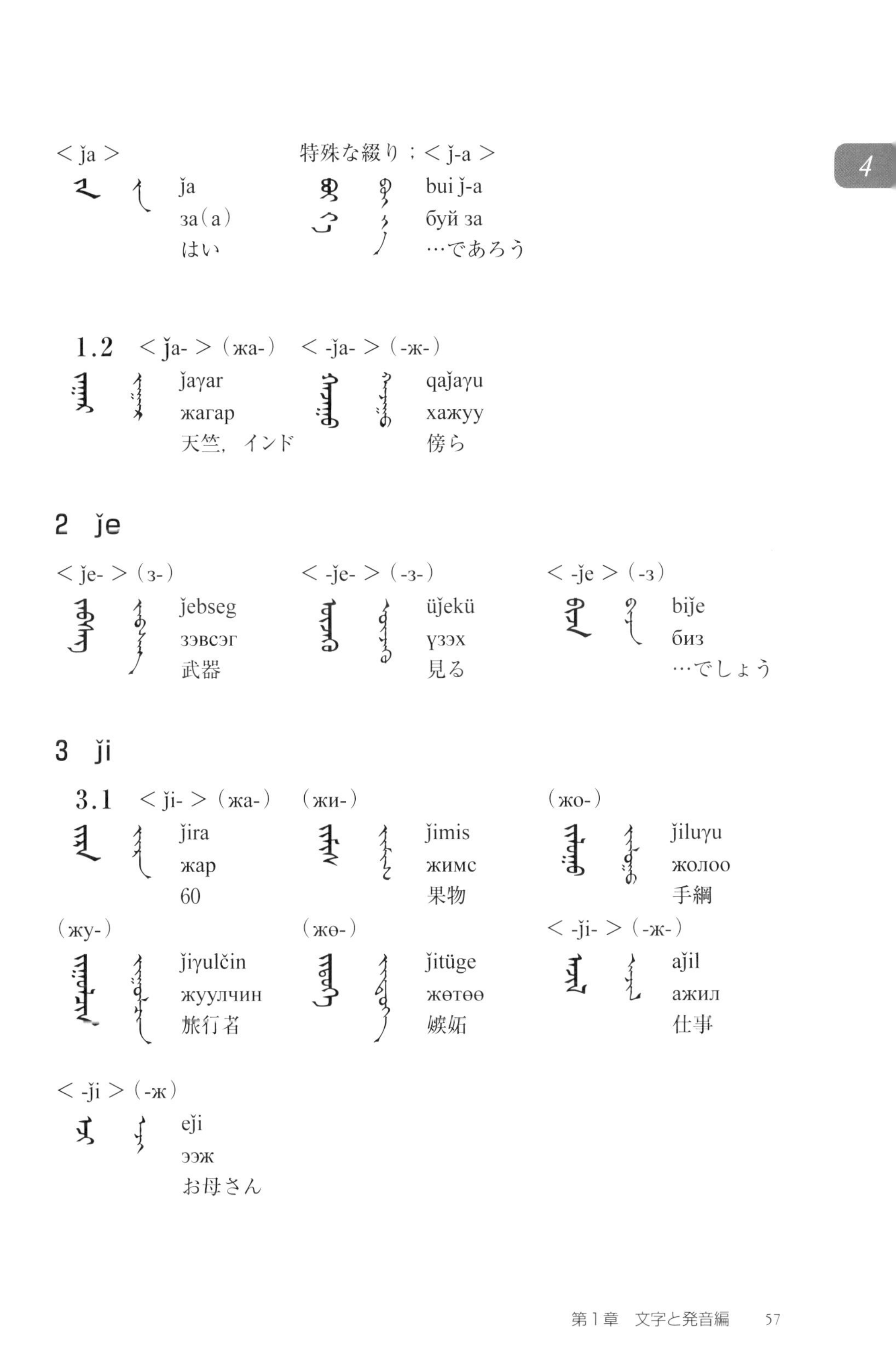

＜ ǰa ＞

ǰa
за（a）
はい

特殊な綴り；＜ ǰ-a ＞

bui ǰ-a
буй за
…であろう

1.2 ＜ ǰa- ＞（жа-）

ǰaγar
жагар
天竺，インド

＜ -ǰa- ＞（-ж-）

qaǰaγu
хажуу
傍ら

2 ǰe

＜ ǰe- ＞（з-）

ǰebseg
зэвсэг
武器

＜ -ǰe- ＞（-з-）

üǰekü
үзэх
見る

＜ -ǰe ＞（-з）

biǰe
биз
…でしょう

3 ǰi

3.1 ＜ ǰi- ＞（жа-）

ǰira
жар
60

（жи-）

ǰimis
жимс
果物

（жо-）

ǰiluγu
жолоо
手綱

（жу-）

ǰiγulčin
жуулчин
旅行者

（жө-）

ǰitüge
жөтөө
嫉妬

＜ -ǰi- ＞（-ж-）

aǰil
ажил
仕事

＜ -ǰi ＞（-ж）

eǰi
ээж
お母さん

3.2 ＜ǰi- ＞（за-） （зу-） ＜-ǰi- ＞（-з-）

ǰiγasu загас 魚	ǰirγuγ-a зургаа 6	geǰige гэзэг お下げ髪

＜-ǰi ＞（-з）

aγalǰi
аалз
蜘蛛

4 ǰo

4.1 ＜ǰo- ＞（зо-） ＜-ǰu- ＞（-з-） ＜ǰọ ＞（з-）

ǰoriγ зориг 勇気	γonǰuγui гонзгой 楕円形の	ǰọ зоо 背中の両筋

4.2 ＜ǰo- ＞（жо-） ＜-ǰu- ＞（-ж-） ＜-ǰu ＞（-ж）

ǰongsi жонш へげ石	bolǰumur болжмор ヒバリ	oruǰu орж 入って

5 ǰu

5.1 ＜ǰu- ＞（зу-） ＜-ǰu- ＞（-з-） ＜-ǰu ＞（-з）

ǰun зун 夏	bilǰuuqai бялзуухай スズメ	qanǰu ханз オンドル

5.2 ＜ǰu- ＞（жу-） ＜-ǰu- ＞（-ж-） ＜-ǰu ＞（-ж）

ǰudaγ жудаг 品性，品徳	γanǰuur ганжуур 仏説部 （大蔵経の）	manǰu манж 満洲

6　ǰö

6.1　＜ǰö-＞（зө-）　＜-ǰü-＞（-з-）

ǰögelen
зөөлөн
柔らかい

köǰür
хөзөр
トランプ

6.2　＜-ǰü-＞（-ж-）　＜-ǰü＞（-ж）

böǰüng
бөжин
子ウサギ

dönggeǰü
дөнгөж
やっと

7　ǰü

7.1　＜ǰü-＞（зү-）　＜-ǰü-＞（-зү-）

ǰüger
зүгээр
大丈夫な

üǰüm
үзэм
干しブドウ

7.2　＜ǰü-＞（жү-）　＜-ǰü＞（-ж）

ǰürǰi
жүрж
ミカン

güngǰü
гүнж
皇女

練習問題（4.5）　19

次の単語をモンゴル文字で書きなさい.

(1) газар　(2) жолоо　(3) зургаа　(4) болжмор　(5) зөөлөн　(6) зүгээр

4.6 y (й)

モンゴル文字の y は，語頭・語中では нуруу の左へ шилбэ を書いた上で，先端を少し上に撥ね上げた形で表される．また，語末の位置で分離形の a / e を伴う際には，i の語末形と同じ字形を用い，その下に分離形 a / e を従える．

なお，モンゴル文字の y は，шилбэ（i）や ǰ の語頭形と同一起源である．

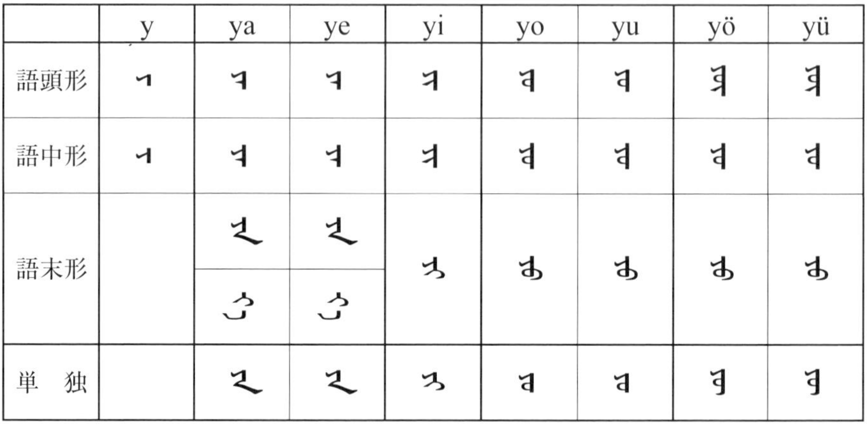

＊母音に続く語中と語末の yi は，上の正規の y を使うものと，ᠰᠠᠶᠢᠨ《良い》を *saiin ではなく sayin と転写するように，慣例で yi とするものがある．前者は通常以下のような限られた語において用いられるのみで，後者の方が圧倒的多数を占める．学習段階では，転写からもモンゴル文字綴りの判別ができた方が分かりやすいと思われるので，本課では少数派である正規の y を用いる語中・語末の yi を，特に ẏi と記す．

語中の ẏi；ᠬᠠᠶᠢᠭ qaẏiγ（ хаяг ） 住所，ᠮᠠᠶᠢᠭ maẏiγ（ маяг ） 形式，ᠰᠠᠶᠢᠬᠠᠨ saẏiqan（саяхан）つい先ほど（cf. ᠰᠠᠶᠢᠬᠠᠨ sayiqan（сайхан）素晴らしい），ᠳᠠᠶᠢᠢᠬᠤ daẏiiqu（даяийх）八の字脚である，ᠳᠠᠶᠢᠭ daẏiγ（даяг）蔵蒙字典，ᠳᠣᠶᠢᠬᠤ doẏiqu（доёх）ついばむ

語末の ẏi；ᠰᠠᠶᠢ saẏi（ сая ）先ほど（ cf. ᠨᠠᠮᠠᠶᠢ namayi（ намайг ）私を，ᠴᠢᠮᠠᠶᠢ čimayi（чамайг）君を）

＊＊ 単独の ᠵᠠ は，推量の文末助詞 ǰ-a（за）である．ǰ の 1.1 参照のこと．

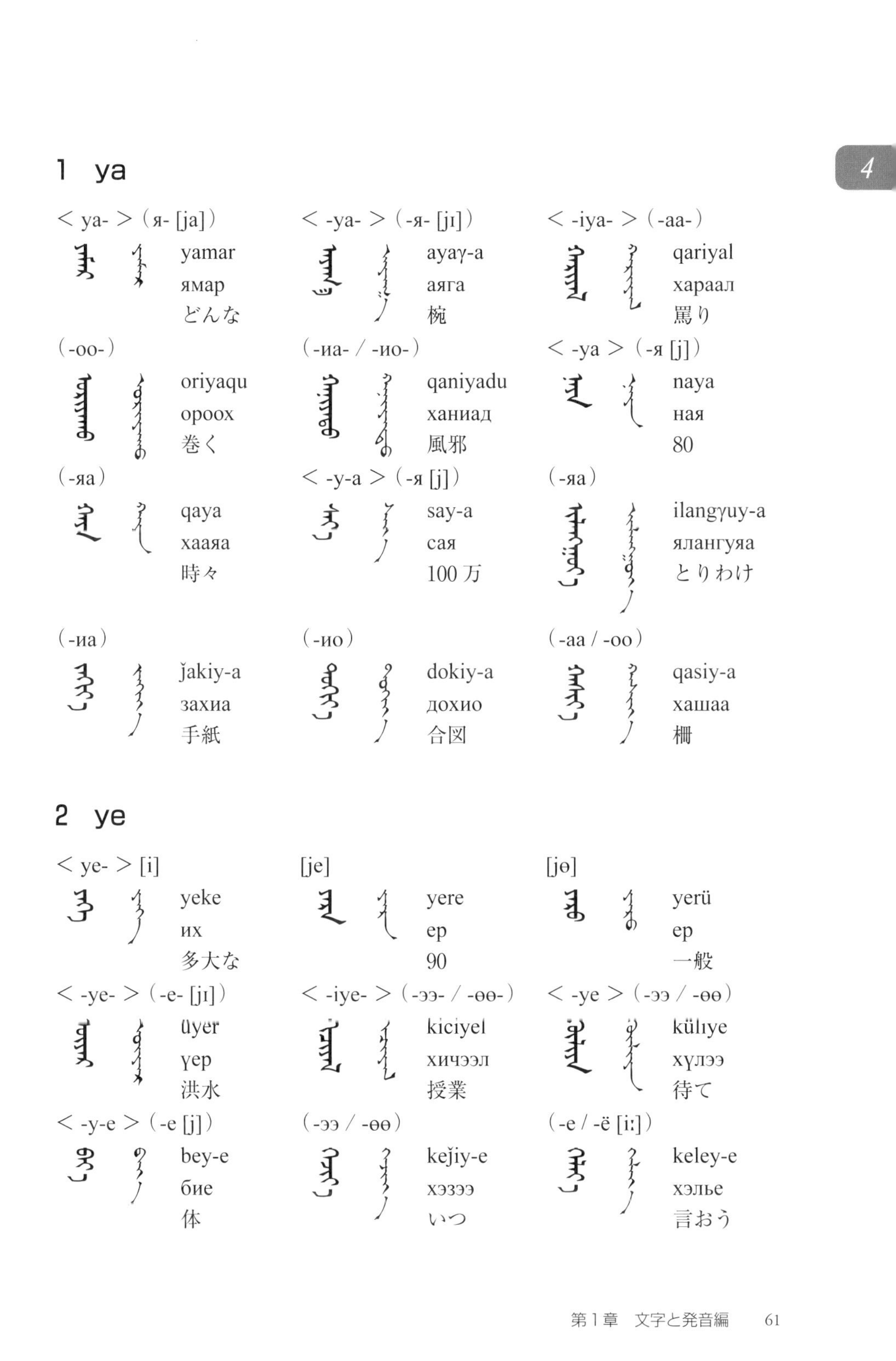

1 ya

＜ ya- ＞（я- [ja]）	＜ -ya- ＞（-я- [jɪ]）	＜ -iya- ＞（-aa-）
yamar ямар どんな	ayaγ-a аяга 椀	qariyal хараал 罵り
（-oo-）	（-иа- / -ио-）	＜ -ya ＞（-я [j]）
oriyaqu ороох 巻く	qaniyadu ханиад 風邪	naya ная 80
（-яа）	＜ -y-a ＞（-я [j]）	（-яа）
qaya хаяяа 時々	say-a сая 100 万	ilangγuy-a ялангуяа とりわけ
（-иа）	（-ио）	（-aa / -oo）
ǰakiy-a захиа 手紙	dokiy-a дохио 合図	qasiy-a хашаа 柵

2 ye

＜ ye- ＞ [i]	[je]	[jɵ]
yeke их 多大な	yere ер 90	yerü ер 一般
＜ -ye- ＞（-е- [jɪ]）	＜ -iye- ＞（-ээ- / -өө-）	＜ -ye ＞（-ээ / -өө）
üyer үер 洪水	kiciyel хичээл 授業	küliye хүлээ 待て
＜ -y-e ＞（-е [j]）	（-ээ / -өө）	（-е / -ё [iː]）
bey-e бие 体	keǰiy-e хэзээ いつ	keley-e хэлье 言おう

3 yi

< yi- > (е- [jɵ])

ᠶᠢᠰᠦ yisü ес 9

< -yi- > (-я- [jɪ])

ᠬᠠᠶᠢᠭ qaÿiγ хаяг 住所

< -yi > (-я [j])

ᠰᠠᠶᠢ saÿi сая 先ほど

4 yo

< yo- > (ё-)

ᠶᠣᠰᠤ yosu ёс 道理

< -yu- > (-ё- [jɪ])

ᠰᠣᠶᠣᠯ soyul соёл 文化

< -yu > (-ё [j])

ᠭᠣᠶᠣ γoyu гоё 美しい

5 yu

< yu- > (ю- [ju])

ᠶᠤᠮ yum юм …である

< -yu- > (-й-)

ᠠᠶᠤᠬᠤ ayuqu айх 恐れる

(-юу- [joː])

ᠠᠶᠤᠯ ayul аюул 危険

< -yu > (-й)

ᠭᠤᠶᠤ γuyu гуй 請え

(-юу [joː])

ᠰᠠᠨᠠᠶᠤ sanayu санаюу 思う

6 yö

< yö- > (е- [jɵ])

ᠶᠥᠭᠡᠭᠡ yögege егөө 風刺

< -yü- > (-еө- [jɵː])

ᠥᠶᠦᠭᠡ öyüge өеө 傾斜した

< -yü > (-юү)

ᠥᠭᠭᠦᠶᠦ öggüyü өгөюү 与える

7 yü

＜ yü- ＞（ю- [ju]）

yüngger
юнгэр
カラシ

＜ -yü- ＞（-й-）

güyükü
гүйх
走る

＜ -yü ＞（-й）

güyü
гүй
走れ

（-юү）

negegeyü
нээюү
開ける

練習問題（4.6）

20

次の単語をモンゴル文字で書きなさい.

(1) аяга　(2) хашаа　(3) бие　(4) ес　(5) аюул　(6) гүйх

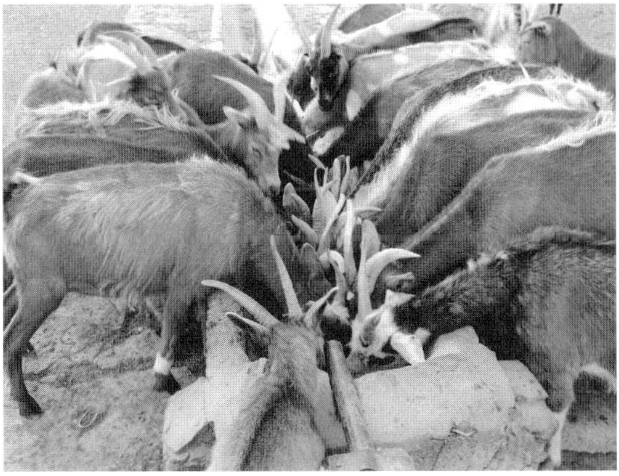

水桶に群がる山羊

5 モンゴル文字（4）

5.1 母音字母（2）

近年における新しい外来語の母音 e（エ），o（オ），u（ウ）を表記する場合，以下のような文字形が用いられる．本課では，区別が必要な場合には下に点を付して，通常のモンゴル語母音表記と表記を区別した．

	5.1.1	5.1.2	5.1.3
	ẹ	ọ	ụ̈
語頭形			
語中形			
語末形			
独立形			

Ẹ < e- >

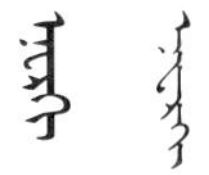

enẹrgi
энӗрги
エネルギー

< -ẹ- >

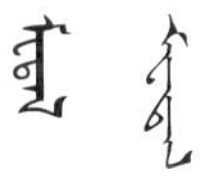

mẹdal
медāль
メダル

< -ẹ >

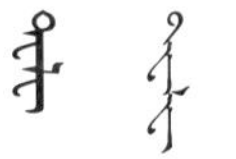

tẹlẹ
тēле
テレビの；遠隔操作の

Ọ < o- >

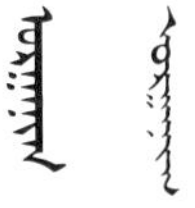

orγaniγ
оргāник
有機物の

< -o- >

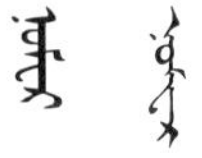

nomẹr
нōмер
番号

< -ọ >

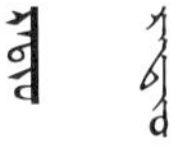

radio
рāдио
ラジオ

Ụ̈ < ü- >

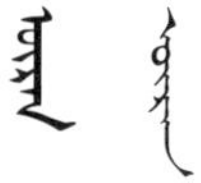

üran
урāн
ウラン

< -ụ̈- >

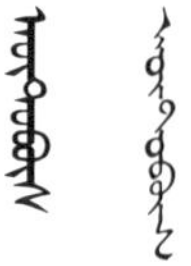

aụ̈ṭobụ̈s
автōбус
バス

< -ụ̈ >

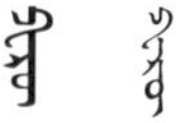

Pẹrụ̈
Перӯ
ペルー

＊ ᠫ = p

21 **練習問題（5.1）**

次の単語をモンゴル文字で書きなさい．

(1) энерги　(2) медаль　(3) номер　(4) радио　(5) автобус　(6) Перу

5.2 子音字母（3）

モンゴル文字には，これまでに学んだ伝統的なモンゴル語語彙を表記するための子音体系以外に，主に外来語を中心に，伝統表記を口語音に近づけた綴りや擬音語・擬態語などの，特殊な音韻表記で用いられる子音字がある．以下では，そういった子音字を学ぶ．

5.2.1 p（п）

p 音はモンゴル固有語では，主に擬音語や形状語などの語頭でのみ現れ，借用語では語中・語末にも現れる．モンゴル文字の p は，b の左上が切れた形で表され，b と同じ要領で母音が付加される．

	p	pa	pe	pẹ	pi	po	pu	pö	pü
語頭形	ᠫ	ᠫᠠ	ᠫᠡ	ᠫᠧ	ᠫᠢ	ᠫᠣ	ᠫᠤ	ᠫᠥ	ᠫᠦ
語中形	ᠫ	ᠫᠠ	ᠫᠡ	ᠫᠧ	ᠫᠢ	ᠫᠣ	ᠫᠤ	ᠫᠥ	ᠫᠦ
語末形	ᠫ	ᠫᠠ	ᠫᠡ	ᠫᠧ	ᠫᠢ	ᠫᠣ	ᠫᠤ	ᠫᠥ	ᠫᠦ
単　独		ᠫᠠ	ᠫᠡ	ᠫᠧ	ᠫᠢ	ᠫᠣ	ᠫᠤ	ᠫᠥ	ᠫᠦ

1　音節頭

1.1　pa

< pa- >

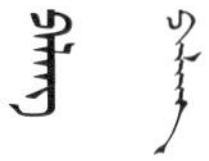

palang
паалан
琺瑯

< -pa- >

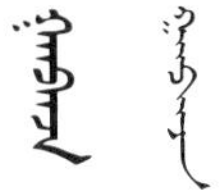

γanpanǰa
ганпанз
麺ののし板

< -pa >

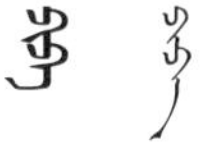

pipa
пийпаа
琵琶

< pa >

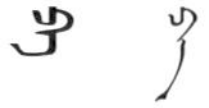

pa
паа
何とまあ

1.2　pe

< pe- >

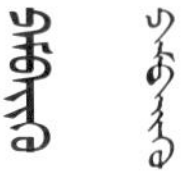

pembeyikü
пэмбийх
膨れている

< -pe- >

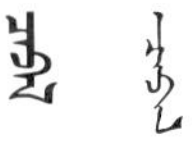

Čepel
Цээпил
ツェーピル（人名）

1.3　pẹ

< pẹ- >

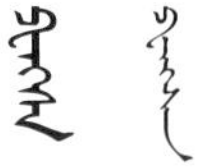

pẹngse
пэнс
たらい

< -pẹ- >

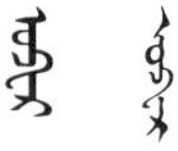

opẹr
ōпер
オペラ

1.4　pi

< pi- >

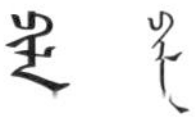

pila
пял
小皿

< -pi- >

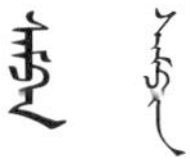

sampin
сампин
そろばん

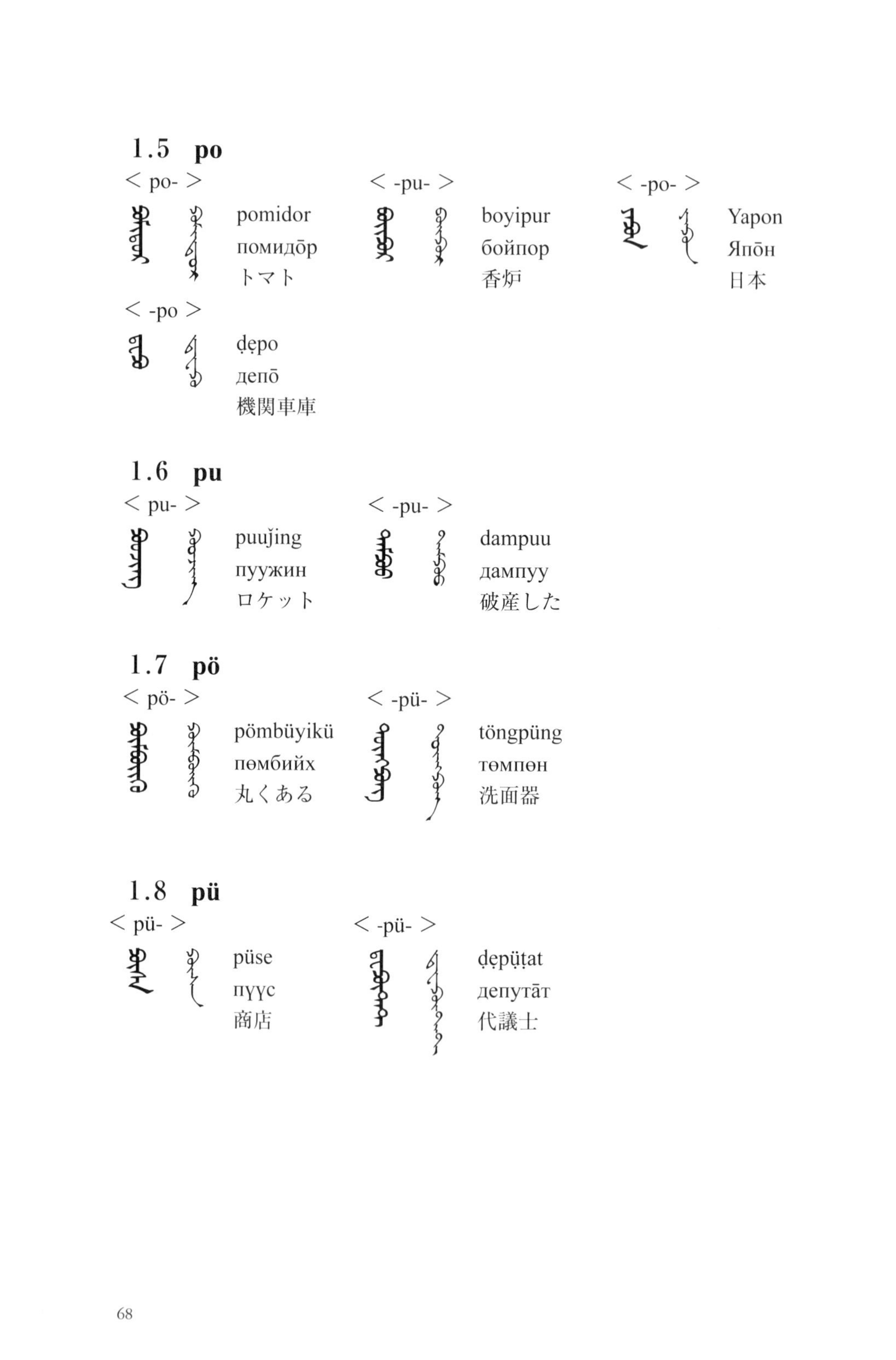

1.5 po

< po- >

pomidor
помидо̄р
トマト

< -pu- >

boyipur
бойпор
香炉

< -po- >

Yapon
Япо̄н
日本

< -po >

ḍẹpo
депо̄
機関車庫

1.6 pu

< pu- >

puuǰing
пуужин
ロケット

< -pu- >

dampuu
дампуу
破産した

1.7 pö

< pö- >

pömbüyikü
пөмбийх
丸くある

< -pü- >

töngpüng
төмпөн
洗面器

1.8 pü

< pü- >

püse
пүүс
商店

< -pü- >

ḍẹpụ̈ṭat
депута̄т
代議士

2　語頭の子音団　　3　音節末

< pr- >

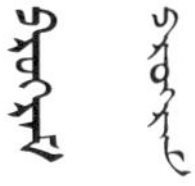

program
програ̄мм
プログラム

< -p- >

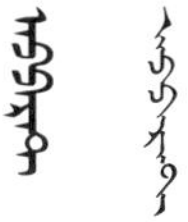

apparat
аппара̄т
機器

< -p >

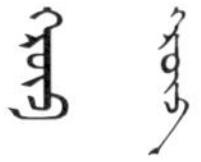

grüp
грӯпп
グループ

練習問題（5.2.1）

22

次の単語をモンゴル文字で書きなさい.

(1) ганпанз　(2) помидор　(3) Япон　(4) пуужин　(5) төмпөн
(6) аппарат

5.2.2　š（ш）

モンゴル文字のšは，sの左に縦ないし右斜めに2つの点を付して表される．この文字を含んだ単語は，主に外来語か擬音語，もしくは後にモンゴル語内部で「si＋他の母音」から発達した現代口語音を反映させた新しい綴りに見られる．

例）< 旧 > silü → < 新 > šölü（шөл）《スープ》

	š	ša	še	ši	šo	šu	šö	šü
語頭形	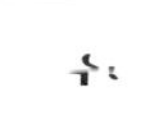	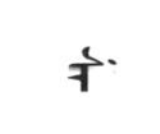	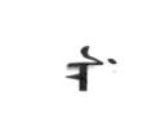	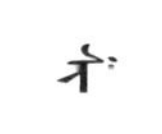	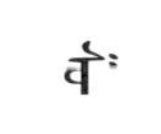	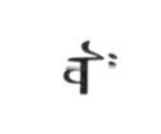	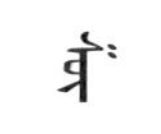	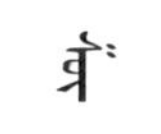
語中形	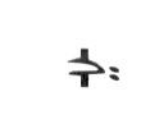	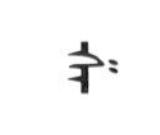	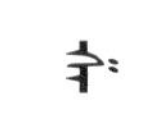	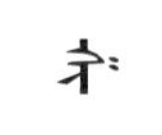	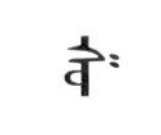	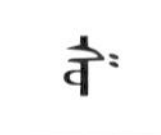	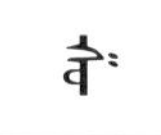	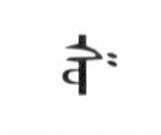
語末形		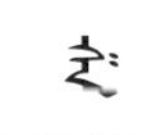	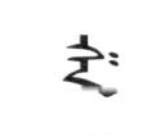	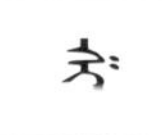	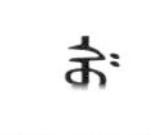	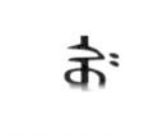	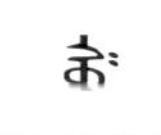	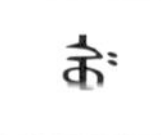
単　独		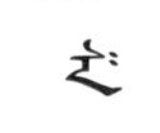	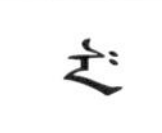	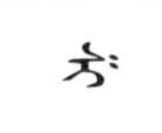	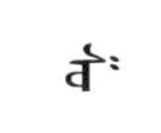	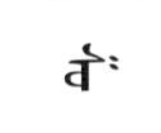	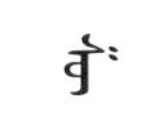	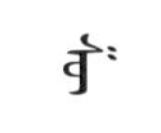

1　音節頭

1.1　**ša**

＜ ša- ＞

šasin
шашин
宗教

＜ -ša- ＞

gšan
агшин
瞬間

＜ -ša ＞

taγša
тагш
浅い木椀

＜ ša ＞

ša
шаа
紗

1.2　**še**

＜ še- ＞

šeǰegei
шээзгий
小篭（畜糞拾い用）

1.3　**šẹ**

＜ šẹ- ＞

šẹwrọ
шеврō
ヤギ革（靴用）

＊ w は ẹ と同形

＜ -šẹ- ＞

poršẹni
пōршень
ピストン

1.4　**ši**

＜ ši- ＞

širü
шүр
珊瑚

＜ -ši- ＞

ǰišiy-e
жишээ
例

＜ -ši ＞

quši
хуш
朝鮮松

1.5　**šo**

＜ šo- ＞

šosiγ-a
шошго
ラベル，札

＜ -šu- ＞

qošung
хошин
冗談の

＜ šọ ＞

šọ
шоо
さいころ

5

1.6 šu

< šu- >

šuγum
шугам
線

< -šu- >

nuršuqu
нурших
くどくど言う

< šu >

šu
шуу
前腕

1.7 šö

< šö- >

šölü
шөл
スープ

1.8 šü

< šü- >

šügüi
шүүгээ
戸棚

2 語頭の子音団　3 音節末

< št- >

šṭab
штāб
司令部

< -š- >

tuuštai
туущтай
果断な

< -š >

tuuš
тууш
真っ直ぐな

練習問題（5.2.2）

23

次の単語をモンゴル文字で書きなさい.

(1) шашин　(2) шээзгий　(3) жишээ　(4) шоо　(5) шугам　(6) шүүгээ

以下に，その他の割合頻度の少ない子音文字をまとめておく.

	5.2.3	5.2.4	5.2.5	5.2.6	5.2.7	5.2.8	5.2.9	5.2.10
	w	f	ḳ	c	z	ž̈	h	lh
語頭形	ᠸ	ᠹ	ᠻ	ᠼ	ᠽ	ᠿ	ᡀ	ᡂ
語中形	ᠸ	ᠹ	ᠻ	ᠼ	ᠽ	ᠿ	ᡀ	ᡂ
語末形	ᠸ	ᠹ	ᠻ	ᠼ	ᠽ	ᠿ	ᡀ	ᡂ

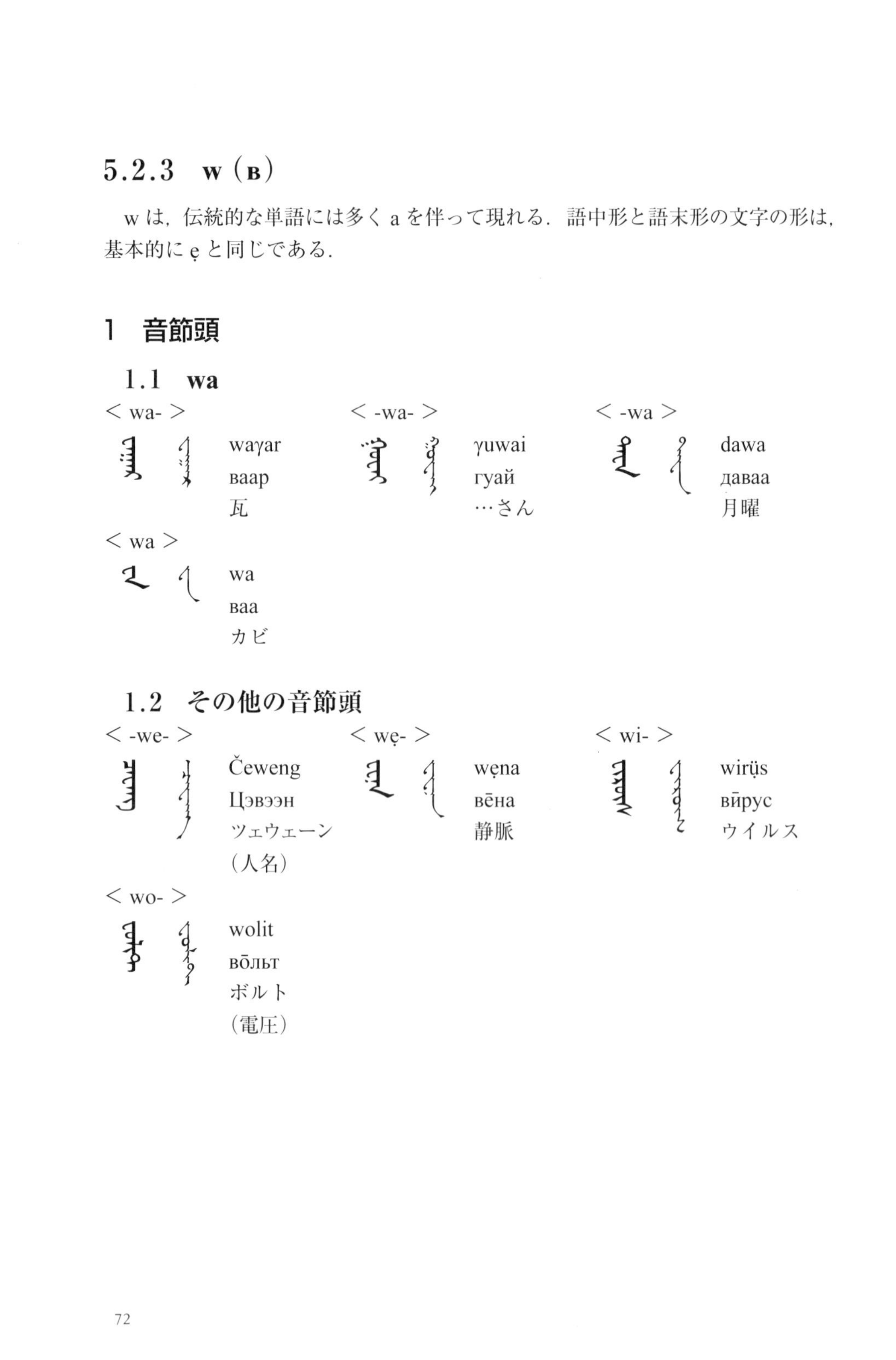

5.2.3　w (в)

w は，伝統的な単語には多く a を伴って現れる．語中形と語末形の文字の形は，基本的に ẹ と同じである．

1　音節頭

1.1　wa

< wa- >

waγar
ваар
瓦

< -wa- >

γuwai
гуай
…さん

< -wa >

dawa
даваа
月曜

< wa >

wa
ваа
カビ

1.2　その他の音節頭

< -we- >

Čeweng
Цэвээн
ツェウェーン
(人名)

< wẹ- >

wẹna
вēна
静脈

< wi- >

wirü̜s
вӣрус
ウイルス

< wo- >

wolit
вōльт
ボルト
(電圧)

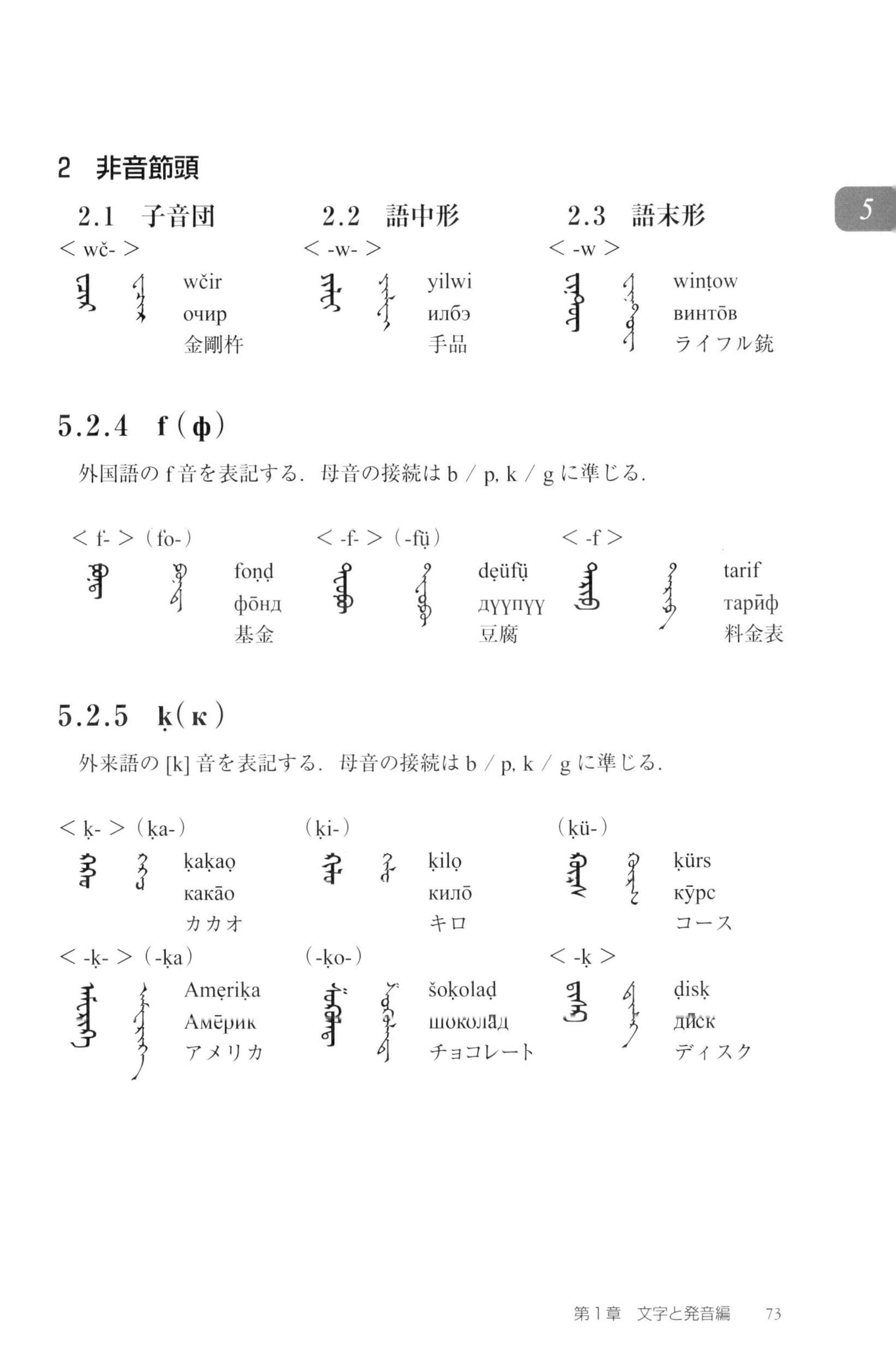

2 非音節頭

2.1 子音団	2.2 語中形	2.3 語末形
＜ wč- ＞	＜ -w- ＞	＜ -w ＞
wčir очир 金剛杵	yilwi илбэ 手品	winṭow винтōв ライフル銃

5.2.4 f（ф）

外国語の f 音を表記する．母音の接続は b ／ p, k ／ g に準じる．

＜ f- ＞（fo-）	＜ -f- ＞（-fṳ）	＜ -f ＞
foṇḍ фōнд 基金	dẹüfṳ дүүпүү 豆腐	tarif тарӣф 料金表

5.2.5 ḳ（к）

外来語の [k] 音を表記する．母音の接続は b ／ p, k ／ g に準じる．

＜ ḳ- ＞（ḳa-）	（ḳi-）	（ḳü-）
ḳaḳaọ какāо カカオ	ḳilọ килō キロ	ḳürs кӯрс コース
＜ -ḳ- ＞（-ḳa）	（-ḳo-）	＜ -ḳ ＞
Amẹriḳa Амēрик アメリカ	šoḳolaḍ шоколāд チョコレート	ḍisḳ дӣск ディスク

5.2.6　c（ц）

外来語の [ʦ] 音を表記する．

＜ c- ＞（ci-）

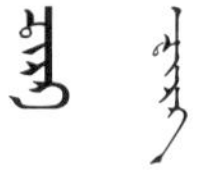

cirḳ
цӣрк
サーカス

＜ -c- ＞（ci-）

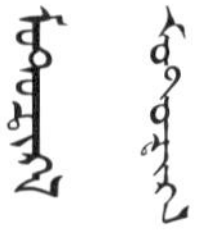

moṭociḳl
мотоцӣкл
オートバイ

＜ -c ＞

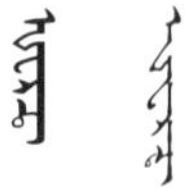

hẹrc
гēрц
ヘルツ

5.2.7　z（з）

外来語の [z] 音を表記する．

＜ z- ＞（za-）

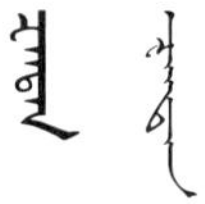

zandan
зандан
ビャクダン

＜ -z- ＞（-zẹ-）

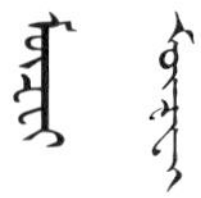

müzẹi
музēй
博物館

＜ -z ＞

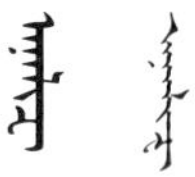

analiz
анāлиз
分析

5.2.8　ž（ж）

外来語の [ʒ] 音（ロシア語の ж など）や，中国語の [ʐʅ]（「日」などピンインの ri）音を表記する．

＜ ž- ＞（žu-）

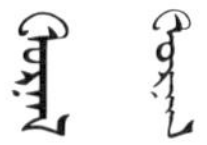

žurnal
журнāл
雑誌；日誌

5.2.9　h（x）

外来語の [h] 音を表記する.

＜ h- ＞（hü-）

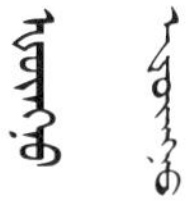

Hüngnü
Хүннү
匈奴

＜ -h- ＞（-ha）

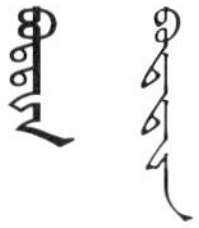

buḍḍha
будда
仏陀

5.2.10　lh（лх）

チベット語の lh（[ɬʰ]）を表記する.

＜ lh- ＞（lha-）

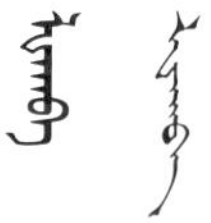

lhaγba
лхагва
水曜

＜ -lh- ＞（-lha）

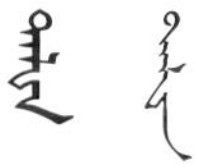

Dalha
Далх
ダルハ（人名）

練習問題（5.2.3 ～ 10） 24

次の単語をモンゴル文字で書きなさい.

(1) вирус　(2) фонд　(3) кило　(4) цирк　(5) музей　(6) лхагва

5.3 子音字母（4）

以下は主に内モンゴルで，中国語音を表記するために用いられる文字である．

5.3.1	5.3.2
ż	ċ
ᡁ	ᡂ

5.3.1 ż

主に語末形の i を伴い ᡁᠢ として，中国語の [ɖ̥ʐ̥ʅ]（「支」などピンインの zhi）音を書き表す際に用いられる．

5.3.2 ċ

主に語末形の i を伴い ᡂᠢ として，中国語の [ʈʂʰʅ]（「尺」などピンインの chi）音を書き表す際に用いられる．

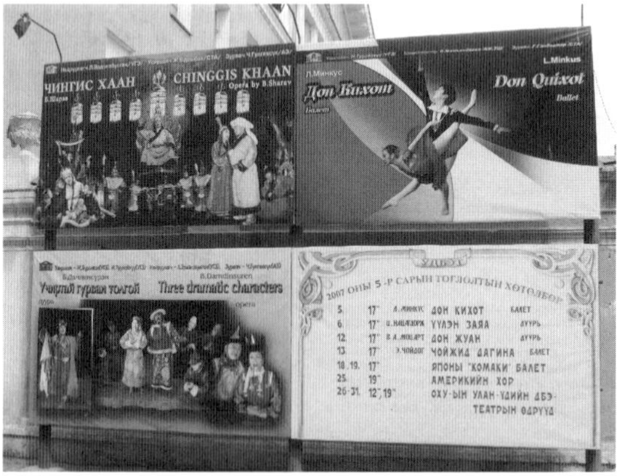

オペラ上演の看板

第2章　名詞語尾編

6　名詞語尾（1）

格語尾

モンゴル語の普通名詞は，主に7つの格（主格，属格，与位格，対格，奪格，造格，共同格）を持つ．格とは，日本語の「てにをは」に当たる名詞の各変化形を指す用語である．格語尾は，表示する接尾辞を持たない主格以外は，基本的にそれぞれの格を表示する接尾辞を持ち，名詞語幹とは切り離して綴られる．モンゴル文字による格語尾の綴りは，名詞が語尾変化したもので名詞の一部であると考えるため，語中（～語末）から書き始めたような綴りをしている．

6.1　主格

主格は，「…は」を意味する形式である．モンゴル語の主格は，名詞の基本形，つまり辞書の見出し語形である．したがって、主格を表示する格語尾はない．

6.2　属格

属格は，日本語の「…の」に当たる，所属や関係性などを表示する形式である．モンゴル文語で属格は，語末の音的環境により，3つのバリエーションを持つ．

属格（モンゴル文字）				
	活字体	手書体	転　写	接尾環境
①	ᠶᠢᠨ	ᠶᠢᠨ	-yin	以下の条件以外の母音終わりの語
②	ᠤᠨ	ᠤᠨ	❶（男性語＋）-un	n 以外の子音で終わる語
			❷（女性語＋）-ün	
③	ᠤ	ᠤ	❶（男性語＋）-u	1）n 終わりの語 2）「隠れた n」* 持ちの語
			❷（女性語＋）-ü	

＊「隠れた n」とは，原則的には，主格形の語末にはない n（н）が，属格，与位格，奪格の各語尾が付加される際に現れるものを指す．

例）主格 mori（морь）《馬》； 属格 morin̲-u（морин̲ы）《馬の》， 与位格 morin̲-du（морин̲д）《馬に》， 対格 mori-yi（морийг）《馬を》， 造格 mori-bar（мориор）《馬で》，奪格 morin̲-ača（морин̲оос）《馬から》，共同格 mori-tai（морьтой）《馬と》

ただし，現代モンゴル語（ハルハ方言及び内モンゴル方言）では，歴史的に「隠れた n」を持っていた語でも，属格，与位格，奪格で n / н が一律に現れるものばかりではなく，口語では一部で n / н を欠く場合もある．例えば，үг《言葉》は，属格では н のない үгийн（üge-yin）《言葉の》を通常用い，үгний（ügen-ü）はあまり用いない．しかし，与位格，奪格では үгэнд（ügen-dü）《言葉に》，үгнээс（ügen-eče）《言葉から》のように n / н が現れる．

また，元々「隠れた n」がなかった語でも，口語では類推により n / н が現れるようになった場合も少なくない．キリル文字では，このような口語音の н は綴りによく反映されるが，モンゴル文字で n は，綴りに反映される場合もあれば，されない場合もある．例えば，ǰimis（жимс[эн]）《果物》は，口語では決まって н が現れるが，モンゴル文字では，ǰimis-ün（жимсний）《果物の》，ǰimis-tü（жимсэнд）《果物に》，ǰimis-eče（жимснээс）《果物から》のように，通常 n は綴りに反映されない．

キリル文字で属格は，語末の音声環境により，6つのバリエーションを持つ．

属格（キリル文字）			
	形式	接尾環境	
		母音調和の核	
Ⓐ	-ын [i)]	ⓐ а / у / о	以下の条件以外の男性語
	-ийн [i)]	ⓑ э / и / ү / ө	以下の条件以外の女性語
		ⓒ а / у / о	口蓋化音 [ii)] 終わりの男性語
Ⓑ	-ы	ⓐ а / у / о	a）н 終わりの語 b）「隠れた н」持ちの語
	-ий	ⓑ э / и / ү / ө	
Ⓒ	-гийн	全ての母音	a）長母音終わりの語（-ий は含まない） b）「隠れた г」持ちの語 c）母音終わりの新しい外来語
Ⓓ	-н	全ての母音	a）二重母音終わりの語 b）-ий 終わりの語

i）短母音に終わる語（例えば -га / -го [ɢ] や -на / -но / -нэ / -нө [n] など）は，短母音を落としてそれぞれ -ын / -ийн を付加する．-и / -ь に終わる語は，-и / -ь を落として -ийн を付加する．以下，母音で始まる格語尾の接続方法は同様である．
ii）「口蓋化音」とは，г / ж / к（外来語のみ）/ ч / ш と，ь / и 付きの子音を指す．

一口に「モンゴル語」を綴る文字とはいえ，モンゴル文字の正書法と，キリル文字の正書法は，基本的に全く異なった体系のものである．格語尾の接続の仕方も，相互に1：1で対応するようなものではないので，それぞれ別々に習得する必要がある．

以下，モンゴル文字の属格形に依拠しながら，キリル文字との対応例を見てゆく．

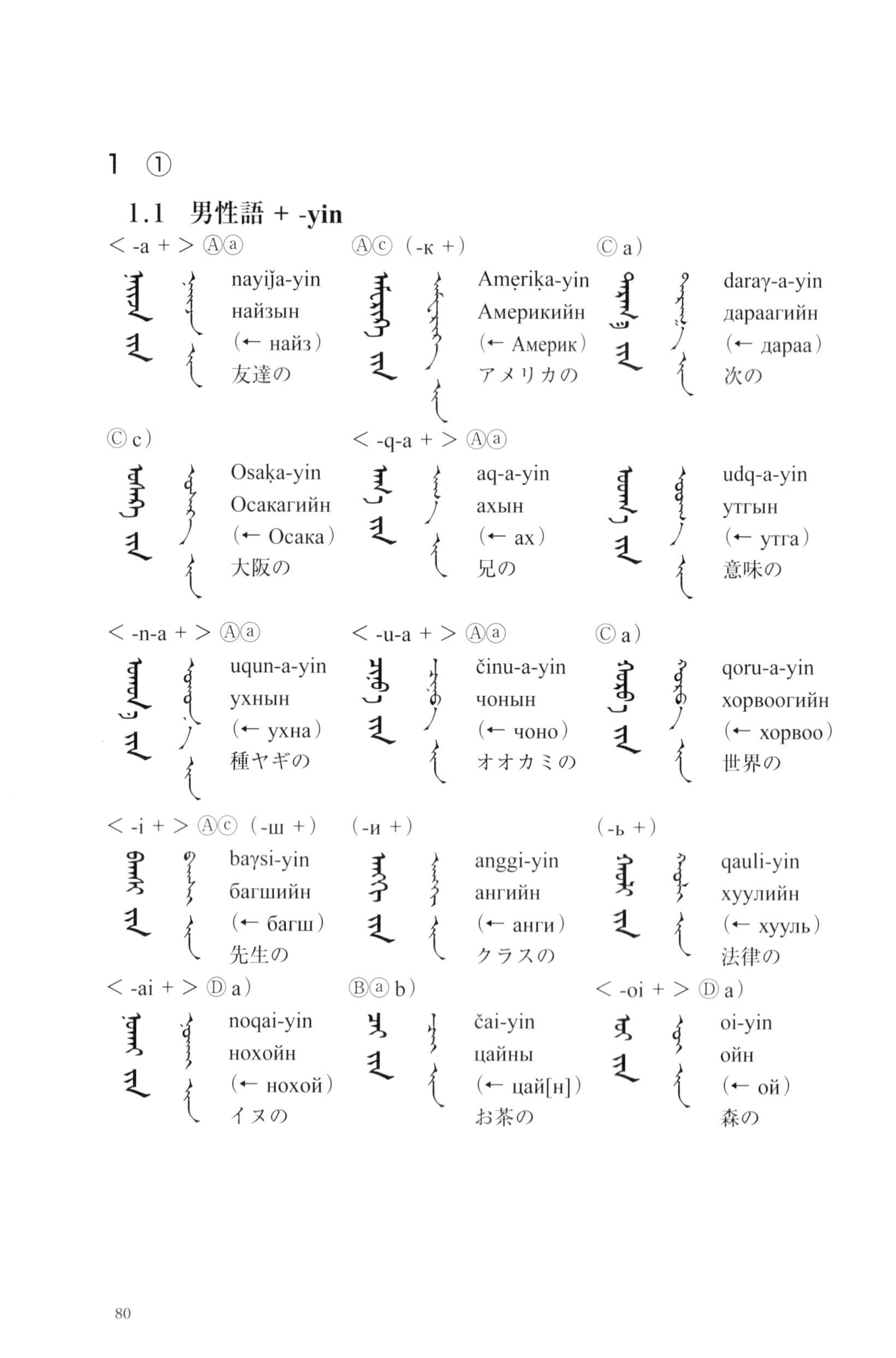

1 ①

1.1 男性語 + -yin

＜ -a + ＞ Ⓐⓐ

nayiǰa-yin
найзын
（← найз）
友達の

Ⓐⓒ（-к +）

Amẹrịka-yin
Америкийн
（← Америк）
アメリカの

Ⓒ a）

daraγ-a-yin
дараагийн
（← дараа）
次の

Ⓒ c）

Osaḳa-yin
Осакагийн
（← Осака）
大阪の

＜ -q-a + ＞ Ⓐⓐ

aq-a-yin
ахын
（← ах）
兄の

udq-a-yin
утгын
（← утга）
意味の

＜ -n-a + ＞ Ⓐⓐ

uqun-a-yin
ухнын
（← ухна）
種ヤギの

＜ -u-a + ＞ Ⓐⓐ

činu-a-yin
чонын
（← чоно）
オオカミの

Ⓒ a）

qoru-a-yin
хорвоогийн
（← хорвоо）
世界の

＜ -i + ＞ Ⓐⓒ（-ш +）

baγsi-yin
багшийн
（← багш）
先生の

（-и +）

anggi-yin
ангийн
（← анги）
クラスの

（-ь +）

qauli-yin
хуулийн
（← хууль）
法律の

＜ -ai + ＞ Ⓓ a）

noqai-yin
нохойн
（← нохой）
イヌの

Ⓑⓐ b）

čai-yin
цайны
（← цай[н]）
お茶の

＜ -oi + ＞ Ⓓ a）

oi-yin
ойн
（← ой）
森の

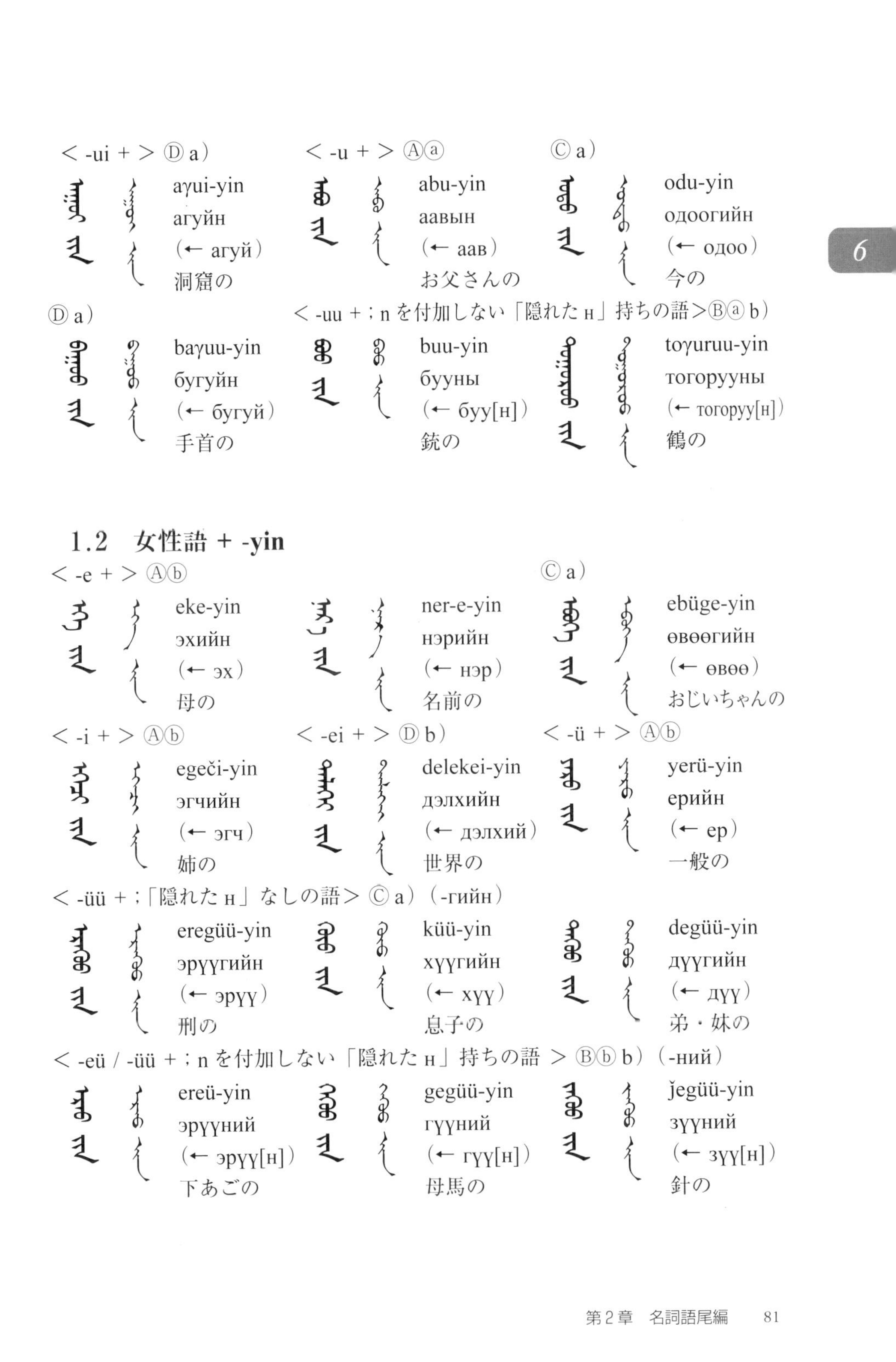

＜ -ui + ＞ Ⓓ a）

aγui-yin
агуйн
（← агуй）
洞窟の

＜ -u + ＞ Ⓐⓐ

abu-yin
аавын
（← аав）
お父さんの

Ⓒ a）

odu-yin
одоогийн
（← одоо）
今の

Ⓓ a）

baγuu-yin
бугуйн
（← бугуй）
手首の

＜ -uu + ; n を付加しない「隠れた н」持ちの語＞Ⓑⓐ b）

buu-yin
бууны
（← буу[н]）
銃の

toγuruu-yin
тогоруулы
（← тогоруу[н]）
鶴の

1.2　女性語 + -yin

＜ -e + ＞ Ⓐⓑ

eke-yin
эхийн
（← эх）
母の

ner-e-yin
нэрийн
（← нэр）
名前の

Ⓒ a）

ebüge-yin
өвөөгийн
（← өвөө）
おじいちゃんの

＜ -i + ＞ Ⓐⓑ

egeči-yin
эгчийн
（← эгч）
姉の

＜ -ei + ＞ Ⓓ b）

delekei-yin
дэлхийн
（← дэлхий）
世界の

＜ -ü + ＞ Ⓐⓑ

yerü-yin
ерийн
（← ер）
一般の

＜ -üü + ;「隠れた н」なしの語＞ Ⓒ a）（-гийн）

eregüü-yin
эрүүгийн
（← эрүү）
刑の

küü-yin
хүүгийн
（← хүү）
息子の

degüü-yin
дүүгийн
（← дүү）
弟・妹の

＜ -eü / -üü + ; n を付加しない「隠れた н」持ちの語 ＞ Ⓑⓑ b）（-ний）

ereü-yin
эрүүний
（← эрүү[н]）
下あごの

gegüü-yin
гүүний
（← гүү[н]）
母馬の

ǰegüü-yin
зүүний
（← зүү[н]）
針の

2 ②

2.1 ❶；Ⓐⓐ

nom-un
номын
（← ном）
本の

γaǰar-un
газрын
（← газар）
場所の

Ⓐⓒ

čaγ-un
цагийн
（← цаг）
時間の

Ⓑⓐ b）

čaγ-un
цагны
（← цаг[ан]）
時計の

Ⓐⓑ / Ⓑⓑ b）

niγur-un
нүүрийн
/ нүүрний
（← нүүр[эн]）
顔の

Ⓒ b）（-ng +）

bayising-un
байшингийн
（← байшин[г]）
建物の

Ⓑⓐ a）（-ng +）

tayibung-un
тайвны
（← тайван）
平和の

2.2 ❷；Ⓐⓑ

ger-ün
гэрийн
（← гэр）
家の

üsüg-ün
үсгийн
（← үсэг）
文字の

Ⓒ b）

ḍüng-ün
дүнгийн
（← дүн[г]）
結果の

3 ③

3.1 ❶

3.1.1 1）Ⓑⓐ a）

on-u
оны
（← он）
年の

orun-u
орны
（← орон）
地域の

qaγan-u
хааны
（← хаан）
ハーンの

Ⓒ b）（-n +）

nidunun-un
ноднингийн
（← ноднин[г]）
去年の

siudan-u
шуудангийн
（← шуудан[г]）
郵便の

3.1.2 2）Ⓑⓐ b）

< -an-u >

miqan-u
махны
（← мах[ан]）
肉の

↑

miq-a[n]
肉

< -in-u >

qonin-u
хонины
（← хонь[ин]）
ヒツジの

↑

qoni[n]
ヒツジ

< -un-u >

čongqun-u
цонхны
（← цонх[он]）
窓の

↑

čongqu[n]
窓

3.2 ❷

3.2.1 1）Ⓑⓑ a）

mören-ü
мөрний
（← мөрөн）
大河の

gürün-ü
гүрний
（← гүрэн）
国家の

ökin-ü
охины
（← охин）
娘の

1）Ⓒ b）

köndelen-ü
хөндлөнгийн
（← хөндлөн[г]）
横の

dörbelǰin-ü
дөрвөлжингийн
（← дөрвөлжин[г]）
四角形の

3.2.2 2）Ⓑⓑ b）

< -en-ü >

erten-ü
эртний
（← эрт[эн]）
昔の

< -egen-ü >

temegen-ü
тэмээний
（← тэмээ[н]）
ラクダの

< -in-ü >

čikin-ü
чихний
（← чих[эн]）
耳の

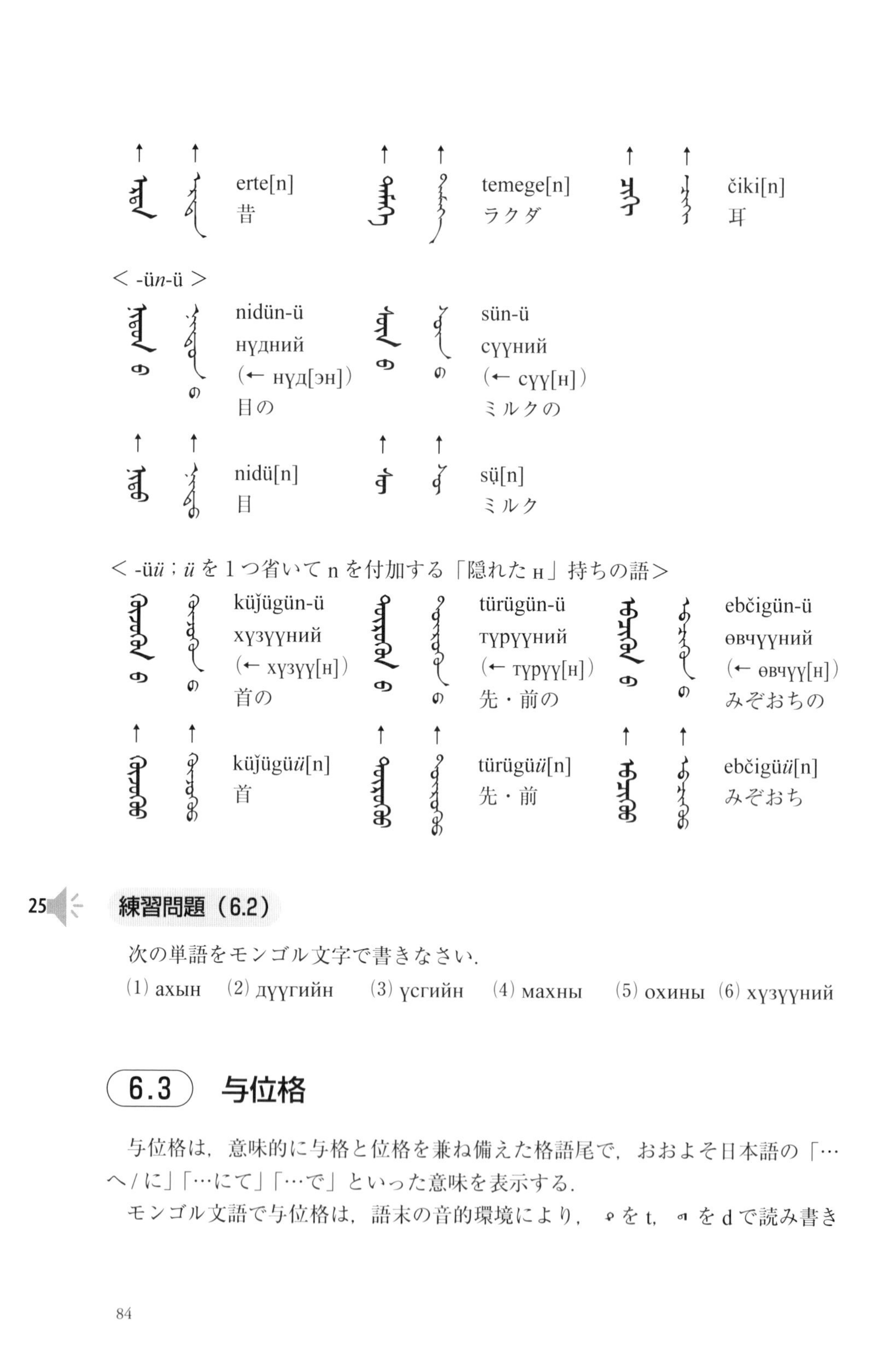

erte[n]
昔

temege[n]
ラクダ

čiki[n]
耳

＜ -ü*n*-ü ＞

nidün-ü
нүдний
(← нүд[эн])
目の

sün-ü
сүүний
(← сүү[н])
ミルクの

nidü[n]
目

sü̧[n]
ミルク

＜ -üü；ü を 1 つ省いて n を付加する「隠れた н」持ちの語＞

küǰügün-ü
хүзүүний
(← хүзүү[н])
首の

türügün-ü
түрүүний
(← түрүү[н])
先・前の

ebčigün-ü
өвчүүний
(← өвчүү[н])
みぞおちの

küǰügü*ü*[n]
首

türügü*ü*[n]
先・前

ebčigü*ü*[n]
みぞおち

25

練習問題（6.2）

次の単語をモンゴル文字で書きなさい.

(1) ахын　(2) дүүгийн　(3) үсгийн　(4) махны　(5) охины　(6) хүзүүний

6.3 与位格

与位格は，意味的に与格と位格を兼ね備えた格語尾で，おおよそ日本語の「…へ / に」「…にて」「…で」といった意味を表示する.

モンゴル文語で与位格は，語末の音的環境により，ᠲ を t，ᠳ を d で読み書き分ける 2 つの形式を持つ.

<table>
<tr><th colspan="5">与位格[1]（モンゴル文字）</th></tr>
<tr><th></th><th>活字体</th><th>手書体</th><th>転写</th><th>接尾環境</th></tr>
<tr><td rowspan="2">①</td><td rowspan="2">ᠳᠤ</td><td rowspan="2"></td><td>❶（男性語＋）-du</td><td rowspan="2">1）母音終わりの語
2）「隠れた n」持ちの語
3）軟子音[i] 終わりの語</td></tr>
<tr><td>❷（女性語＋）-dü</td></tr>
<tr><td rowspan="2">②</td><td rowspan="2">ᠲᠤ</td><td rowspan="2"></td><td>❶（男性語＋）-tu</td><td rowspan="2">硬子音[ii] 終わりの語</td></tr>
<tr><td>❷（女性語＋）-tü</td></tr>
</table>

＊ ᠲᠤ，ᠳᠤ は，古くは ᠳᠤᠷ（-dur / -dür），ᠲᠤᠷ（-tur / -tür）と綴った.
i）軟子音（зөөлөн дэвсгэр）とは，音節末の位置にある l, m, n, ng を指す.
ii）硬子音（хатуу дэвсгэр）とは，音節末の位置にある b, γ / g, r, s, d を指す.

キリル文字で与位格は，語末の音声環境により，3 つのバリエーションを持つ.

<table>
<tr><th colspan="3">与位格（キリル文字）</th></tr>
<tr><th></th><th>形式</th><th>接尾環境</th></tr>
<tr><td>Ⓐ</td><td>-д</td><td>以下の条件以外の語</td></tr>
<tr><td>Ⓑ</td><td>-нд</td><td>「隠れた н」持ちの語</td></tr>
<tr><td>Ⓒ</td><td>-т</td><td>a）主に г に終わる語
b）i. р に終わる若干の単音節語（モンゴル文字で r の次に母音を持たないもの）
ii. р に終わる多音節語（モンゴル文字で r の次に母音を持つもの及び持たないもの）
c）主に с に終わる語
d）主に к に終わる外来語</td></tr>
</table>

＊Ⓒの語末の г, р, с は，主にモンゴル文字の硬子音（b, γ / g, r, s, d）終わりの語に対応するが，硬子音終わりの内 b, d には，現代語では д 系列の与位格が付加される.

以下，モンゴル文字の与位格形に依拠しながら，キリル文字との対応例を見てゆく.

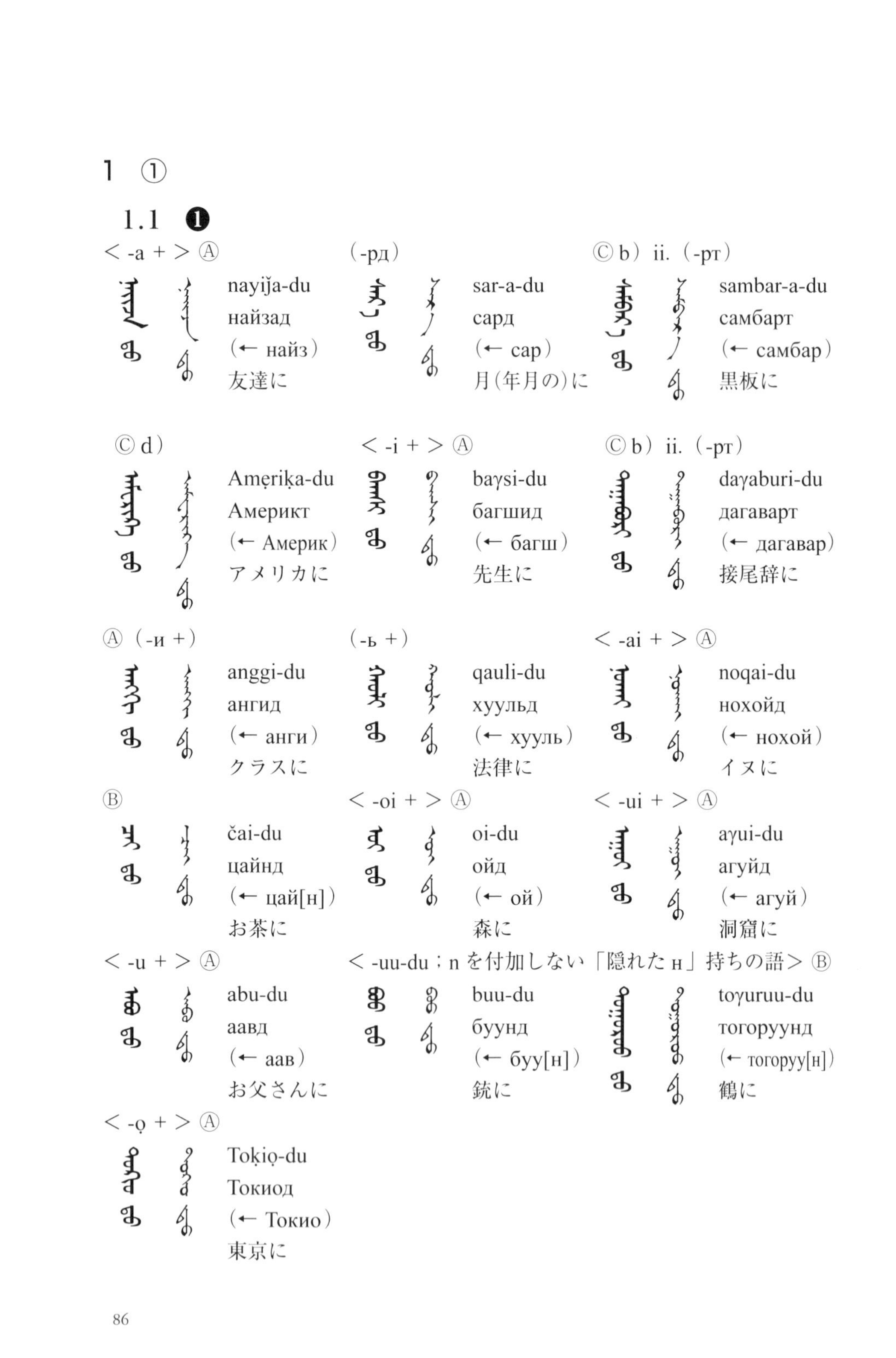

1 ①

1.1 ❶

＜ -a ＋ ＞ Ⓐ

nayiǰa-du
найзад
（← найз）
友達に

（-рд）

sar-a-du
сард
（← сар）
月(年月の)に

Ⓒ b） ii.（-рт）

sambar-a-du
самбарт
（← самбар）
黒板に

Ⓒ d）

Amẹriḳa-du
Америкт
（← Америк）
アメリカに

＜ -i ＋ ＞ Ⓐ

baγsi-du
багшид
（← багш）
先生に

Ⓒ b） ii.（-рт）

daγaburi-du
дагаварт
（← дагавар）
接尾辞に

Ⓐ（-и ＋）

anggi-du
ангид
（← анги）
クラスに

（-ь ＋）

qauli-du
хуульд
（← хууль）
法律に

＜ -ai ＋ ＞ Ⓐ

noqai-du
нохойд
（← нохой）
イヌに

Ⓑ

čai-du
цайнд
（← цай[н]）
お茶に

＜ -oi ＋ ＞ Ⓐ

oi-du
ойд
（← ой）
森に

＜ -ui ＋ ＞ Ⓐ

aγui-du
агуйд
（← агуй）
洞窟に

＜ -u ＋ ＞ Ⓐ

abu-du
аавд
（← аав）
お父さんに

＜ -uu-du；n を付加しない「隠れた н」持ちの語＞ Ⓑ

buu-du
буунд
（← буу[н]）
銃に

toγuruu-du
тогоруунд
（← тогоруу[н]）
鶴に

＜ -ọ ＋ ＞ Ⓐ

Toḳiọ-du
Токиод
（← Токио）
東京に

1.2 ❶ 2) Ⓑ

< -a*n* + >

ᠠᠩᠬᠠᠨ ᠳᠤ
angqan-du
анханд
(← анх[ан])
初めに

↑

ᠠᠩᠬ᠎ᠠ
angq-a[n]
初め

< -i*n* + >

ᠮᠣᠷᠢᠨ ᠳᠤ
morin-du
моринд
(← морь[*ин*])
馬に

↑

ᠮᠣᠷᠢ
mori[n]
馬

< -u*n* + >

ᠨᠠᠰᠤᠨ ᠳᠤ
nasun-du
насанд
(← нас[ан])
年齢に

↑

ᠨᠠᠰᠤ
nasu[n]
年齢

1.3 ❶Ⓐ

< -l + >

ᠠᠵᠢᠯ ᠳᠤ
ajil-du
ажилд
(← ажил)
仕事に

< -m + >

ᠵᠠᠮ ᠳᠤ
ǰam-du
замд
(← зам)
道に

< -n + >

ᠵᠤᠨ ᠳᠤ
ǰun-du
зунд
(← зун)
夏に

< -ng + >

ᠪᠠᠶᠢᠰᠢᠩ ᠳᠤ
bayising-du
байшинд
(← байшин)
建物に

1.4 ❷

< -e + > Ⓐ

ᠡᠬᠡ ᠳᠦ
eke-dü
эхэд
(← эх)
母に

(-гд)

ᠨᠢᠭᠡ ᠳᠦ
nige-dü
нэгд
(← нэг)
1に

(-рд)

ᠨᠡᠷ᠎ᠡ ᠳᠦ
ner-e-dü
нэрд
(← нэр)
名前に

< -i + > Ⓐ

ᠡᠭᠡᠴᠢ ᠳᠦ
egeči-dü
эгчид
(← эгч)
姉に

Ⓒ b) ii.

ᠬᠡᠯᠪᠡᠷᠢ ᠳᠦ
kelberi-dü
хэлбэрт
(← хэлбэр)
形に

< -ü + > Ⓐ

ᠡᠶᠢᠮᠦ ᠳᠦ
eyimü-dü
иймд
(← ийм)
これゆえに

＜ -üü +；「隠れた н」なしの語＞ Ⓐ

eregüü-dü эрүүд (← эрүү) 刑に	küü-dü хүүд (← хүү) 息子に	degüü-dü дүүд (← дүү) 弟・妹に

＜ -üü +；n を付加しない「隠れた н」持ちの語 ＞ Ⓑ

ereü-dü эрүүнд (← эрүү[н]) 下あごに	gegüü-dü гүүнд (← гүү[н]) 母馬に	ǰegüü-dü зүүнд (← зүү[н]) 針に

1.5 ❷ 2) Ⓑ

＜ -e*n* + ＞	＜ -i*n* + ＞	＜ -ü*n* + ＞
kelen-dü хэлэнд (← хэл[эн]) 言語に	ekin-dü эхэнд (← эх[эн]) 初めに	mönggün-dü мөнгөнд (← мөнгө[н]) お金に
↑ ↑	↑ ↑	↑ ↑
kele[n] 言語	eki[n] 初め	mönggü[n] お金

＜ -üü̆；ü̆ を 1 つ省いて n を付加する「隠れた n」持ちの語＞

küǰügün-dü хүзүүнд (← хүзүү[н]) 首に	türügün-dü түрүүнд (← түрүү[н]) 頭・前に	ebčigün-dü өвчүүнд (← өвчүү[н]) みぞおちに
↑ ↑	↑ ↑	↑ ↑
küǰügü*ü*[n] 首	türügü*ü*[n] 頭・前	ebčigü*ü*[n] みぞおち

1.6 ❷ 3) Ⓐ

＜ -l ＋ ＞

ᠳᠡᠪᠡᠯ ᠳᠦ
debel-dü
дээлд
(← дээл)
モンゴル服に

＜ -m ＋ ＞

ᠡᠮ ᠳᠦ
em-dü
эмд
(← эм)
薬に

＜ -n ＋ ＞

ᠬᠡᠨ ᠳᠦ
ken-dü
хэнд
(← хэн)
誰に

＜ -ng ＋ ＞

ᠳᠦᠩ ᠳᠦ
ḍüng-dü
дүнд
(← дүн)
結果に

2 ②

2.1 ❶

＜ -b ＋ ＞ Ⓐ

ᠣᠪ ᠲᠤ
ob-tu
овд
(← ов)
計略に

＜ -γ ＋ ＞ Ⓒ a)

ᠵᠢᠷᠤᠭ ᠲᠤ
ǰiruγ-tu
зурагт
(← зураг)
絵に

＜ -r ＋ ＞ Ⓒ b) i.

ᠭᠠᠷ ᠲᠤ
γar-tu
гарт
(← гар)
手に

＜ -s ＋ ＞ Ⓒ c)

ᠬᠠᠭᠠᠰ ᠲᠤ
qaγas-tu
хагаст
(← хагас)
半分に

Ⓐ

ᠤᠯᠤᠰ ᠲᠤ
ulus-tu
улсад
(← улс)
国・人々に

＜ -d ＋ ＞ Ⓐ

ᠬᠢᠲᠠᠳ ᠲᠤ
Kitad-tu
Хятадад
(← Хятад)
中国に

2.2 ❷

＜ -b ＋ ＞ Ⓐ

ᠲᠥᠪ ᠲᠦ
töb-tü
төвд
(← төв)
中心に

＜ -g ＋ ＞ Ⓒ a)

ᠬᠡᠰᠡᠭ ᠲᠦ
keseg-tü
хэсэгт
(← хэсэг)
部分に

＜ -r ＋ ＞ Ⓒ b) ii.

ᠡᠳᠦᠷ ᠲᠦ
edür-tü
өдөрт
(← өдөр)
日に

＜ -s + ＞ Ⓒ **c**）

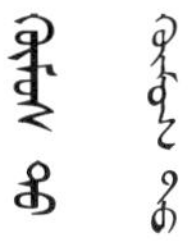

kümüs-tü
хүмүүст
（← хүмүүс）
人々に

Ⓑ

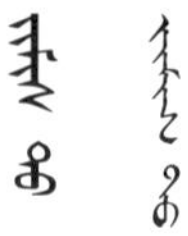

ǰimis-tü
жимсэнд
（← жимс[эн]）
果物に

＜ -d + ＞ Ⓐ

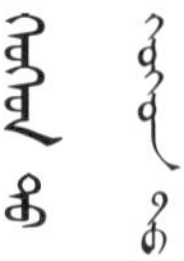

keüked-tü
хүүхдэд
（← хүүхэд）
子供に

26

練習問題（6.3）

次の単語をモンゴル文字で書きなさい．

(1) самбарт　(2) багшид　(3) нэрд　(4) дүүд　(5) улсад　(6) хүүхдэд

6.4 対格

対格は，基本的には動詞の直接目的語を表し，日本語の《…を》を意味する形式である．ただ，日本語の「を」とは異なり，モンゴル語の対格語尾は特定のものを限定的に指す場合に限られる．名詞が漠然と目的語となる場合，通常省略され，主格形と同じ形のゼロ語尾対格となる．

その他，対格語尾は，主節と従属節（副詞節）で主語が変わる複文において，従属節の主語（原則として人）を表し，《(誰々）が》と訳される用法もある．

対格語尾はモンゴル文語では，語末の音的環境により，2つのバリエーションを持つ．

	対格（モンゴル文字）			
	活字体	手書体	転写	接尾環境
①		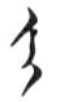	-yi	母音で終わる語
②			-i	子音で終わる語

キリル文字で対格は，語末の音声環境により，3つのバリエーションを持つ．

	対格（キリル文字）		
	形式	母音調和の核	接尾環境
Ⓐ	-ыг	ⓐ a / у / о	以下の条件以外の男性語
	-ийг	ⓑ э / и / ү / ө	以下の条件以外の女性語
		ⓒ a / у / о	口蓋化音終わりの男性語
Ⓑ	-г	全ての母音	a）長母音に終わる語 b）二重母音に終わる語 c）「隠れたг」持ちの語

以下，モンゴル文字の対格形に依拠しながら，キリル文字との対応例を見てゆく．

1 ①

1.1 Ⓐⓐ

< -a + >

ᠬᠣᠭᠤᠯᠠ ᠶᠢ
qoγula-yi
хоолыг
（← хоол）
食事を

（-го +）

ᠲᠣᠷᠭ᠎ᠠ ᠶᠢ
torγ-a-yi
торгыг
（← торго）
絹を

（-на +）

ᠪᠠᠭᠠᠨ᠎ᠠ ᠶᠢ
baγan-a-yi
баганыг
（← багана）
柱を

< -i + >

ᠰᠠᠯᠪᠤᠷᠢ ᠶᠢ
salburi-yi
салбарыг
（← салбар）
部門を

< -u + >

ᠮᠣᠳᠤ ᠶᠢ
modu-yi
модыг
（← мод）
木を

（-но +）

ᠲᠣᠭᠤᠨᠤ ᠶᠢ
toγunu-yi
тооныг
（← тооно）
天窓を

1.2 Ⓐⓒ

< -i + >（ч +）

ᠬᠠᠶᠢᠴᠢ ᠶᠢ
qayiči-yi
хайчийг
（← хайч）
鋏を

（и +）

ᠲᠠᠮᠠᠬᠢ ᠶᠢ
tamaki-yi
тамхийг
（← тамхи）
タバコを

（ь +）

ᠬᠠᠪᠢ ᠶᠢ
qabi-yi
хавийг
（← хавь）
付近を

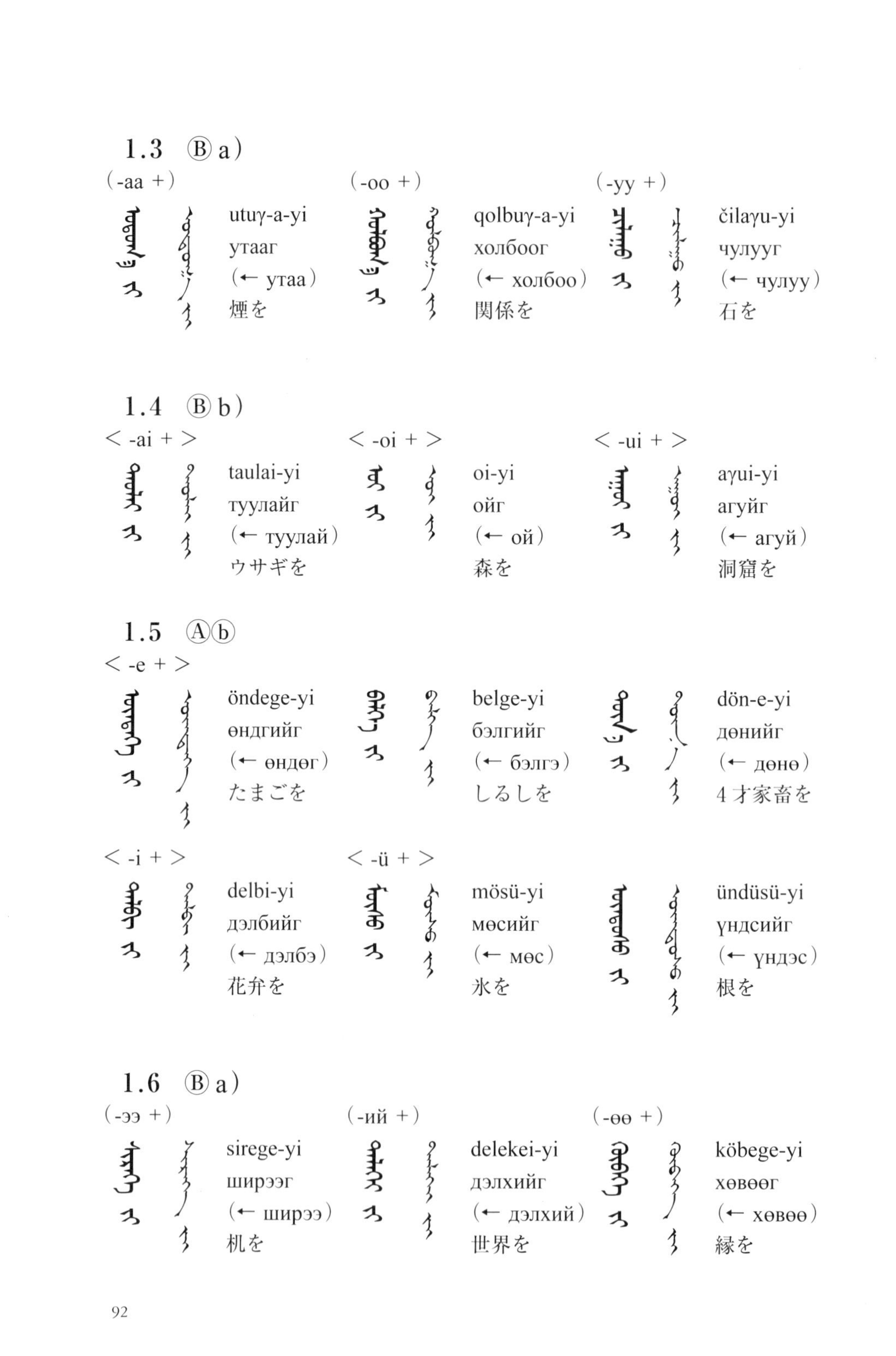

1.3 Ⓑ a)

(-aa +)

utuγ-a-yi
утааг
(← утаа)
煙を

(-oo +)

qolbuγ-a-yi
холбоог
(← холбоо)
関係を

(-yy +)

čilaγu-yi
чулууг
(← чулуу)
石を

1.4 Ⓑ b)

< -ai + >

taulai-yi
туулайг
(← туулай)
ウサギを

< -oi + >

oi-yi
ойг
(← ой)
森を

< -ui + >

aγui-yi
агуйг
(← агуй)
洞窟を

1.5 Ⓐⓑ

< -e + >

öndege-yi
өндгийг
(← өндөг)
たまごを

belge-yi
бэлгийг
(← бэлгэ)
しるしを

dön-e-yi
дөнийг
(← дөнө)
4才家畜を

< -i + >

delbi-yi
дэлбийг
(← дэлбэ)
花弁を

< -ü + >

mösü-yi
мөсийг
(← мөс)
氷を

ündüsü-yi
үндсийг
(← үндэс)
根を

1.6 Ⓑ a)

(-ээ +)

sirege-yi
ширээг
(← ширээ)
机を

(-ий +)

delekei-yi
дэлхийг
(← дэлхий)
世界を

(-өө +)

köbege-yi
хөвөөг
(← хөвөө)
縁を

（-үү +）

ᠬᠦᠦ ᠶᠢ　ᠬᠦᠦ ᠶᠢ
küü-yi
хүүг
（← хүү）
息子を

1.7 Ⓑb）

（-эй +）

ᠡᠮᠡᠭᠲᠡᠢ ᠶᠢ　ᠡᠮᠡᠭᠲᠡᠢ ᠶᠢ
emegtei-yi
эмэгтэйг
（← эмэгтэй）
女性を

（-үй +）

ᠵᠦᠢ ᠶᠢ　ᠵᠦᠢ ᠶᠢ
ǰüi-yi
зүйг
（← зүй）
道理を

2 ②

2.1 Ⓐⓐ（-ыг）

ᠨᠣᠮ ᠢ　ᠨᠣᠮ ᠢ
nom-i
номыг
（← ном）
本を

ᠵᠤᠨ ᠢ　ᠵᠤᠨ ᠢ
ǰun-i
зуныг
（← зун）
夏を

2.2 Ⓐⓒ（-ийг）

ᠬᠣᠭ ᠢ　ᠬᠣᠭ ᠢ
qoγ-i
хогийг
（← хог）
ごみを

2.3 Ⓑc）

＜ -ng + ＞

ᠰᠠᠩ ᠢ　ᠰᠠᠩ ᠢ
sang-i
санг
（← сан[г]）
倉を

ᠵᠣᠪᠠᠯᠠᠩ ᠢ　ᠵᠣᠪᠠᠯᠠᠩ ᠢ
ǰobalang-i
зовлонг
（← зовлон[г]）
苦しみを

＜ -n + ＞

ᠳᠤᠷᠠᠨ ᠢ　ᠳᠤᠷᠠᠨ ᠢ
duran-i
дуранг
（← дуран[г]）
望遠鏡を

2.4 Ⓐⓑ（-ийг）

ᠰᠡᠳᠬᠦᠯ ᠢ　ᠰᠡᠳᠬᠦᠯ ᠢ
sedkül-i
сэтгүүлийг
（← сэтгүүл）
雑誌を

ᠦᠰᠦᠭ ᠢ　ᠦᠰᠦᠭ ᠢ
üsüg-i
үсгийг
（← үсэг）
文字を

ᠬᠦᠮᠦᠨ ᠢ　ᠬᠦᠮᠦᠨ ᠢ
kümün-i
хүнийг
（← хүн）
人を

2.5 Ⓑ c)

< -ng + >

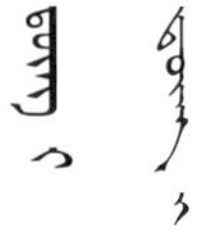

ḍüng-i
дүнг
(← дүн[г])
結果を

< -n + >

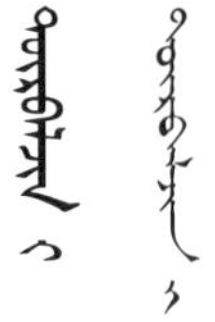

dörbelǰin-i
дөрвөлжинг
(← дөрвөлжин[г])
四角形を

27 **練習問題（6.4）**

次の単語をモンゴル文字で書きなさい.

(1) хоолыг　(2) салбарыг　(3) эмэгтэйг
(4) номыг　(5) зовлонг　(6) сэтгүүлийг

6.5 奪格

奪格は，起点や比較などを表し，日本語の「…から」「…より」を意味する形式である．モンゴル文語では，ただ1つの文字形で表され，バリエーションは持たない．

奪格（モンゴル文字）			
活字体	手書体	転　写	接尾環境
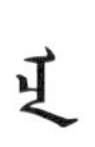	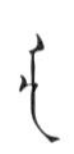	❶（男性語＋）-ača	全ての語*
		❷（女性語＋）-eče	

＊「隠れた n」持ちの単語は，奪格語尾の付加に際して n が現れる．音節末に n を綴った後に，奪格語尾を続けて書く．

キリル文字の奪格は，語末の音声環境により，14 のバリエーションを持つ（ただし通常 -aac[4] と略す）．

	奪格（キリル文字）		
	形式	母音調和の核	接尾環境
Ⓐ	-аас	ⓐ а / у	以下の条件以外の語
	-оос	ⓑ о	
	-ээс	ⓒ э / и / ү	
	-өөс	ⓓ ө	
Ⓑ	-наас	ⓐ а / у	「隠れた н」持ちの語
	-ноос	ⓑ о	
	-нээс	ⓒ э / и / ү	
	-нөөс	ⓓ ө	
Ⓒ	-гаас	ⓐ а / у	a）長母音終わりの語 i） b）二重母音終わりの語 c）「隠れた г」持ちの語
	-гоос	ⓑ о	
	-гээс	ⓒ э / и / ү	
	-гөөс	ⓓ ө	
Ⓓ	-иас	ⓐ а / у	и / ь 終わりの語 ii）
	-иос	ⓑ о	

i）新しい外来語には，短母音終わりの単語にも付加される．
ii）伝統的な単語では男性語のみ．語末に女性母音（e）を持った外来語には，-иэс も見られる．例）вексель 手形 → векселиэс 手形から

以下，モンゴル文字の奪格形に依拠しながら，キリル文字との対応例を見てゆく．

1 ❶Ⓐ

1.1 短母音終わり

1.1.1 ⓐ(a)< -a + >< -i + >　　< -u + >

ᠠᠬ᠎ᠠ ᠠᠴᠠ
aq-a-ača
ахаас
(← ах)
兄から

ᠪᠠᠭᠰᠢ ᠠᠴᠠ
baγsi-ača
багшаас
(← багш)
先生から

ᠠᠪᠤ ᠠᠴᠠ
abu-ača
аавaас
(← аав)
お父さんから

1.1.2 ⓐ(y)< -a + >< -i + > < -u + >

ᠭᠤᠷᠪᠠ ᠠᠴᠠ
γurba-ača
гурваас
(← гурав)
3から

ᠲᠤᠭᠤᠵᠢ ᠠᠴᠠ
tuγuǰi-ača
туужаас
(← тууж)
中篇小説から

ᠤᠨᠤᠬᠤ ᠠᠴᠠ
unuqu-ača
унахаас
(← унах)
乗るよりも

1.1.3 ⓑ(o)< -a + >< -i + > < -u + >

ᠬᠣᠲᠠ ᠠᠴᠠ
qota-ača
хотоос
(← хот)
都市から

ᠲᠣᠭᠤᠭᠠᠴᠢ ᠠᠴᠠ
toγuγači-ača
тогоочоос
(← тогооч)
料理人から

ᠲᠣᠭᠤᠨᠤ ᠠᠴᠠ
toγunu-ača
тооноос
(← тооно)
天窓から

1.2 子音終わり

ᠭᠠᠷ ᠠᠴᠠ
γar-ača
гараас
(← гар)
手から

ᠤᠯᠤᠰ ᠠᠴᠠ
ulus-ača
улсаас
(← улс)
国・人々から

ᠣᠷᠤᠨ ᠠᠴᠠ
orun-ača
орноос
(← орон)
地域から

1.3 Ⓑ

1.3.1 nを付加する「隠れたн」持ちの語

ⓐ(a)< -a*n* + >

ᠠᠩᠬᠠᠨ ᠠᠴᠠ
angqan-ača
анхнаас
(← анх[ан])
初めから

↑ ↑

ᠠᠩᠬ᠎ᠠ
angq-a[n]
初め

(y)< -u*n* + >

ᠬᠤᠷᠤᠭᠤᠨ ᠠᠴᠠ
quruγun-ača
хуруунаас
(← хуруу[н])
指から

↑ ↑

ᠬᠤᠷᠤᠭᠤ
quruγu[n]
指

ⓑ(o)< -i*n* + >

ᠮᠣᠷᠢᠨ ᠠᠴᠠ
morin-ača
мориноос
(← морь[*и*н])
馬から

↑ ↑

ᠮᠣᠷᠢ
mori[n]
馬

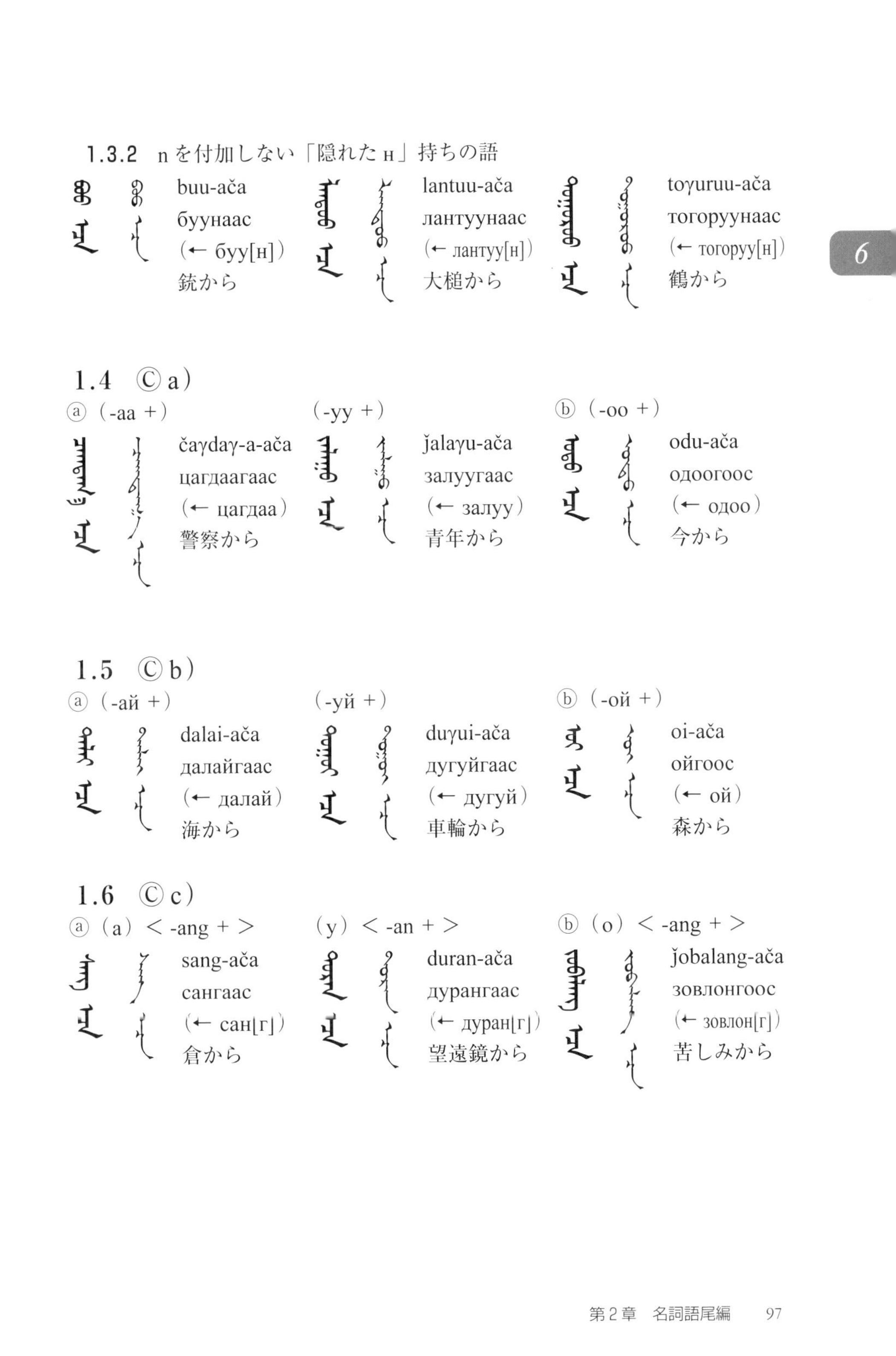

1.3.2 nを付加しない「隠れたн」持ちの語

buu-ača
буунаас
(← буу[н])
銃から

lantuu-ača
лантуунаас
(← лантуу[н])
大槌から

toγuruu-ača
тогоруунаас
(← тогоруу[н])
鶴から

1.4 Ⓒ a)

ⓐ (-aa +)

čaγdaγ-a-ača
цагдаагаас
(← цагдаа)
警察から

(-yy +)

ǰalaγu-ača
залуугаас
(← залуу)
青年から

ⓑ (-oo +)

odu-ača
одоогоос
(← одоо)
今から

1.5 Ⓒ b)

ⓐ (-ай +)

dalai-ača
далайгаас
(← далай)
海から

(-уй +)

duγui-ača
дугуйгаас
(← дугуй)
車輪から

ⓑ (-ой +)

oi-ača
ойгоос
(← ой)
森から

1.6 Ⓒ c)

ⓐ (a) < -ang + >

sang-ača
сангаас
(← сан[г])
倉から

(y) < -an + >

duran-ača
дурангаас
(← дуран[г])
望遠鏡から

ⓑ (o) < -ang + >

ǰobalang-ača
зовлонгоос
(← зовлон[г])
苦しみから

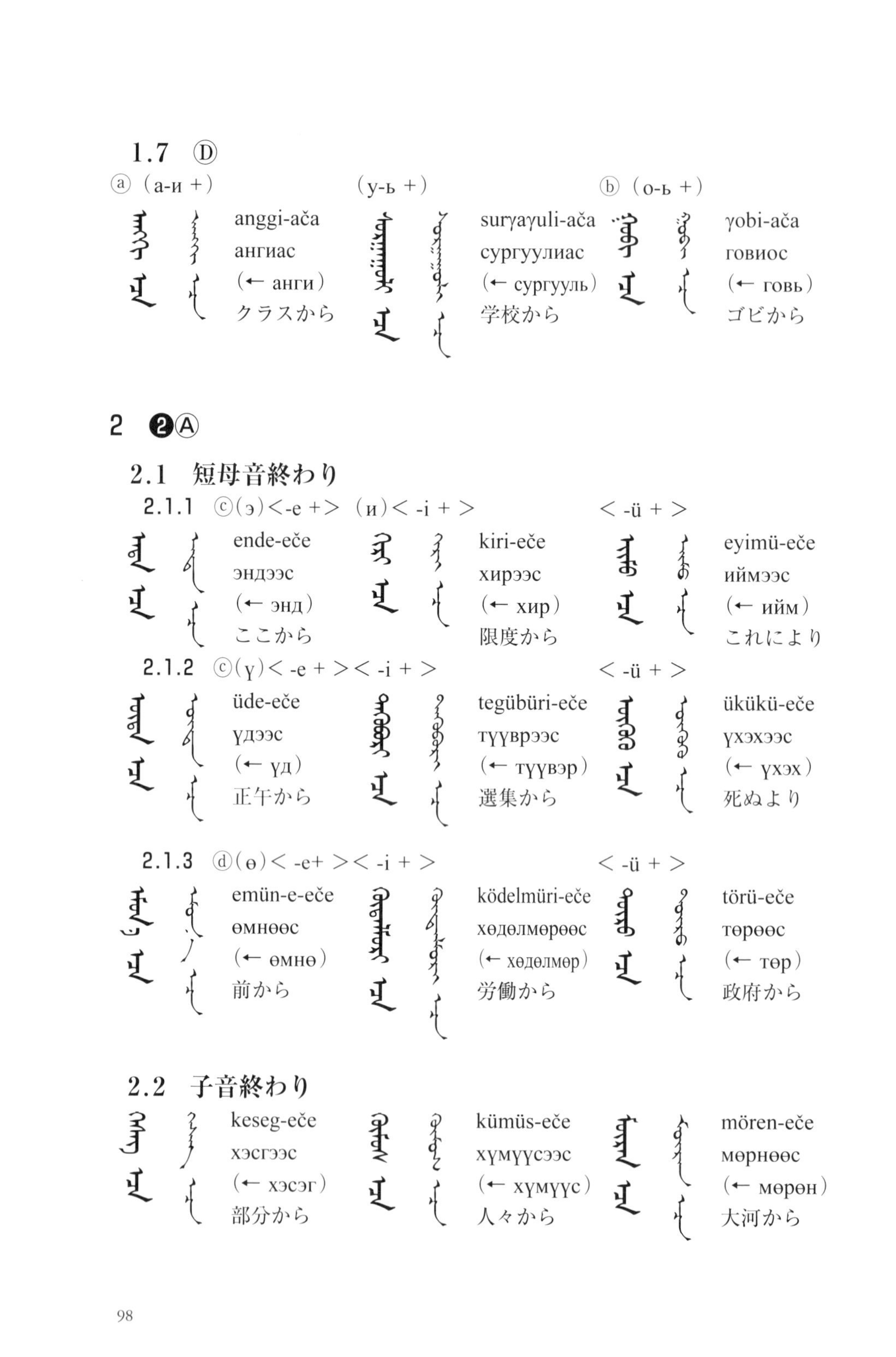

1.7 Ⓓ

ⓐ（а-и +）

anggi-ača
ангиас
（← анги）
クラスから

（у-ь +）

surɣaɣuli-ača
сургуулиас
（← сургууль）
学校から

ⓑ（о-ь +）

ɣobi-ača
говиос
（← говь）
ゴビから

2 ❷Ⓐ

2.1 短母音終わり

2.1.1 ⓒ（э）<-e +>

ende-eče
эндээс
（← энд）
ここから

（и）< -i + >

kiri-eče
хирээс
（← хир）
限度から

< -ü + >

eyimü-eče
иймээс
（← ийм）
これにより

2.1.2 ⓒ（ү）< -e + >< -i + >

üde-eče
үдээс
（← үд）
正午から

tegübüri-eče
түүврээс
（← түүвэр）
選集から

< -ü + >

ükükü-eče
үхэхээс
（← үхэх）
死ぬより

2.1.3 ⓓ（ө）< -e+ >< -i + >

emün-e-eče
өмнөөс
（← өмнө）
前から

ködelmüri-eče
хөдөлмөрөөс
（← хөдөлмөр）
労働から

< -ü + >

törü-eče
төрөөс
（← төр）
政府から

2.2 子音終わり

keseg-eče
хэсгээс
（← хэсэг）
部分から

kümüs-eče
хүмүүсээс
（← хүмүүс）
人々から

mören-eče
мөрнөөс
（← мөрөн）
大河から

2.3 Ⓑ

2.3.1 nを付加する「隠れたн」持ちの語

ⓒ（э）＜ -e*n* + ＞

ᠵᠢᠱᠢᠶᠡᠨ ᠡᠴᠡ
jišiyen-eče
жишээнээс
（← жишээ[н]）
例から

↑

ᠵᠢᠱᠢᠶ᠎ᠡ
jišiy-e[n]
例

（ү）＜ -ü*n* + ＞

ᠨᠢᠳᠦᠨ ᠡᠴᠡ
nidün-eče
нүднээс
（← нүд[эн]）
目から

↑

ᠨᠢᠳᠦ
nidü[n]
目

ⓓ（ө）＜ -ü*n* + ＞

ᠮᠥᠩᠭᠥᠨ ᠡᠴᠡ
mönggün-eče
мөнгөнөөс
（← мөнгө[н]）
お金から

↑

ᠮᠥᠩᠭᠥ
mönggü[n]
お金

2.3.2 -ü*ü* の *ü* を１つ省いて n を付加する「隠れたн」持ちの語

ᠬᠦᠵᠦᠭᠦᠨ ᠡᠴᠡ
küǰügün-eče
хүзүүнээс
（← хүзүү[н]）
首から

↑

ᠬᠦᠵᠦᠭᠦᠦ
küǰügü*ü*[n]
首

ᠳᠡᠯᠢᠭᠦᠨ ᠡᠴᠡ
deligün-eče
дэлүүнээс
（← дэлүү[н]）
脾臓から

↑

ᠳᠡᠯᠢᠭᠦᠦ
deligü*ü*[n]
脾臓

ᠡᠪᠴᠢᠭᠦᠨ ᠡᠴᠡ
ebčigün-eče
өвчүүнээс
（← өвчүү[н]）
みぞおちから

↑

ᠡᠪᠴᠢᠭᠦᠦ
ebčigü*ü*[n]
みぞおち

2.3.3 nを付加しない「隠れたн」持ちの語

ᠡᠷᠡᠦ ᠡᠴᠡ
ereü-eče
эрүүнээс
（← эрүү[н]）
下あごから

ᠭᠡᠭᠦᠦ ᠡᠴᠡ
gegüü-eče
гүүнээс
（← гүү[н]）
母馬から

ᠵᠡᠭᠦᠦ ᠡᠴᠡ
ǰegüü-eče
зүүнээс
（← зүү[н]）
針から

2.4 Ⓒb）

ⓒ（-эй ＋）

ᠡᠮᠡᠭᠲᠡᠢ ᠡᠴᠡ
emegtei-eče
эмэгтэйгээс
（← эмэгтэй）
女性から

（-үй ＋）

ᠦᠭᠡᠢ ᠡᠴᠡ
ügei-eče
үгүйгээс
（← үгүй）
ないことから

2.5 Ⓒa)

ⓒ（-ээ +）

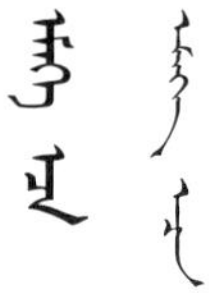

emege-eče
эмээгээс
（← эмээ）
お婆ちゃんから

（-ий +）

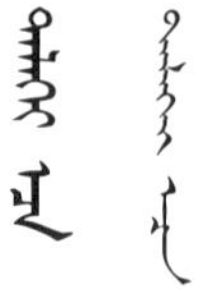

delekei-eče
дэлхийгээс
（← дэлхий）
世界から

（-үү +）

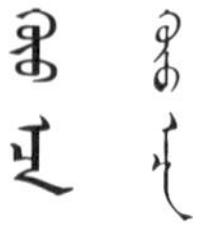

küü-eče
хүүгээс
（← хүү）
息子から

ⓓ（-өө +）

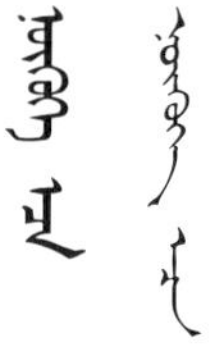

nögüge-eče
нөгөөгөөс
（← нөгөө）
他方·例のものから

2.6 Ⓒc)

ⓒ（и）＜ -ing + ＞

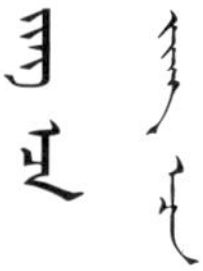

ǰing-eče
жингээс
（← жин[г]）
重さから

（ү）＜ -üng + ＞

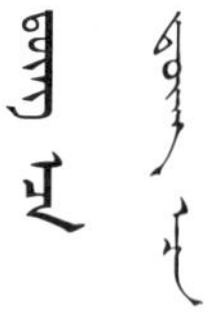

ḍüng-eče
дүнгээс
（← дүн[г]）
結果から

ⓓ（ө）＜ -üng + ＞

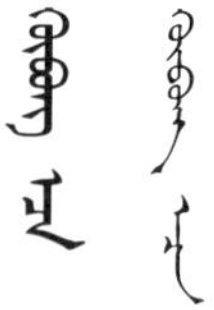

köbüng-eče
хөвөнгөөс
（← хөвөн[г]）
綿から

28 **練習問題（6.5）**

次の単語をモンゴル文字で書きなさい.

(1) хотоос　(2) хуруунаас　(3) сургуулиас
(4) өмнөөс　(5) нүднээс　(6) эмээгээс

6.6 造格

造格は，手段・方法，動作が行われる空間や時間的広がりを表し，日本語の「…で」「…でもって」「…を（通って）」「…ごろに」などを意味する形式である.

モンゴル文語で造格は，語末の音的環境により，2つのバリエーションを持つ.

	造格（モンゴル文字）			
	活字体	手書体	転　写	接尾環境
①	ᠪᠠᠷ	ᠪᠠᠷ	❶（男性語＋）-bar	母音で終わる語
			❷（女性語＋）-ber	
②	ᠢᠶᠠᠷ	ᠢᠶᠠᠷ	❶（男性語＋）-iyar	子音で終わる語
			❷（女性語＋）-iyer	

＊ -iyar / -iyer の y は例外的に，-a / -e に先行するも ᠢ（i）の転写である．
先に爪を付けて，本来の y（ᠶ）で書かないこと．

キリル文字で造格は，語末の音声環境により，10のバリエーションを持つ（ただし通常 -аар⁴ と略す）．

	造格（キリル文字）		
	形式	母音調和の核	接尾環境
Ⓐ	-аар	ⓐ а / у	以下の条件以外の語[i]
	-оор	ⓑ о	
	-ээр	ⓒ э / и / ү	
	-өөр	ⓓ ө	
Ⓑ	-гаар	ⓐ а / у	a）長母音終わりの語[ii] b）二重母音終わりの語 c）「隠れた г」持ちの語
	-гоор	ⓑ о	
	-гээр	ⓒ э / и / ү	
	-гөөр	ⓓ ө	
Ⓒ	-иар	ⓐ а / у	и / ь 終わりの語[iii]
	-иор	ⓑ о	

i）（特殊な表現などは除き）通常「隠れた н」は現れない．
ii）（新しい）外来語には，短母音終わりの単語にも付加される．
iii）伝統的な単語では男性語形のみ．語末に女性母音（e）を持った借用語には，-иэр も見られる．例）вēксель 手形 → вēкселиэр 手形で

以下，モンゴル文字の造格形に依拠しながら，キリル文字との対応例を見てゆく．

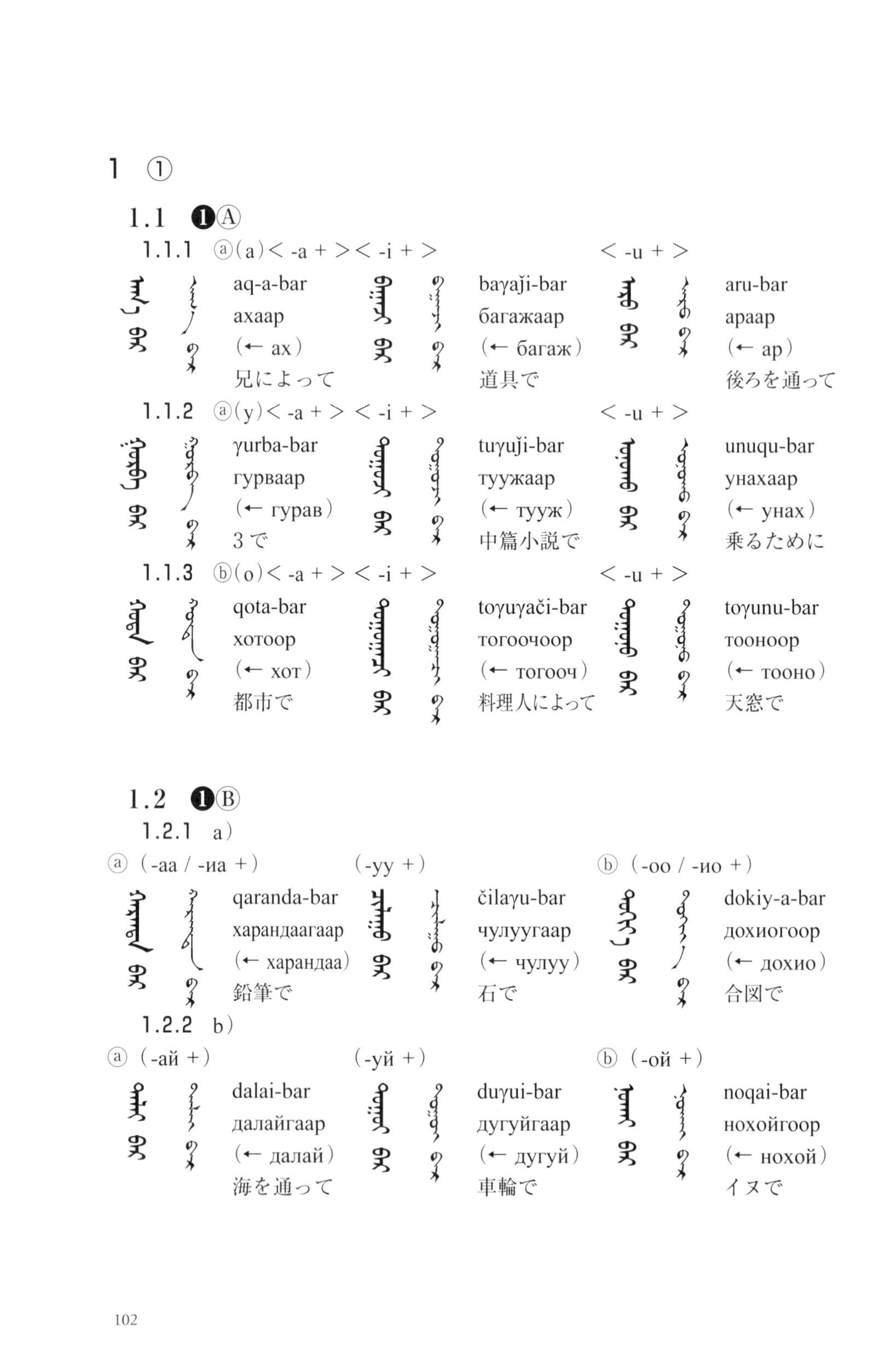

1 ①

1.1 ❶Ⓐ

1.1.1 ⓐ(a)< -a + >< -i + > < -u + >

aq-a-bar
ахаар
(← ах)
兄によって

baγaǰi-bar
багажаар
(← багаж)
道具で

aru-bar
араар
(← ар)
後ろを通って

1.1.2 ⓐ(y)< -a + > < -i + > < -u + >

γurba-bar
гурваар
(← гурав)
3で

tuγuǰi-bar
туужаар
(← тууж)
中篇小説で

unuqu-bar
унахаар
(← унах)
乗るために

1.1.3 ⓑ(o)< -a + > < -i + > < -u + >

qota-bar
хотоор
(← хот)
都市で

toγuγači-bar
тогоочоор
(← тогооч)
料理人によって

toγunu-bar
тооноор
(← тооно)
天窓で

1.2 ❶Ⓑ

1.2.1 a)

ⓐ (-аа / -иа +) (-уу +) ⓑ (-оо / -ио +)

qaranda-bar
харандаагаар
(← харандаа)
鉛筆で

čilaγu-bar
чулуугаар
(← чулуу)
石で

dokiy-a-bar
дохиогоор
(← дохио)
合図で

1.2.2 b)

ⓐ (-ай +) (-уй +) ⓑ (-ой +)

dalai-bar
далайгаар
(← далай)
海を通って

duγui-bar
дугуйгаар
(← дугуй)
車輪で

noqai-bar
нохойгоор
(← нохой)
イヌで

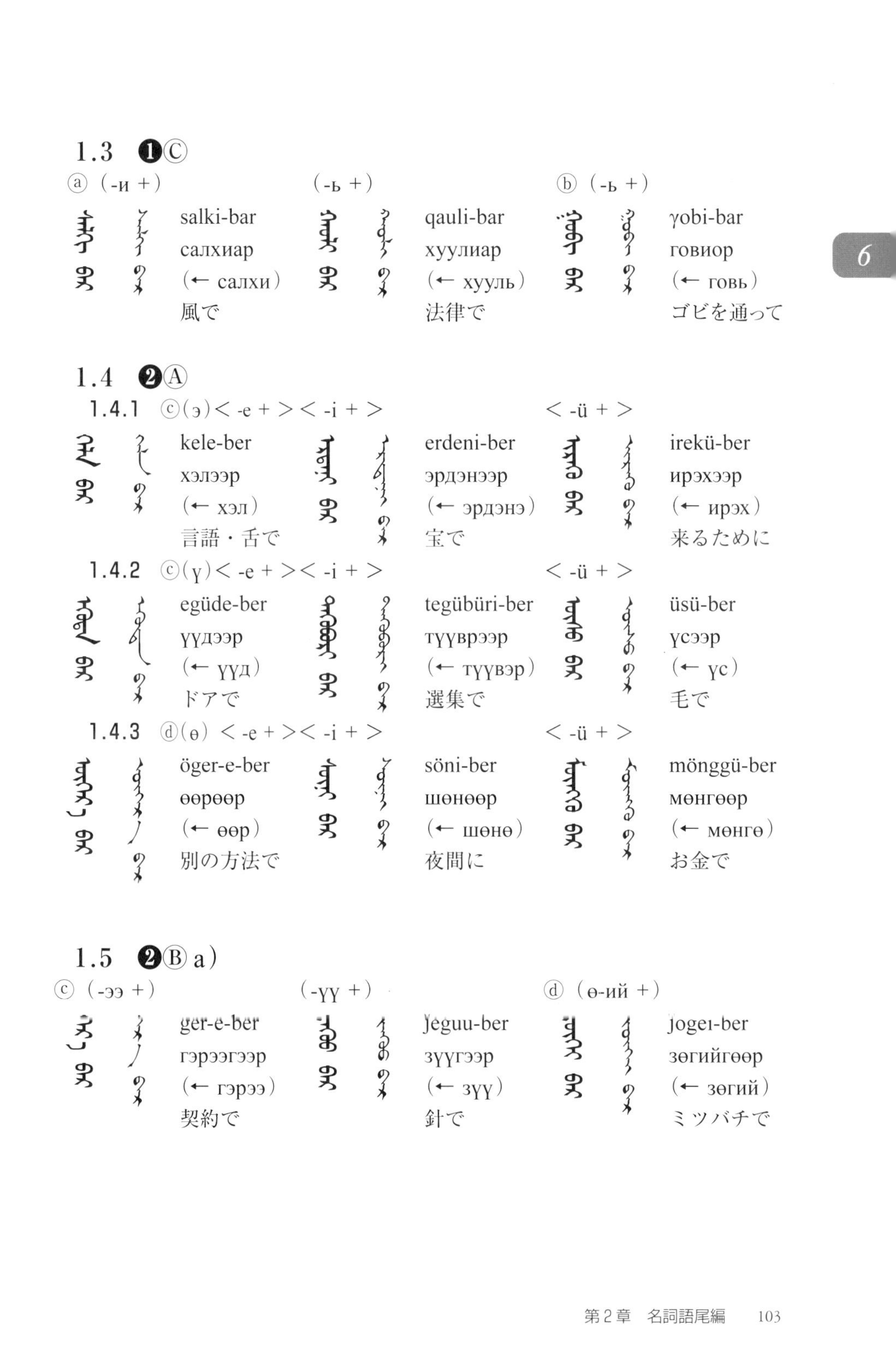

1.3 ❶Ⓒ

ⓐ（-и +）	（-ь +）	ⓑ（-ь +）
salki-bar	qauli-bar	γobi-bar
салхиар	хуулиар	говиор
（← салхи）	（← хууль）	（← говь）
風で	法律で	ゴビを通って

1.4 ❷Ⓐ

1.4.1 ⓒ（э）< -e + >< -i + >

< -e + >	< -i + >	< -ü + >
kele-ber	erdeni-ber	irekü-ber
хэлээр	эрдэнээр	ирэхээр
（← хэл）	（← эрдэнэ）	（← ирэх）
言語・舌で	宝で	来るために

1.4.2 ⓒ（ү）< -e + >< -i + >

< -e + >	< -i + >	< -ü + >
egüde-ber	tegübüri-ber	üsü-ber
үүдээр	түүврээр	үсээр
（← үүд）	（← түүвэр）	（← үс）
ドアで	選集で	毛で

1.4.3 ⓓ（ө）< -e + >< -i + >

< -e + >	< -i + >	< -ü + >
öger-e-ber	söni-ber	mönggü-ber
өөрөөр	шөнөөр	мөнгөөр
（← өөр）	（← шөнө）	（← мөнгө）
別の方法で	夜間に	お金で

1.5 ❷Ⓑ a）

ⓒ（-ээ +）	（-үү +）	ⓓ（ө-ий +）
ger-e-ber	ǰeguu-ber	ǰogei-ber
гэрээгээр	зүүгээр	зөгийгөөр
（← гэрээ）	（← зүү）	（← зөгий）
契約で	針で	ミツバチで

(-өө +)

ᠨᠥᠯᠦᠭᠡ ᠪᠡᠷ
nölüge-ber
нөлөөгөөр
(← нөлөө)
影響で

1.6 ❷Ⓑ b)

ⓒ (-эй +)

ᠡᠮᠡᠭᠲᠡᠢ ᠪᠡᠷ
emegtei-ber
эмэгтэйгээр
(← эмэгтэй)
女性によって

(-үй +)

ᠦᠭᠡᠢ ᠪᠡᠷ
ügei-ber
үгүйгээр
(← үгүй)
ないことで

2 ②

2.1 ❶Ⓐ

ⓐ (a)

ᠭᠠᠷ ᠢᠶᠠᠷ
γar-iyar
гараар
(← гар)
手で

(y)

ᠭᠣᠲᠤᠯ ᠢᠶᠠᠷ
γutul-iyar
гутлаар
(← гутал)
靴で

ⓑ (o)

ᠣᠷᠣᠨ ᠢᠶᠠᠷ
orun-iyar
орноор
(← орон)
地域で

2.2 ❶Ⓑ c)

ⓐ (a)

ᠵᠠᠩ ᠢᠶᠠᠷ
ǰang-iyar
зангаар
(← зан[г])
性格で

(y)

ᠰᠢᠦᠳᠠᠨ ᠢᠶᠠᠷ
siudan-iyar
шуудангаар
(← шуудан[г])
郵便で

ⓑ (o)

ᠵᠣᠪᠠᠯᠠᠩ ᠢᠶᠠᠷ
ǰobalang-iyar
зовлонгоор
(← зовлон[г])
苦しみで

2.3 ❷Ⓐ

ⓒ（э）

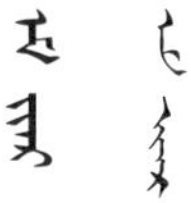

em-iyer
эмээр
（← эм）
薬で

（γ）

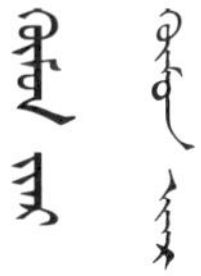

kümün-iyer
хүнээр
（← хүн）
人でもって

ⓓ（ө）

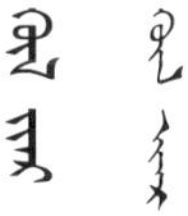

köl-iyer
хөлөөр
（← хөл）
足で

2.4 ❷Ⓑ c）

ⓒ（э）

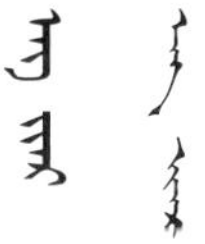

eng-iyer
энгээр
（← эн[г]）
幅で

（γ）

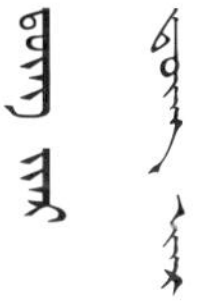

ḍüng-iyer
дүнгээр
（← дүн[г]）
結果で

ⓓ（ө）

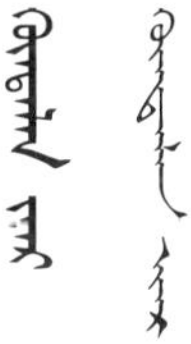

köndelen-iyer
хөндлөнгөөр
（← хөндлөн[г]）
横で，横に

練習問題（6.6） 29

次の単語をモンゴル文字で書きなさい．

(1) багажаар　(2) чулуугаар　(3) хэлээр　(4) зүүгээр　(5) гараар　(6) хөлөөр

6.7 共同格

共同格は，随行・付帯，比較や手段などを表し，日本語の「…と（共に）」「…を伴って」「…で」を意味する形式である．

モンゴル文語で共同格は，ただ１つの文字形で表される．

共同格（モンゴル文字）			
活字体	手書体	転　写	接尾環境
	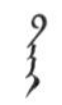	❶（男性語＋）-tai ❷（女性語＋）-tei	全ての語

キリル文字の共同格は，語末の音声環境により，3つのバリエーションを持つ（通常 -тай[3] と略す）．

共同格（キリル文字）		
形式	母音調和の核	接尾環境
-тай	ⓐ a / y	全ての語
-той	ⓑ o	
-тэй	ⓒ э / и / ү / ө	

＊共同格は，同じ -тай[3] という形式をとる，物や特性などの所有を表す関係形容詞を作る接尾辞 -тай[3]《…を持った》とは，文法上の分類では別ものである．
共同格；Аав морьтой ирсэн. 父は馬で来た.
cf. 関係形容詞；Морьтой хүн ирсэн. 馬に乗った人が来た.

以下，モンゴル文字の共同格形に依拠しながら，キリル文字との対応例を見てゆく．

1 ❶

1.1 母音終わり；ⓐ(a)（y）　ⓑ（o）

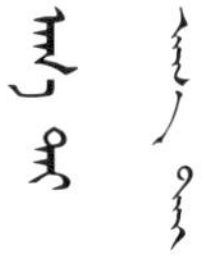
aq-a-tai
ахтай
（← ах）
兄と

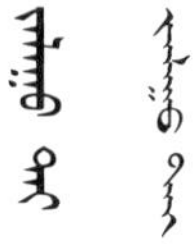
ǰalaγu-tai
залуутай
（← залуу）
青年と

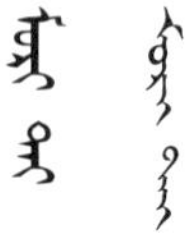
mori-tai
морьтой
（← морь）
馬で

1.2 子音終わり；ⓐ(a)（y）　ⓑ（o）

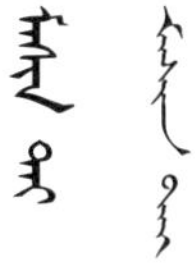
masin-tai
машинтай
（← машин）
車で

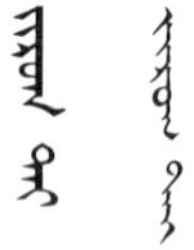
ǰiruγ-tai
зурагтай
（← зураг）
絵と

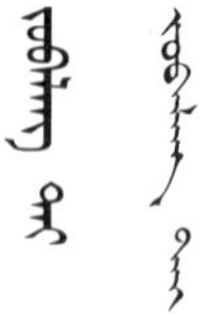
ǰobalang-tai
зовлонтой
（← зовлон）
苦しみと

2 ❷

2.1 母音終わり；ⓒ(э)（ү）（ө）

ᠡᠭᠡᠴᠢ ᠲᠡᠢ	ᠡᠭᠡᠴᠢ ᠲᠡᠢ	egeči-tei эгчтэй (← эгч) 姉と	
ᠳᠡᠭᠦᠦ ᠲᠡᠢ	ᠳᠡᠭᠦᠦ ᠲᠡᠢ	degüü-tei дүүтэй (← дүү) 弟・妹と	
ᠡᠪᠦᠭᠡ ᠲᠡᠢ	ᠡᠪᠦᠭᠡ ᠲᠡᠢ	ebüge-tei өвөөтэй (← өвөө) おじいちゃんと	

2.2 子音終わり；ⓒ(э)（ү）（ө）

ᠬᠡᠨ ᠲᠡᠢ	ᠬᠡᠨ ᠲᠡᠢ	ken-tei хэнтэй (← хэн) 誰と	
ᠬᠦᠮᠦᠰ ᠲᠡᠢ	ᠬᠦᠮᠦᠰ ᠲᠡᠢ	kümüs-tei хүмүүстэй (← хүмүүс) 人々と	
ᠨᠥᠬᠥᠷ ᠲᠡᠢ	ᠨᠥᠬᠥᠷ ᠲᠡᠢ	nökür-tei нөхөртэй (← нөхөр) 夫と	

練習問題（6.7） 30

次の単語をモンゴル文字で書きなさい.

(1) залуутай (2) морьтой (3) зурагтай (4) эгчтэй (5) өвөөтэй (6) нөхөртэй

7 名詞語尾（2）

7.1 人称所有語尾

人称所有語尾は，基本的には《私の…》や《あなたの…》など，人称代名詞の属格に相当する意味を持ち，（格変化した）名詞に後置して用いる形式を言う．

なお，ここからモンゴル文字は活字体のみを挙げる．

	人称所有語尾	
	単　　数	複　　数
1 人称	ᠮᠢᠨᠢ mini [i)] | минь | 私の	ᠮᠠᠨᠢ mani [ii)] | маань | 私たちの
2 人称	ᠴᠢᠨᠢ čini [iii)] | чинь | 君の；	(ᠲᠠᠨᠢ)（tani [iv)] | тань）あなた(方)の
3 人称	ᠨᠢ ni [v)] | нь | その，彼(女)の；それらの，彼(女)らの	

i）古典的には minu と綴る．
ii）古典的には man-u と綴る．
iii）古典的には činu と綴る．
iv）古典的には tan-u と綴る．ただ，tani（тань）は現代語では，改まった場面で相手に敬意を込める際に用いられる程度で多用されず，通常，ta（та）《あなた》に関わる文中においても，čini（чинь）が用いられる．
v）古典的には，古くは単数形を inu（*ину*），複数形を anu（*ану*）と綴り，単複を区別した．区別を失った後は，（inu →）inü を女性語に続く形，anu を男性語に続く形と解されてきた．現代語では通常，ni（нь）のみを用いる．

人称所有語尾は起源的に，人称代名詞の属格が後置されたものに由来する．ただしその働きは，所有の強調というよりは，むしろ，対象となる語に人称との関係を補足したり，親近の情を添える．または，それぞれ（特に маань, чинь, нь）の関係性において，単に主語を取り立てるマーカーとして用いられる．更に нь は，常に一定の語の後に置かれ，定冠詞のように用いる用法もある．

転写では，修飾する語に前置する人称代名詞の属格同様，通常ハイフンは使わない（→ 次に学ぶ再帰所有語尾はハイフンでつなぐ）．

＜若干の注意事項＞

1） 人称所有語尾の付加に際し，キリル文字では，対格 -ыг / -ийг の г はよく省略されることがある（まれに属格 -ын / -ийн の н も）．

また，対格に -г のみを付ける①長母音終わりの語，②二重母音終わりの語，③「隠れた -г」持ちの語には，-г と -гий の 2 形が用いられる．

なお，モンゴル文字の綴りでは，いずれの場合も変化はない．

2） 属格の後に 3 人称所有語尾 ni（нь）が付加される時，ki（х）が挿入される．その際 ki と ni は，kini のように，ひと綴りにして書かれる．一方，キリル文字では，х は属格側に接合し，нь とは切り離して綴る．

例）küü-yin kini | хүүгийн[х] нь | その息子の

3） 与位格（-du / -dü, -tu / -tü）の後に 3 人称所有語尾 ni が付加される際，与位格語尾と ni は，ひと綴りにして，-duni / -düni, -tuni / -tüni と書かれることがある．一方，キリル文字では，与位格と нь は切り離して綴る．

例）küü-dü ni ＝ küü-düni（хүүд нь）その息子に

以下，mini（минь）と，若干特殊な用法のある ni（нь）を取り上げて見てみたい．なお，ここからは，モンゴル文字は活字体のみを挙げる．

1 mini（минь）

＜主格＋＞

ᠠᠪᠤ ᠮᠢᠨᠢ　abu mini
аав минь
私の父は

＜属格＋＞

ᠠᠪᠤ ᠶᠢᠨ ᠮᠢᠨᠢ　abu-yin mini
аавын минь
私の父の

＜与位格＋＞

ᠠᠪᠤ ᠳᠤ ᠮᠢᠨᠢ　abu-du mini
аавд минь
私の父に

＜対格＋＞

ᠠᠪᠤ ᠶᠢ ᠮᠢᠨᠢ　abu-yi mini
аавы[г] минь
私の父

＜奪格＋＞

ᠠᠪᠤ ᠠᠴᠠ ᠮᠢᠨᠢ　abu-ača mini
аавaас минь
私の父から

＜造格＋＞

ᠠᠪᠤ ᠪᠠᠷ ᠮᠢᠨᠢ　abu-bar mini
аавaар минь
私の父によって

＜共同格＋＞

abu-tai mini
аавтай минь
私の父と

2.1　ni（нь）

＜主格＋＞

küü ni
хүү нь
その息子は

＜属格＋＞

küü-yin kini
хүүгийн[х] нь
その息子の

＜与位格＋＞

küü-dü ni
=
küü-düni
хүүд нь
その息子に

＜対格＋＞

küü-yi ni
хүүг[ий] нь
その息子を

＜奪格＋＞

küü-eče ni
хүүгээс нь
その息子から

＜造格＋＞

küü-ber ni
хүүгээр нь
その息子で

＜共同格＋＞

küü-tei ni
хүүтэй нь
その息子と

2.2　ni（нь）の定冠詞的用法

uγ ni
уг нь
元々

učir ni
учир нь
そのわけは

naγadu ǰaq-a ni
наад зах нь
少なくとも

daraγ-a ni
дараа нь
その後

dour-a ni
дор нь
即座に

yerü ni
ер нь
一般に

31

練習問題（7.1）

次の単語をモンゴル文字で書きなさい.

(1) аавын минь　(2) ааваар минь　(3) хүүд нь　(4) хүүг нь　(5) наад зах нь
(6) дараа нь

7.2　再帰所有語尾

再帰所有語尾は，基本的には《(主語にとって) 自分の，それ自体の…》を意味し，(格変化した) 名詞に後置して用いる形式を言う．ただし，文の主語そのものには付かず，再帰所有語尾が (格語尾を介入させず) じかに名詞に付いたものは，通常，対格 (「ゼロ語尾対格＋再帰所有語尾」) の意を持ち，再帰対格として用いられる．その他，一定の語 (特に時や場所・方位を表す語) に付加され，副詞として用いられる．主節と従属節の主語が同じ場合，従属節をなす一部の副動詞 (＝連用形) にも付加される (副動詞は目下未習のためここでは取り上げない).

再帰所有語尾は，語末の音的環境により，一見造格に似た -ban / -ben, -iyan / -iyen という，字形上の 2 バリエーションを持つ．転写では，前の語とハイフンで結ぶ.

<table>
<tr><th></th><th colspan="3">再帰所有語尾（モンゴル文字）</th></tr>
<tr><th></th><th>綴字形</th><th>転　写</th><th>接尾環境</th></tr>
<tr><td rowspan="2">①</td><td rowspan="2">ᠪᠠᠨ</td><td>❶（男性語＋）-ban</td><td rowspan="2">母音で終わる語</td></tr>
<tr><td>❷（女性語＋）-ben</td></tr>
<tr><td rowspan="2">②</td><td rowspan="2">ᠢᠶᠠᠨ</td><td>❶（男性語＋）-iyan</td><td rowspan="2">子音で終わる語</td></tr>
<tr><td>❷（女性語＋）-iyen</td></tr>
</table>

＊ -iyan / -iyen の y は例外的に，-a / -e に先行するも ᠢ（i）の転写であり，先に爪を付けて，本来の y（ᠶ）で書かないこと.

キリル文字の再帰所有語尾は，語末の音声環境により，10 のバリエーションを持つ (ただし通常 -aa⁴ と略す)．ハルハ方言では通常，-ban / -ben, -iyan / -iyen の語末の n が脱落した形式が用いられる.

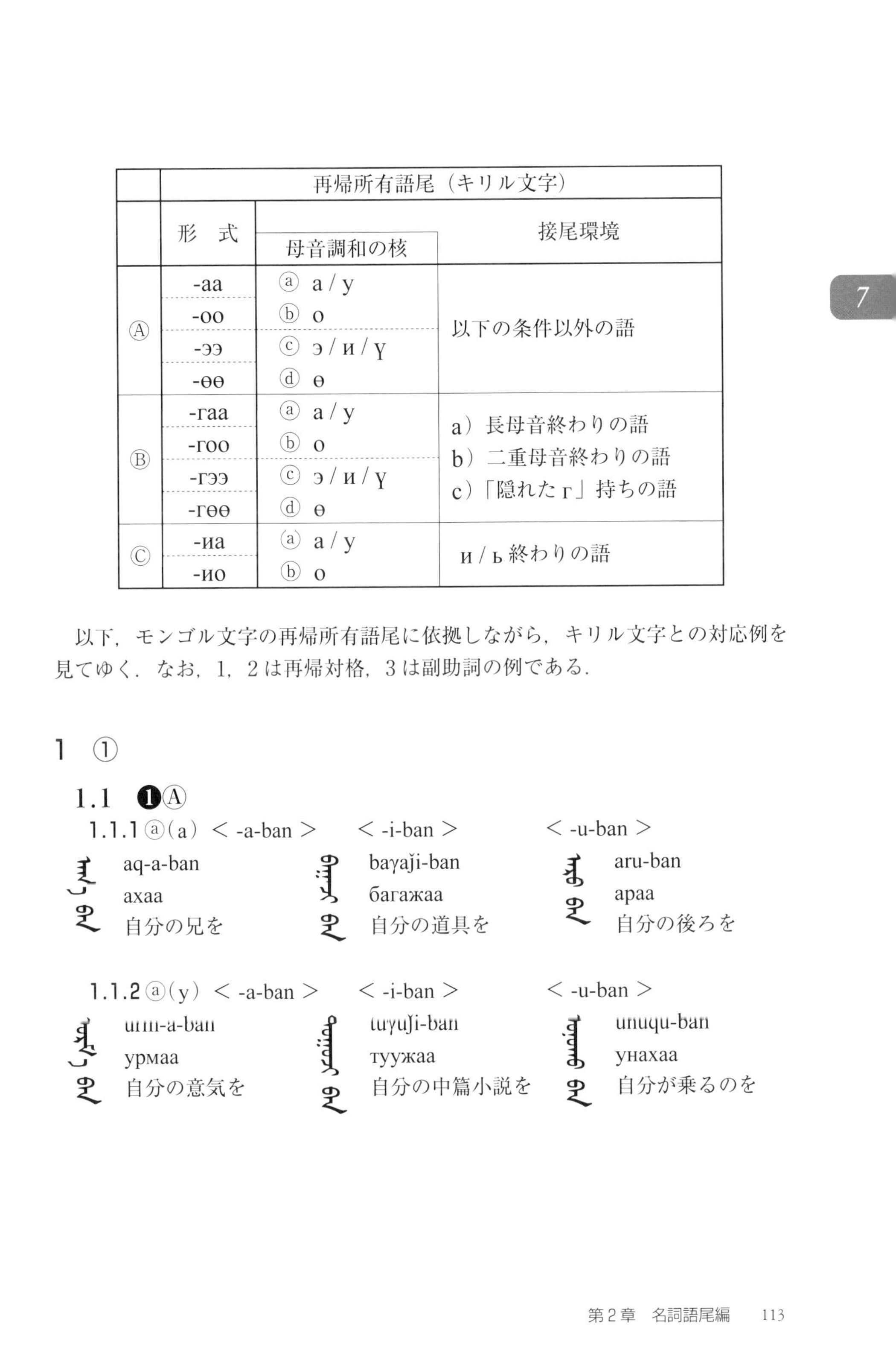

	再帰所有語尾（キリル文字）		
	形　式	母音調和の核	接尾環境
Ⓐ	-аа	ⓐ а / у	以下の条件以外の語
	-оо	ⓑ о	
	-ээ	ⓒ э / и / ү	
	-өө	ⓓ ө	
Ⓑ	-гаа	ⓐ а / у	a）長母音終わりの語 b）二重母音終わりの語 c）「隠れた г」持ちの語
	-гоо	ⓑ о	
	-гээ	ⓒ э / и / ү	
	-гөө	ⓓ ө	
Ⓒ	-иа	ⓐ а / у	и / ь 終わりの語
	-ио	ⓑ о	

以下，モンゴル文字の再帰所有語尾に依拠しながら，キリル文字との対応例を見てゆく．なお，1，2 は再帰対格，3 は副助詞の例である．

1 ①

1.1 ❶Ⓐ

1.1.1 ⓐ（а）< -a-ban >　< -i-ban >　< -u-ban >

aq-a-ban
ахаа
自分の兄を

baγaǰi-ban
багажаа
自分の道具を

aru-ban
араа
自分の後ろを

1.1.2 ⓐ（у）< -a-ban >　< -i-ban >　< -u-ban >

urm-a-ban
урмаа
自分の意気を

tuγuǰi-ban
туужаа
自分の中篇小説を

unuqu-ban
унахаа
自分が乗るのを

1.1.3 ⓑ（o）<-a-ban> < -i-ban > < -u-ban >

ᠬᠣᠭᠤᠯᠠ ᠪᠠᠨ	ᠲᠣᠭᠤᠭᠠᠴᠢ ᠪᠠᠨ	ᠲᠣᠭᠤᠨᠤ ᠪᠠᠨ
qoγula-ban	toγuγači-ban	toγunu-ban
хоолоо	тогоочоо	тооноо
自分の食事を	自分の料理人を	自分の天窓を

1.2 ❶Ⓑ a）

ⓐ（-aa +）	（-yy +）	ⓑ（-oo +）
ᠬᠠᠷᠠᠨᠳᠠ ᠪᠠᠨ	ᠴᠢᠯᠠᠭᠤ ᠪᠠᠨ	ᠳᠣᠬᠢᠶ᠎ᠠ ᠪᠠᠨ
qaranda-ban	čilaγu-ban	dokiy-a-ban
харандаагаа	чулуугаа	дохиогоо
自分の鉛筆を	自分の石を	自分の合図を

1.3 ❶Ⓑ b）

ⓐ（-ай +）	（-уй +）	ⓑ（-ой +）
ᠮᠠᠯᠠᠭᠠᠢ ᠪᠠᠨ	ᠳᠤᠭᠤᠢ ᠪᠠᠨ	ᠨᠣᠬᠠᠢ ᠪᠠᠨ
malaγai-ban	duγui-ban	noqai-ban
малгайгаа	дугуйгаа	нохойгоо
自分の帽子を	自分の車輪を	自分のイヌを

1.4 ❶Ⓒ

ⓐ（a-и +）	（y-ь +）	ⓑ（o-ь +）
ᠲᠠᠮᠠᠬᠢ ᠪᠠᠨ	ᠬᠠᠤᠯᠢ ᠪᠠᠨ	ᠮᠣᠷᠢ ᠪᠠᠨ
tamaki-ban	qauli-ban	mori-ban
тамхиа	хуулиа	морио
自分のタバコを	自らの法律を	自分の馬を

1.5 ❷Ⓐ

1.5.1 ⓒ（э）<-e-ben >< -i-ben > < -ü-ben >

ᠬᠡᠯᠡ ᠪᠡᠨ	ᠡᠷᠳᠡᠨᠢ ᠪᠡᠨ	ᠢᠷᠡᠬᠦ ᠪᠡᠨ
kele-ben	erdeni-ben	irekü-ben
хэлээ	эрдэнээ	ирэхээ
自分の言語・舌を	自分の宝を	自分が来るのを

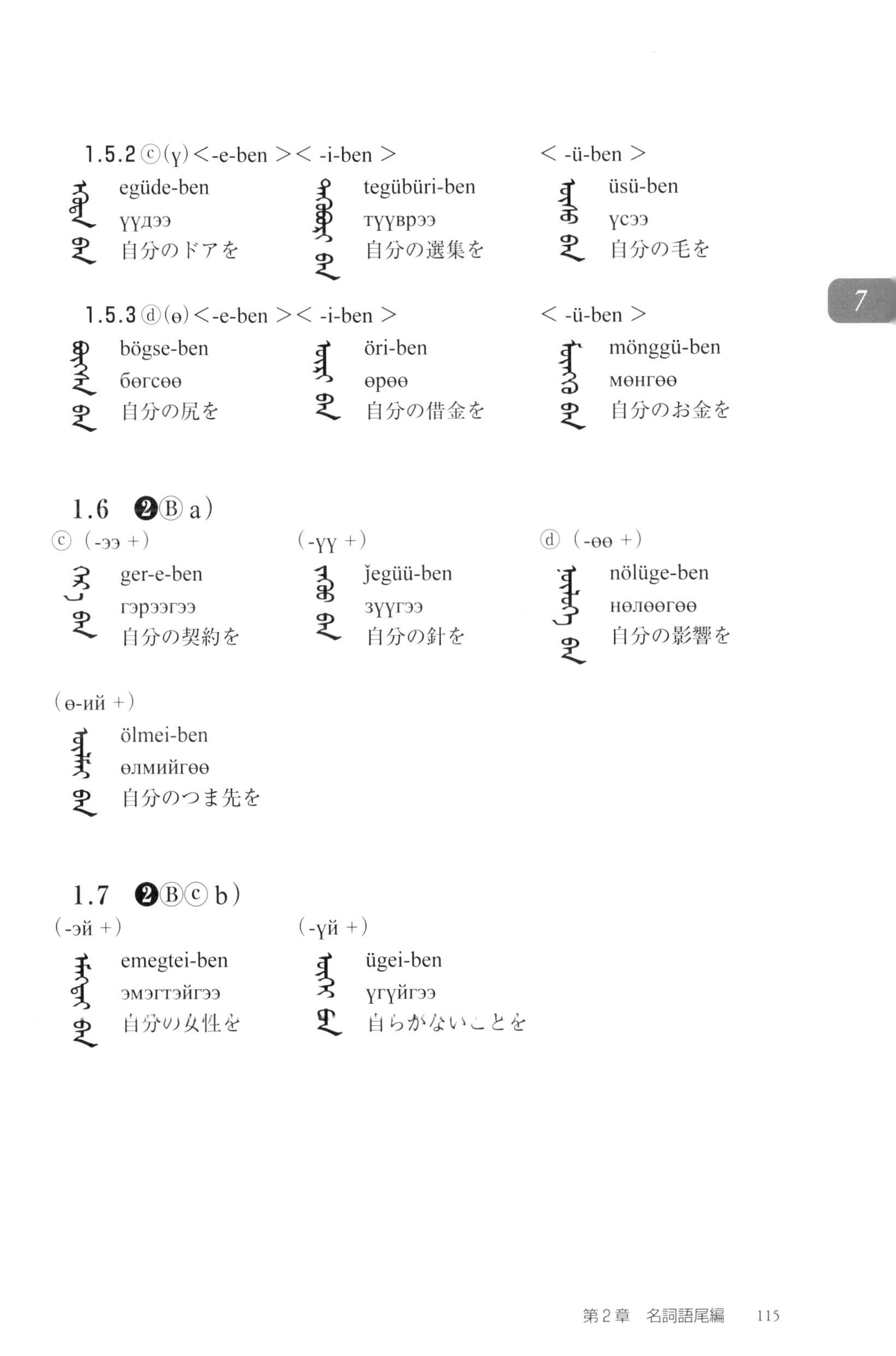

1.5.2 ⓒ（γ）＜-e-ben ＞＜ -i-ben ＞ ＜ -ü-ben ＞

egüde-ben үүдээ 自分のドアを	tegübüri-ben түүврээ 自分の選集を	üsü-ben үсээ 自分の毛を

1.5.3 ⓓ（ɵ）＜-e-ben ＞＜ -i-ben ＞ ＜ -ü-ben ＞

bögse-ben бөгсөө 自分の尻を	öri-ben өрөө 自分の借金を	mönggü-ben мөнгөө 自分のお金を

1.6 ❷Ⓑ a）

ⓒ（-ээ +）	（-үү +）	ⓓ（-өө +）
ger-e-ben гэрээгээ 自分の契約を	ǰegüü-ben зүүгээ 自分の針を	nölüge-ben нөлөөгөө 自分の影響を

（ө-ий +）

ölmei-ben
өлмийгөө
自分のつま先を

1.7 ❷ⒷⓒⒷ b）

（-эй +）	（-үй +）
emegtei-ben эмэгтэйгээ 自分の女性を	ügei-ben үгүйгээ 自らがないことを

2 ②

2.1 ❶Ⓐ

ⓐ（a）

ᠭᠠᠷ ᠢᠶᠠᠨ
γar-iyan
гараа
自分の手を

（y）

ᠭᠤᠲᠤᠯ ᠢᠶᠠᠨ
γutul-iyan
гутлаа
自分の靴を

ⓑ（o）

ᠣᠷᠤᠨ ᠢᠶᠠᠨ
orun-iyan
орноо
自分の地域を

2.2 ❶Ⓑ c）

ⓐ（a）

ᠠᠩ ᠢᠶᠠᠨ
ang-iyan
ангаа
自分の獲物を

（y）

ᠳᠤᠷᠠᠨ ᠢᠶᠠᠨ
duran-iyan
дурангаа
自分の望遠鏡を

ⓑ（o）

ᠵᠣᠪᠠᠯᠠᠩ ᠢᠶᠠᠨ
ǰobalang-iyan
зовлонгоо
自分の苦しみを

2.3 ❷Ⓐ

ⓒ（э）

ᠡᠮ ᠢᠶᠡᠨ
em-iyen
эмээ
自分の薬を

（ү）

ᠦᠨᠡᠨ ᠢᠶᠡᠨ
ünen-iyen
үнэнээ
自分の真実を

ⓓ（ө）

ᠬᠥᠯ ᠢᠶᠡᠨ
köl-iyen
хөлөө
自分の足を

2.4 ❷Ⓑ c）

ⓒ（и）

ᠵᠢᠩ ᠢᠶᠡᠨ
ǰing-iyen
жингээ
自分の体重を

（ү）

ᠳᠦᠩ ᠢᠶᠡᠨ
ḍüng-iyen
дүнгээ
自分の結果を

ⓓ（ө）

ᠳᠥᠷᠪᠡᠯᠵᠢᠨ ᠢᠶᠡᠨ
dörbelǰin-iyen
дөрвөлжингөө
自分の四角形を

3　副詞形成

3.1　方向表示 ＜ -(γ/g)si + ＞

ᠡᠶᠢᠰᠢ ᠪᠡᠨ	eyisi-ben ийшээ こちらへ	
ᠨᠠᠰᠢ ᠪᠠᠨ	nasi-ban наашаа 手前へ	
ᠭᠠᠳᠠᠭᠰᠢ ᠪᠠᠨ	γadaγsi-ban гадагшаа 外へ	
ᠳᠡᠭᠡᠭᠰᠢ ᠪᠡᠨ	degegsi-ben дээшээ 上へ	
ᠵᠡᠭᠦᠨᠰᠢ ᠪᠡᠨ	ǰegünsi-ben зүүншээ 東・左へ	
ᠡᠮᠦᠨᠡᠰᠢ ᠪᠡᠨ	emünesi-ben өмнөшөө 南・前へ	

3.2　その他

ᠦᠪᠡᠷ ᠢᠶᠡᠨ	öber-iyen өөрөө 自分自身（で）	
ᠬᠣᠭᠤᠷᠤᠨᠳᠤ ᠪᠠᠨ	qoγurundu-ban хоорондоо 相互に	
ᠳᠣᠲᠣᠷ᠎ᠠ ᠪᠠᠨ	dotur-a-ban дотроо 中に；内心（で）	

練習問題（7.2） 32

次の単語をモンゴル文字で書きなさい．

(1) харандаагаа　(2) морио　(3) үүдээ
(4) гутлаа　(5) гадагшаа　(6) өөрөө

7.2.1　再帰属格

再帰属格は，属格に再帰所有語尾が付加した形式である．基本的には《(主語にとって) 自分の…》を意味する．

モンゴル文字では下表のように，3つのバリエーションがある．

	再帰属格（モンゴル文字）		
	綴字形	転　写	接尾環境
①	ᠶᠢᠨ ᠢᠶᠠᠨ	❶（男性語＋）-yin-iyan	以下の条件以外の母音終わりの語
	ᠶᠢᠨ ᠢᠶᠡᠨ	❷（女性語＋）-yin-iyen	
②	ᠤᠨ ᠢᠶᠠᠨ	❶（男性語＋）-un-iyan	n 以外の子音で終わる語
	ᠦᠨ ᠢᠶᠡᠨ	❷（女性語＋）-ün-iyen	
③	ᠤᠪᠠᠨ	❶（男性語＋）-u-ban	1）n 終わりの語 2）「隠れた n」持ちの語
	ᠦᠪᠡᠨ	❷（女性語＋）-ü-ben	

キリル文字で再帰属格は，下表のように 18 のバリエーションがある．

	再帰属格（キリル文字）		
	形　式	母音調和の核	接尾環境
Ⓐ	-ынхаа -ынхоо	ⓐ а / у ⓑ о	以下の条件以外の男性語
	-ийнхаа -ийнхоо	ⓒ а / у ⓓ о	口蓋化音終わりの男性語
	-ийнхээ -ийнхөө	ⓔ э / и / ү ⓕ ө	以下の条件以外の女性語
Ⓑ	-ыхаа -ыхоо	ⓐ а / у ⓑ о	a）н 終わりの語 b）「隠れた н」持ちの語
	-ийхээ -ийхөө	ⓒ э / и / ү ⓓ ө	
Ⓒ	-гийнхаа -гийнхоо	ⓐ а / у ⓑ о	a）長母音終わりの語（-ий は含まない） b）「隠れた г」持ちの語
	-гийнхээ -гийнхөө	ⓒ э / и / ү ⓓ ө	

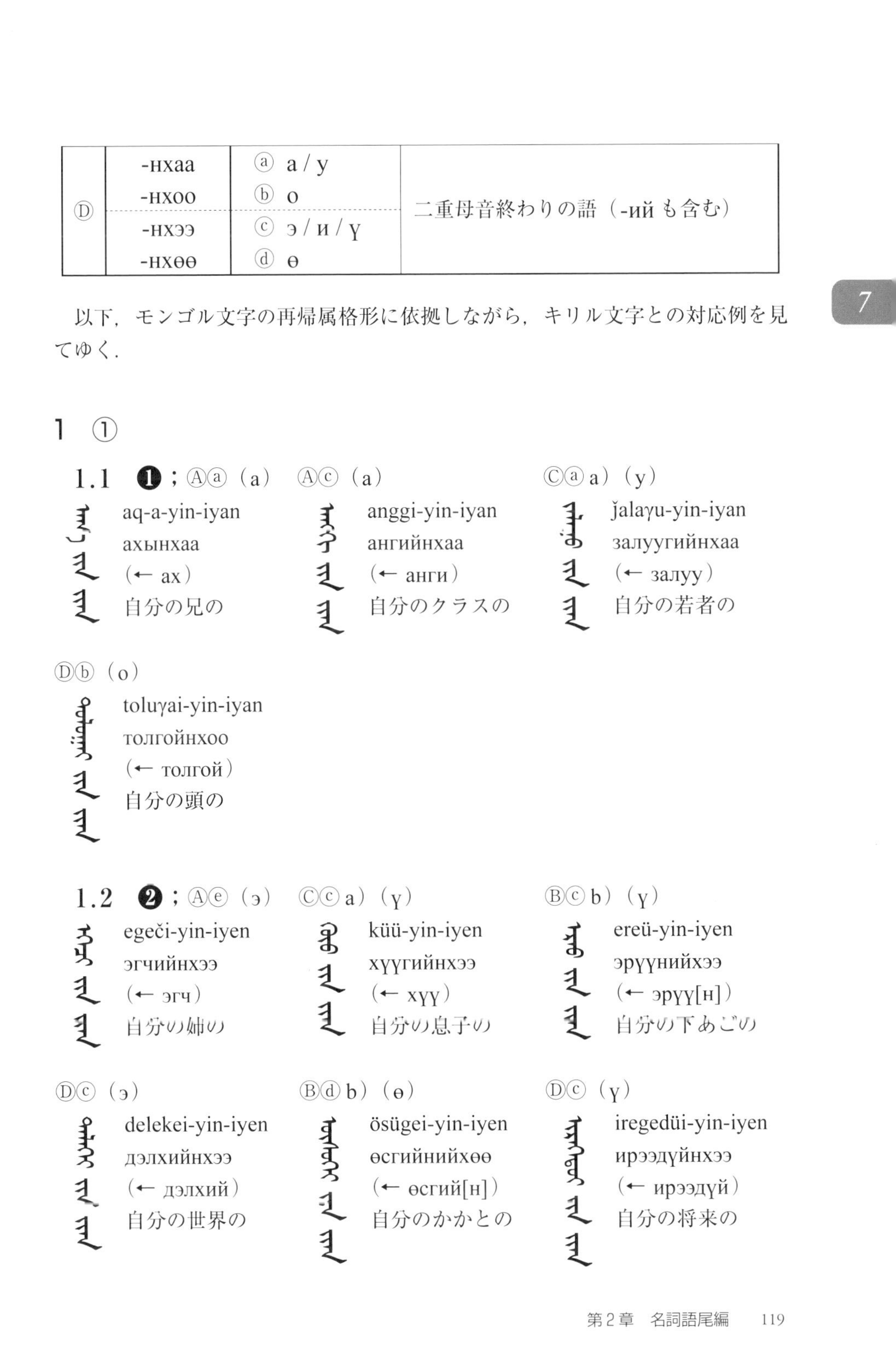

Ⓓ	-нхаа -нхоо	ⓐ a / у ⓑ o	二重母音終わりの語（-ий も含む）
	-нхээ -нхөө	ⓒ э / и / ү ⓓ ө	

以下，モンゴル文字の再帰属格形に依拠しながら，キリル文字との対応例を見てゆく．

1 ①

1.1 ❶；Ⓐⓐ（a）

aq-a-yin-iyan
ахынхаа
（← ах）
自分の兄の

Ⓐⓒ（a）

anggi-yin-iyan
ангийнхаа
（← анги）
自分のクラスの

Ⓒⓐ a）（у）

ǰalaγu-yin-iyan
залуугийнхаа
（← залуу）
自分の若者の

Ⓓⓑ（o）

toluγai-yin-iyan
толгойнхоо
（← толгой）
自分の頭の

1.2 ❷；Ⓐⓔ（э）

egeči-yin-iyen
эгчийнхээ
（← эгч）
自分の姉の

Ⓒⓒ a）（ү）

küü-yin-iyen
хүүгийнхээ
（← хүү）
自分の息子の

Ⓑⓒ b）（ү）

ereü-yin-iyen
эрүүнийхээ
（← эрүү[н]）
自分の下あごの

Ⓓⓒ（э）

delekei-yin-iyen
дэлхийнхээ
（← дэлхий）
自分の世界の

Ⓑⓓ b）（ө）

ösügei-yin-iyen
өсгийнийхөө
（← өсгий[н]）
自分のかかとの

Ⓓⓒ（ү）

iregedüi-yin-iyen
ирээдүйнхээ
（← ирээдүй）
自分の将来の

2 ②

2.1 ❶；Ⓐⓐ（a） Ⓐⓑ（o） Ⓒⓐ b)（a）

ᠭᠠᠷ ᠤᠨ ᠢᠶᠠᠨ
γar-un-iyan
гарынхаа
（← гар）
自分の手の

ᠨᠣᠮ ᠤᠨ ᠢᠶᠠᠨ
nom-un-iyan
номынхоо
（← ном）
自分の本の

ᠪᠠᠶᠢᠰᠢᠩ ᠤᠨ ᠢᠶᠠᠨ
bayising-un-iyan
байшингийнхаа
（← байшин[г]）
自分の建物の

2.2 ❷；Ⓐⓔ（э） Ⓐⓕ（ө） Ⓒⓒ b)（ү）

ᠡᠮ ᠦᠨ ᠢᠶᠡᠨ
em-ün-iyen
эмийнхээ
自分の薬の

ᠥᠪᠡᠷ ᠦᠨ ᠢᠶᠡᠨ
öber-ün-iyen
өөрийнхөө
自分自身の

ᠳᠦᠩ ᠦᠨ ᠢᠶᠡᠨ
ḍüng-ün-iyen
дүнгийнхээ
（← дүн[г]）
自分の結果の

3 ③

3.1 ❶；Ⓑⓐ a)（у） Ⓑⓑ b)（о） Ⓒⓐ b)（у）

ᠵᠤᠨ ᠤ ᠪᠠᠨ
ǰun-u-ban
зуныхаа
（← зун）
自分の夏の

ᠮᠣᠷᠢᠨ ᠤ ᠪᠠᠨ
morin-u-ban
（← mori[n]）
мориныхоо
（← морь[ин]）
自分の馬の

ᠳᠤᠷᠠᠨ ᠤ ᠪᠠᠨ
duran-u-ban
（← duran）
дурангийнхаа
（← дуран[г]）
自分の望遠鏡の

3.2 ❷；Ⓑⓒ a)（э） Ⓒⓓ b)（ө） Ⓑⓓ b)（ө）

ᠬᠡᠨ ᠦ ᠪᠡᠨ
ken-ü-ben
хэнийхээ
（← хэн）
自分の誰の

ᠬᠥᠨᠳᠡᠯᠡᠨ ᠦ ᠪᠡᠨ
köndelen-ü-ben
хөндлөнгийнхөө
（← хөндлөн[г]）
自分の横の

ᠮᠥᠩᠭᠦᠨ ᠦ ᠪᠡᠨ
mönggün-ü-ben
（← mönggü[n]）
мөнгөнийхөө
（← мөнгө[н]）
自分のお金の

練習問題（7.2.1） 33

次の単語をモンゴル文字で書きなさい．

(1) ангийнхаа　(2) эгчийнхээ　(3) номынхоо
(4) өөрийнхөө　(5) зуныхаа　(6) мөнгөнийхөө

7.2.2　再帰与位格

再帰与位格は，与位格に再帰所有語尾が付加した形式である．基本的には《(主語にとって) 自分の…に》を意味する．

モンゴル文字で再帰与位格は，下表のように，4つのバリエーションがある．

	再帰与位格（モンゴル文字）		
	綴字形	転　写	接尾環境
①	ᠳᠠᠭᠠᠨ	❶（男性語＋）-daγan	1）母音終わりの語 2）「隠れた n」持ちの語 3）軟子音終わりの語
②	ᠳᠡᠭᠡᠨ	❷（女性語＋）-degen	
③	ᠲᠠᠭᠠᠨ	❸（男性語＋）-taγan	硬子音終わりの語
④	ᠲᠡᠭᠡᠨ	❹（女性語＋）-tegen	

＊ 再帰与位格は，与位格（-du / -dü, -tu- / -tü）に，再帰所有語尾（-ban / -ben）が付加したものなので，-du-ban / -dü-ben, -tu-ban / -dü-ben が，本来の分析的な綴りである．しかしながら，通常は上表のように綴る形式が用いられる．

キリル文字で再帰与位格は，下表のように 12 のバリエーションがある．

	再帰与位格（キリル文字）		
	形　式	母音調和の核	接尾環境
Ⓐ	-даа -доо	ⓐ a / у ⓑ о	以下の条件以外の語
	-дээ -дөө	ⓒ э / и / ү ⓓ ө	
Ⓑ	-ндаа -ндоо	ⓐ a / у ⓑ о	「隠れた н」持ちの語
	-ндээ -ндөө	ⓒ э / и / ү ⓓ ө	
Ⓒ	-таа -тоо	ⓐ a / у ⓑ о	a）主に г に終わる語 b）i. р に終わる若干の単音節語（モンゴル文字で r の次に母音を持たないもの） ii. р に終わる多音節語 c）主に с に終わる語
	-тээ -төө	ⓒ э / и / ү ⓓ ө	

以下，モンゴル文字の再帰与位格形に依拠しながら，キリル文字との対応例を見てゆく．

1　①❶；1）Ⓐⓐ（a）

nayiǰa-daγan
найздаа
（← найз）
自分の友達に

1）Ⓐⓑ（o）

toluγai-daγan
толгойдоо
（← толгой）
自分の頭に

3）Ⓐⓑ（o）

nom-daγan
номдоо
（← ном）
自分の本に

1）Ⓒⓐ b）ii.（a）

sambar-a-daγan
самбартаа
（← самбар）
自分の黒板に

2）Ⓑⓑ（o）

monin-daγan
（← mori[n]）
мониндоо
（← морь[ин]）
自分の馬に

1）Ⓑⓐ（a）

čai-daγan
（← čai）
цайндаа
（← цай[н]）
自分のお茶に

2 ②❷；1）Ⓐⓒ（э）

ᠡᠵᠢ ᠳᠡᠭᠡᠨ
eǰi-degen
ээждээ
（← ээж）
自分のお母さんに

1）Ⓐⓓ（ө）

ᠡᠪᠦᠭᠡ ᠳᠡᠭᠡᠨ
ebüge-degen
өвөөдөө
（← өвөө）
自分のおじいちゃんに

3）Ⓐⓒ（э）

ᠳᠡᠪᠡᠯ ᠳᠡᠭᠡᠨ
debel-degen
дээлдээ
（← дээл）
自分のモンゴル服に

1）Ⓐⓒ（э）

ᠪᠡᠷᠢ ᠳᠡᠭᠡᠨ
beri-degen
бэрдээ
（← бэр）
自分の（息子の）嫁に

1）Ⓒⓒ b）ii.（ө）

ᠥᠭᠦᠯᠡᠪᠦᠷᠢ ᠳᠡᠭᠡᠨ
ögülebüri-degen
өгүүлбэртээ
（← өгүүлбэр）
自分の文に

2）Ⓑⓓ（ө）

ᠮᠥᠩᠭᠦᠨ ᠳᠡᠭᠡᠨ
mönggün-degen
（← mönggü[n]）
мөнгөндөө
（← мөнгө[н]）
自分のお金に

1）Ⓑⓒ̄（ү）

ᠡᠷᠡᠦ ᠳᠡᠭᠡᠨ
ereü-degen
эрүүндээ
（← эрүү[н]）
自分の下あごに

3 ③❸；Ⓒⓐ a）（a）

ᠴᠠᠭ ᠲᠠᠭᠠᠨ
čaγ-taγan
цагтаа
時間通りに

Ⓒⓐ b）i.

ᠭᠠᠷ ᠲᠠᠭᠠᠨ
γar-taγan
гартаа
自分の手に

Ⓒⓐ c）（-ст-）

ᠬᠠᠭᠠᠰ ᠲᠠᠭᠠᠨ
qaγas-taγan
хагастаа
自分の半分に

Ⓐⓐ（-сд-）（у）

ᠤᠯᠤᠰ ᠲᠠᠭᠠᠨ
ulus-taγan
улсдаа
自分の国・人々に

4　④❹；Ⓒⓒ a）（э）Ⓐⓓ（ө）　　Ⓒⓒ c）（э）

ᠭᠡᠷ ᠲᠡᠭᠡᠨ	ger-tegen гэртээ 自分の家に	
ᠲᠥᠪ ᠲᠡᠭᠡᠨ	töb-tegen төвдөө 自分の中心に	
ᠡᠴᠦᠰ ᠲᠡᠭᠡᠨ	ečüs-tegen эцэстээ 終わりに	

34 **練習問題（7.2.2）**

次の単語をモンゴル文字で書きなさい．

(1) найздаа　(2) самбартаа　(3) ээждээ
(4) бэрдээ　(5) цагтаа　(6) гэртээ

7.2.3　再帰対格

再帰対格は，《(主語にとって) 自分の…を》を意味する形式である．モンゴル語では，大きく２つの形式が見られる．

１つ目は，すでに「再帰所有語尾」の項で学んだ，「ゼロ語尾対格＋再帰所有語尾」の形式である．モンゴル語では一般に，直接目的語を非限定で表す場合，対格語尾は省略され，主格と同じ形の名詞を対格として用いることは，すでに述べた．再帰対格も，対格語尾を用いず，再帰所有語尾を名詞に直接付加したこの形式が，有生物・無生物を通じ，通常多く用いられる．

２つ目は，文字通り「対格語尾＋再帰所有語尾」の形式である．対格語尾自体の使用制限のためか，こちらの形式は更に使用が限られる．「ゼロ語尾対格」を持たない３人称代名詞は除き，普通名詞では有生物で多く用いられる．

ここではその２つ目を取り上げる．モンゴル文語では字形上，２つのバリエーションを持つ．

	再帰対格 II（モンゴル文字）		
	綴字形	転　写	接尾環境
①	ᠶᠢᠪᠠᠨ	❶（男性語＋）-yi-ban	母音で終わる語
		❷（女性語＋）-yi-ben	
②	ᠢᠪᠠᠨ	❶（男性語＋）-i-ban	子音で終わる語
		❷（女性語＋）-i-ben	

キリル文字では，語末の音声環境により，10のバリエーションを持つ．

	再帰対格 II（キリル文字）			
	形　式	母音調和の核		接尾環境
Ⓐ	-ыгаа	ⓐ	а / у	以下の条件以外の男性語
	-ыгоо	ⓑ	о	
	-ийгаа	ⓒ	а / у	口蓋化音終わりの男性語
	-ийгоо	ⓓ	о	
	-ийгээ	ⓔ	э / и / ү	以下の条件以外の女性語
	-ийгөө	ⓕ	ө	
Ⓑ	-гаа	ⓐ	а / у	a）長母音に終わる語 b）二重母音に終わる語 c）「隠れた г」持ちの語
	-гоо	ⓑ	о	
	-гээ	ⓒ	э / и / ү	
	-гөө	ⓓ	ө	

普通名詞の再帰対格は通常，1つ目の形式が多く用いられる．2つ目の形式の使用は多くないので，必要以上に習熟することはない．したがって，以下では，若干例を挙げるにとどめる．

1 ①

1.1 ❶Ⓐ；ⓐ

ᠠᠬ᠎ᠠ ᠶᠢ ᠪᠠᠨ
aq-a-yi-ban
ахыгаа
(← ах)
自分の兄を

ᠠᠪᠤ ᠶᠢ ᠪᠠᠨ
abu-yi-ban
аавыгаа
(← аав)
自分のお父さんを

ᠳᠠᠷᠤᠭ᠎ᠠ ᠶᠢ ᠪᠠᠨ
daruγ-a-yi-ban
даргыгаа
(← дарга)
自分の上司を

1.2 ❷Ⓐ；ⓔ

ᠡᠵᠢ ᠶᠢ ᠪᠡᠨ
eǰi-yi-ben
ээжийгээ
自分のお母さんを

ᠨᠢᠭᠡ ᠨᠢᠭᠡ ᠶᠢ ᠪᠡᠨ
nige nige-yi-ben
нэг нэгийгээ
自分たちの内の一方が一方を

ⓕ

ᠥᠨᠥᠬᠢ ᠶᠢ ᠪᠡᠨ
önüki-yi-ben
өнөөхийгөө
自分の今さっきの物を

2 ②

2.1 ❶Ⓐ；ⓐ

ᠨᠠᠶᠢᠵᠠ ᠨᠠᠷ ᠢ ᠪᠠᠨ
nayiǰa-nar-yi-ban
найз нарыгаа
(← найз нар)
自分の友人たちを

2.2 ❷Ⓐ；ⓕ

ᠥᠪᠡᠷ ᠢ ᠪᠡᠨ
öber-i-ben
өөрийгөө
(← өөр)
自分自身を

ᠬᠥᠭᠰᠢᠨ ᠢ ᠪᠡᠨ
kögsin-i-ben
хөгшнийгөө
(← хөгшин)
自分の老人を

35

練習問題（7.2.3）

次の単語をモンゴル文字で書きなさい.

(1) ахыгаа　(2) аавыгаа　(3) ээжийгээ
(4) нэг нэгийгээ　(5) найз нарыгаа　(6) өөрийгөө

7.2.4 再帰奪格

再帰奪格は，奪格に再帰所有語尾が付加した形式である．基本的には《(主語にとって）自分の…から》を意味する．

モンゴル文字では下表のように，1つのバリエーションがある．

再帰奪格（モンゴル文字）		
綴字形	転　写	接尾環境
ᠠᠴᠠᠪᠠᠨ	❶（男性語＋）-ača-ban	全ての語
ᠡᠴᠡᠪᠡᠨ	❷（女性語＋）-eče-ben	

キリル文字の再帰奪格は，語末の音声環境により，14のバリエーションを持つ．

	再帰奪格（キリル文字）		
	形　式	母音調和の核	接尾環境
Ⓐ	-aacaa	ⓐ a / y	以下の条件以外の語
	-oocoo	ⓑ o	
	-ээсээ	ⓒ э / и / ү	
	-өөсөө	ⓓ ө	
Ⓑ	-наасаа	ⓐ a / y	「隠れた н」持ちの語
	-ноосоо	ⓑ o	
	-нээсээ	ⓒ э / и / ү	
	-нөөсөө	ⓓ ө	
Ⓒ	-гаасаа	ⓐ a / y	a）長母音終わりの語 b）二重母音終わりの語 c）「隠れた г」持ちの語
	-гоосоо	ⓑ o	
	-гээсээ	ⓒ э / и / ү	
	-гөөсөө	ⓓ ө	
Ⓓ	-иасаа	ⓐ a / y	и / ь 終わりの語
	-иосоо	ⓑ o	

以下，モンゴル文字の再帰奪格形に依拠しながら，キリル文字との対応例を見てゆく.

1 ❶

1.1 Ⓐ；ⓐ（a）

ᠠᠬ᠎ᠠ ᠠᠴᠠ ᠪᠠᠨ
aq-a-ača-ban
ахаасаа
（← ах）
自分の兄から

（y）

ᠤᠷᠤᠭᠤᠯ ᠠᠴᠠ ᠪᠠᠨ
uruγul-ača-ban
уруулаасаа
（← уруул）
自分の唇から

ⓑ（o）

ᠨᠣᠮ ᠠᠴᠠ ᠪᠠᠨ
nom-ača-ban
номоосоо
（← ном）
自分の本から

1.2 Ⓑ；ⓐ（a）

ᠠᠷᠢᠬᠢᠨ ᠠᠴᠠ ᠪᠠᠨ
arikin-ača-ban
（← ariki[n]）
архинаасаа
（← архи[н]）
自分の酒から

（y）

ᠨᠢᠷᠤᠭᠤᠨ ᠠᠴᠠ ᠪᠠᠨ
niruγun-ača-ban
（← niruγu[n]）
нуруунаасаа
（← нуруу[н]）
自分の背中から

ⓑ（o）

ᠲᠣᠯᠢᠨ ᠠᠴᠠ ᠪᠠᠨ
tolin-ača-ban
（← toli[n]）
толиноосоо
（← толь[*ин*]）
自分の辞書から

1.3 Ⓒ；ⓐa）（y） ⓑb）

ᠬᠠᠵᠠᠭᠤ ᠠᠴᠠ ᠪᠠᠨ
qaǰaγu-ača-ban
хажуугаасаа
（← хажуу）
自分の傍らから

ᠲᠣᠬᠣᠢ ᠠᠴᠠ ᠪᠠᠨ
toqui-ača-ban
тохойгоосоо
（← тохой）
自分のひじから

ⓐc）（a）

ᠴᠠᠯᠢᠩ ᠠᠴᠠ ᠪᠠᠨ
čaling-ača-ban
цалингаасаа
（← цалин[г]）
自分の給料から

1.4 Ⓓ；ⓐ（а-и +）ⓐ（у-ь +）

ᠠᠩᠭᠢ ᠠᠴᠠ ᠪᠠᠨ
anggi-ača-ban
ангиасаа
（← анги）
自分のクラスから

ᠰᠤᠷᠭᠠᠭᠤᠯᠢ ᠠᠴᠠ ᠪᠠᠨ
surγaγuli-ača-ban
сургуулиасаа
（← сургууль）
自分の学校から

ⓑ（о-ь +）

ᠭᠣᠪᠢ ᠠᠴᠠ ᠪᠠᠨ
γobi-ača-ban
говиосоо
（← говь）
わがゴビから

2 ❷

2.1 Ⓐ；ⓒ（э）

ᠭᠡᠷ ᠡᠴᠡ ᠪᠡᠨ
ger-eče-ben
гэрээсээ
（← гэр）
自分の家から

ⓒ（γ）

ᠦᠵᠦᠭ ᠡᠴᠡ ᠪᠡᠨ
üǰüg-eče-ben
үзгээсээ
（← үзэг）
自分のペンから

ⓓ（ө）

ᠡᠮᠦᠨ᠎ᠡ ᠡᠴᠡ ᠪᠡᠨ
emün-e-eče-ben
өмнөөсөө
（← өмнө）
自分の前から

2.2 Ⓑ；ⓒ（и）

ᠴᠢᠬᠢᠨ ᠡᠴᠡ ᠪᠡᠨ
čikin-eče-ben
（← čiki[n]）
чихнээсээ
（← чих[эн]）
自分の耳から

ⓒ（γ）

ᠨᠢᠳᠦᠨ ᠡᠴᠡ ᠪᠡᠨ
nidün-eče-ben
（← nidü[n]）
нүднээсээ
（← нүд[эн]）
自分の目から

ⓓ（ө）

ᠮᠦᠷᠦᠨ ᠡᠴᠡ ᠪᠡᠨ
mörün-eče-ben
（← mörü[n]）
мөрнөөсөө
（← мөр[өн]）
自分の肩から

2.3 Ⓒ；ⓓ a）

ᠡᠪᠦᠭᠡ ᠡᠴᠡ ᠪᠡᠨ
ebüge-eče-ben
өвөөгөөсөө
（← өвөө）
自分のおじいちゃんから

ⓒ b）（γ）

ᠦᠭᠡᠢ ᠡᠴᠡ ᠪᠡᠨ
ügei-eče-ben
үгүйгээсээ
（← үгүй）
自らがないことにより

ⓒ c）（γ）

ᠳ᠋ᠦᠩ ᠡᠴᠡ ᠪᠡᠨ
ḍüng-eče-ben
дүнгээсээ
（← дүн[г]）
自分の結果から

練習問題（7.2.4） 36

次の単語をモンゴル文字で書きなさい．

(1) номоосоо　(2) архинаасаа　(3) хажуугаасаа
(4) гэрээсээ　(5) чихнээсээ　(6) өвөөгөөсөө

7.2.5 再帰造格

再帰造格は，造格に再帰所有語尾が付加した形式である．基本的には《(主語にとって) 自分の…でもって》を意味する．

モンゴル文字では下表のように，2つの字形上のバリエーションがある．

	再帰属格（モンゴル文字）		
	綴字形	転　写	接尾環境
①	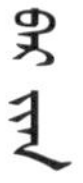	❶（男性語＋）-bar-iyan ❷（女性語＋）-ber-iyen	母音で終わる語
②	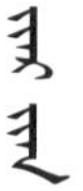	❶（男性語＋）-iyar-iyan ❷（女性語＋）-iyer-iyen	子音で終わる語

キリル文字で再帰造格は，下表のように10のバリエーションがある．

	再帰属格（キリル文字）		
	形　式	母音調和の核	接尾環境
Ⓐ	-аараа -оороо -ээрээ -өөрөө	ⓐ а / у ⓑ о ⓒ э / и / ү ⓓ ө	以下の条件以外の語
Ⓑ	-гаараа -гоороо -гээрээ -гөөрөө	ⓐ а / у ⓑ о ⓒ э / и / ү ⓓ ө	a）長母音終わりの語 b）二重母音終わりの語 c）「隠れたг」持ちの語
Ⓒ	-иараа -иороо	ⓐ а / у ⓑ о	и / ь 終わりの語

以下，モンゴル文字の再帰造格形に依拠しながら，キリル文字との対応例を見てゆく．

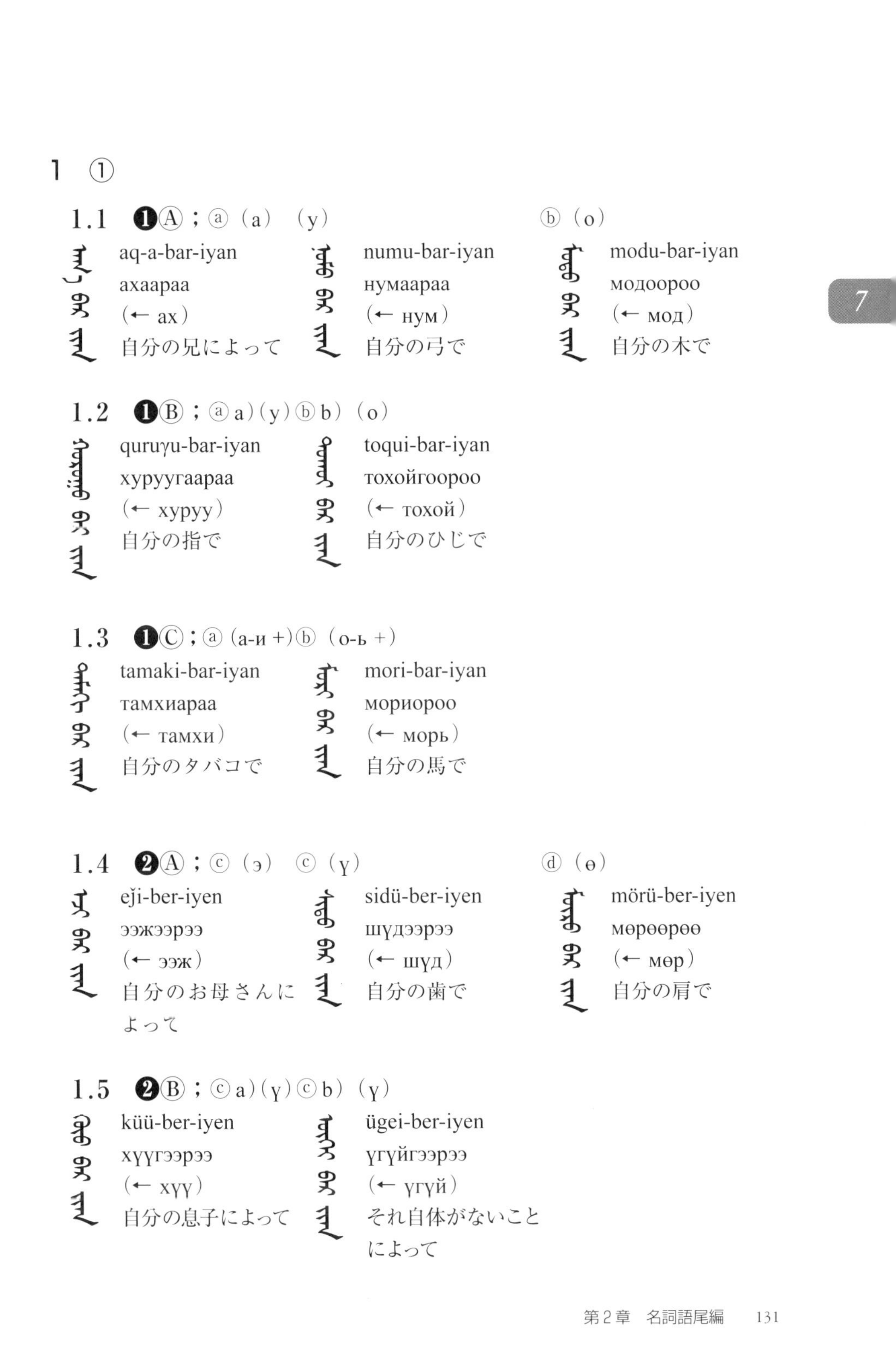

1 ①

1.1 ❶Ⓐ；ⓐ（a）（y）ⓑ（o）

aq-a-bar-iyan
ахаараа
（← ах）
自分の兄によって

numu-bar-iyan
нумаараа
（← нум）
自分の弓で

modu-bar-iyan
модоороо
（← мод）
自分の木で

1.2 ❶Ⓑ；ⓐa）（y）ⓑb）（o）

quruγu-bar-iyan
хуруугаараа
（← хуруу）
自分の指で

toqui-bar-iyan
тохойгоороо
（← тохой）
自分のひじで

1.3 ❶Ⓒ；ⓐ（а-и +）ⓑ（о-ь +）

tamaki-bar-iyan
тамхиараа
（← тамхи）
自分のタバコで

mori-bar-iyan
мориороо
（← морь）
自分の馬で

1.4 ❷Ⓐ；ⓒ（э）ⓒ（γ）ⓓ（ө）

eǰi-ber-iyen
ээжээрээ
（← ээж）
自分のお母さんによって

sidü-ber-iyen
шγдээрээ
（← шγд）
自分の歯で

mörü-ber-iyen
мөрөөрөө
（← мөр）
自分の肩で

1.5 ❷Ⓑ；ⓒa）（γ）ⓒb）（γ）

küü-ber-iyen
хγγгээрээ
（← хγγ）
自分の息子によって

ügei-ber-iyen
γгγйгээрээ
（← γгγй）
それ自体がないことによって

2 ②

2.1 ❶Ⓐ；ⓐ（a）（y）ⓑ（o）

ᠭᠠᠷ ᠢᠶᠠᠷ ᠢᠶᠠᠨ
γar-iyar-iyan
гараараа
（← гар）
自分の手で

ᠭᠤᠲᠤᠯ ᠢᠶᠠᠷ ᠢᠶᠠᠨ
γutul-iyar-iyan
гутлаараа
（← гутал）
自分の靴で

ᠣᠯᠠᠨ ᠢᠶᠠᠷ ᠢᠶᠠᠨ
olan-iyar-iyan
олноороо
（← олон）
自分たち皆で

2.2 ❶Ⓑ；ⓐc）（a）ⓑc）（o）

ᠴᠠᠯᠢᠩ ᠢᠶᠠᠷ ᠢᠶᠠᠨ
čaling-iyar-iyan
цалингаараа
（← цалин[г]）
自分の給料で

ᠣᠳᠤᠨ ᠢᠶᠡᠷ ᠢᠶᠡᠨ
odun-iyer-iyen
одонгоороо
（← одон[г]）
自分の勲章で

2.3 ❷Ⓐ；ⓒ（э）（γ）ⓓ（ө）

ᠬᠡᠪ ᠢᠶᠡᠷ ᠢᠶᠡᠨ
keb-iyer-iyen
хэвээрээ
（← хэв）
型通りに；
相変わらず

ᠵᠢᠰᠦᠮ ᠢᠶᠡᠷ ᠢᠶᠡᠨ
ǰisüm-iyer-iyen
зүсмээрээ
（← зүсэм）
自分の毛色で

ᠡᠪᠡᠳᠴᠢᠨ ᠢᠶᠡᠷ ᠢᠶᠡᠨ
ebedčin-iyer-iyen
өвчнөөрөө
（← өвчин）
自分の病気で

2.4 ❷Ⓑ；ⓒc）（γ）

ᠳᠦᠩ ᠢᠶᠡᠷ ᠢᠶᠡᠨ
ḍüng-iyer-iyen
дүнгээрээ
（← дүн[г]）
自分の結果で

練習問題（7.2.5）

次の単語をモンゴル文字で書きなさい.

(1) модоороо　(2) шүдээрээ　(3) олноороо

(4) цалингаараа　(5) хэвээрээ　(6) өвчнөөрөө

7.2.6　再帰共同格

再帰共同格は，共同格に再帰所有語尾が付加した形式である．基本的には《(主語にとって）自分の…と（共に)》を意味する．

モンゴル文字では下表のように，1つのバリエーションがある．

再帰共同格（モンゴル文字）		
綴字形	転　写	接尾環境
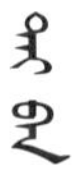	❶（男性語＋）-tai-ban ❷（女性語＋）-tei-ben	全ての語

キリル文字の再帰奪格は，語末の音声環境により，3のバリエーションを持つ．

再帰奪格（キリル文字）		
形　式	母音調和の核	接尾環境
-тайгаа	ⓐ а / у	全ての語
-тойгоо	ⓑ о	
-тэйгээ	ⓒ э / и / ө / ү	
-тэйгөө	ⓓ ө	

以下，モンゴル文字の再帰共同格形に依拠しながら，キリル文字との対応例を見てゆく．

1 ❶；ⓐ（a）

ᠠᠬ᠎ᠠ ᠲᠠᠢ ᠪᠠᠨ
aq-a-tai-ban
ахтайгаа
自分の兄と

ⓐ（у）

ᠵᠠᠯᠠᠭᠤ ᠲᠠᠢ ᠪᠠᠨ
ǰalaγu-tai-ban
залуутайгаа
自分の青年と

ⓑ（o）

ᠨᠣᠮ ᠲᠠᠢ ᠪᠠᠨ
nom-tai-ban
номтойгоо
自分の本を持って

2 ❷；ⓒ（э）

ᠡᠭᠡᠴᠢ ᠲᠡᠢ ᠪᠡᠨ
egeči-tei-ben
эгчтэйгээ
自分の姉と

ⓒ（ү）

ᠳᠡᠭᠦᠦ ᠲᠡᠢ ᠪᠡᠨ
degüü-tei-ben
дүүтэйгээ
自分の弟・妹と

ⓒ／ⓓ（ө）

ᠨᠥᠬᠦᠷ ᠲᠡᠢ ᠪᠡᠨ
nökür-tei-ben
нөхөртэйгээ /
нөхөртэйгөө
自分の夫・友と

38

練習問題（7.2.6）

次の単語をモンゴル文字で書きなさい.

(1) ахтайгаа　(2) залуутайгаа　(3) номтойгоо
(4) эгчтэйгээ　(5) дүүтэйгээ　(6) нөхөртэйгээ

8 動詞語尾（1）

モンゴル語の動詞語尾は，まず最初に格語尾接続型か格語尾非接続型かによって，さらにもし格語尾非接続型ならば，連結型か終結型かによって，以下の 4 種類に大別できる．

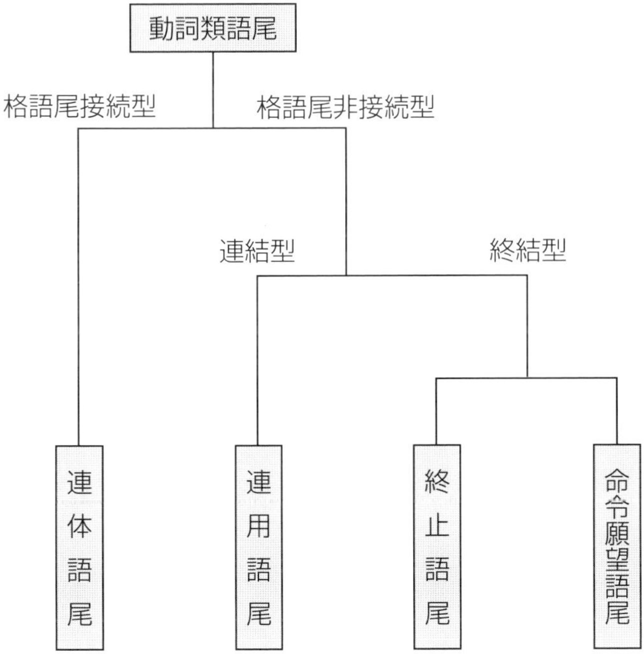

8.1 連体語尾（үйлт нэрийн нөхцөл）

動詞語幹に接続し，後続の名詞類（名詞・形容詞）を直接修飾する働きをする動詞語尾を，動詞の連体語尾と言う．連体語尾は，それ自身動詞を名詞化する働きがあるので，その直後に格語尾を接続できるという特徴がある．

モンゴル語の連体語尾の主なものは次の通りである．

1. 過去《～した》
   -γsan / -gsen（-сан^{4}）　-ᠭᠰᠠᠨ　-ᠭᠰᠡᠨ

2. 継続《～している》
   -γ-a / -ge（-аа^{4}）　-ᠭ᠎ᠠ　-ᠭᠡ

3. 習慣《常に～する》
   -daγ / -deg（-даг^{4}）　-ᠳᠠᠭ　-ᠳᠡᠭ

4. 行為者《～する（ものの）》
   -γči / -gči（-гч）　-ᠭᠴᠢ　-ᠭᠴᠢ

5. 未来《～する（ところの）》
   -qu / -kü（-х）　-ᠬᠤ　-ᠬᠦ

6. 可能性・願望《～すべき，～に値する / ～したい》
   -mar / -mer（-маар^{4}）　-ᠮᠠᠷ

7. 当然《～すべき，～に値する》
   -γusitai / -güsitei（-уштай^{2}）　-ᠭᠤᠰᠢᠲᠠᠢ　-ᠭᠦᠰᠢᠲᠡᠢ

8. 程度《～しうる，～するほどの》
   -quyiča / -küyiče（-хуйц^{2}）　-ᠬᠤᠶᠢᠴᠠ　-ᠬᠦᠶᠢᠴᠡ

例文

1. ᠪᠢᠳᠡ ᠲᠡᠭᠦᠰᠦᠭᠰᠡᠨ ᠰᠤᠷᠭᠠᠭᠤᠯᠢ ᠳᠡᠭᠡᠷ᠎ᠡ ᠪᠡᠨ ᠴᠤᠭᠯᠠᠷᠠᠪᠠ ᠃
2. ᠲᠡᠨᠳᠡ ᠴᠠᠢ ᠤᠤᠭᠤᠵᠤ ᠪᠠᠶᠢᠭ᠎ᠠ ᠬᠦᠮᠦᠨ ᠪᠣᠯ ᠮᠢᠨᠤ ᠡᠮᠡᠭᠡ ᠃
3. ᠦᠷᠭᠦᠯᠵᠢ ᠬᠡᠷᠡᠭᠯᠡᠳᠡᠭ ᠲᠣᠯᠢ ᠪᠢᠴᠢᠭ ᠢᠶᠡᠨ ᠭᠡᠷ ᠲᠡᠭᠡᠨ ᠣᠷᠬᠢᠴᠢᠬᠠᠵᠠᠢ ᠃
4. ᠮᠠᠨ ᠤ ᠬᠤᠪᠢᠯᠠᠭᠴᠢ ᠮᠠᠰᠢᠨ ᠠᠯᠢ ᠬᠡᠳᠦᠶᠢᠨ ᠡᠪᠳᠡᠷᠡᠭᠰᠡᠨ ᠃
5. ᠬᠠᠯᠠᠭᠤᠨ ᠷᠠᠰᠢᠶᠠᠨ ᠳᠤ ᠣᠷᠤᠬᠤ ᠬᠦᠮᠦᠨ ᠪᠠᠶᠢᠪᠠᠯ ᠬᠠᠮᠲᠤ ᠶᠠᠪᠤᠶ᠎ᠠ ᠃
6. ᠡᠨᠡ ᠮᠦᠵᠧᠢ ᠳᠦ ᠦᠵᠡᠮᠡᠷ ᠶᠠᠭᠤᠮ᠎ᠠ ᠶᠡᠬᠡ ᠪᠤᠢ ᠃
7. ᠡᠨᠡ ᠪᠣᠯ ᠴᠢᠨᠠᠭᠰᠢ ᠳᠠᠭᠠᠨ ᠰᠤᠳᠤᠯᠤᠭᠤᠰᠢᠲᠠᠢ ᠠᠰᠠᠭᠤᠳᠠᠯ ᠪᠠᠶᠢᠨ᠎ᠠ ᠃
8. ᠨᠠᠭᠠᠳᠤ ᠵᠢᠷᠤᠭ ᠢᠶᠠᠨ ᠲᠣᠳᠣ ᠬᠠᠷᠠᠭᠳᠠᠬᠤᠶᠢᠴᠠ ᠭᠠᠵᠠᠷ ᠡᠯᠭᠦᠭᠡᠷᠡᠢ ᠃

8

〔転　写〕

1. bide tegüsügsen surγaγuli deger-e-ben čuγlaraba.
2. tende čai uuγuǰu bayiγ-a kümün bol minu emege.
3. ürgülǰi kereglegdeg toli bičig-iyen ger-tegen orkičiqaǰai.
4. man-u qubilaγči masin ali kedüyin ebderegsen.
5. qalaγun rasiyan-du oruqu kümün bayibal qamtu yabuy-a.
6. ene müzẹi-dü üǰemer yaγum-a yeke bui.
7. ene bol činaγsi-daγan suduluγusitai asaγudal bayin-a.
8. naγadu ǰiruγ-iyan todu qaraγdaquyiča γaǰar elgügerei.

〔キリル文字と訳〕 39

1. Бид төгссөн сургууль дээрээ цугларав.
   私たちは卒業した学校で集まりました.

2. Тэнд цай ууж байгаа хүн бол миний эмээ.
   そこでお茶を飲んでいる人は私のおばあちゃんです.
3. Үргэлж хэрэглэдэг толь бичгээ гэртээ орхичихжээ.
   いつも使っている辞書を家に忘れてしまいました.
4. Манай хувилагч машин аль хэдийн эвдэрсэн.
   うちのコピー機はずっと前にこわれました.
5. Халуун рашаанд орох хүн байвал хамт явъя.
   温泉に入る人がいたら，一緒に行きましょう.
6. Энэ музейд үзмээр юм их бий.
   この博物館には見るべきものがたくさんあります.
7. Энэ бол цаашдаа судлууштай асуудал байна.
   これは将来研究すべき問題です.
8. Наад зургаа тод харагдахуйц газар өлгөөрэй.
   その絵をはっきり見えそうな所に掛けて下さい.

8.2　連用語尾（нөхцөл үйлийн нөхцөл）

動詞語幹に接続し，後続の動詞類に連結する働きをする動詞語尾を，動詞の連用語尾と言う．連用語尾は，すなわち格語尾非接続型であり，しかも文を終結させずに後続に連結するという特徴がある．

モンゴル語の連用語尾の主なものは次の通りである．

1. 結合《～して》　ᠵᠤ　ᠴᠤ
   -ǰu（-ǰü）/ -ču（-čü）（-ж / -ч）
2. 分離《～して（から）》　ᠭᠠᠳ　ᠭᠡᠳ
   -γad / -ged（-аад⁴）
3. 同時《～し，～しつつ》　ᠨ
   -n（-н）
4. 継続《～し続けて，～しながら》　ᠭᠰᠠᠭᠠᠷ　ᠭᠰᠡᠭᠡᠷ
   -γsaγar / -gseger（-саар⁴）

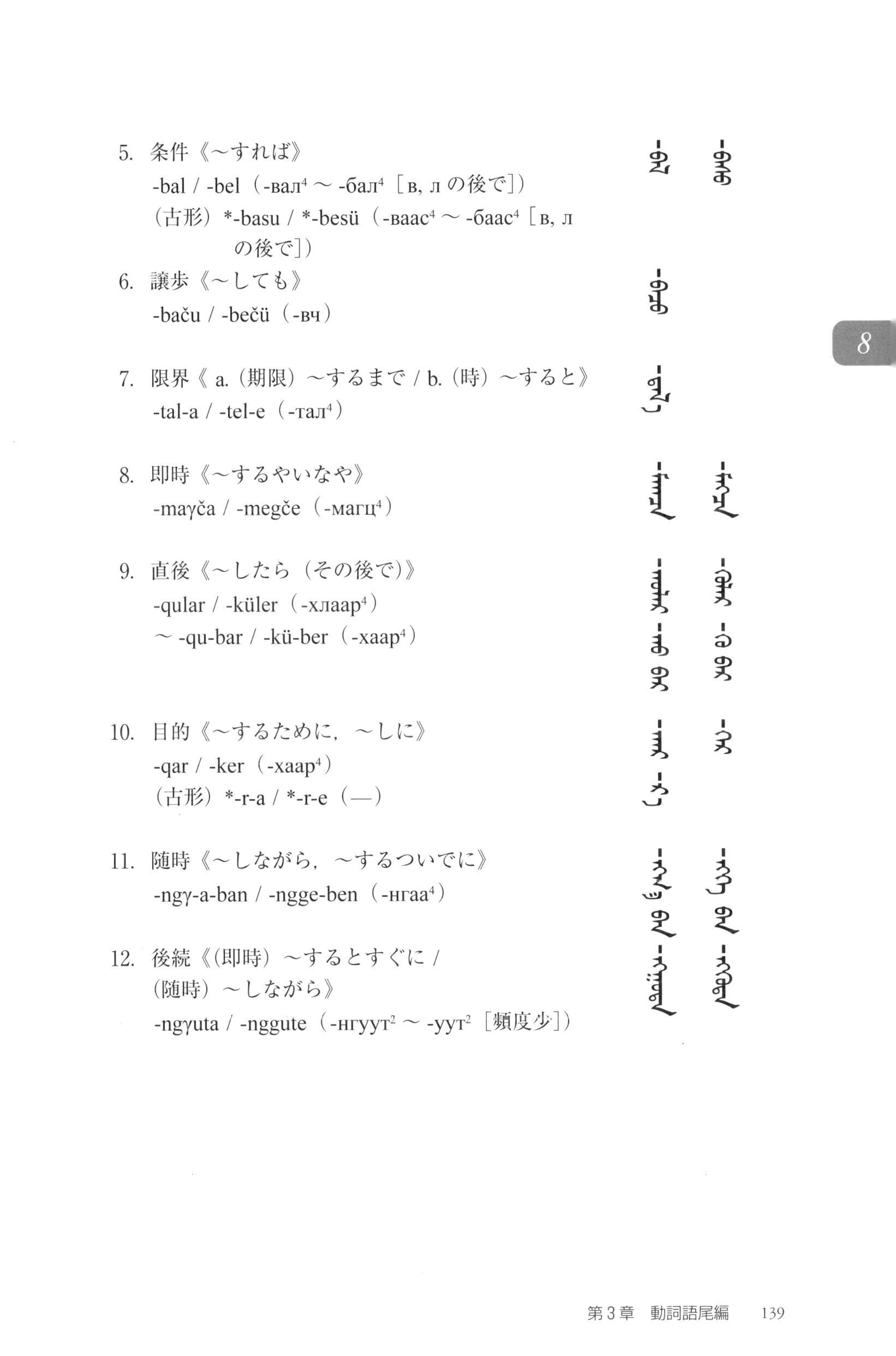

5. 条件《～すれば》
-bal / -bel（-вал4 ～ -бал4［в, л の後で］）
（古形）*-basu / *-besü（-ваас4 ～ -баас4［в, л の後で］）

6. 譲歩《～しても》
-baču / -bečü（-вч）

7. 限界《 a.（期限）～するまで / b.（時）～すると》
-tal-a / -tel-e（-тал4）

8. 即時《～するやいなや》
-maγča / -megče（-магц4）

9. 直後《～したら（その後で）》
-qular / -küler（-хлаар4）
～ -qu-bar / -kü-ber（-хаар4）

10. 目的《～するために，～しに》
-qar / -ker（-хаар4）
（古形）*-r-a / *-r-e（―）

11. 随時《～しながら，～するついでに》
-ngγ-a-ban / -ngge-ben（-нгаа4）

12. 後続《（即時）～するとすぐに / （随時）～しながら》
-ngγuta / -nggute（-нгуут2 ～ -уут2［頻度少］）

例文

1. ᠡᠭᠡᠴᠢ ᠳᠠᠭᠤᠤ ᠳᠠᠭᠤᠯᠠᠵᠤ ᠠᠬ᠎ᠠ ᠰᠢᠯᠦᠭ ᠤᠩᠰᠢᠪᠠ ᠃
ᠡᠪᠦᠭᠡ ᠠᠭᠤᠯᠠᠨ ᠳᠡᠭᠡᠷ᠎ᠡ ᠭᠠᠷᠴᠤ ᠠᠳᠤᠭᠤ ᠪᠠᠨ ᠳᠤᠷᠠᠨᠳᠠᠪᠠ ᠃
2. ᠪᠢ ᠲᠣᠺᠢᠣ ᠶᠠᠪᠤᠭᠠᠳ ᠬᠤᠷᠠᠯ ᠳᠤ ᠰᠠᠭᠤᠭᠠᠳ ᠢᠷᠡᠯ᠎ᠡ ᠃
3. ᠢᠰᠡᠭᠡᠢ ᠡᠭᠦᠳᠡ ᠶᠢ ᠰᠡᠬᠦᠨ ᠭᠠᠷᠪᠠ ᠃
4. ᠵᠣᠭᠰᠤᠯᠲᠠ ᠦᠭᠡᠢ ᠠᠪᠠᠷᠢᠭᠰᠠᠭᠠᠷ ᠠᠭᠤᠯᠠ ᠶᠢᠨ ᠣᠷᠤᠢ ᠳᠤ ᠭᠠᠷᠤᠯ᠎ᠠ ᠃
5. ᠳᠠᠭᠠᠷᠠᠪᠠᠯ ᠵᠤᠵᠠᠭᠠᠨ ᠣᠶᠢᠮᠤᠰᠤ ᠡᠮᠦᠰᠦᠭᠡᠷᠡᠢ ᠃
ᠴᠢᠮᠠᠶᠢ ᠶᠠᠪᠤᠪᠠᠯ ᠪᠢ ᠴᠤ ᠪᠠᠰᠠ ᠶᠠᠪᠤᠨ᠎ᠠ ᠃
6. ᠬᠡᠴᠢᠨᠡᠨ ᠬᠠᠷᠪᠤᠪᠠᠴᠤ ᠪᠠᠢ ᠶᠢ ᠣᠨᠤᠭᠰᠠᠨ ᠦᠭᠡᠢ ᠃
7. a. ᠦᠷ ᠴᠠᠶᠢᠲᠠᠯ᠎ᠠ ᠨᠣᠮ ᠤᠩᠰᠢᠯ᠎ᠠ ᠃
b. ᠭᠡᠷ ᠲᠡᠭᠡᠨ ᠣᠷᠤᠲᠠᠯ᠎ᠠ ᠡᠵᠢ ᠮᠢᠨᠢ ᠲᠡᠪᠡᠷᠢᠨ ᠠᠪᠤᠯ᠎ᠠ ᠃
8. ᠬᠣᠩᠬᠤ ᠳᠠᠭᠤᠭᠠᠷᠤᠮᠠᠭᠴᠠ ᠪᠠᠭᠰᠢ ᠣᠷᠤᠵᠤ ᠢᠷᠡᠭᠰᠡᠨ ᠃
9. ᠲᠡᠭᠦᠨ ᠢ ᠳᠠᠭᠤᠤ ᠳᠠᠭᠤᠯᠠᠬᠤᠯᠠᠷ ᠰᠡᠳᠬᠢᠯ ᠮᠢᠨᠢ ᠤᠶᠠᠷᠠᠳᠠᠭ ᠃
10. ᠠᠬ᠎ᠠ ᠠᠳᠤᠭᠤ ᠪᠠᠨ ᠤᠰᠤᠯᠠᠬᠠᠷ ᠮᠣᠷᠳᠠᠯ᠎ᠠ ᠃
11. [illegible]
12. [illegible]

〔転　写〕

1. egeči daγuu daγulaǰu aq-a silüg ungsiba.
ebüge aγulan deger-e γarču aduγu-ban durandaba.
2. bi Tokio yabuγad qural-du saγuγad irel-e.
3. isegei egüde-yi sekün γarba.
4. ǰoγsulta ügei abariγsaγar aγula-yin orui-du γarul-a.
5. daγarabal ǰuǰaγan oyimusu emüsügerei.
čimayi yabubal bi ču basa yabun-a.
6. kečinen qarbubaču bai-yi onuγsan ügei.
7. a. ür čayital-a nom ungsil-a.
b. ger-tegen orutal-a eǰi mini teberin abul-a.
8. qongqu duuγarumaγča baγsi oruǰu iregsen.
9. tegün-i daγuu daγulaqular sedkil mini uyaradaγ.
10. aq-a aduγu-ban usulaqar mordal-a.

11. tamirčin kögǰim sonusungγ-a-ban güyüǰü bayin-a.
12. namayi ger-tegen orungγuta utasu duuγarba.

〔キリル文字と訳〕 40

1. Эгч дуу дуулж, ах шүлэг уншив.
   姉は歌を歌い，兄は詩を読みました.

   Өвөө уулан дээр гарч, адуугаа дурандав.
   おじいちゃんは山に登り，自分の馬を双眼鏡で見ました.
2. Би Токио яваад, хуралд суугаад ирлээ.
   私は東京に行って，会議に出席してきました.
3. Эсгий үүдийг сөхөн гарав.
   フェルトの扉をめくって出ました.
4. Зогсолтгүй авирсаар уулын оройд гарлаа.
   絶えず登り続けて，山頂に着きました.
5. Даарвал зузаан оймс өмсөөрэй.
   寒かったら厚手の靴下をはいてください.

   Чамайг явбал би ч бас явна.
   君が行けば私も行きます.
6. Хичнээн харвавч байг оносонгүй.
   いくら射ても的に当たりませんでした.
7. a. Үүр цайтал ном уншлаа.
   夜が明けるまで本を読みました.

   b. Гэртээ ортол ээж минь тэврэн авлаа.
   家に入るとお母さんは抱きしめました.
8. Хонх дуугармагц багш орж ирсэн.
   チャイムが鳴るやいなや先生が入ってきました.
9. Түүнийг дуу дуулахлаар сэтгэл минь уярдаг.
   彼が歌を歌うと，私は感動します.
10. Ах адуугаа услахаар мордлоо.
    兄は自分の馬に水をやりに騎乗しました.
11. Тамирчин хөгжим сонсонгоо гүйж байна.
    選手は音楽を聞きながら走っています.
12. Намайг гэртээ оронгуут утас дуугарав.
    私が家に入るとすぐに電話が鳴りました.

41 **練習問題**

次の文をモンゴル文字で書きなさい.

(1) Тэнд цай ууж байгаа хүн бол миний эмээ.

(2) Үргэлж хэрэглэдэг толь бичгээ гэртээ орхичихжээ.

(3) Даарвал зузаан оймс өмсөөрэй.

(4) Хонх дуугармагц багш орж ирсэн.

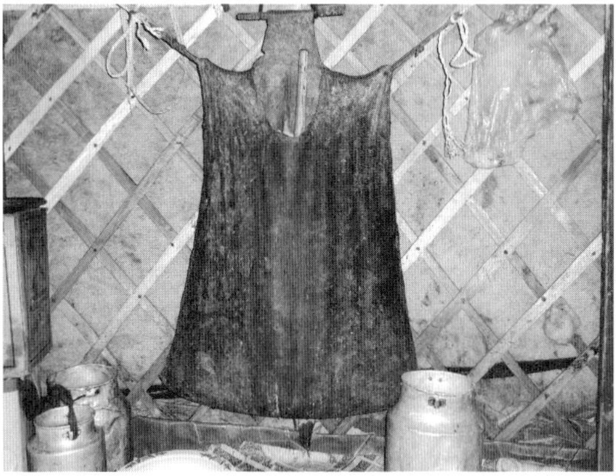

フフール（馬乳酒の皮袋）

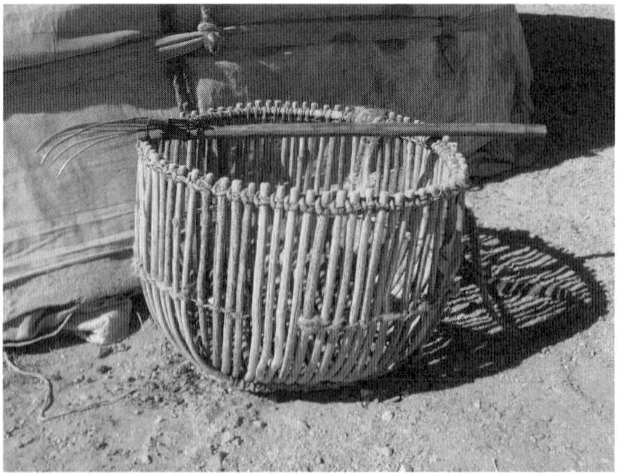

アラグ（乾燥牛糞のかご）とサワル（熊手）

9 動詞語尾（2）

9.1 終止語尾（цаг заах нөхцөл）

動詞語幹に接続し，主に時制を表示すると同時に，文を終結させる働きをする動詞語尾を，動詞の終止語尾と言う．動詞語尾は，当然のことながら格語尾非接続型である．

モンゴル語の終止語尾の主なものは次の通りである．

1. 非過去（= 現在・未来）《～する》
   -n-a / -n-e（-на^4）

2. 単純過去《～した》
   -ba / -be（-в）
   注）口語では，疑問文でのみ用いられる．

3. 完了《a.（近過去）（今しがた）～した /
   b.（近未来）（今すぐ）～する》
   -l-a / -l-e（-лаа^4）

4. 遠過去《（既に）～したのである》
   -ǰai（-ǰei）/ -čai（-čei）～ -ǰi / -či
   （-жээ / -чээ［完全形式］～ -ж / -ч［簡略形式］）
   注）疑問文では，簡略形式 -ж / -ч だけが用いられる．

以下は，元来は動詞の連体語尾であるが，文末で終止語尾扱いされる主なものである．

5. 過去《～した》
   -γsan / -gsen（-сан^4）

6. 現在完了《a.（継続）（今まで）～している /
b.（完了）（今の所）～した》 ᠭᠠ / ᠭᠡ
-γ-a / -ge（-aa4）

7. 習慣《常に～する》 ᠳᠠᠭ / ᠳᠡᠭ
-daγ / -deg（-даг4）

8. 未来《～する》 ᠬᠤ / ᠬᠦ
-qu / -kü（-x）

例 文

1. ᠪᠢ ᠳᠡᠭᠦᠦ ᠳᠡᠭᠡᠨ ᠡᠨᠡ ᠨᠣᠮ ᠢᠶᠠᠨ ᠥᠭᠭᠦᠨ᠎ᠡ ᠃
2. ᠡᠮᠡᠭᠡ ᠴᠠᠢ ᠪᠠᠨ ᠴᠢᠨᠠᠪᠠ ᠃
   ᠴᠢ ᠬᠣᠭᠣᠯᠠ ᠪᠠᠨ ᠢᠳᠡᠪᠡ ᠦᠦ ?
3. a. [illegible]
   b. [illegible]
4. [illegible]
   [illegible]
5. [illegible]
6. a. [illegible]
   b. [illegible]
7. [illegible]
8. [illegible]

〔転　写〕

1. bi degüü-degen ene nom-iyan öggün-e.
2. emege čai-ban činaba.
   či qoγula-ban idebe üü?

3. a. emege dönggeǰü sayi γadan-a-ača oruǰu irel-e.
   b. bi oduqan talqan-du yabul-a.
4. abu ali kedüyin aǰil-daγan yabuǰai.
   eǰi basa nige sin-e debel oyučiqaǰi.
   usu bučalǰi uu?
5. baγsi mani olan nom bičigsen.
6. a. idekü yaγum-a siregen deger-e bayiγ-a.
   b. — ǰa, kičiyel-iyen daγusuγ-a uu?
      — daγusuγ-a.
7. bi örlüge büri ǰirγuγan čaγ-tu bosdaγ.
8. qoyaγula-ban marγasi kino üǰekü üü?

9

〔キリル文字と訳〕 42

1. Би дүүдээ энэ номоо өгнө.
   私は弟にこの本をあげます.
2. Эмээ цайгаа чанав. ［肯定文］
   おばあちゃんはお茶を沸かしました.
   Чи хоолоо идэв үү? ［疑問文，口語］
   君は食事を食べましたか.
3. a. Эмээ дөнгөж саяа гаднаас орж ирлээ.
   おばあちゃんは今し方外から入ってきました.
   b. Би одоохон талханд явлаа.
   私は今すぐパンを買いに行きます.
4. Аав аль хэдийн ажилдаа явжээ. ［肯定文，完全形式］
   父はとっくに仕事に行ったのです.
   Ээж бас нэг шинэ дээл оёчихож. ［肯定文，簡略形式］
   母はもう一着新しいデールを縫ってしまったのです.
   Ус буцалж уу? ［疑問文，簡略形式］
   お湯は沸いたの？
5. Багш маань олон ном бичсэн.
   うちの先生はたくさんの本を書きました.
6. a. Идэх юм ширээн дээр байгаа.
   食べ物はテーブルの上にあります.

b. За, хичээлээ дуусаа юу?
　— Дуусаа.
　さあ，授業が終わったの？
　— 終わったよ.

7. Би өглөө бүр зургаан цагт босдог.
　私は毎朝6時に起きます.

8. Хоёулаа маргааш кино үзэх үү?
　一緒に明日映画を見ますか.

9.2 命令願望語尾（захиран хүсэх нөхцөл）

動詞語幹に接続し，主に命令願望の意味を表示すると同時に，文を終結させる働きをする動詞語尾を，動詞の命令願望語尾と言う．命令願望語尾も，終止語尾と同様，格語尾非接続型である．

モンゴル語の命令願望語尾の主なものは次の通りである。

1. 1人称・意志《～します，～しよう》　ᠶ᠎ᠠ
   -y-a / -y-e（-я / -е / -ё）

2. 1人称・決心《～しよう /（～に）…させよう》　ᠰᠤᠭᠠᠢ　ᠰᠦᠭᠡᠢ
   -suγai / -sügei（-сугай[2]）

3. 2人称・命令《～せよ》
   - ϕ（ゼロ語尾）

4. 2人称・依頼《～してよ，～してね》　ᠭᠠᠴᠢ　ᠭᠡᠴᠢ
   -γači / -geči（-аач[4]）

5. 2人称・要求命令《～しなさい，～して下さい》　ᠭᠠᠷᠠᠢ　ᠭᠡᠷᠡᠢ
   -γarai / -gerei（-аарай[4]）

6. 2人称・懸念《～しないように》
-γuǰai / -güǰei（-уузай²）
-ᠭᠤᠵᠠᠢ -ᠭᠦᠵᠡᠢ

7. 2人称・呼びかけ《～せよ，～するように》
（古形）-γtun / -gtün（-гтун²）
-ᠭᠲᠤᠨ -ᠭᠲᠦᠨ

8. （主に）3人称・願望《～したらなあ》
-γasai / -gesei（-аасай⁴）
-ᠭᠠᠰᠠᠢ -ᠭᠡᠰᠡᠢ

9. 3人称・許可《～させよ，～してよい》
-γ / -g（-г）
-ᠭ -ᠭ

10. 3人称・祈願《～するように，～ならんことを》
-tuγai / -tügei（-тугай²）
-ᠲᠤᠭᠠᠢ -ᠲᠦᠭᠡᠢ

例文

1. [illegible]
2. [illegible]
3. [illegible]
4. [illegible]
5. [illegible]
6. [illegible]
7. [illegible]
8. [illegible]
9. [illegible]
10. [illegible]

〔転　写〕

1. bi önüdür qoni-ban qariγuluy-a.
   eregül engke-yi küsey-e.
2. aǰilčin Donduγ-tu čilüge olγusuγai.
3. odu ger-iyen čeberle.
4. qurdun bičigeči.
5. ayan ǰam-daγan sayin yabuγarai.
6. qalturiǰu unaγuǰai.
7. elči-yi ǰaruγtun.
8. ǰun qurdun boluγasai.
   eǰi qurdun iregesei.
9. egün-i kümüs üǰebel üǰeg.
10. mongγul-un üres olan boltuγai.

43 〔キリル文字と訳〕

1. Би өнөөдөр хонио хариулъя.
   私は今日羊を放牧しよう.

   Эрүүл энхийг хүсье.
   健康をお祈りします.
2. Ажилчин Дондогт чөлөө олгосугай.
   労働者ドンドグに休暇を与えよう.
3. Одоо гэрээ цэвэрлэ.
   今家を掃除しなさい.
4. Хурдан бичээч.
   速く書いてよ.
5. Аян замдаа сайн яваарай.
   道中気をつけて行ってらっしゃい.
6. Халтирч унуузай.
   滑って転ばないように.
7. Элчийг зарагтун.
   使者を遣わせよ.
8. Зун хурдан болоосой.
   夏に早くなったらなあ.

Ээж хурдан ирээсэй.
お母さんが早く来たらなあ.

9. Үүнийг хүмүүс үзвэл үзэг.
これを人々が見るなら見るがよい.

10. Монголын үрс олон болтугай.
モンゴルの子供たちが増えますように.

練習問題

44

次の文をモンゴル文字で書きなさい.

(1) Би дүүдээ энэ номоо өгнө.

(2) Хоёулаа маргааш кино үзэх үү?

(3) Аян замдаа сайн яваарай.

(4) Халтирч унуузай.

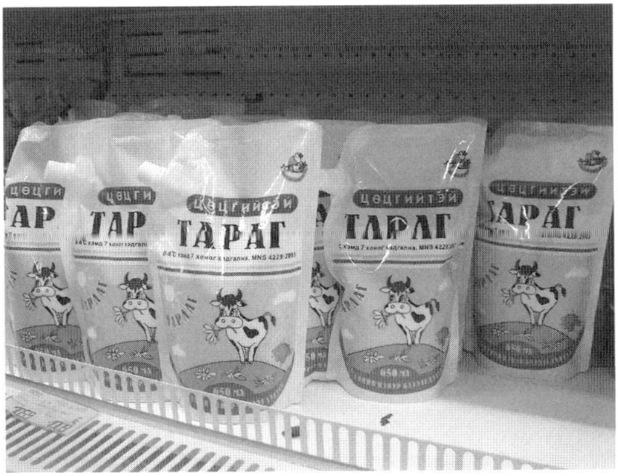

タラグ（ヨーグルト）

⑩ 動詞語尾（3）

10.1 動詞の態（үйл үгийн хэв）

10.1.1 動詞の態の表示する形式，機能及び意味

モンゴル語には，基本的に次の６つの態がある．

形　式	機能の変換	意味	
1. -φ- 形	——	——	
2. -уул^{2}- 形（～ -лга^{4}- ～ -га^{4}- ～ -аа^{4}-）	［自／他］→［他］	① 使役・授受（～させる）（してもらう）	② 迷惑・被害（～られる）
3. -гда^{4}- 形（～ -да^{4}- ～ -та^{4}-）	［他］→［自］	① 受身（られる）	② 迷惑・被害（～られる）
4. -лца^{4}- 形	［自］→［自］［他］→［他］	① 共同（共に～する）	② 相互（互いに～する）
5. -лда^{4}- 形	［自／他］→［自］	① 相互（互いに～する）	② 共同（共に～する）
6. -цгаа^{4}- 形	［自］→［自］［他］→［他］	多数（大勢の動作主が，みんなで一斉に～する）	

（自：自動詞，他：他動詞）

これらの形式に対応するモンゴル文語の諸形式は次の通りである．

1.	- ϕ -（ゼロ語尾）
2.	a. -γul- / -gül-　b. -lγa- / -lge-　c. -qa- / -ke- ～ -γa- / -ge-　d. -γa- / -ge- 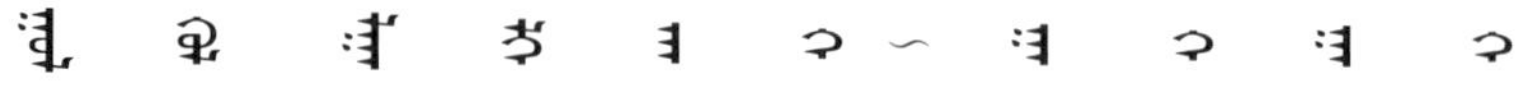
3.	a. -γda- / -gde-　b. -ta- / -te- ～ -da- / -de- 
4.	-lča- / -lče- 
5.	-ldu- / -ldü- 
6.	-čaγa- / -čege- 

以下，若干の異形態をその音声環境とともに例示することにする．

2. a. 動詞語幹末が短母音の場合

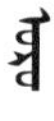 oru-
（оро-）
入る

↓

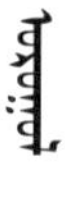 oruγul-
（оруул-）
入れる

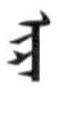 ire-
（ирэ-）
来る

↓

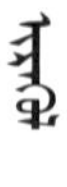 iregül-
（ирүүл-）
来させる

<特殊例>

 ab-
（ав-）
取る

↓

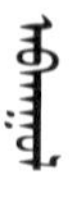 abqaγul-
（авахуул-）
取らせる

b. 動詞語幹末が長母音，二重母音の場合

＜長母音の例＞

ᠰᠠᠭᠤ saγu- （суу-） 座る	ᠬᠢ ki- （хий-） する，作る
↓	↓
ᠰᠠᠭᠤᠯᠭᠠ saγulγa- （суулга-） 座らせる	ᠬᠢᠯᠭᠡ kilge- （хийлгэ-） させる， 作らせる

＜二重母音の例＞

ᠠᠶᠤ ayu- （ай-） 恐れる， こわがる	ᠭᠦᠶᠦ güyü- （гүй-） 走る
↓	↓
ᠠᠶᠤᠯᠭᠠ ayulγa- （айлга-） 恐れさせる， こわがらせる	ᠭᠦᠶᠦᠯᠭᠡ güyülge- （гүйлгэ-） 走らせる

c. 動詞語幹末が子音 **d, s, l, r** の場合

＜ -d, -s の例＞ → Mo.-qa- / -ke- を接続

ᠴᠠᠳ čad- （цад-） 満腹する	ᠡᠪᠡᠳ ebed- （өвд-） 痛む
↓	↓
ᠴᠠᠳᠬᠠ čadqa- （цатга-） 満腹させる	ᠡᠪᠡᠳᠬᠡ ebedke- （өвтгө-） 痛める

ᠪᠣᠰ bos-
（бос-）
起きる，立つ
↓
ᠪᠣᠰᠬᠠ bosqa-
（босго-）
起こす，立てる

ᠥᠰ ös-
（өс-）
育つ，増える
↓
ᠥᠰᠬᠡ öske-
（өсгө-）
育てる，増やす

＜ -l, -r の例＞ → Mo.-γa- / -ge- を接続

ᠪᠣᠯ bol-
（бол-）
になる
↓
ᠪᠣᠯᠭᠠ bolγa-
（болго-）
にする

ᠬᠥᠳᠡᠯ ködel-
（хөдөл-）
動く
↓
ᠬᠥᠳᠡᠯᠭᠡ ködelge-
（хөдөлгө-）
動かす

ᠭᠠᠷ γar-
（гар-）
出る
↓
ᠭᠠᠷᠭᠠ γarγa-
（гарга-）
出す

ᠬᠦᠷ kür-
（хүр-）
至る，着く
↓
ᠬᠦᠷᠭᠡ kürge-
（хүргэ-）
至らせる，
届ける

d. 動詞（自動詞）語幹末が短母音の場合

ᠬᠠᠯᠠ qala-
（хала-）
熱くなる，
暖かくなる
↓
ᠬᠠᠯᠠᠭᠠ qalaγa-
（халаа-）
熱する，暖める

ᠦᠯᠡᠳᠡ ülede-
（үлдэ-）
残る
↓
ᠦᠯᠡᠳᠡᠭᠡ üledege-
（үлдээ-）
残す

3. a. 動詞（他動詞）語幹末が母音の場合

ᠨᠢᠭᠤ niγu-（нуу-）隠す
↓
ᠨᠢᠭᠤᠭᠳᠠ niγuγda-（нуугда-）隠れる

ᠮᠡᠳᠡ mede-（мэдэ-）知る
↓
ᠮᠡᠳᠡᠭᠳᠡ medegde-（мэдэгдэ-）感じられる，分かる

b. 動詞語幹末が子音 **b, r, s, l** の場合

＜ -b, -r, -s の例＞ → Mo.-ta- / -te- を接続

ᠠᠪ ab-（ав-）取る
↓
ᠠᠪᠲᠠ abta-（авта-）取られる

ᠬᠠᠭᠤᠷ qaγur-（хуур-）だます
↓
ᠬᠠᠭᠤᠷᠲᠠ qaγurta-（хуурта-）だまされる

ᠰᠣᠨᠣᠰ sonus-（сонс-）聞く
↓
ᠰᠣᠨᠣᠰᠲᠠ sonusta-（сонсдо-）聞こえる

＜ -l の例＞ → Mo.-da- / -de- を接続

ᠳᠤᠭᠤᠯ duγul-（дуул-）聞く
↓
ᠳᠤᠭᠤᠯᠳᠠ duγulda-（дуулда-）聞こえる

ᠳᠡᠶᠢᠯ deyil-（дийл-）勝つ，負かす
↓
ᠳᠡᠶᠢᠯᠳᠡ deyilde-（дийлдэ-）負ける

4.

ᠲᠠᠨᠢ tani- (тани-) （人）を知る ↓ ᠲᠠᠨᠢᠯᠴᠠ tanilča- (танилца-) 知り合う

ᠬᠡᠯᠡ kele- (хэлэ-) 言う ↓ ᠬᠡᠯᠡᠯᠴᠡ kelelče- (хэлэлцэ-) 話し合う

5.

ᠵᠣᠳᠤ jodu- (зодо-) なぐる ↓ ᠵᠣᠳᠤᠯᠳᠤ joduldu- (зодолдо-) なぐり合う

ᠲᠡᠪᠡᠷᠢ teberi- (тэврэ-) 抱く ↓ ᠲᠡᠪᠡᠷᠢᠯᠳᠦ teberildü- (тэврэлдэ-) 抱き合う

6.

ᠣᠷᠤ oru- (оро-) 入る ↓ ᠣᠷᠤᠴᠠᠭᠠ oručaγa- (орцгоо-) 大勢で一斉に入る

ᠦᠵᠡ üje- (үзэ-) 見る ↓ ᠦᠵᠡᠴᠡᠭᠡ üječege- (үзэцгээ-) 大勢で一斉に見る

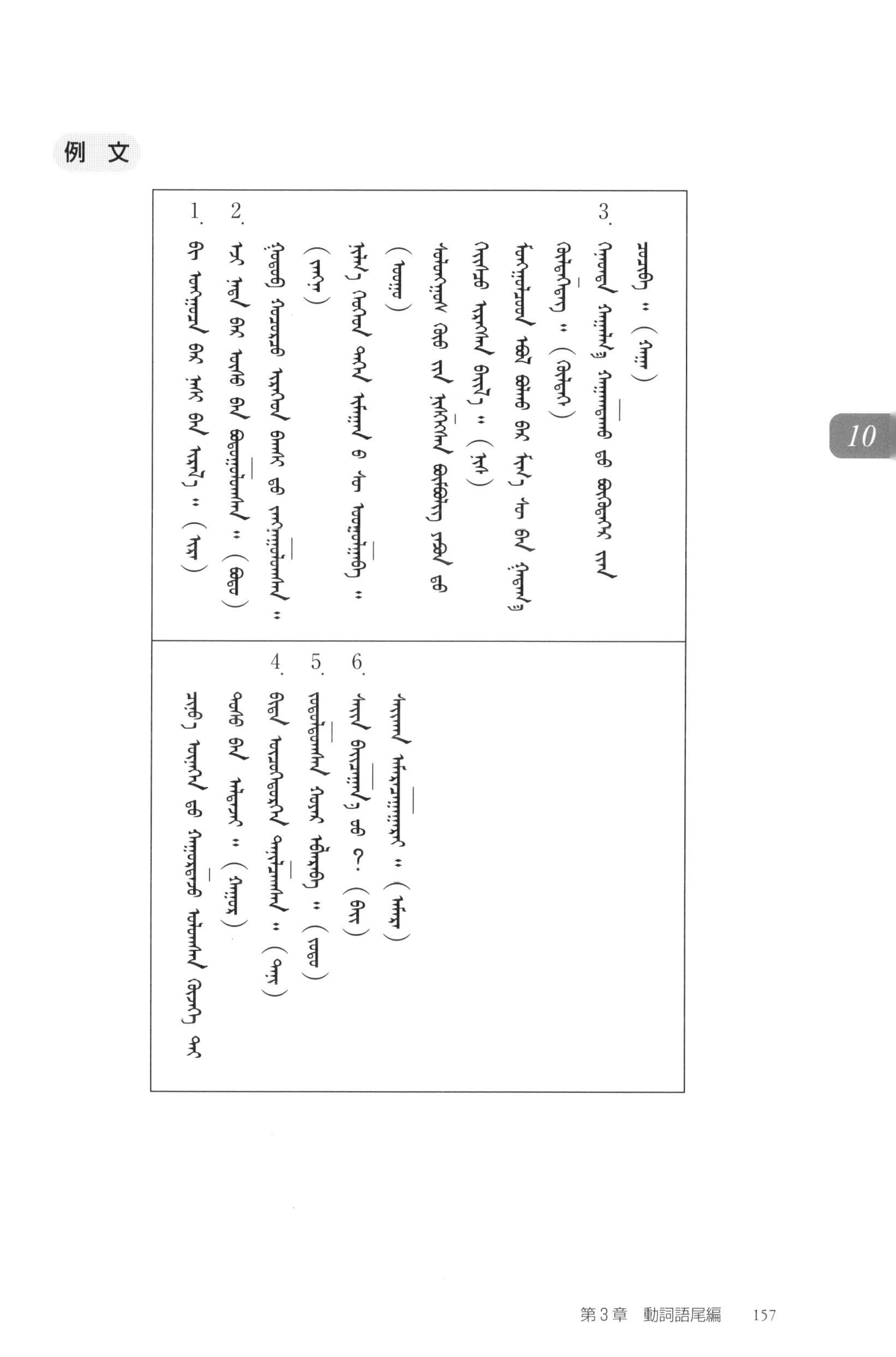

例文

〔転　写〕

1. bi ongγuča-bar nasi-ban irel-e.（< ire-）
2. eǰi nada-bar üsü-ben buduγuluγsan.（< budu-）
   Γotub qočurču ireged baγsi-du ǰangnaγuluγsan.（< ǰangna-）
   nilq-a keüked-tegen imaγan-u sü uuγulγaba.（< uuγu-）
   Solungγus küü-yin niskegsen bömbülig yapon-du keyisčü iregsen bayil-a.（< nis-）
   mongγulčud ebül bolqu-bar miq-a sü-ben γadaγ-a köldegedeg.（< kölde-）
3. genedte qaγalγ-a qaγaγdaqu-du bügüdeger-iyen čočiba.（< qaγa-）
   činu-a ünegen-dü qaγurtaǰu oluγsan güǰege-tei tosu-ban aldaǰai.（< qaγur-）
4. bide öčügedürken tanilčaγsan.（< tani-）
5. ǰodulduγsan qoyar eblerebe.（< ǰodu-）
6. sayin bayičaγan-a uu?（< bayi-）
   sayiqan amaračaγaγarai.（< amara-）

45 〔キリル文字と訳〕

1. Би онгоцоор наашаа ирлээ.（< ирэ-《来る》）
   私は飛行機でこちらに来ました.
2. Ээж надаар үсээ будуулсан.（< буда-《染める》）
   お母さんは私に髪を染めてもらいました.

   Готов хоцорч ирээд, багшид загнуулсан.（< загна-《叱る》）
   ゴトブは遅れてきて，先生に叱られました.

   Нялх хүүхэддээ ямааны сүү уулгав.（< уу-《飲む》）
   自分の赤ん坊に山羊のミルクを飲ませました.

   Солонгос хүүгийн нисгэсэн бөмбөлөг Японд хийсч ирсэн байлаа.（< нис-《飛ぶ》）
   韓国の男の子の飛ばした風船が日本に飛んできたのでした.

   Монголчууд өвөл болохоор мах сүүгээ гадаа хөлдөөдөг.（< хөлдө-《凍る》）
   モンゴル人は冬になると，肉やミルクを外で凍らせます.
3. Гэнэт хаалга хаагдахад бүгдээрээ цочив.（< хаа-《閉める》）
   突然ドアが閉まると，みんなびっくりしました.

Чоно үнэгэнд хуууртаж, олсон гүзээтэй тосоо алджээ.
（< хуур-《だます》）
狼は狐にだまされ，手に入れた胃袋に入ったバターを失いました．

4. Бид өчигдөрхөн танилцсан.（< тани-《知る》）
私たちはつい昨日知り合いました．

5. Зодолдсон хоёр эвлэрэв.（< зодо-《なぐる》）
なぐり合った二人は仲直りしました．

6. Сайн байцгаана уу?（< бай-《ある，いる》）
（大勢の人に対して）今日は．
Сайхан амарцгаагаарай.（< амра-《休む》）
（大勢の人に対して）お休みなさい．

10.1.2 モンゴル語の授受表現《～してもらう》

モンゴル語の授受表現は，一般に造格 -аар⁴［ᠪᠠᠷ ᠢᠶᠠᠷ -bar² ～ -iyar²］と動詞の -уул²- 形［ᠭᠤᠯ ᠭᠦᠯ -γul- / -gül-］を用いて，次のように表すことが多い．

S ＋	（S'-аар⁴ ＋）	V'-уул²- 形
	造格	
～は	（～に）	～してもらう

（S …行為を受ける側，S' …行為を行う側）

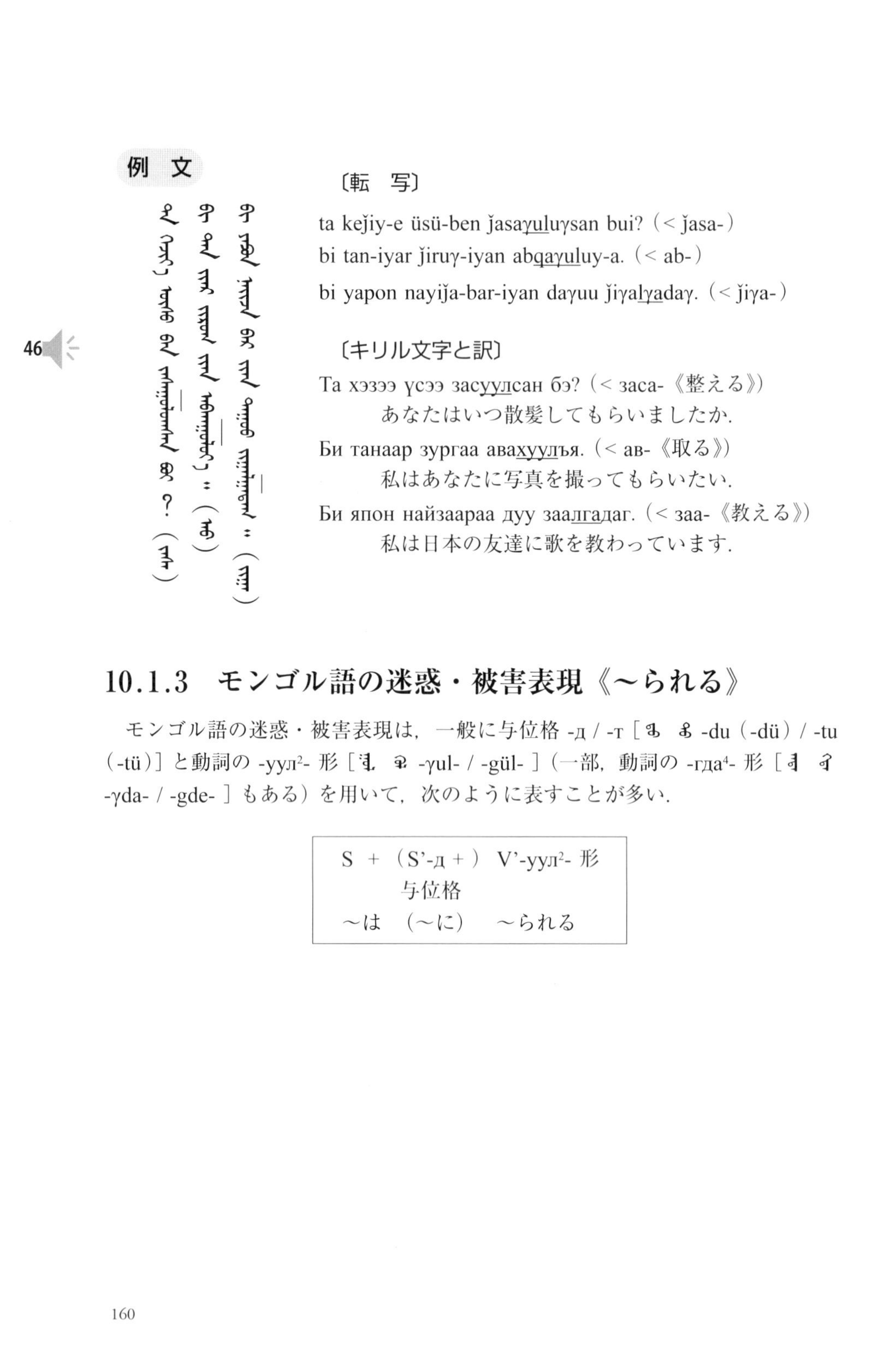

例 文

46

〔転　写〕

ta keǰiy-e üsü-ben ǰasaɣuluɣsan bui?（< ǰasa-）

bi tan-iyar ǰiruɣ-iyan abqaɣuluy-a.（< ab-）

bi yapon nayiǰa-bar-iyan daɣuu ǰiɣalɣadaɣ.（< ǰiɣa-）

〔キリル文字と訳〕

Та хэзээ үсээ засуулсан бэ?（< заса-《整える》）

　　あなたはいつ散髪してもらいましたか.

Би танаар зургаа авахуулъя.（< ав-《取る》）

　　私はあなたに写真を撮ってもらいたい.

Би япон найзаараа дуу заалгадаг.（< заа-《教える》）

　　私は日本の友達に歌を教わっています.

10.1.3　モンゴル語の迷惑・被害表現《〜られる》

モンゴル語の迷惑・被害表現は，一般に与位格 -д / -т［ -du（-dü）/ -tu（-tü）］と動詞の -уул²- 形［ -ɣul- / -gül- ］（一部，動詞の -гда⁴- 形［ -ɣda- / -gde- ］もある）を用いて，次のように表すことが多い.

S ＋	（S’-д ＋）	V’-уул²- 形
	与位格	
〜は	（〜に）	〜られる

例文

ᠪᠠᠲᠤ ᠲᠠᠮᠠᠺᠢ ᠲᠠᠲᠠᠭᠰᠠᠨ᠎ᠠᠴᠠ ᠪᠣᠯᠵᠤ ᠠᠪᠤ ᠳᠠᠭᠠᠨ ᠠᠯᠠᠭᠠᠳᠠᠭᠤᠯᠵᠠᠢ᠃ (ᠠᠯᠠᠭᠠᠳᠠ)

〔転　写〕

Batu tamaki tataγsan-ača bolǰu abu-daγan alaγada<u>γulǰ</u>ai.

(< alaγada-)

〔キリル文字と訳〕

47

Бат тамхи татсанаас болж аавдаа алгад<u>уул</u>жээ.

(< алгада-《平手打ちする》)

バトはタバコを吸ったせいで，父親にたたかれたのです．

10

練習問題（10.1）

48

次の文をモンゴル文字で書きなさい．

(1) Нялх хүүхэддээ ямааны сүү уулгав.

(2) Бид өчигдөрхөн танилцсан.

(3) Сайн байцгаана уу?

(4) Би танаар зургаа авахуулъя.

10.2　動詞のアスペクト（үйл үгийн байдал）

動詞の行為を時間の中で把えるのではなく，その様式によって把える方法をアスペクト（相）と言う．モンゴル語では，動詞のアスペクトを表示する場合，大きく1．アスペクト述語形式と2．アスペクト接尾辞の2つに分類することができる．

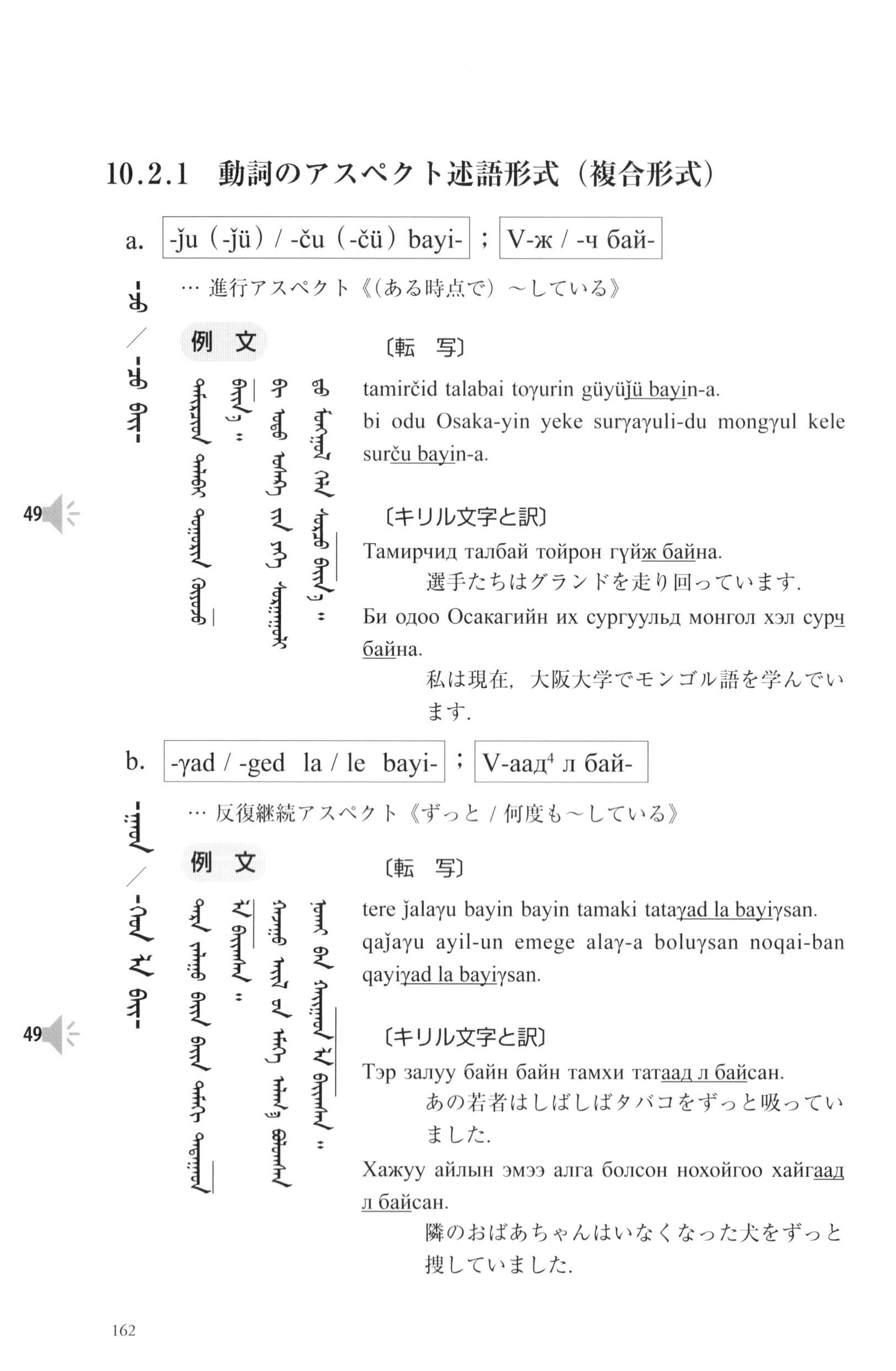

10.2.1　動詞のアスペクト述語形式（複合形式）

a. -ǰu（-ǰü）/ -ču（-čü）bayi- ； V-ж / -ч бай-

… 進行アスペクト《(ある時点で）～している》

例　文

49

〔転　写〕

tamirčid talabai toγurin güyüǰü bayin-a.
bi odu Osaka-yin yeke surγaγuli-du mongγul kele surču bayin-a.

〔キリル文字と訳〕

Тамирчид талбай тойрон гүйж байна.

選手たちはグランドを走り回っています.

Би одоо Осакагийн их сургуульд монгол хэл сурч байна.

私は現在，大阪大学でモンゴル語を学んでいます.

b. -γad / -ged la / le bayi- ； V-аад^{4} л бай-

… 反復継続アスペクト《ずっと / 何度も～している》

例　文

49

〔転　写〕

tere ǰalaγu bayin bayin tamaki tataγad la bayiγsan.
qaǰaγu ayil-un emege alaγ-a boluγsan noqai-ban qayiγad la bayiγsan.

〔キリル文字と訳〕

Тэр залуу байн байн тамхи татаад л байсан.

あの若者はしばしばタバコをずっと吸っていました.

Хажуу айлын эмээ алга болсон нохойгоо хайгаад л байсан.

隣のおばあちゃんはいなくなった犬をずっと捜していました.

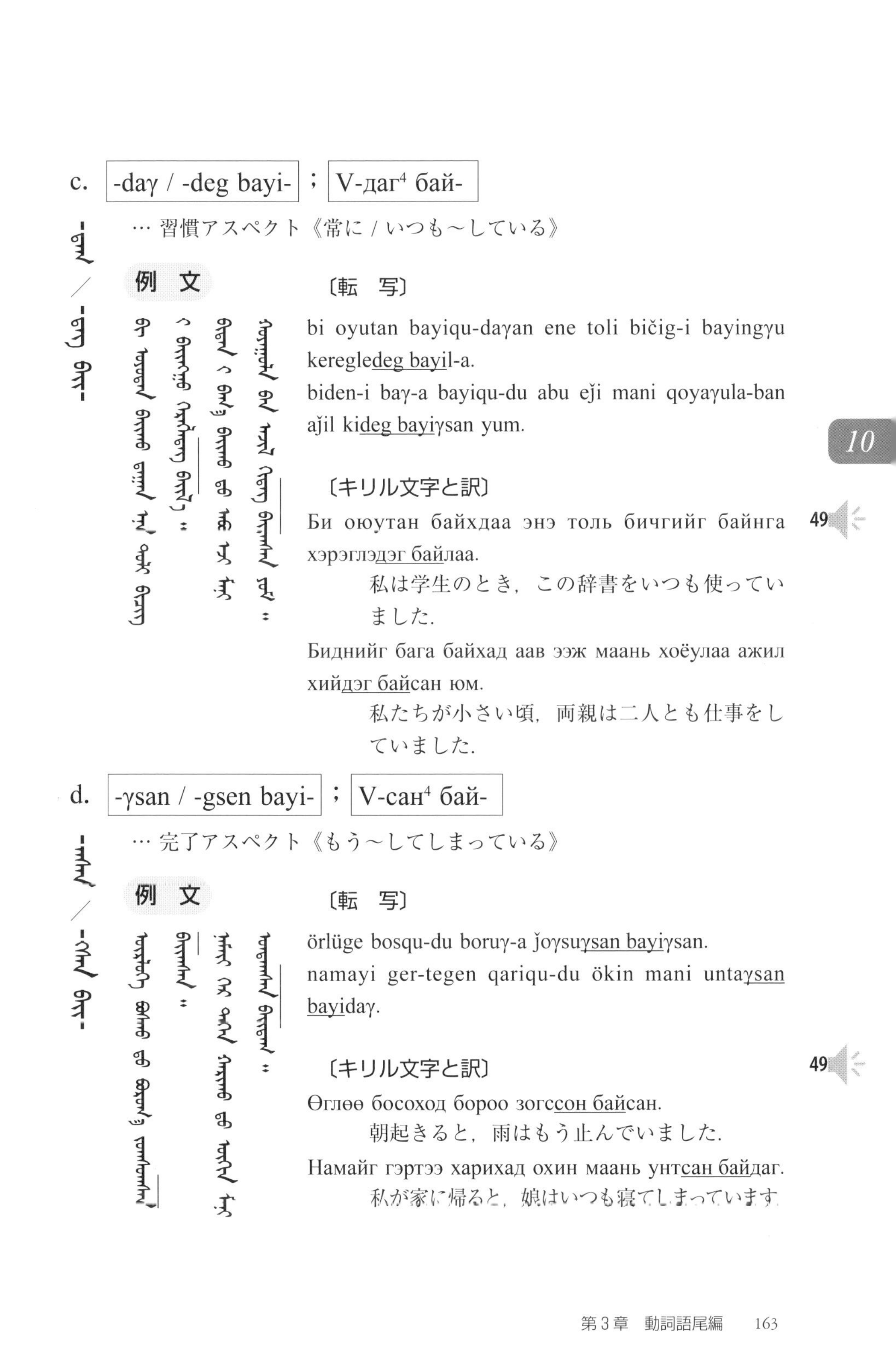

c. -daγ / -deg bayi- ; V-даг⁴ бай-

… 習慣アスペクト《常に / いつも〜している》

例 文

〔転　写〕

bi oyutan bayiqu-daγan ene toli bičig-i bayingγu keregledeg bayil-a.

biden-i baγ-a bayiqu-du abu eǰi mani qoyaγula-ban aǰil kideg bayiγsan yum.

10

〔キリル文字と訳〕

49

Би оюутан байхдаа энэ толь бичгийг байнга хэрэглэдэг байлаа.

私は学生のとき，この辞書をいつも使っていました．

Биднийг бага байхад аав ээж маань хоёулаа ажил хийдэг байсан юм.

私たちが小さい頃，両親は二人とも仕事をしていました．

d. -γsan / -gsen bayi- ; V-сан⁴ бай-

… 完了アスペクト《もう〜してしまっている》

例 文

〔転　写〕

örlüge bosqu-du boruγ-a ǰoγsuγsan bayiγsan.

namayi ger-tegen qariqu-du ökin mani untaγsan bayidaγ.

〔キリル文字と訳〕

49

Өглөө босоход бороо зогссон байсан.

朝起きると，雨はもう止んでいました．

Намайг гэртээ харихад охин маань унтсан байдаг.

私が家に帰ると，娘はいつも寝てしまっています．

10.2.2 動詞のアスペクト接尾辞（単純形式）

a. -čiqa- / -čike- ; V-чих-（～簡略形式 V-ч-）

… 完了アスペクト《～してしまう》

例 文

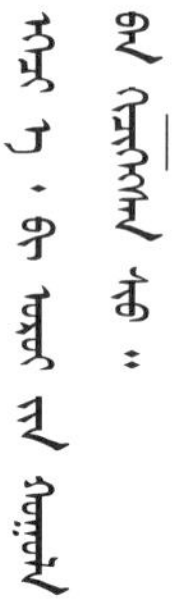

50

〔転　写〕

egeči e, bi orui-yin qoγula-ban kičikegsen siü.

〔キリル文字と訳〕

Эгч ээ, би оройн хоолоо хийчихсэн шүү.

お姉ちゃん，私は夕食を作ってしまったよ.

b. -ski- ; V-схий-

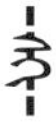

… 暫時アスペクト《少し / しばらく～する》

例 文

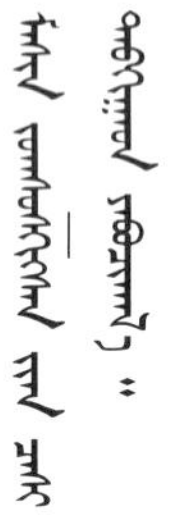

50

〔転　写〕

masin ǰoγsuskigsen-iyen časi dabkiγad yabučiqal-a.

〔キリル文字と訳〕

Машин зогсосхийснээ цааш давхиад явчихлаа.

車は少し止まりましたが，向こうへ走り去ってしまいました.

その他，若干の語彙に見られるものに次のものがある．

c. -la-（-le-）/ -lǰa-（-lǰe-）[-balǰa-（-belǰe-），-γalǰa-（-gelǰe-）]

; V-ла^4- / V-лза^4-（-валза^4-, -галза^4-）

-ᠯᠠ- / -ᠯᠵᠠ-（-ᠪᠠᠯᠵᠠ- · -ᠭᠠᠯᠵᠠ- / -ᠭᠡᠯᠵᠡ-）

… 反復アスペクト《何度も～する》

- ᠭᠢᠰᠬᠢᠯᠡ-（ᠭᠢᠰᠬᠢ-）
  ᠴᠣᠬᠢᠯᠠ-（ᠴᠣᠬᠢ-）
- ᠠᠩᠭᠠᠯᠵᠠ-（ᠠᠩᠭᠠᠶᠢ-）
  ᠭᠢᠯᠠᠯᠵᠠ-（ᠭᠢᠯᠠᠶᠢ-）
- ᠠᠨᠢᠪᠠᠯᠵᠠ-（ᠠᠨᠢ-）
- ᠰᠠᠨᠠᠭᠠᠯᠵᠠ-（ᠰᠠᠨᠠ-）

- giski<u>le</u>-（< giski-）
  čoki<u>la</u>-（< čoki-）
- angγa<u>lǰa</u>-（< angγayi-）
  gila<u>lǰa</u>-（<gilayi-）
- ani<u>balǰa</u>-（< ani-）
- sana<u>γalǰa</u>-（< sana-）

- гишгэ<u>лэ</u>-《何度も踏む》 50
  （< гишгэ-《踏む》）
  цохи<u>ло</u>-《何度もたたく》
  （< цохи-《たたく》）
- анга<u>лза</u>-《（口を）パクパクする》
  （< ангай-《（口を）開ける》）
  гяла<u>лза</u>-《キラキラ光る》
  （< гялай-《光る》）
- ани<u>валза</u>-《（目を）パチパチする》
  （< ани-《（目を）閉じる》）
- сана<u>галза</u>-《よくよく考える》
  （< сана-《考える》）

10

練習問題（10.2） 51

次の文をモンゴル文字で書きなさい．

(1) Тамирчид талбай тойрон гүйж байна.

(2) Тэр залуу байн байн тамхи татаад л байсан.

(3) Биднийг бага байхад аав ээж маань хоёулаа ажил хийдэг байсан юм.

(4) Өглөө босоход бороо зогссон байсан.

第４章　モンゴル文語の重要文法事項

11　3大重要事項

11.1　音節末子音（дэвсгэр үсэг）
― 音節末硬子音（хатуу дэвсгэр）と 音節末軟子音（зөөлөн дэвсгэр）

モンゴル文語のCVC・CV（Cは子音，Vは母音）の構造で，子音で終わる音節（CVC）を閉音節（битүү үе），母音で終わる音節（CV）を開音節（задгай үе）と言う．このうち，閉音節（CVC）を形成する最終子音（C）のことを音節末子音（дэвсгэр үсэг）と言う．

モンゴル文語の音節末子音は，合計10個あるが，文法上次の2種類に分けられる．

1．硬子音（хатуу дэвсгэр）（6個）

b	γ	g	r	s	d
ᠪ	ᠭ	ᠭ	ᠷ	ᠰ	ᠳ

2．軟子音（зөөлөн дэвсгэр）（4個）

n	m	l	ng
ᠨ	ᠮ	ᠯ	ᠩ

ちなみに，上記10個以外の子音は，閉音節を形成できない子音であり，これには次のものがある．

p	f	w	t	š	č	ǰ	y	q	k
ᠫ	ᠹ	ᠸ	ᠲ	ᠱ	ᠴ	ᠵ	ᠶ	ᠬ	ᠺ

なお，この2種類の分類は，とりわけ名詞の与位格語尾 -du（-dü）/ -tu（-tü），与位格の再帰所有語尾 -daγan（-degen）/ -taγan（-tegen）の使い分け，及び動詞の結合・連用語尾 -ǰu（-ǰü）/ -ču（-čü），動詞の遠過去・終止語尾 -ǰai（-ǰei）/ -čai（-čei）の使い分け等に極めて有効なので，特に注意されたい．

すなわち，モンゴル文語には次の規則が存在する．

A．硬子音（b, γ, g, r, s, d）で終わる語幹に対して

与位格語尾 《～に，～で》		与位格・再帰所有語尾 《自分の～に（～で）》		結合・連用語尾 《～して》		遠過去・終止語尾 《(既に) ～したのだった》	
ᠲᠤ	-tu / -tü	ᠲᠠᠭᠠᠨ ᠲᠡᠭᠡᠨ	-taγan / -tegen	ᠴᠤ	-ču / -čü	ᠴᠠᠢ	-čai / -čei

B．軟子音（n, m, l, ng）及び母音（a, e, i, o, u, ö, ü）で終わる語幹に対して

与位格語尾 《～に，～で》		与位格・再帰所有語尾 《自分の～に（～で）》		結合・連用語尾 《～して》		遠過去・終止語尾 《(既に) ～したのだった》	
ᠳᠤ	-du / -dü	ᠳᠠᠭᠠᠨ ᠳᠡᠭᠡᠨ	-daγan / -degen	ᠵᠤ	-ǰu / -ǰü	ᠵᠠᠢ	-ǰai / -ǰei

ここでは，音節末子音 r を例に取り，説明を加えることにする．

A. 名詞 γar（гар）《手》, ger（гэр）《家》；
動詞 γar-（гар-）《出る》, kür-（хүр-）《着く》

名詞語幹	与位格語尾	与位格・再帰所有語尾	動詞語幹	結合・連用語尾	遠過去・終止語尾
ᠭᠠᠷ ᠭᠡᠷ	ᠭᠠᠷ ᠲᠤ ᠭᠡᠷ ᠲᠦ	ᠭᠠᠷ ᠲᠠᠭᠠᠨ ᠭᠡᠷ ᠲᠡᠭᠡᠨ	ᠭᠠᠷ ᠬᠦᠷ	ᠭᠠᠷᠴᠤ ᠬᠦᠷᠴᠦ	ᠭᠠᠷᠴᠠᠢ ᠬᠦᠷᠴᠡᠢ
γar 手 ger 家	γar-tu 手に ger-tü 家に	γar-taγan 自分の手に ger-tegen 自分の家に	γar- 出る kür- 着く	γarču 出て kürčü 着いて	γarčai 出たのだ kürčei 着いたのだ
гар гэр	гарт гэрт	гартаа гэртээ	гар- хүр-	гарч хүрч	гарчээ хүрчээ

B. 名詞 sar-a（сар）《月》, beri（бэр）《嫁》；
動詞 qara-（хар-）《見る》, ire-（ир-）《来る》

名詞語幹	与位格語尾	与位格・再帰所有語尾	動詞語幹	結合・連用語尾	遠過去・終止語尾
ᠰᠠᠷ᠎ᠠ ᠪᠡᠷᠢ	ᠰᠠᠷ᠎ᠠ ᠳᠤ ᠪᠡᠷᠢ ᠳᠦ	ᠰᠠᠷ᠎ᠠ ᠳᠠᠭᠠᠨ ᠪᠡᠷᠢ ᠳᠡᠭᠡᠨ	ᠬᠠᠷ᠎ᠠ ᠢᠷᠡ	ᠬᠠᠷᠠᠵᠤ ᠢᠷᠡᠵᠦ	ᠬᠠᠷᠠᠵᠠᠢ ᠢᠷᠡᠵᠡᠢ
sar-a 月 beri 嫁	sar-a-du 月に beri-dü 嫁に	sar-a-daγan 自分の月に beri-degen 自分の嫁に	qara- 見る ire- 来る	qaraǰu 見て ireǰü 来て	qaraǰai 見たのだ ireǰei 来たのだ
сар бэр	сард бэрд	сардаа бэрдээ	хар- ир-	харж ирж	харжээ иржээ

モンゴル文語の規則では，上記 A 類は，名詞，動詞ともに語幹が -r で終わっているため，それぞれ t 系列，č 系列の語尾を取っているのに対し，B 類は，名詞，動詞ともに語幹が母音で終わっているため，それぞれ d 系列，ǰ 系列の語尾を取っており，極めて規則的である．

一方，キリル文字の正書法では，A 類，B 類ともに名詞，動詞語幹が全て -р で終わっているとみなされるため，結果的に両者の語形変化の違いを現行のキリル文字の正書法だけからでは，統一的に説明することができなくなり，この場合にもモンゴル文語の規則が一定の効果を発揮することになる．

しかしながら，言語の長い歴史の過程で，モンゴル文語（13 世紀の伝統的な綴り字）とキリル文字の正書法（現代モンゴル語・ハルハ方言の口語を基盤とした綴り字）との間で，主に名詞や動詞の語幹末短母音の脱落や添加に伴い，ゆれが見られたり，あるいは完全に変化が生じてしまったものも少なくなく，両者の対応はかなり複雑である．

a. モンゴル文語とキリル文字の正書法との間でゆれが見られるもの

ᠰᠣᠨᠣᠰ sonus-
（сонс-）
聞く
↓
ᠰᠣᠨᠣᠰᠴᠤ sonusču
（сонсч ～ сонсож）
聞いて

ᠬᠦᠰᠡ küse-
（хүс-）
望む
↓
ᠬᠦᠰᠡᠵᠦ küseǰü
（хүсэж ～ хүсч）
望んで

b. モンゴル文語とキリル文字の正書法との間で完全に変化が生じたもの

ᠠᠮᠠᠷᠠ amara-
（амар-）
休む
↓
ᠠᠮᠠᠷᠠᠵᠤ amaraǰu
（амарч）
休んで

ᠴᠠᠳ čad-
（цад-）
満腹する
↓
ᠴᠠᠳᠴᠤ čadču
（цадаж）
満腹して

ᠬᠡᠯᠪᠡᠷᠢ kelberi
（хэлбэр）
↓ 形

ᠬᠡᠯᠪᠡᠷᠢ kelberi-<u>dü</u>
（хэлбэр<u>т</u>）
ᠳᠦ 形に

ᠤᠯᠤᠰ ulus
（улс）
↓ 国

ᠤᠯᠤᠰ ulus-<u>tu</u>
（улса<u>д</u>）
ᠲᠤ 国に

練習問題（11.1）

52

次の単語をモンゴル文字で書きなさい.

(1) гартаа　(2) хүрчээ　(3) бэрдээ　(4) харжээ　(5) хүсч　(6) цадаж

11

11.2 介入母音の法則（эгшиг жийрэглэх ёс）

モンゴル文語で動詞語幹が母音で終わる場合，いかなる動詞語尾や接尾辞もその直後にそのまま接続するのに対し，動詞語幹がある特定の子音で終わり，さらにその直後にある特定の子音で始まる動詞語尾や接尾辞を接続する場合，母音 -u- / -ü-（ᠤ）が介入することがある．このことを「介入母音の法則」（эгшиг жийрэглэх ёс）と言って，モンゴル文語文法では，特に重要である．

すなわち，モンゴル文語には次の法則が存在する．

動詞語幹が n（ᠨ），b（ᠪ），d（ᠳ），r（ᠷ），s（ᠰ），l（ᠯ）の6子音のいずれかで終わり，その直後に m（ᠮ），n（ᠨ），γ（ᠭ），g（ᠭ），l（ᠯ），y（ᠶ），s(i)（ᠰᠢ），r（ᠷ）の8子音のいずれかで始まる動詞語尾や接尾辞を接続する時，一般に母音 -u- / -ü-（ᠤ）が介入するという法則である．

この場合，動詞語幹末の6子音のことを「可変子音」（хувилах үсэг），その直後に接続する動詞語幹や接尾辞の最初の8子音のことを「変換子音」（хувилгах үсэг）と言う．

＜定式化＞ 介入母音の法則

動詞語幹末 6子音 (＝可変子音)		介入母音		語尾・接尾辞 8子音 (＝変換子音)
-n				m-
-b				n-
-d	＋	-u- / -ü-	＋	γ-
-r				g-
-s				l-
-l				y-
				s(i)-
				r-

動詞語幹末の可変子音の6子音のうち，特に数の少ない -n, -b は，以下の数種類の動詞に限られる．

a) -n の例

qan-（хан-）《満足する》 

tun-（тун-）《澄む》 

sun-（сун-）《伸びる》 

b) -b の例

ab-（ав-）《取る》 

ǰib-（жив-）《沈む》 

köb-（хөв-）《浮く》 

ただし，厳密に言えば，動詞語幹末が子音で終わるのは，上記の6子音の他，-g で終わる次の例のみである．

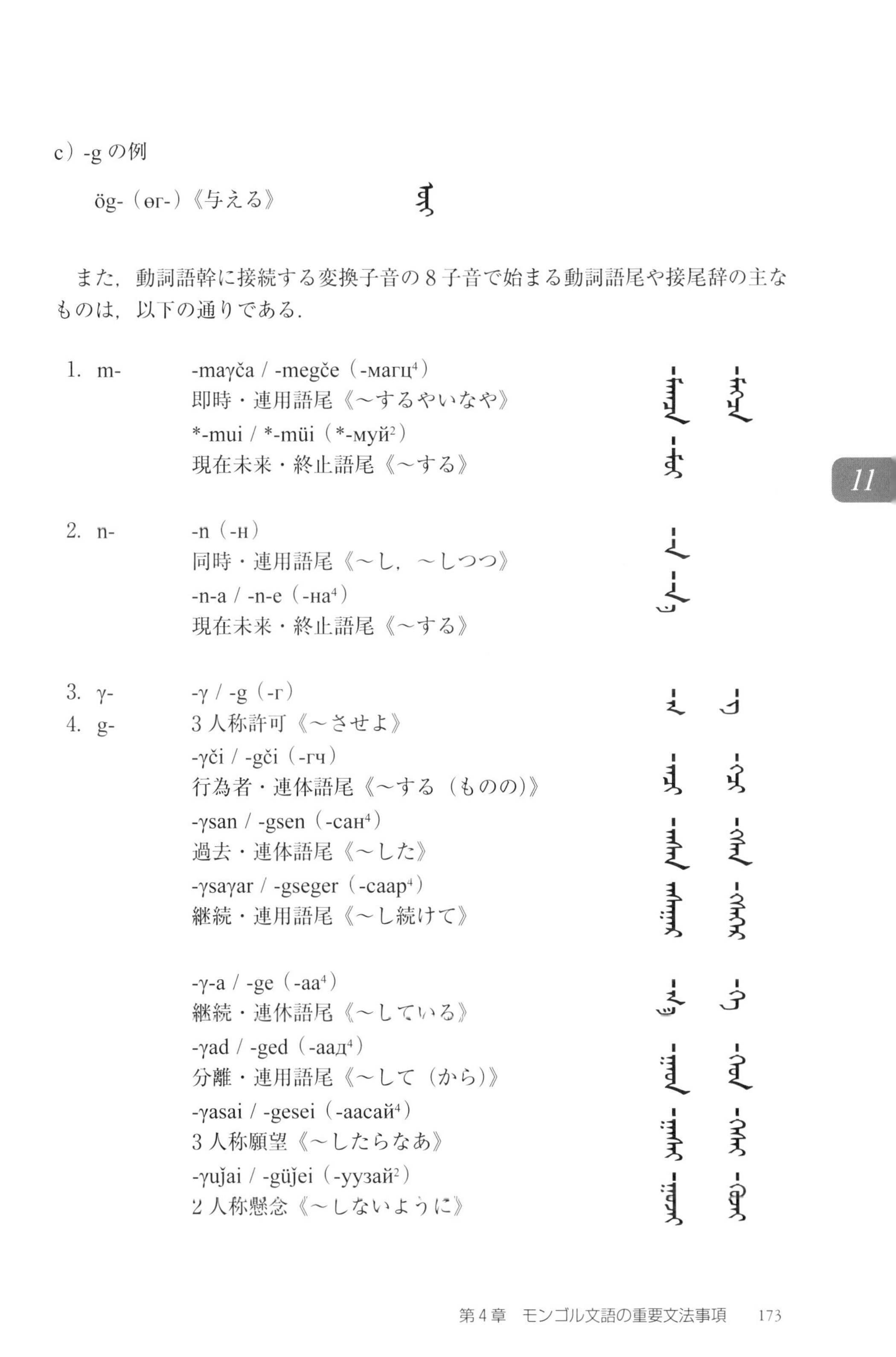

c）-g の例

ög-（өг-）《与える》

また，動詞語幹に接続する変換子音の 8 子音で始まる動詞語尾や接尾辞の主なものは，以下の通りである．

1. m-　-maγča / -megče（-магц^4）
即時・連用語尾《～するやいなや》
*-mui / *-müi（*-муй^2）
現在未来・終止語尾《～する》

2. n-　-n（-н）
同時・連用語尾《～し，～しつつ》
-n-a / -n-e（-на^4）
現在未来・終止語尾《～する》

3. γ-　-γ / -g（-г）
4. g-　3 人称許可《～させよ》
-γči / -gči（-гч）
行為者・連体語尾《～する（ものの)》
-γsan / -gsen（-сан^4）
過去・連体語尾《～した》
-γsaγar / -gseger（-саар^4）
継続・連用語尾《～し続けて》

-γ-a / -ge（-аа^4）
継続・連休語尾《～している》
-γad / -ged（-аад^4）
分離・連用語尾《～して（から)》
-γasai / -gesei（-аасай^4）
3 人称願望《～したらなあ》
-γuǰai / -güǰei（-уузай^2）
2 人称懸念《～しないように》

5. l-　　-l-a / -l-e（-лаа[4]）　ᠯᠠ
*-luγ-a / *-lüge（—）　ᠯᠤᠭ᠎ᠠ　ᠯᠦᠭᠡ
完了《（今しがた）～した，（今すぐ）～する》

-l ügei（-лгүй）　ᠯ ᠦᠭᠡᠢ
《～しないで…》

6. y-　　-y-a / -y-e（-я / -е / -ё）　ᠶ᠎ᠠ
1人称意志《～します，～しよう》

7. s(i)-　　-si ügei（-шгүй）　ᠰᠢ ᠦᠭᠡᠢ
行為の不可能《決して～することのない》

8. r-　　*-r-a / *-r-e（—）　ᠷ᠎ᠠ
目的・連用語尾《～するために》

注）* をつけた動詞語尾は，古形であり，現代語ではすでに用いられない．

ここでは，動詞語幹末が -r で終わる γar-（гар-）《出る》，kür-（хүр-）《着く》の２つを例に取り，これらに変換子音の８子音で始まる動詞語尾や接尾辞を接続して母音 -u- / -ü- が介入する状況の一端を示したい．

-r	m-	n-	-γ / -g	l-	y-
ᠭᠠᠷ	ᠭᠠᠷᠤᠮᠠᠭᠴᠠ	ᠭᠠᠷᠤᠨ᠎ᠠ	ᠭᠠᠷᠤᠭᠰᠠᠨ	ᠭᠠᠷᠤᠯ᠎ᠠ	ᠭᠠᠷᠤᠶ᠎ᠠ
γar- гар- 出る	γarumaγča гармагц 出るやいなや	γarun-a гарна 出ます	γaruγsan гарсан 出た	γarul-a гарлаа （今しがた） 出た	γaruy-a гаръя 出よう

s(i)-	r-
ᠭᠠᠷᠤᠰᠢ ᠦᠭᠡᠢ	ᠭᠠᠷᠤᠷ᠎ᠠ

	γaru̲si ügei гаршгүй 決して出ない	γaru̲r-a — 出るために			
-r	m-	n-	-γ / -g	l-	y-
ᠬᠦᠷ	ᠬᠦᠷᠦᠮᠡᠭᠴᠡ	ᠬᠦᠷᠦᠨ᠎ᠡ	ᠬᠦᠷᠦᠭᠰᠡᠨ	ᠬᠦᠷᠦᠯ᠎ᠡ	ᠬᠦᠷᠦᠶ᠎ᠡ
kür- хүр- 着く	kürü̲megče хүрмэгц 着くやいなや	kürü̲n-e хүрнэ 着きます	kürü̲gsen хүрсэн 着いた	kürü̲l-e хүрлээ （今しがた） 着いた	kürü̲y-e хүрье 着こう
	s（i）-	r-			
	ᠬᠦᠷᠦᠰᠢ ᠦᠭᠡᠢ	ᠬᠦᠷᠦᠷ᠎ᠡ			
	kürü̲si ügei хүршгүй 決して 着かない	kürü̲r-e — 着くために			

上述した事柄とは逆に，変換子音の８子音以外の子音（＝非変換子音）で始まる動詞語尾や接尾辞を接続する時は，一般に母音が介入しないことにも同様に注意されたい．ここでは，その主なものを以下に掲げる．

1. b-　-ba / -be（-в）　ᠪᠡ
   単純過去・終止語尾《～した》
   -bal / -bel（-вал⁴）　ᠪᠠᠯ　ᠪᠠᠰᠤ
   -basu / -besü（-баас⁴）
   条件・連用語尾《～すれば》
   -baču / -bečü（-вч）　ᠪᠡᠴᠦ
   譲歩・連用語尾《～しても》

2. ǰ-　　-ǰu（-ǰü）/ -ču（-čü）（-ж / -ч）
3. č-　　結合・連用語尾《～して》
-ǰai（-ǰei）/ -čai（-čei）（-жээ / -чээ）
～ -ǰi / -či（-ж / -ч）
遠過去・終止語尾《(既に）～したのだった》

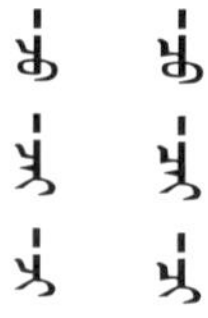

4. d-　　-daγ / -deg（-даг⁴）
習慣・連体語尾《常に～する》

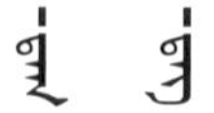

5. s-　　-suγai / -sügei（-сугай²）
1 人称決心《～しよう；(～に）～させよう》

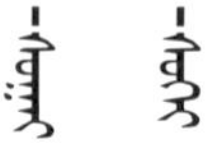

6. t-　　-tal-a / -tel-e（-тал⁴）
限界・連用語尾《～するまで》

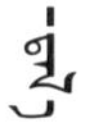

-tuγai / -tügei（-тугай²）
3 人称祈願《～するように，～ならんことを》

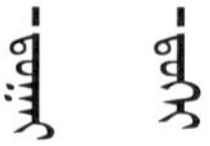

7. q-　　-qu / -kü（-x）
8. k-　　未来・連体語尾《～する（ところの)》

上と同様に，γar-（гар-）《出る》，kür-（хүр-）《着く》の２つを例に取り，母音が介入しないで直接，動詞語尾が接続される状況を，以下に簡単に示したい．

-r	b-	ǰ- / č-	d-	s-	t-	q- / k-
	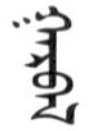	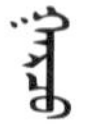	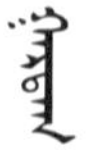	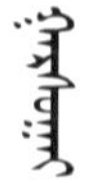	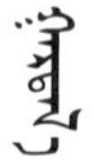	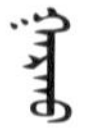
γar- гар- 出る	γarbal гарвал 出れば	γarču гарч 出て	γardaγ гардаг 常に出る	γarsuγai гарсугай 出よう	γartal-a гартал 出るまで	γarqu гарах 出る (ところの)

ᠬᠦᠷ	ᠬᠦᠷᠪᠡᠯ	ᠬᠦᠷᠴᠦ	ᠬᠦᠷᠳᠡᠭ	ᠬᠦᠷᠰᠦᠭᠡᠢ	ᠬᠦᠷᠲᠡᠯ᠎ᠡ	ᠬᠦᠷᠬᠦ
kür- хүр- 着く	kürbel хүрвэл 着けば	kürčü хүрч 着いて	kürdeg хүрдэг 常に着く	kürsügei хүрсүгэй 着こう	kürtel-e хүртэл 着くまで	kürkü хүрэх 着く (ところの)

ただし，特殊なケースとして，動詞語幹末が -b で終わる ab-（ав-）《取る》，ǰib-（жив-）《沈む》，köb-（хөв-）《浮かぶ》の 3 語に対しては，非変換子音 b- で始まる動詞語尾を接続する時に，例外的に母音 -u- / -ü- が介入されることに注意されたい．これは，語幹末子音 -b と非変換子音 b- が同音であり，その直接の連結を避けるために，母音を介入させたものと考えられる．

ここでは，使用頻度の高い動詞 ab-（ав-）《取る》のみを取り上げることとし，残りの ǰib-（жив-）《沈む》，köb-（хөв-）《浮かぶ》の 2 語に関しては，11.3：子音重複の法則の項目を参照されたい．

a. 例外的に母音が介入する特殊例

-b	b-		
ᠠᠪ	ᠠᠪᠤᠪᠠ	ᠠᠪᠤᠪᠠᠯ	ᠠᠪᠤᠪᠠᠴᠤ
ab- ав- 取る	abu̲ba авав 取った	abu̲bal авбал 取れば	abu̲baču ававч 取っても

b. 規則的に母音が介入する例

-b	m-	n-	γ- / g-	l-
ᠠᠪ	ᠠᠪᠤᠮᠠᠭᠴᠠ	ᠠᠪᠤᠨ᠎ᠠ	ᠠᠪᠤᠭᠰᠠᠨ	ᠠᠪᠤᠯ᠎ᠠ
ab- ав- 取る	abumaγča авмагц 取るやいなや	abun-a авна 取ります	abuγsan авсан 取った	abul-a авлаа （今しがた）取った

y-	s(i)-	r-
ᠠᠪᠤᠶ᠎ᠠ	ᠠᠪᠤᠰᠢ ᠦᠭᠡᠢ	ᠠᠪᠤᠷ᠎ᠠ
abuy-a авъя 取ろう	abusi ügei авшгүй 決して取らない	abur-a — 取るために

c. 母音が介入しない例

-b	ǰ- / č-	d-	s-	t-	q- / k-
ᠠᠪ	ᠠᠪᠴᠤ	ᠠᠪᠳᠠᠭ	ᠠᠪᠰᠤᠭᠠᠢ	ᠠᠪᠲᠠᠯ᠎ᠠ	ᠠᠪᠬᠤ
ab- ав- 取る	abču авч 取って	abdaγ авдаг 常に取る	absuγai авсугай 取ろう	abtal-a автал 取るまで	abqu авах 取る（ところの）

53 **練習問題（11.2）**

次の単語をモンゴル文字で書きなさい.

(1) гарлаа　(2) хүрмэгц　(3) гартал　(4) хүрвэл　(5) авбал　(6) авдаг

11.3 子音重複の法則（халхлах ёс）

ög-（өг-）《与える》，ǰib-（жив-）《沈む》，köb-（хөв-）《浮かぶ》という3つの動詞語幹に，変換子音の8子音で始まる動詞語尾や接尾辞を接続する時，母音 -ü-（ᠦ）が介入するだけでなく，語幹末子音 -g, -b を重複させて -gü-（ᠭᠦ），-bü-（ᠪᠦ）と綴る決まりがある．これをモンゴル文語文法では，「子音重複の法則」（халхлах ёс）と言い，特に注意を要する．

1. ög-（өг-）《与える》の場合

a. 変換子音の8子音の接続例

→「子音重複の法則」（g）+「介入母音の法則」（ü）の2つが適用される．

-g	m-	n-	γ- / g-	l-
ᠥᠭ	ᠥᠭᠭᠦᠮᠡᠭᠴᠡ	ᠥᠭᠭᠦᠨ᠎ᠡ	ᠥᠭᠭᠦᠭᠰᠡᠨ	ᠥᠭᠭᠦᠯ᠎ᠡ
ög- өг- 与える	öggümegče өгмөгц 与えるやいなや	öggün-e өгнө 与えます	öggügsen өгсөн 与えた	öggül-e өглөө （今しがた） 与えた

y-	s(i)-	r-
ᠥᠭᠭᠦᠶ᠎ᠡ	ᠥᠭᠭᠦᠰᠢ ᠦᠭᠡᠢ	ᠥᠭᠭᠦᠷ᠎ᠡ
öggüy-e өгье 与えよう	öggüsi ügei өгшгүй 決して与えない	öggür-e — 与えるために

b. 非変換子音の接続例

→「介入母音の法則」も「子音重複の法則」もいずれも適用されない.

-g	b-	ǰ- / č-	d-	s-	t-	q- / k-
ᠥᠭ	ᠥᠭᠪᠡᠯ	ᠥᠭᠴᠦ	ᠥᠭᠳᠡᠭ	ᠥᠭᠰᠦᠭᠡᠢ	ᠥᠭᠲᠡᠯᠡ	ᠥᠭᠬᠦ
ög- өг- 与える	ögbel өгвөл 与えれば	ögčü өгч 与えて	ögdeg өгдөг 常に与える	ögsügei өгсүгэй 与えよう	ögtel-e өгтөл 与えるまで	ögkü өгөх 与える (ところの)

<考　察>

ög-（өг-）《与える》という動詞語幹に，変換子音の８子音で始まる動詞語尾や接尾辞を接続する時，語幹末子音 -g を重複させて綴る最大の原因は，ükü-（үхэ-）《死ぬ》という動詞との混同を避ける働きが作用したものと考えられる．

ᠥᠭ ög-（өг-） 与える → *ᠥᠭᠦᠨᠡ *ögün-e → ᠥᠭᠭᠦᠨᠡ öggün-e（өгнө） 与えます

ᠦᠬᠦ ükü-（үхэ-） 死ぬ → ᠦᠬᠦᠨᠡ ükün-e（үхнэ） 死にます

2. ǰib-（жив-）《沈む》，köb-（хөв-）《浮かぶ》の場合

a. 変換子音の８子音の接続例

→「子音重複の法則」（b）+「介入母音の法則」（ü）の２つが適用される．

-b	m-	n-	γ- / g-	l-
ᠵᠢᠪ	ᠵᠢᠪᠪᠦᠮᠡᠭᠴᠡ	ᠵᠢᠪᠪᠦᠨ᠎ᠡ	ᠵᠢᠪᠪᠦᠭᠰᠡᠨ	ᠵᠢᠪᠪᠦᠯ᠎ᠡ
ǰib- жив- 沈む	ǰibbümegče живмэгц 沈むやいなや	ǰibbün-e живнэ 沈みます	ǰibbügsen живсэн 沈んだ	ǰibbül-e живлээ （今しがた） 沈んだ

y-	s(i)-	r-
ᠵᠢᠪᠪᠦᠶ᠎ᠡ	ᠵᠢᠪᠪᠦᠰᠢ ᠦᠭᠡᠢ	ᠵᠢᠪᠪᠦᠷ᠎ᠡ
ǰibbüy-e живье 沈もう	ǰibbüsi ügei жившгүй 決して沈まない	ǰibbür-e — 沈むために

-b	m-	n-	γ- / g-	l-
ᠬᠥᠪ	ᠬᠥᠪᠪᠦᠮᠡᠭᠴᠡ	ᠬᠥᠪᠪᠦᠨ᠎ᠡ	ᠬᠥᠪᠪᠦᠭᠰᠡᠨ	ᠬᠥᠪᠪᠦᠯ᠎ᠡ
köb- хөв- 浮かぶ	köbbümegče хөвмөгц 浮かぶやいなや	köbbün-e хөвнө 浮かびます	köbbügsen хөвсөн 浮かんだ	köbbül-e хөвлөө （今しがた） 浮かんだ

y-	s(i)-	r-
ᠬᠥᠪᠪᠦᠶ᠎ᠡ	ᠬᠥᠪᠪᠦᠰᠢ ᠦᠭᠡᠢ	ᠬᠥᠪᠪᠦᠷ᠎ᠡ
köbbüy-e хөвье 浮かぼう	köbbüsi ügei хөвшгүй 決して浮かばない	köbbür-e — 浮かぶために

11.2：介入母音の法則の項目でも少し言及したが，ab-（ав-）《取る》，ǰib-（жив-）《沈む》，köb-（хөв-）《浮かぶ》の3語に対しては，非変換子音 b- で始まる動詞語尾を接続する時に，例外的に母音 -u- / -ü- が介入されることを再度思い起こそう．ここでは，先に述べた ab-（ав-）《取る》を除く残りの2語に対して言及することにする．

b. 非変換子音 b- の接続例

→ 例外的に「子音重複の法則」（b）+「介入母音の法則」（ü）の2つが適用される．

-b	b-		
ᠵᠢᠪ	ᠵᠢᠪᠪᠦᠪᠡ	ᠵᠢᠪᠪᠦᠪᠡᠯ	ᠵᠢᠪᠪᠦᠪᠡᠴᠦ
ǰib- жив- 沈む	ǰibbübe живэв 沈んだ	ǰibbübel живбэл 沈んだら	ǰibbübečü живэвч 沈んでも

-b	b-		
ᠬᠥᠪ	ᠬᠥᠪᠪᠦᠪᠡ	ᠬᠥᠪᠪᠦᠪᠡᠯ	ᠬᠥᠪᠪᠦᠪᠡᠴᠦ
köb- хөв- 浮かぶ	köbbübe хөвөв 浮かんだ	köbbübel хөвбөл 浮かんだら	köbbübečü хөвөвч 浮かんでも

c. 子音 b- 以外の非変換子音の接続例

→「介入母音の法則」も「子音重複の法則」もいずれも適用されない.

-b	ǰ- / č-	d-	s-	t-	q- / k-
ᠵᠢᠪ	ᠵᠢᠪᠴᠦ	ᠵᠢᠪᠳᠡᠭ	ᠵᠢᠪᠰᠦᠭᠡᠢ	ᠵᠢᠪᠲᠡᠯ᠎ᠡ	ᠵᠢᠪᠬᠦ
ǰib- жив- 沈む	ǰibčü живж 沈んで	ǰibdeg живдэг 常に沈む	ǰibsügei живсүгэй 沈もう	ǰibtel-e живтэл 沈むまで	ǰibkü живэх 沈む (ところの)

-b	ǰ- / č-	d-	s-	t-	q- / k-
ᠬᠥᠪ	ᠬᠥᠪᠴᠦ	ᠬᠥᠪᠳᠡᠭ	ᠬᠥᠪᠰᠦᠭᠡᠢ	ᠬᠥᠪᠲᠡᠯ᠎ᠡ	ᠬᠥᠪᠬᠦ
köb- хөв- 浮かぶ	köbčü хөвж 浮かんで	köbdeg хөвдөг 常に浮かぶ	köbsügei хөвсүгэй 浮かぼう	köbtel-e хөвтөл 浮かぶまで	köbkü хөвөх 浮かぶ (ところの)

11

練習問題（11.3） 54

次の単語をモンゴル文字で書きなさい.

(1) өгсөн　(2) өгвөл　(3) живлээ　(4) хөвнө　(5) живэвч　(6) хөвөв

第5章　名詞類

12　名詞類（1）

名詞の複数

モンゴル語における名詞の複数形は，主に以下の接尾辞の付加によって作ることができる．なお，語によっては複数形が1つとは限らない．

	複数接尾辞（モンゴル文字）			
	綴字形	転　写	接尾環境	接尾方法
①	ᠨᠠᠷ	❶（男性語＋）-nar ❷（女性語＋）-ner	人と関連する語	語に分かち書きする
②	ᠨᠤᠭᠤᠳ ᠨᠦᠭᠦᠳ	❶（男性語＋）-nuγud ❷（女性語＋）-nügüd	1）母音終わりの語 2）n 終わりの語	
③	-ᠤᠳ	❶（男性語＋）-ud ❷（女性語＋）-üd	n 以外の子音で終わる語	
④	-ᠴᠤᠳ	❶（男性語＋）-čud ❷（女性語＋）-čüd	1）人の集団を表す語 2）人の属性を表す形容詞	1. 語に続け書きする 2. 語末音を脱落の上接続する
⑤	-ᠰ	-s	1）母音終わりの語の一部 2）n 終わりの語の一部	
⑥	-ᠳ	-d	1）母音終わりの語の一部 2）-či（-γči /-gči）終わりの語 3）su[n]/ sü[n] 終わりの語の一部 4）-tan / -ten 終わりの語 5）-čin 終わりの語 6）-γsan / -gsen 終わりの語 7）上記以外の -n 終わりの語の一部 8）-l 終わりの語の一部 9）-r 終わりの語の一部	

＊④のバリエーションとして，ᠴᠤᠤᠯ（-čuul / -čüül）という形も用いられる．

	複数接尾辞（キリル文字）			
	形　式	母音調和の核	接尾環境	接尾方法
Ⓐ	нар	全ての母音	人と関連する語	語に分かち書きする
Ⓑ	-нууд	ⓐ　a / у / о	a）長母音終わりの語 b）二重母音終わりの語 c）その他の語	i. 語に続け書きする ii. 語末音を脱落の上接続する
	-нүүд	ⓑ　э / и / ү / ө		
Ⓒ	-ууд	ⓐ　a / у / о	a）子音終わりの語 b）短母音（a, o, э, ө）終わりの語	
	-үүд	ⓑ　э / и / ү / ө		
	-гууд	ⓒ　a / у / о	「隠れた г」持ちの語	
	-гүүд	ⓓ　э / и / ү / ө		
	-иуд	ⓔ　a / у / о	и / ь 終わりの語	
Ⓓ	-чууд	ⓐ　a / у / о	a）人の集団を表わす語 b）人の属性を表す形容詞	
	-чүүд	ⓑ　э / и / ү / ө		
Ⓔ	-с	全ての母音	a）一部の語 b）н 終わりの語の一部	
Ⓕ	-д	全ての母音	a）母音終わりの語の一部 b）-[г]ч 終わりの語 c）-с[ан^4] 終わりの語の一部 d）-тан^4 終わりの語 e）-чин 終わりの語 f）-сан^4（完了形動詞つまり過去連体形）終わりの語 （→ -д の付加により -гсад^4 となる） g）上記以外の -н 終わりの語の一部 h）-л 終わりの語の一部 i）-р 終わりの語の一部	

なお，モンゴル語名詞の数に対する概念は，日本語に似て，漠然とした捉え方をする．英語のように常に単数か複数かの明示を義務範疇とするような理解ではない．その名詞が複数であることを明示したい場合に，必要に応じて，上表の接尾辞や，数詞などの修飾語によって表示される．

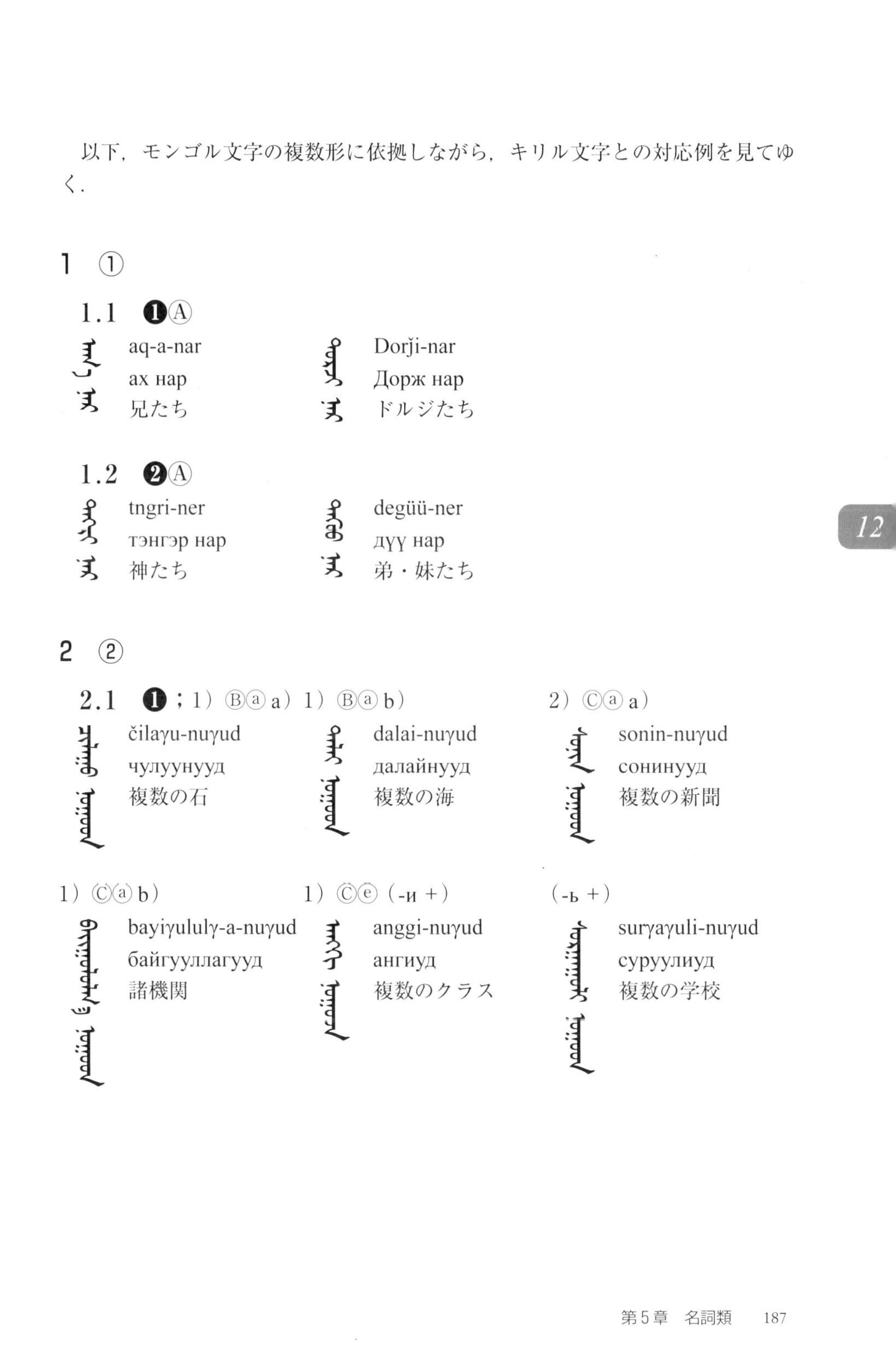

以下，モンゴル文字の複数形に依拠しながら，キリル文字との対応例を見てゆく．

1　①

1.1　❶Ⓐ

aq-a-nar
ах нар
兄たち

Dorǰi-nar
Дорж нар
ドルジたち

1.2　❷Ⓐ

tngri-ner
тэнгэр нар
神たち

degüü-ner
дүү нар
弟・妹たち

2　②

2.1　❶；1）Ⓑⓐ a）1）Ⓑⓐ b）　2）Ⓒⓐ a）

čilaγu-nuγud
чулуунууд
複数の石

dalai-nuγud
далайнууд
複数の海

sonin-nuγud
сонинууд
複数の新聞

1）Ⓒⓐ b）

bayiγululγ-a-nuγud
байгууллагууд
諸機関

1）Ⓒⓔ（-и +）

anggi-nuγud
ангиуд
複数のクラス

（-ь +）

surγaγuli-nuγud
сургуулиуд
複数の学校

12

2.2 ❷；1）Ⓑⓑ c）

ᠬᠡᠯᠡ ᠨᠦᠭᠦᠳ
kele-nügüd
хэлнүүд
諸言語

1）Ⓑⓑ b）

ᠥᠷᠦᠭᠡ ᠨᠦᠭᠦᠳ
örüge-nügüd
өрөөнүүд
複数の部屋

2）Ⓒⓑ a）

ᠡᠷᠳᠡᠮᠲᠡᠨ ᠨᠦᠭᠦᠳ
erdemten-nügüd
эрдэмтнүүд
学者たち

1）Ⓒⓑ a）

ᠦᠢᠯᠡᠳᠪᠦᠷᠢ ᠨᠦᠭᠦᠳ
üiledbüri-nügüd
үйлдвэрүүд
複数の工場

3 ③；❶Ⓒⓐ a）

ᠨᠣᠮ ᠤᠳ
nom-ud
номууд
複数の本

❷Ⓒⓑ a）

ᠬᠡᠦᠬᠡᠳ ᠦᠳ
keüked-üd
хүүхдүүд
子供たち

❶Ⓒⓒ

ᠪᠠᠶᠢᠰᠢᠩ ᠤᠳ
bayising-ud
байшингууд
複数の建物

4 ④；❶1）1.Ⓓⓐ a）i.

ᠮᠣᠩᠭᠤᠯᠴᠤᠳ
mongγulčud
монголчууд
モンゴル人たち

❷2）1.Ⓓⓑ b）i.

ᠡᠮᠡᠭᠲᠡᠶᠢᠴᠦᠳ
emegteyičüd
эмэгтэйчүүд
女性たち

❶2）2.Ⓓⓐ b）ii.

ᠪᠠᠶᠠᠴᠤᠳ
bayačud
（← bayan）
баячууд
（← баян）
金持ちたち

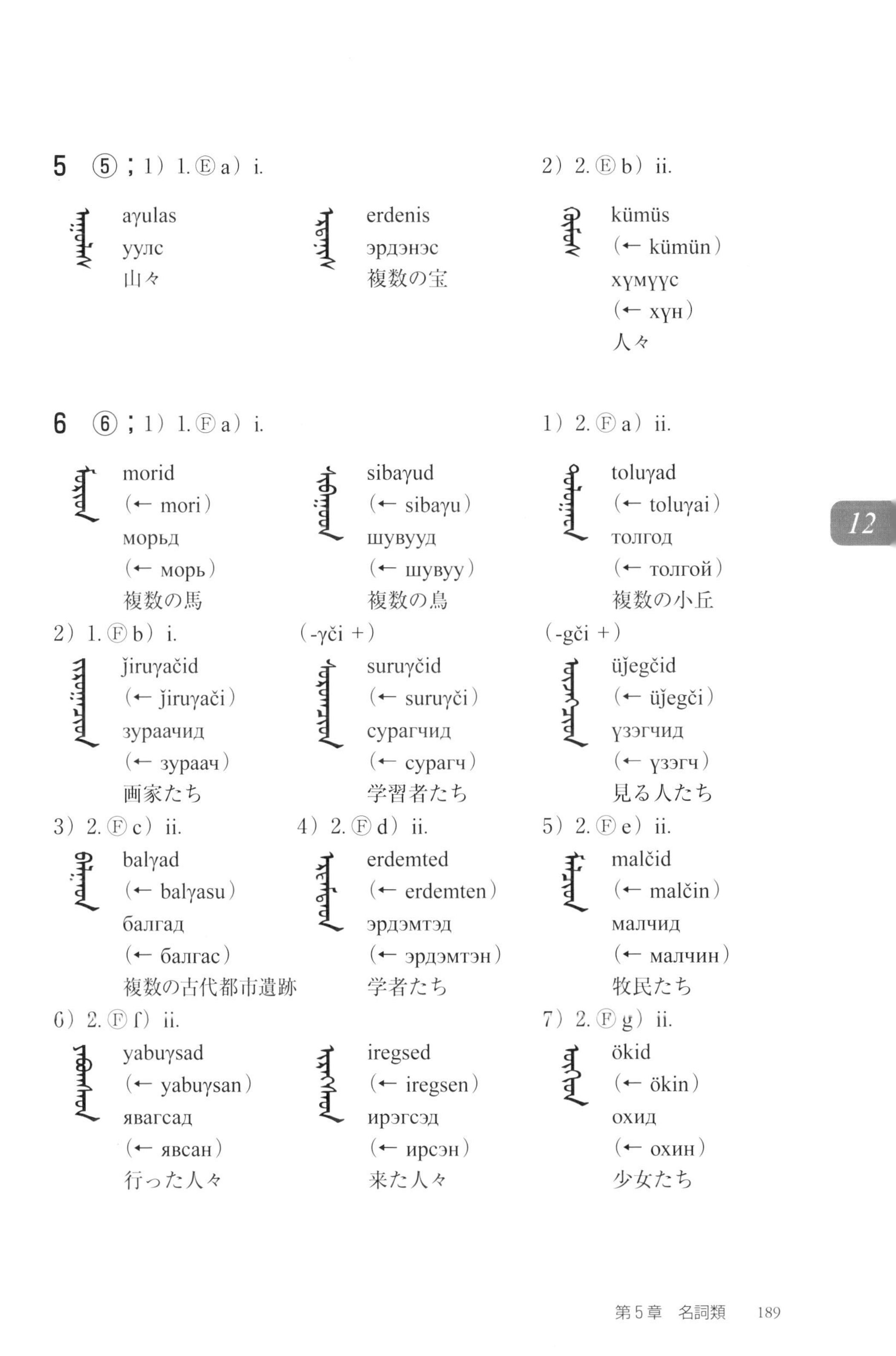

5 ⑤；1）1. Ⓔ a）i.

aγulas
уулс
山々

erdenis
эрдэнэс
複数の宝

2）2. Ⓔ b）ii.

kümüs
（← kümün）
хүмүүс
（← хүн）
人々

6 ⑥；1）1. Ⓕ a）i.

morid
（← mori）
морьд
（← морь）
複数の馬

sibaγud
（← sibaγu）
шувууд
（← шувуу）
複数の鳥

1）2. Ⓕ a）ii.

toluγad
（← toluγai）
толгод
（← толгой）
複数の小丘

2）1. Ⓕ b）i.

ǰiruγačid
（← ǰiruγači）
зураачид
（← зураач）
画家たち

（-γči +）

suruγčid
（← suruγči）
сурагчид
（← сурагч）
学習者たち

（-gči +）

üǰegčid
（← üǰegči）
үзэгчид
（← үзэгч）
見る人たち

3）2. Ⓕ c）ii.

balγad
（← balγasu）
балгад
（← балгас）
複数の古代都市遺跡

4）2. Ⓕ d）ii.

erdemted
（← erdemten）
эрдэмтэд
（← эрдэмтэн）
学者たち

5）2. Ⓕ e）ii.

malčid
（← malčin）
малчид
（← малчин）
牧民たち

6）2. Ⓕ f）ii.

yabuγsad
（← yabuγsan）
явагсад
（← явсан）
行った人々

iregsed
（← iregsen）
ирэгсэд
（← ирсэн）
来た人々

7）2. Ⓕ g）ii.

ökid
（← ökin）
охид
（← охин）
少女たち

ᠨᠣᠶᠠᠳ
noyad
(← noyan)
ноёд
(← ноён)
領主たち

ᠭᠡᠰᠢᠭᠦᠳ
gesigüd
(← gesigün)
гишүүд
(← гишүүн)
構成員たち

8) 2. Ⓕ h) ii.

ᠲᠦᠰᠢᠮᠡᠳ
tüsimed
(← tüsimel)
түшмэд
(← түшмэл)
官吏たち

9) 2. Ⓕ i) ii.

ᠨᠥᠬᠥᠳ
nöküd
(← nökür)
нөхөд
(← нөхөр)
友たち

55

練習問題

次の単語をモンゴル文字で書きなさい.

(1) дүү нар　(2) далайнууд　(3) хэлнүүд
(4) хүүхдүүд　(5) сурагчид　(6) нөхөд

13 名詞類 (2) 代名詞 (1)

13.1 人称代名詞

モンゴル語の人称代名詞は，普通名詞に比べ，若干不規則な活用をする．

	一人称代名詞						
	主　格	属　格	与位格	対　格	奪　格	造　格	共同格
単数	ᠪᠢ	ᠮᠢᠨᠦ	ᠨᠠᠳᠠ ᠳᠤ	ᠨᠠᠮ ᠠ ᠶᠢ　ᠨᠠᠮᠠᠶᠢ	ᠨᠠᠳᠠ ᠠᠴᠠ	ᠨᠠᠳᠠ ᠪᠠᠷ	ᠨᠠᠳᠠ ᠲᠠᠢ
	bi би 私	minu миний 私の	nada-du надад 私に	nam-a-yi namayi намайг 私を	nada-ača надаас 私から	nada-bar надаар 私によって	nada-tai надтай 私と
複数	ᠪᠢᠳᠡ	ᠪᠢᠳᠡᠨ ᠦ	ᠪᠢᠳᠡᠨ ᠳᠦ	ᠪᠢᠳᠡᠨ ᠢ	ᠪᠢᠳᠡᠨ ᠡᠴᠡ	ᠪᠢᠳᠡᠨ ᠢᠶᠡᠷ	ᠪᠢᠳᠡᠨ ᠲᠡᠢ
	bide бид 私たち	biden-ü бидний 私たちの (あなたを含む)	biden-dü бидэнд 私たちのもとに (あなたを含む)	biden-i биднийг 私たちを	biden-eče биднээс 私たちから	biden-iyer биднээр 私たちによって	biden-tei бидэнтэй 私たちと
		ᠮᠠᠨ ᠤ　ᠮᠠᠨᠤ	ᠮᠠᠨ ᠤ ᠳᠤ　ᠮᠠᠨᠤ ᠳᠤ				
		man-u манай 私たちの (あなたを含まない)	man-u-du манайд 私たちのもとに (あなたを含まない)				

	二人称代名詞						
	主　格	属　格	与位格	対　格	奪　格	造　格	共同格
単数（親称）	ᠴᠢ	ᠴᠢᠨᠤ	ᠴᠢᠮ᠎ᠠ ᠳᠤ	ᠴᠢᠮ᠎ᠠ ᠶᠢ　ᠴᠢᠮᠠᠶᠢ	ᠴᠢᠮ᠎ᠠ ᠠᠴᠠ	ᠴᠢᠮ᠎ᠠ ᠪᠠᠷ	ᠴᠢᠮ᠎ᠠ ᠲᠠᠢ
	či чи 君	činu чиний 君の	čim-a-du чамд 君に	čim-a-yi čimayi чамайг 君を	čim-a-ača чамаас 君から	čim-a-bar чамаар 君によって	čim-a-tai чамтай 君と
単数（敬称）	ᠲᠠ	ᠲᠠᠨ ᠤ（ᠲᠠᠨᠠᠢ）	ᠲᠠᠨ ᠳᠤ	ᠲᠠᠨ ᠢ	ᠲᠠᠨ ᠠᠴᠠ	ᠲᠠᠨ ᠢᠶᠠᠷ	ᠲᠠᠨ ᠲᠠᠢ
	ta та あなた	tan-u таны あなたの танай （tanai） あなた方の	tan-du танд あなたのもとに	tan-i таныг あなたを	tan-ača танаас あなたから	tan-iyar танаар あなたによって	tan-tai тантай あなたと
複数	ᠲᠠ ᠨᠠᠷ	ᠲᠠ ᠨᠠᠷ ᠤᠨ	ᠲᠠ ᠨᠠᠷ ᠲᠤ	ᠲᠠ ᠨᠠᠷ ᠢ	ᠲᠠ ᠨᠠᠷ ᠠᠴᠠ	ᠲᠠ ᠨᠠᠷ ᠢᠶᠠᠷ	ᠲᠠ ᠨᠠᠷ ᠲᠠᠢ
	ta nar та нар あなた方	ta nar-un та нарын あなた方の	ta nar-tu та нарт あなた方に	ta nar-i та нарыг あなた方を	ta nar-ača та нараас あなた方から	ta nar-iyar та нараар あなた方によって	ta nar-tai та нартай あなた方と

13.2 指示代名詞

モンゴル語の指示代名詞は，概して規則な活用をする．ただ，単数形の伝統的な格変化では，主格が ene（энэ），tere（тэр）に対し，斜格はそれぞれ egün（үүн），tegün（түүн）と，異なった語幹を用いる．

	指示代名詞；単数						
	主　格	属　格	与位格	対　格	奪　格	造　格	共同格
近称	ᠡᠨᠡ	ᠡᠭᠦᠨ ᠦ	ᠡᠭᠦᠨ ᠳᠦ	ᠡᠭᠦᠨ ᠢ	ᠡᠭᠦᠨ ᠡᠴᠡ	ᠡᠭᠦᠨ ᠢᠶᠡᠷ ᠡᠭᠦᠪᠡᠷ	ᠡᠭᠦᠨ ᠲᠡᠢ
	ene энэ これ	egün-ü үүний この	egün-dü үүнд これに	egün-i үүнийг これを	egün-eče үүнээс これから	egün-iyer egüber үүгээр これによって	egün-tei үүнтэй これと
		ᠡᠨᠡᠨ ᠦ	ᠡᠨᠡᠨ ᠳᠦ	ᠡᠨᠡ ᠶᠢ	ᠡᠨᠡᠨ ᠡᠴᠡ	ᠡᠨᠡ ᠪᠡᠷ	ᠡᠨᠡ ᠲᠡᠢ
		enen-ü энэний この	enen-dü энэнд これに	ene-yi энийг энэнийг これを	enen-eče энэнээс これから	ene-ber энээр これによって	ene-tei энэнтэй これと
遠称	ᠲᠡᠷᠡ	ᠲᠡᠭᠦᠨ ᠦ	ᠲᠡᠭᠦᠨ ᠳᠦ	ᠲᠡᠭᠦᠨ ᠢ	ᠲᠡᠭᠦᠨ ᠡᠴᠡ	ᠲᠡᠭᠦᠨ ᠢᠶᠡᠷ ᠲᠡᠭᠦᠪᠡᠷ	ᠲᠡᠭᠦᠨ ᠲᠡᠢ
	tere тэр あれ 彼（女）	tegün-ü түүний あの 彼（女）の	tegün-dü түүнд あれに 彼（女）に	tegün-i түүнийг あれを 彼（女）を	tegün-eče түүнээс あれから 彼（女）から	tegün-iyer tegüber түүгээр あれによって 彼（女）によって	tegün-tei түүнтэй あれと 彼（女）と
		ᠲᠡᠷᠡᠨ ᠦ	ᠲᠡᠷᠡᠨ ᠳᠦ	ᠲᠡᠷᠡᠨ ᠢ	ᠲᠡᠷᠡᠨ ᠡᠴᠡ	ᠲᠡᠷᠡᠨ ᠢᠶᠡᠷ	ᠲᠡᠷᠡᠨ ᠲᠡᠢ
		teren-ü тэрний あの 彼（女）の	teren-dü тэрэнд あれに 彼（女）に	teren-i тэрийг тэрнийг あれを 彼（女）を	teren-eče тэрнээс あれから 彼（女）から	teren-iyer тэрнээр あれによって 彼（女）によって	teren-tei тэрэнтэй あれと 彼（女）と

13

	指示代名詞；複数						
	主　格	属　格	与位格	対　格	奪　格	造　格	共同格
近称	ᠡᠳᠡ	ᠡᠳᠡᠨ ᠦ	ᠡᠳᠡᠨ ᠳᠦ	ᠡᠳᠡᠨ ᠢ	ᠡᠳᠡᠨ ᠡᠴᠡ	ᠡᠳᠡᠨ ᠢᠶᠡᠷ	ᠡᠳᠡᠨ ᠲᠡᠢ
	ede эд これら	eden-ü эдний これらの	eden-dü эдэнд これらに	eden-i эднийг これらを	eden-eče эднээс これらから	eden-iyer эднээр これらによって	eden-tei эдэнтэй これらと
遠称	ᠲᠡᠳᠡ	ᠲᠡᠳᠡᠨ ᠦ	ᠲᠡᠳᠡᠨ ᠳᠦ	ᠲᠡᠳᠡᠨ ᠢ	ᠲᠡᠳᠡᠨ ᠡᠴᠡ	ᠲᠡᠳᠡᠨ ᠢᠶᠡᠷ	ᠲᠡᠳᠡᠨ ᠲᠡᠢ
	tede тэд あれら 彼(女)ら	teden-ü тэдний あれらの	teden-dü тэдэнд あれらに	teden-i тэднийг あれらを	teden-eče тэднээс あれらから	teden-iyer тэднээр あれらによって	teden-tei тэдэнтэй あれらと

＊なお，人称代名詞は以下の語が後続する際にも，nada（над）《私》，čim-a（чам）《君》，tan（тан[ь]）《あなた》のような斜格語幹が用いられる．指示代名詞は，主格語幹が用いられる場合もある．

1. uruγu（руу / рүү, луу / лүү）《～へ》（方向格）
   例；nada uruγu（над руу）私へ向かって
2. ügei（[ү]гүй）《～のない》（欠格）
   例；tan ügei（тан[ь]гүй）あなたのいない
3. siγ / sig（шиг）《～のような》（形似格）
   例；egün sig（үүн шиг）/ ene sig（энэ шиг）このような
4. -luγ-a（лугаа）/ -lüge（лүгээ）《～と》（連合格；古典的な共同格）
   例；čim-a-luγ-a（чам лугаа）君と共に
5. deger-e（дээр）《～の上 / 元に》
   例；biden deger-e（бидэн дээр）私たちの元に

練習問題

56

次の単語をモンゴル文字で書きなさい.

(1) надад　(2) биднээр　(3) чамаас　(4) танаар　(5) үүнтэй　(6) тэдэнд

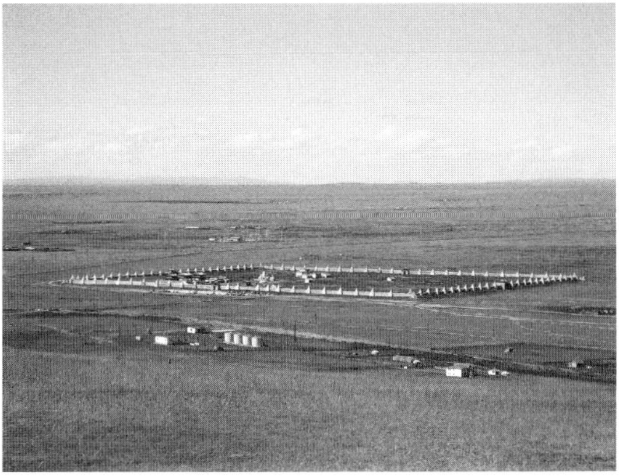

エルデネ・ゾー寺院

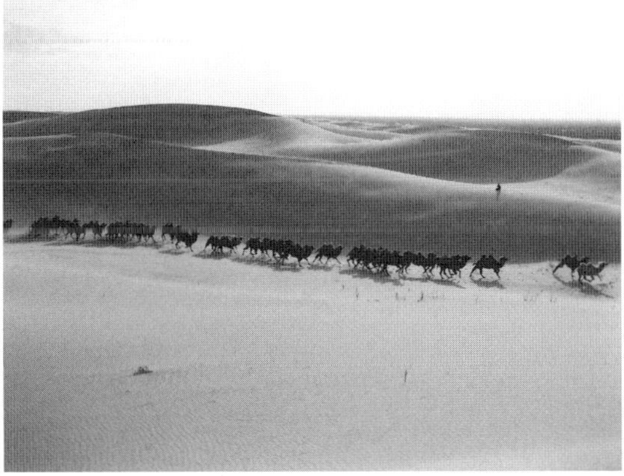

ゴビのラクダ群

14 名詞類（3）代名詞（2）

疑問代名詞

疑問を表すのに用いられる代名詞を疑問代名詞と言う．普通名詞と同様に規則的な格変化をする ken（хэн）《誰》や yaγu[n]（юу[н]）《何》と，人称・指示代名詞に似た全斜格型の ali[n]（аль（алин））《どれ；どの》，属格のみで「隠れた n（н）」が現れる kedü[n]（хэд[эн]）《いくつ》などがある．

	主　格	属　格	与位格	対　格	奪　格	造　格	共同格
規則変化型	ᠬᠡᠨ	ᠬᠡᠨ ᠦ	ᠬᠡᠨ ᠳᠦ	ᠬᠡᠨ ᠢ	ᠬᠡᠨ ᠡᠴᠡ	ᠬᠡᠨ ᠢᠶᠡᠷ	ᠬᠡᠨ ᠲᠡᠢ
	ken хэн 誰	ken-ü хэний 誰の	ken-dü хэнд 誰に	ken-i хэнийг 誰を	ken-eče хэнээс 誰から	ken-iyer хэнээр 誰によって	ken-tei хэнтэй 誰と
	ᠶᠠᠭᠤ	ᠶᠠᠭᠤᠨ ᠤ	ᠶᠠᠭᠤᠨ ᠳᠤ	ᠶᠠᠭᠤ ᠶᠢ	ᠶᠠᠭᠤᠨ ᠠᠴᠠ	ᠶᠠᠭᠤ ᠪᠠᠷ	ᠶᠠᠭᠤ ᠲᠠᠢ
	yaγu[n] юу[н] 何	yaγun-u юуны 何の	yaγun-du юунд 何に	yaγu-yi юуг 何を	yaγun-ača юунаас 何から	yaγu-bar юугаар 何によって	yaγu-tai юутай 何と
不規則変化型	ᠠᠯᠢ	ᠠᠯᠢᠨ ᠤ	ᠠᠯᠢᠨ ᠳᠤ	ᠠᠯᠢᠨ ᠢ　ᠠᠯᠢ ᠶᠢ	ᠠᠯᠢᠨ ᠠᠴᠠ	ᠠᠯᠢᠨ ᠢᠶᠠᠷ	ᠠᠯᠢᠨ ᠲᠠᠢ
	ali[n] аль （алин） どれ	alin-u алины どの	alin-du алинд どれに	alin-i ali-yi алиныг алийг どれを	alin-ača алинаас どれから	alin-iyar алинаар どれによって	alin-tai алинтай どれと

	ᠬᠡᠳᠦ	ᠬᠡᠳᠦᠨ ᠦ	ᠬᠡᠳᠦ ᠳᠦ	ᠬᠡᠳᠦ ᠶᠢ	ᠬᠡᠳᠦ ᠡᠴᠡ	ᠬᠡᠳᠦ ᠪᠡᠷ	ᠬᠡᠳᠦ ᠲᠡᠢ
	kedü[n] хэд[эн] いくつ	kedün-ü хэдний いくつの	kedü-dü хэдэд いくつに	kedü-yi хэдийг いくつを	kedü-eče хэдээс いくつから	kedü-ber хэдээр いくつによって	kedü-tei хэдтэй いくつと

なお，疑問形容詞 yamar（ямар）《どんな》，kiri（хэр）《どの程度の》，kečinen（хичнээн）《どれだけの》や，疑問副詞 qamiγ-a（хаа / хаана）《どこに》（注意；qamiγ-a-ača《どこから》は хаанаас と読む），keǰiy-e[n]（хэзээ[н]）《いつ》なども，語によっては時に格語尾を取るが，あまり体系的に格変化して用いられない．また，kedüi（хэдий）《どのくらいの》の与位格形 kedüi-dü（хэдийд）はよく《いつ》の意で，造格形 kedüi-ber（хэдийгээр）は《いつごろ；いくら（～であろうとも）》の意となり，主格形の基本的な意味よりも，拡張した意味で用いられる．

57

練習問題

次の単語をモンゴル文字で書きなさい．

(1) хэнийг　(2) хэнээр　(3) юуны
(4) юунаас　(5) алинаар　(6) хэдээр

15 名詞類（4）数詞（1）

15.1 基数詞

まず，一桁と二桁の数詞について学ぶ．

モンゴル語の一桁と二桁の基数詞の基本形は，以下の通りである．

ᠨᠢᠭᠡ	ᠬᠣᠶᠠᠷ	ᠭᠤᠷᠪᠠ	ᠳᠥᠷᠪᠡ	ᠲᠠᠪᠤ	ᠵᠢᠷᠭᠤᠭ᠎ᠠ	ᠳᠣᠯᠤᠭ᠎ᠠ	ᠨᠠᠢᠮᠠ	ᠶᠢᠰᠦ
nige нэг 1（の）	qoyar хоёр 2（の）	γurba гурав 3	dörbe дөрөв 4	tabu тав 5	ǰirγuγ-a зургаа 6	doluγ-a долоо 7	naima найм 8	yisü ес 9
ᠠᠷᠪᠠ	ᠬᠣᠷᠢ	ᠭᠤᠴᠢ	ᠳᠥᠴᠢ	ᠲᠠᠪᠢ	ᠵᠢᠷᠠ	ᠳᠠᠯᠠ	ᠨᠠᠶᠠ	ᠶᠡᠷᠡ
arba арав 10	qori хорь 20	γuči гуч 30	döči дөч 40	tabi тавь 50	ǰira жар 60	dala дал 70	naya ная 80	yere ер 90

これらの数詞の内，1 と 2 は単独で後続の名詞を修飾できる．ところが，2 以外の数詞は，語末に -n（-н）を伴う形容詞形を持ち，修飾の際にはこの形容詞形を用いる．

ᠨᠢᠭᠡᠨ	ᠬᠣᠶᠠᠷ	ᠭᠤᠷᠪᠠᠨ	ᠳᠥᠷᠪᠡᠨ	ᠲᠠᠪᠤᠨ	ᠵᠢᠷᠭᠤᠭᠠᠨ	ᠳᠣᠯᠤᠭᠠᠨ	ᠨᠠᠢᠮᠠᠨ	ᠶᠢᠰᠦᠨ
nigen нэгэн 1 の	qoyar хоёр 2 の	γurban гурван 3 の	dörben дөрвөн 4 の	tabun таван 5 の	ǰirγuγan зургаан 6 の	doluγan долоон 7 の	naiman найман 8 の	yisün есөн 9 の

ᠠᠷᠪᠠᠨ	ᠬᠣᠷᠢᠨ	ᠭᠤᠴᠢᠨ	ᠳᠥᠴᠢᠨ	ᠲᠠᠪᠢᠨ	ᠵᠢᠷᠠᠨ	ᠳᠠᠯᠠᠨ	ᠨᠠᠶᠠᠨ	ᠶᠡᠷᠡᠨ
arban арван 10の	qorin хорин 20の	γučin гучин 30の	döčin дөчин 40の	tabin тавин 50の	ǰiran жаран 60の	dalan далан 70の	nayan наян 80の	yeren ерэн 90の

＊ 数詞の形容詞形のn（н）は，普通名詞の「隠れたn（н）」とは若干異なる．次の名詞を形容詞的に限定修飾する用法は，「隠れたn（н）」も持つ．ところが，数詞のn（н）は，数詞が格変化して属格・与位格・奪格の各語尾が付加されても現れない．つまり，基数詞は，「隠れたn（н）」なしの語として格変化する．

ちなみに，qoyaran（хоёрон）《ふつか》を含め，1～31までの基数詞の語末にn（н）が付いた形は，それぞれ日付を表す名詞ともなる．よく1-н, 2-н ... と略す表記もなされる．kedün（хэдэн）《何日》は，日付を尋ねる疑問詞である．

複合数詞は，この形容詞形を用いて表す．

例）

ᠠᠷᠪᠠᠨ ᠨᠢᠭᠡ
arban nige
арван нэг
11

ᠠᠷᠪᠠᠨ ᠨᠢᠭᠡᠨ
arban nigen
арван нэгэн
11の；11日

ᠬᠣᠷᠢᠨ ᠬᠣᠶᠠᠷ
qorin qoyar
хорин хоёр
20；20の

なお，0には，チベット語とロシア語からの借用語である，以下の2語が用いられる．

ᠲᠡᠭ
teg
тэг
零

ᠨᠣᠯᠢ
noli
ноль
ゼロ

15.2 高位数詞

まず三桁の数詞を学ぶ．百の位の数詞は，ǰaγu[n]（зуу[н]）《100(の)》を，一桁と二桁の数詞と組み合わせることで表す．

ᠵᠠᠭᠤ
ǰaγu
зуу
100

ᠵᠠᠭᠤᠨ
ǰaγun
зуун
100の

(ᠨᠢᠭᠡ) ᠵᠠᠭᠤ	ᠬᠣᠶᠠᠷ ᠵᠠᠭᠤ	ᠭᠤᠷᠪᠠᠨ ᠵᠠᠭᠤ	ᠳᠥᠷᠪᠡᠨ ᠵᠠᠭᠤ	ᠲᠠᠪᠤᠨ ᠵᠠᠭᠤ	ᠵᠢᠷᠭᠤᠭᠠᠨ ᠵᠠᠭᠤ	ᠳᠣᠯᠤᠭᠠᠨ ᠵᠠᠭᠤ	ᠨᠠᠢᠮᠠᠨ ᠵᠠᠭᠤ	ᠶᠢᠰᠦᠨ ᠵᠠᠭᠤ
(nige) ǰaγu	qoyar ǰaγu	γurban ǰaγu	dörben ǰaγu	tabun ǰaγu	ǰirγuγan ǰaγu	doluγan ǰaγu	naiman ǰaγu	yisün ǰaγu
(нэг) зуу	хоёр зуу	гурван зуу	дөрвөн зуу	таван зуу	зургаан зуу	долоон зуу	найман зуу	есөн зуу
100	200	300	400	500	600	700	800	900

以下，複合数詞の例は，モンゴル文字表記を省略する．

例）ǰaγun nige（зуун нэг）101

例）γurban ǰaγun döčin yisün（гурван зуун дөчин есөн）349 の

例）tabun ǰaγun arban qoyar（таван зуун арван хоёр）512；512 の

次に，mingγ-a[n]（мянга[н]）《1000(の)》を用いた数詞を学ぶ．

ᠮᠢᠩᠭ᠎ᠠ mingγ-a
мянга
1000

ᠮᠢᠩᠭᠠᠨ mingγan
мянган
1,000 の

mingγ-a[n]（мянга[н]）は，一桁の数詞の形容詞形を前に置くと，千の位の数を表す．

例）tabun mingγ-a（таван мянга）5,000

例）doluγan mingγan（долоон мянган）7,000 の

二桁の位の数詞の形容詞形との組み合わせでは，万の位の数を表す．

例）tabin mingγ-a（тавин мянга）50,000

例）dalan mingγan（далан мянган）70,000 の

更に，ǰaγun（зуун）《100 の》と組み合わせると，10 万代の数を表す．

例）tabun ǰaγun mingγ-a（таван зуун мянга）500,000

例）doluγan ǰaγun mingγan（долоон зуун мянган）700,000 の

なお，mingγ-a[n]（мянга[н]）の形容詞形の n（н）は，直接名詞を修飾して個数を表す際などに用いられる．mingγ-a（мянга）以降に数詞を伴い複合数詞を作る場合には現れないので，注意されたい．

例）mingγ-a γurba（мянга гурав）1,003

例）tabin mingγ-a naiman ǰaγun ǰiran yisü（тавин мянга найман зуун жаран ес）50,869

例）qoyar ǰaγun ǰiran dörben mingγ-a dörben ǰaγun γučin doluγan（хоёр зуун жаран дөрвөн мянга дөрвөн зуун гучин долоон）264,437 の

七桁の数字は，say-a（сая）《100 万》，十桁の数字は terbum（тэрбум）《10 億》を単位にして，mingγ-a（мянга）と同様の要領で表す．これらの数詞は，形容詞形の n（н）を持たない．

ᠰᠠᠶ᠎ᠠ	say-a сая 1,000,000 （100 万）	ᠲᠡᠷᠪᠤᠮ	terbum тэрбум 1,000,000,000 （10 億）

その他，tüme[n]（түм[эн]）《1 万（の）》，bum（бум[ан]）《10 万（の）》，ǰiu-a（живаа）《1000 万（の）》，ḍüngsiγur（дүнчүүр）《1 億》といった単位も用いられる．

15.3 序数詞

序数詞は，順番を表す数詞で《第～の，～番目の》を意味する．基数詞の語末に，-duγar / -düger（-дугаар / -дүгээр）を付加するものと，-daki / -deki（-дахь / -дэх）を付加する 2 通りがある．

15.3.1

基数詞の語末に，-duγar / -düger（-дугаар / -дүгээр）を付加する序数詞は，汎用されるが，一桁の序数詞の形成に若干不規則がある．モンゴル文字で《2 番目（の）》は，qoyar《2》から r を脱落させた qoya- を語幹に -duγar（-дугаар）

を付加させ，また《6 番目(の)》と《7 番目(の)》は，モンゴル文字及びキリル文字ともに，<u>ǰirγu</u>γ-a（<u>зурга</u>a）《6》，<u>dolu</u>γ-a（<u>дол</u>оо）《7》の下線部に -duγar（-дугаар）を付加する.

ᠨᠢᠭᠡᠳᠦᠭᠡᠷ	ᠬᠣᠶᠠᠳᠤᠭᠠᠷ	ᠭᠤᠷᠪᠠᠳᠤᠭᠠᠷ	ᠳᠥᠷᠪᠡᠳᠦᠭᠡᠷ	ᠲᠠᠪᠤᠳᠤᠭᠠᠷ
nigedüger нэгдүгээр 1 番目(の)	qoyaduγar хоёрдугаар 2 番目(の)	γurbaduγar гуравдугаар 3 番目(の)	dörbedüger дөрөвдүгээр 4 番目(の)	tabuduγar тавдугаар 5 番目(の)
ᠵᠢᠷᠭᠤᠳᠤᠭᠠᠷ	ᠳᠣᠯᠤᠳᠤᠭᠠᠷ	ᠨᠠᠢᠮᠠᠳᠤᠭᠠᠷ	ᠶᠢᠰᠦᠳᠦᠭᠡᠷ	
ǰirγuduγar зургадугаар 6 番目(の)	doluduγar долдугаар 7 番目(の)	naimaduγar наймдугаар 8 番目(の)	yisüdüger есдүгээр 9 番目(の)	

二桁以上は規則的に作ることができる.

ᠠᠷᠪᠠᠳᠤᠭᠠᠷ	ᠬᠣᠷᠢᠳᠤᠭᠠᠷ	ᠭᠤᠴᠢᠳᠤᠭᠠᠷ	ᠳᠥᠴᠢᠳᠦᠭᠡᠷ	ᠲᠠᠪᠢᠳᠤᠭᠠᠷ
arbaduγar аравдугаар 10 番目(の)	qoriduγar хорьдугаар 20 番目(の)	γučiduγar гучдугаар 30 番目(の)	döčidüger дөчдүгээр 40 番目(の)	tabiduγar тавьдугаар 50 番目(の)
ᠵᠢᠷᠠᠳᠤᠭᠠᠷ	ᠳᠠᠯᠠᠳᠤᠭᠠᠷ	ᠨᠠᠶᠠᠳᠤᠭᠠᠷ	ᠶᠡᠷᠡᠳᠦᠭᠡᠷ	ᠵᠠᠭᠤᠳᠤᠭᠠᠷ
ǰiraduγar жардугаар 60 番目(の)	daladuγar далдугаар 70 番目(の)	nayaduγar наядугаар 80 番目(の)	yeredüger ердүгээр 90 番目(の)	ǰaγuduγar зуудугаар 100 番目(の)

複合序数詞も，複合数詞の最後を -duγar / -düger（-дугаар / -дүгээр）に変えることで表すことができる.

例）dalan yisüdüger（далан есдүгээр）79 番目(の)

例）ǰaγun γučin qoyaduγar（зуун гучин хоёрдугаар）132 番目(の)

例）tabun mingγ-a dörben ǰaγun ǰiran doluduγar（таван мянга дөрвөн зуун жаран долдугаар）5467 番目(の)

また，以下のように，-duγar / -düger（-дугаар / -дүгээр）が数詞以外に接続した語もある．

ᠠᠩᠬᠠᠳᠤᠭᠠᠷ	ᠬᠡᠳᠦᠳᠦᠭᠡᠷ
angqaduγar	kedüdüger
анхдугаар	хэддүгээр
初回(の)	何番目(の)

キリル文字文の表記でこの序数詞は，以下のような簡便な書き方もよく用いられる．

A.「アラビア数字 + -р」; 1-р, 2-р, 3-р, 4-р ...

B.「ローマ数字」; I, II, III, IV ...

一年の 12 ヶ月の名称には，この序数詞が用いられる．

1 月	nigedüger sar-a	нэгдүгээр сар	1-р сар	I сар
2 月	qoyaduγar sar-a	хоёрдугаар сар	2-р сар	II сар
3 月	γurbaduγar sar-a	гуравдугаар сар	3-р сар	III сар
4 月	dörbedüger sar-a	дөрөвдүгээр сар	4-р сар	IV сар
5 月	tabuduγar sar-a	тавдугаар сар	5-р сар	V сар
6 月	ǰirγuduγar sar-a	зургадугаар сар	6-р сар	VI сар
7 月	doluduγar sar-a	долдугаар сар	7-р сар	VII сар

8 月	naimaduγar sar-a	наймдугаар сар	8-р сар	VIII сар
9 月	yisüdüger sar-a	есдүгээр сар	9-р сар	IX сар
10 月	arbaduγar sar-a	аравдугаар сар	10-р сар	X сар
11 月	arban nigedüger sar-a	арван нэгдүгээр сар	11-р сар	XI сар
12 月	arban qoyaduγar sar-a	арван хоёрдугаар сар	12-р сар	XII сар

15.3.2

-daki / -deki（-дахь / -дэх）を付加する序数詞の形成は規則的である．ただし，-duγar / -düger（-дугаар / -дүгээр）より広くは用いられない．1～10 まで挙げる．

ᠨᠢᠭᠡᠳᠡᠬᠢ	ᠬᠣᠶᠠᠷᠳᠠᠬᠢ	ᠭᠤᠷᠪᠠᠳᠠᠬᠢ	ᠳᠥᠷᠪᠡᠳᠡᠬᠢ	ᠲᠠᠪᠤᠳᠠᠬᠢ
nigedeki нэгдэх 1 番目の	qoyardaki хоёрдахь 2 番目の	γurbadaki гуравдахь 3 番目の	dörbedeki дөрөвдэх 4 番目の	tabudaki тавдахь 5 番目の
ᠵᠢᠷᠭᠤᠭᠠᠳᠠᠬᠢ	ᠳᠣᠯᠣᠭᠠᠳᠠᠬᠢ	ᠨᠠᠢᠮᠠᠳᠠᠬᠢ	ᠶᠢᠰᠦᠳᠡᠬᠢ	ᠠᠷᠪᠠᠳᠠᠬᠢ
ǰirγuγadaki зургаадахь 6 番目の	doluγadaki долоодахь 7 番目の	naimadaki наймдахь 8 番目の	yisüdeki есдэх 9 番目の	arbadaki аравдахь 10 番目の

なお，キリル文字文の表記でこの序数詞は，「アラビア数字 + -дахь / -дэх」という簡便な書き方も用いられる．

週の曜日のうち，月曜日～金曜日，何曜日を表す語には，この序数詞が用いられる．

月曜日	nigedeki edür	нэгдэх өдөр	1-дэх өдөр
火曜日	qoyardaki edür	хоёрдахь өдөр	2-дахь өдөр
水曜日	γurbadaki edür	гуравдахь өдөр	3-дахь өдөр
木曜日	dörbedeki edür	дөрөвдэх өдөр	4-дэх өдөр
金曜日	tabudaki edür	тавдахь өдөр	5-дахь өдөр
土曜日	qaγas sayin edür	хагас сайн өдөр	
日曜日	bütün sayin edür	бүтэн сайн өдөр	
何曜日	kedüdeki edür	хэддэх өдөр	

58

練習問題

次の単語をモンゴル文字で書きなさい．

(1) тавь　(2) наян　(3) есөн зуу

(4) дөрөвдүгээр　(5) зургадугаар　(6) гуравдахь

16 名詞類（5）数詞（2）

16.1 集合数詞

集合数詞とは，2つ以上の人や物を，集合体として一括して表現する数詞で，《都合〜つ / 人》を意味する．基本的には，基数詞の語末に -γula / -güle（-уул²）を付加して作る．2, 6, 7 については，音の脱落による若干の不規則がある他は，規則的に作ることができる．

ᠬᠣᠶᠠᠭᠤᠯᠠ	ᠭᠤᠷᠪᠠᠭᠤᠯᠠ	ᠳᠥᠷᠪᠡᠭᠦᠯᠡ	ᠲᠠᠪᠤᠭᠤᠯᠠ	ᠵᠢᠷᠭᠤᠭᠤᠯᠠ
qoyaγula хоёул 2つ / 人とも	γurbaγula гурвуул 3つ / 人とも	dörbegüle дөрвүүл 4つ / 人とも	tabuγula тавуул 5つ / 人とも	ǰirγuγula зургуул 6つ / 人とも
ᠳᠣᠯᠣᠭᠤᠯᠠ	ᠨᠠᠢᠮᠠᠭᠤᠯᠠ	ᠶᠢᠰᠦᠭᠦᠯᠡ	ᠠᠷᠪᠠᠭᠤᠯᠠ	ᠬᠣᠷᠢᠭᠤᠯᠠ
doluγula долуул 7つ / 人とも	naimaγula наймуул 8つ / 人とも	yisügüle есүүл 9つ / 人とも	arbaγula арвуул 10個 / 人とも	qoriγula хориул 20個 / 人とも

また，以下のように，数詞以外に接続した語もある．

ᠬᠡᠳᠦᠭᠦᠯᠡ	ᠣᠯᠠᠭᠤᠯᠠ	ᠴᠥᠬᠡᠭᠦᠯᠡ
kedügüle хэдүүл 何個 / 人とも	olaγula （← olan） олуул （← олон） 多人数	čökegüle （← čögeken） цөөхүүл （← цөөхөн） 少人数

集合数詞は，再帰語尾 -ban / -ben（-аа / -ээ）を付加して，副詞として用いる場合も多い．

例）γurbaγula-ban（гурвуулаа）3 つ一緒に；3 人して

例）dörbegüle-ben（дөрвүүлээ）4 つ一緒に；4 人して

なお，集合数詞の斜格語幹は，-n（-ан[г]²）を伴った -γulan / -gülen（-уулан[г]²）を用いる．キリル文字表記では，属格，奪格，造格で「隠れた г」が現れる．以下，qoyaγula（хоёул）《2 つ / 人とも》を例に挙げる．

ᠬᠣᠶᠠᠭᠤᠯᠠᠨ ᠤ	ᠬᠣᠶᠠᠭᠤᠯᠠᠨ ᠳᠤ	ᠬᠣᠶᠠᠭᠤᠯᠠᠨ ᠢ	ᠬᠣᠶᠠᠭᠤᠯᠠᠨ ᠠᠴᠠ	ᠬᠣᠶᠠᠭᠤᠯᠠᠨ ᠢᠶᠠᠷ
qoyaγulan-u хоёулангийн 2 つ / 人ともの	qoyaγulan-du хоёуланд 2 つ / 人ともに	qoyaγulan-i хоёуланг 2 つ / 人ともを	qoyaγulan-ača хоёулангаас 2 つ / 人ともから	qoyaγulan-iyar хоёулангаар 2 つ / 人ともで
ᠬᠣᠶᠠᠭᠤᠯᠠᠨ ᠲᠠᠢ				
qoyaγulan-tai хоёулантай 2 つ / 人ともと				

16.2 概数詞

概数詞とは，その数が不明確な場合に，「およそいくつ」であることを表現する数詞である．基本的には，十単位ごとの数詞で千までの語末に -γad / -ged（-аад[4]）を付加して作られる．

ᠠᠷᠪᠠᠭᠠᠳ	ᠬᠣᠷᠢᠭᠠᠳ	ᠭᠤᠴᠢᠭᠠᠳ	ᠳᠦᠴᠢᠭᠡᠳ	ᠲᠠᠪᠢᠭᠠᠳ
arbaγad арваад 10 ぐらい(の)	qoriγad хориод 20 ぐらい(の)	γučiγad гучаад 30 ぐらい(の)	döčiged дөчөөд 40 ぐらい(の)	tabiγad тавиад 50 ぐらい(の)
ᠵᠢᠷᠠᠭᠠᠳ	ᠳᠠᠯᠠᠭᠠᠳ	ᠨᠠᠶᠠᠭᠠᠳ	ᠶᠡᠷᠡᠭᠡᠳ	ᠵᠠᠭᠤᠭᠠᠳ
ǰiraγad жараад 60 ぐらい(の)	dalaγad далаад 70 ぐらい(の)	nayaγad наяад 80 ぐらい(の)	yereged ерээд 90 ぐらい(の)	ǰaγuγad зуугаад 100 ぐらい(の)
ᠮᠢᠩᠭᠠᠭᠠᠳ				
mingγaγad мянгаад 1000 ぐらい(の)				

例）qoriγad nasutai ǰalaγu（хориод настай залуу）20 ぐらいの年齢の青年

例）mingγ-a yisün ǰaγun ǰiraγad on（мянга есөн зуун жараад он）1960 年頃

概数は，上述の方法以外に，qoyar γurban čaγ（хоёр гурван цаг）《2, 3 時間》のように近い数詞を並列したり，数詞に siqam（шахам）《…近い》や orčim（орчим）《…ぐらいの》，γarui（гаруй）/ ilegüü（илүү）《…余りの》といった語を後置するなどして表すこともできる．

16.3 分数

モンゴル語で $\frac{B}{A}$ と表される分数は，分母の数詞に n（н）を付けた属格 -n-u / -n-ü（-ны / -ний）を用いて，A-n-u² B（A-ны² B）と表される．なお，一点注意すべき点がある．数字の 2（qoyar, хоёр）は元来語末に n（н）を持たないが，2 が分母になった場合も，例外的に н を伴って хоёрны《2 分の》と読まれる点である．モンゴル文字では伝統的にはどちらも qoyar-un としか綴れないが，例えば хоёрын（нэг）と読めば，「2 つ / 人のうちの（1 つ / 人)」の意となる．

$\frac{1}{2}$ qoyar-un nige（~ qoyaran-u nige）（хоёрны нэг）

$\frac{5}{14}$ arban dörben-ü tabu（арван дөрөвний тав）

また，整数を伴った A $\frac{C}{B}$ のような分数は，A-n büküli B-n-u² C（A-н бүхэл B-ны² C）と表される．

$2\frac{3}{4}$ qoyar büküli dörben-ü γurba（хоёр бүхэл дөрөвний гурав）

$5\frac{1}{7}$ tabun büküli doluγan-u nige（таван бүхэл долооны нэг）

16.4 小数

小数も基本的に，分数と同様の表し方をする．

0.4	teg（büküli）arban-u dörbe тэг（бүхэл）аравны дөрөв
0.36	teg（büküli）ǰaγun-u γučin ǰirγuγ-a тэг（бүхэл）зууны гучин зургаа
2.5	qoyar（büküli）arban-u tabu хоёр（бүхэл）аравны тав
1.82	nige（büküli）ǰaγun-u nayan qoyar нэг（бүхэл）зууны наян хоёр
5.239	tabu（～ tabun büküli）mingγan-u qoyar ǰaγun γučin yisü тав（～ таван бүхэл）мянганы хоёр зуун гучин ес
10.6	arba（～ arban büküli）arban-u ǰirγuγ-a арав（～ арван бүхэл）аравны зургаа
104.551	ǰaγun dörbe（～ dörben büküli）mingγan-u tabun ǰaγun tabin nige зуун дөрөв（～ дөрвөн бүхэл）мянганы таван зуун тавин нэг

なお，百分率も基本的に，小数と同様の表し方をする．

2%	（ǰaγun-u）qoyar qubi （зууны）хоёр хувь
79.4%	（ǰaγun-u）dalan yisü, arban-u dörben qubi （зууны）далан ес, аравны дөрвөн хувь

練習問題

59

次の単語をモンゴル文字で書きなさい．

(1) хоёул (2) хэдүүл (3) цөөхүүл
(4) хоёуланд (5) дөчөөд (6) зуугаад

第6章　動詞類

17　動詞類（1）動詞類の分類（үйл үгийн ангилал）

モンゴル語の動詞類は，機能的に自動詞と他動詞の２つに，また構造的に単一動詞，派生動詞，縮約動詞，複合動詞の４つにそれぞれ分類される．

1. 単一動詞

＜自動詞＞		＜他動詞＞	
ᠪᠣᠰ	bos- （бос-） 起きる	ᠢᠳᠡ	ide- （идэ-） 食べる
ᠤᠨᠲᠠ	unta- （унта-） 寝る	ᠤᠤᠭᠤ	uuγu- （уу-） 飲む

2. 派生動詞

＜自動詞＞			＜他動詞＞	
（単一動詞）			（派生動詞）	
ᠬᠠᠲᠠ	qata- （хата-） 乾く	→	ᠬᠠᠲᠠᠭᠠ	qataγa- （хатаа-） 乾かす
ᠢᠷᠡ	ire- （ирэ-） 来る	→	ᠢᠷᠡᠭᠦᠯ	iregül- （ирүүл-） 来させる
（派生動詞）			（単一動詞）	
ᠬᠠᠷᠠᠭᠳᠠ	qaraγda- （харагда-） 見える	←	ᠬᠠᠷᠠ	qara- （хара-） 見る
ᠡᠪᠳᠡᠷᠡ	ebdere- （эвдрэ-） こわれる	←	ᠡᠪᠳᠡ	ebde- （эвдэ-） こわす

3. 縮約動詞

＜他動詞＞

(縮約動詞)		(複合動詞)
ᠠᠪᠴᠢᠷᠠ abčira- （авчра-） 持って来る	←	ᠠᠪᠴᠤ ᠢᠷᠡ abču ire- （авч ирэ-） 持って来る
ᠠᠪᠠᠴᠢ abači- （аваачи-） 持って行く	←	ᠠᠪᠤᠭᠠᠳ ᠣᠴᠢ abuɣad oči- （аваад очи-） 持って行く

4. 複合動詞

＜自動詞＞	＜他動詞＞
ᠣᠷᠤᠵᠤ ᠢᠷᠡ oruǰu ire- （орж ирэ-） 入って来る	ᠳᠠᠭᠠᠵᠤ ᠢᠷᠡ daɣaǰu ire- （дагаж ирэ-） 付いて来る

＜他動詞＞

ᠪᠠᠲᠤᠯᠠᠨ ᠳᠠᠭᠠᠭᠠ batulan daɣaɣa-
（батлан даа-）
保証する（← 保証し責任を負う）

ᠵᠣᠬᠢᠶᠠᠨ ᠪᠦᠲᠦᠭᠡ ǰokiyan bütüge-
（зохион бүтээ-）
発明する（← 創作し実現させる）

また，モンゴル語の動詞類を，語構造の配列順序の点から見ると，次のような特徴を持っている．

a.		b.		c.		d.
動詞語幹	—	態接尾辞	—	アスペクト接尾辞	—	動詞語尾

ᠶᠠᠪᠤ yabu- （ява-） 《行く》	ᠭᠤᠯ -γul- （-уул-） 使役態 《～させる》	ᠴᠢᠬᠠ -čiqa- （-чих-） 完了アスペクト 《～してしまう》	ᠯᠠ -l-a （-лаа） 完了・終止語尾 《(今しがた)～した》

	a.	b.	c.	d.	
1.	яв	— ϕ	— ϕ	— ϕ	（= яв）行け
2.	яв	— ϕ	— ϕ	— лаа	（= явлаа）（今しがた）行きました
3.	яв	— ϕ	— чих	— лаа	（= явчихлаа）行ってしまいました
4.	яв	— уул	— ϕ	— ϕ	（= явуул）行かせよ
5.	яв	— уул	— ϕ	— лаа	（= явууллаа）行かせました
6.	яв	— уул	— чих	— лаа	（= явуулчихлаа）行かせてしまいました

1.	2.	3.	4.	5.	6.
ᠶᠠᠪᠤ	ᠶᠠᠪᠤᠯᠠ	ᠶᠠᠪᠤᠴᠢᠬᠠᠯᠠ	ᠶᠠᠪᠤᠭᠤᠯ	ᠶᠠᠪᠤᠭᠤᠯᠯᠠ	ᠶᠠᠪᠤᠭᠤᠯᠴᠢᠬᠠᠯᠠ

17

練習問題

60

次の単語をモンゴル文字で書きなさい.

(1) хатаа-　(2) эвдрэ-　(3) авчра-

(4) аваачи-　(5) зохион бүтээ-　(6) явуулчихлаа

18 動詞類（2）補助動詞（туслах үйл үг）

［動詞（V_1）－連用語尾＋動詞（V_2）］の形で定式化される動詞述語複合形式において，動詞本来の意味を一部失い，あくまでも前項の本動詞（V_1）と結合して，その動作の様々なアスペクトを表示する一群の動詞（V_2）のことを，特に補助動詞（туслах үйл үг）と呼ぶことがある．

V_1	−	連用語尾	+	V_2
〈本動詞〉		→ 主に，結合 -ж / -ч［ᠵᠤ ᠴᠤ -ǰu（ǰü）/ -ču（-čü）］，分離 -аад[4]［ᠭᠠᠳ ᠭᠡᠳ -γad / -ged］及び一部，同時 -н［ᠨ -n］もある．		〈補助動詞〉→ アスペクト表示

モンゴル語の補助動詞には，主に次のようなものがある．

			原　義	補助動詞の意味
1.	ᠠᠪ	ab-（ав-）	《取る》	獲得アスペクト 《（自分の利益のために）十分に〜する》
2.	ᠥᠭ	ög-（өг ）	《与える》	授受アスペクト 《（他者のために）〜してあげる（くれる）》
3.	ᠦᠵᠡ	üǰe-（үзэ-）	《見る》	経験アスペクト 《（試しに）〜してみる》
4.	ᠣᠷᠬᠢ	orki-（орхи-）	《置く》	完了アスペクト 《（完全に）〜してしまう》
5.	ᠰᠠᠭᠤ	saγu-（суу-）	《座る》	静止・進行アスペクト 《ずっと〜している》
6.	ᠭᠠᠷ	γar-（гар-）	《出る》	始動・継続アスペクト 《〜し始めて，その状態が続いている》
7.	ᠡᠬᠢᠯᠡ	ekile-（эхлэ-）	《始まる》	始動アスペクト 《〜し始める》

例文

1. ᠰᠠᠮᠪᠠᠷ᠎ᠠ ᠳᠡᠭᠡᠷ᠎ᠡ ᠪᠢᠴᠢᠭᠰᠡᠨ ᠢ ᠬᠠᠭᠤᠯᠵᠤ ᠠᠪᠤᠭᠠᠷᠠᠢ᠃
2. ᠣᠷᠤᠢ ᠪᠣᠯᠭᠠᠨ ᠡᠮᠡᠭᠡ ᠮᠠᠨᠢ ᠦᠯᠢᠭᠡᠷ ᠤᠩᠰᠢᠵᠤ ᠥᠭᠳᠡᠭ᠃
3. ᠲᠠ ᠭᠠᠳᠠᠭᠠᠳᠤ ᠶᠠᠪᠤᠵᠤ ᠦᠵᠡᠭᠰᠡᠨ ᠦᠦ?
4. ᠪᠢ ᠲᠡᠭᠦᠨ ᠳᠦ ᠨᠣᠮ ᠢᠶᠠᠨ ᠥᠭᠴᠦ ᠣᠷᠬᠢᠯ᠎ᠠ᠃
5. ᠡᠵᠢ ᠮᠢᠨᠢ ᠨᠠᠮᠠᠶᠢ ᠬᠦᠯᠢᠶᠡᠵᠦ ᠰᠠᠭᠤᠭ᠎ᠠ ᠳᠠ᠃
6. ᠴᠢᠩᠭ᠎ᠠ ᠳᠠᠭᠤ ᠪᠠᠷ ᠬᠠᠰᠬᠢᠷᠴᠤ ᠭᠠᠷᠴᠠᠢ᠃
7. ᠮᠣᠩᠭᠤᠯ ᠬᠡᠯᠡ ᠦᠵᠡᠵᠦ ᠡᠬᠢᠯᠡᠭᠡᠳ ᠬᠢᠷᠢ ᠤᠳᠠᠵᠤ ᠪᠠᠶᠢᠨ᠎ᠠ?

〔転　写〕

1. sambar-a deger-e bičigsen-i qaγulǰu abuγarai.
2. orui bolγan emege mani üliger ungsiǰu ögdeg.
3. ta γadaγadu yabuǰu üǰegsen üü?
4. bi tegün-dü nom-iyan ögčü orkil-a.
5. eǰi mini namayi küliyeǰü saγuγ-a da.
6. čingγ-a daγu-bar qaskirču γarčai.
7. mongγul kele üǰeǰü ekileged kiri udaǰu bayin-a?

〔キリル文字と訳〕 61

1. Самбар дээр бичсэнийг хуулж авaарай.
   黒板に書いたものを写して下さい.
2. Орой болгон эмээ маань үлгэр уншиж өгдөг.
   毎晩おばあちゃんは民話を読んでくれます.
3. Та гадаад явж үзсэн үү?
   あなたは外国へ行ったことがありますか.
4. Би түүнд номоо өгч орхилоо.
   私は彼に本をあげてしまいました.
5. Ээж минь намайг хүлээж суугаа даа.
   お母さんは私をずっと待っているよ.
6. Чанга дуугаар хашгирч гарчээ.
   大声で叫び出しました.
7. Монгол хэл үзэж эхлээд, хэр удаж байна?
   モンゴル語を勉強し始めて，どれくらいたっていますか.

練習問題 62

次の文をモンゴル文字で書きなさい.

(1) Орой болгон эмээ маань үлгэр уншиж өгдөг.
(2) Та гадаад явж үзсэн үү?
(3) Ээж минь намайг хүлээж суугаа даа.
(4) Монгол хэл үзэж эхлээд, хэр удаж байна?

19 動詞類（3）形状動詞（дүрслэх үйл үг）

モンゴル語には，一般に（1）（C)V(C）・CVй-（Cは子音，Vは母音，Vйは二重母音，一部長母音を含む［モンゴル文語では，（C)V(C）・CVyi- に相当する］）の形式を持ち，（2）人や物の形や状態を表す意味を持つ，いわゆる「形状動詞」が非常に発達しており，モンゴル語の語彙全体の中で非常に重要な位置を占めている．

ここでは，最近の研究より，ヤマーフー・バダムハンドの『モンゴル語の形状語に関する研究』（2010）を参考にしながら，身体名称にまつわる形状語のみを取り上げ，ごく簡単に紹介することにする．

身体名称		対応する形状動詞	
ᠦᠰᠦ	üsü （үс） 毛	ᠠᠷᠵᠠᠶᠢ	arǰayi- （арзай-） 髪が逆立つ（ぼさぼさである）
ᠨᠢᠳᠦ	nidü （нүд） 目	ᠪᠦᠯᠲᠡᠶᠢ	bülteyi- （бүлтий-） 目が突き出る（ぱっちりしている）
ᠴᠢᠬᠢ	čiki （чих） 耳	ᠳᠡᠯᠳᠡᠶᠢ	deldeyi- （дэлдий-） 耳が大きく突き出す
ᠬᠠᠮᠠᠷ	qamar （хамар） 鼻	ᠱᠣᠩᠬᠤᠶᠢ	šongquyi- （шонхой-） 鼻先が突き出てとがる
ᠰᠢᠳᠦ	sıdü （шүд） 歯	ᠳᠣᠷᠰᠤᠶᠢ	dorsuyı- （дорсой-） 歯が外へ突き出る（出っ歯である）
ᠡᠷᠡᠦ	ereü （эрүү） あご	ᠱᠠᠮᠠᠶᠢ	šamayi- （шаамий-） あごが前へ突き出る（しゃくれている）

ᠬᠦᠵᠦᠭᠦᠦ	küǰügüü （хүзүү） 首	ᠭᠢᠯᠵᠢᠢ	gilǰii- （гилжий-） 首が傾く
ᠪᠡᠶ᠎ᠡ	bey-e （бие） 体	ᠵᠡᠭᠵᠡᠶᠢ	ǰegǰeyi- （зэгзий-） 細くてすらりとしている
ᠭᠡᠳᠡᠰᠦ	gedesü （гэдэс） 腹	ᠴᠦᠨᠳᠦᠶᠢ	čündüyi- （цүндий-） 腹が突き出る
ᠬᠥᠯ	köl （хөл） 足	ᠮᠠᠶᠢᠵᠢᠢ	mayiǰii- （майжий-） 足ががに股である

練習問題

次の単語をモンゴル文字で書きなさい.

63

(1) арзай-　(2) бүлтий-　(3) дорсой-

(4) гилжий-　(5) цүндий-　(6) майжий-

第7章　不変化詞類

20 不変化詞類（1）

20.1 疑問助詞

20.1.1　Yes-No 疑問助詞

モンゴル文字	転　写	語末の音声環境	意　味
ᠤᠤ	uu	男性語の後で	…か
	üü	女性語の後で	
キリル文字	語末の音声環境		
уу	男性語	その他	
үү	女性語		
юу	男性語	長母音・二重母音で終わる語の後で	
юү	女性語		

20.1.2　Wh 疑問助詞

モンゴル文字	転　写	語末の音声環境	意　味
ᠪᠤᠢ	bui	全ての語の後で	…か
キリル文字	語末の音声環境		
вэ	その他		
бэ	в, м, н で終わる語の後で		

20.1.3　反問疑問助詞

反問の意を表示する場合の疑問助詞.

<table>
<tr><th>モンゴル文字</th><th>転　写</th><th>使用条件</th><th>意　味</th></tr>
<tr><td>ᠪᠢᠯᠡ</td><td>bile</td><td>疑問詞のある文末で</td><td rowspan="5">…だったっけ
…だったかな</td></tr>
<tr><td>ᠪᠢᠯᠢᠦ</td><td>biliü</td><td>疑問詞のない文末で</td></tr>
<tr><td>キリル文字</td><td colspan="2">使用条件</td></tr>
<tr><td>билээ</td><td colspan="2">疑問詞のある文末で</td></tr>
<tr><td>билүү</td><td colspan="2">疑問詞のない文末で</td></tr>
</table>

20.1.4　自問疑問助詞

自問の意を表示する場合の疑問助詞.

<table>
<tr><th>モンゴル文字</th><th>転　写</th><th>使用条件</th><th>意　味</th></tr>
<tr><td>ᠪᠣᠯ</td><td>bol</td><td>疑問詞のある文末で</td><td rowspan="7">…だろうか
…かな（…かしら）</td></tr>
<tr><td>ᠪᠣᠯᠪᠠᠤ</td><td>bolbau</td><td>疑問詞のない文末で</td></tr>
<tr><td>ᠪᠣᠯ ᠤᠤ</td><td>bol uu</td><td>（特に話し言葉で）</td></tr>
<tr><td>キリル文字</td><td colspan="2">使用条件</td></tr>
<tr><td>бол</td><td colspan="2">疑問詞のある文末で</td></tr>
<tr><td>болов уу</td><td colspan="2">疑問詞のない文末で</td></tr>
<tr><td>бол уу</td><td colspan="2">（特に話し言葉で）</td></tr>
</table>

20.2 文末助詞

20.2.1　確認

聞き手に確認を求める気持ちがある場合の疑問助詞.《そうですよね》

モンゴル文字	転　写	語末の音声環境	意　味
ᠳᠠ	da	男性語の後で	…ね
	de	女性語の後で	
キリル文字	語末の音声環境		
даа	母音調和の核が а, у に終わる語の後で		
доо	母音調和の核が о に終わる語の後で		
дээ	母音調和の核が э, ү に終わる語の後で		
дөө	母音調和の核が ө に終わる語の後で		

20.2.2　断定

聞き手に断定的に伝達する場合の疑問助詞.《そうなんですよ》

モンゴル文字	転　写	意　味
ᠱᠦ	siü	…よ
キリル文字		
шүү		

モンゴル文字	転　写	意　味
ᠱᠦ ᠳᠡ	siü de	…よね
キリル文字		
шүү дээ		

20.2.3　同意

聞き手に同意を求める気持ちがある場合の疑問助詞.《そうじゃないの？》

モンゴル文字	転　写	意　味
ᠪᠢᠵᠡ	biǰe	…だろう？ …でしょ？
キリル文字		
биз		

モンゴル文字	転　写	意　味
ᠪᠢᠵᠡ ᠳᠡ	biǰe de	…だろうね？ …でしょうね？
キリル文字		
биз дээ		

20.2.4　推量

聞き手に推量して伝達する場合の疑問助詞.《そうと思うよ》

モンゴル文字	転　写	意　味
ᠪᠠᠶᠢᠬ᠎ᠠ（ᠠ）	bayiq-a（a）	…だろう …でしょう
キリル文字		
байх（аа）		

20.2.5　漠然

聞き手におおざっぱに伝達する場合の疑問助詞.《だいたいそのようだ》

モンゴル文字	転　写	意　味
ᠰᠢᠪ ᠳᠡ	sib de	…のようだね …そうですね
キリル文字		
шив дээ		

20.2.6　確信

聞き手に確信を持って伝達する場合の疑問助詞.《きっとそのはずだよ》

モンゴル文字	転　写	意　味
ᠪᠠᠶᠢᠯᠭᠦᠢ（ᠳᠡ）	bayilgüi（de）	…じゃないの …のはずだよ
キリル文字		
байлгүй（дээ）		

20.2.7　注意喚起

事実を説明し，聞き手の注意を引く場合の疑問助詞.

モンゴル文字	転　写	意　味
ᠪᠠᠶᠢᠬᠤ ᠦᠭᠡᠢ ᠦᠦ	bayiqu ügei üü	…なんだよ …なんですよ
キリル文字		
байхгүй юү		

20

20.2.8　軽い関与

自らの関与を軽く聞き手に伝達する場合の疑問助詞.

モンゴル文字	転　写	意　味
(-ᠶ᠎ᠠ) ᠪᠠᠶᠢᠵᠠ	-y-a / -y-e bayiǰa	じゃ（…しましょう）ね / よ
キリル文字		
（-я^{3}）байз		

20.2.9　口調

口調を整える場合の疑問助詞.

モンゴル文字	転　写	意　味
ᠬᠥ	kö	（口調を整える）
キリル文字		
хө		

64 **練習問題**

次の単語をモンゴル文字で書きなさい.

(1) вэ　(2) билүү　(3) шүү дээ　(4) биз дээ　(5) байх　(6) байлгүй

21 不変化詞類（2）非生産的可変語根

名詞，動詞のどちらの語形変化系列にも現れない語形式のうち，派生接尾辞を接続しうる語根のことを「非生産的可変語根」と言う．

非生産的可変語根の特徴は，大きく次の２つに要約できる．

a）非生産的可変語根が動詞語幹を形成するためには，少なくとも次の３つの接尾辞 -či-（-чи-）《何度も～する（反復動詞形成）》, -l-（-л-）《一度だけ～する（他動詞形成）》, -ra^2-（-pa^4-）《～になる（自動詞形成）》のいずれかを接続しなければならない．

b）非生産的可変語根が強意の意で動詞語幹に前置することがあるが，この場合，全ての動詞語幹と結合するわけでなく，接続する動詞語幹の環境は極めて限定されている．

以下，モンゴル語でよく用いられる代表的な非生産的可変語根を 17 例選び，以下，用法及び上述した a), b）の観点から簡単に説明することにする．

（1）

ᠬᠠᠭ᠎ᠠ	qaγ-a xaгa	破壊・打撃表示；cf. ぱりん，ばりん，ばきっ	
用　法		a）/ __ +{3つの接尾辞}	b）/ __ +{若干の動詞}
塊状のもの 1. ガラス類（窓，コップ，陶器等） 2. 薪		① qaγači-（xaгачи-） 何度もこわす ② qaγal-（xaгал-） こわす，割る ③ qaγara-（xaгapa-） こわれる，割れる ＞ qaγarqai（xaгapxaй） こわれた，割れた	＝ qaγaratal-a （xaгapтaл） ～ čoki-（цoxи-） たたく tata-（тaтa-） 引く ǰüsü-（зүсэ-） 切る side-（шидэ-） 投げる

		bağja-（база-） 握りしめる iskül-（өшигл-） ける debse-（дэвсэ-） 踏みつける

（2）

ᠬᠤᠭᠤ	quγu хуга	分離・破壊表示；cf. ばきっ，ぽきっ，ぼきっ，ばちっ	
用　法		a）/ __ +{3つの接尾辞}	b）/ __ +{若干の動詞}
細長いもの （木の枝，鉛筆，骨等）		① quγuči-（хугачи-） 何度も折る ② quγul-（хугал-） 折る，こわす ③ quγura-（хугара-） 折れる，こわれる > quγurqai（хугархай） 折れた，こわれた	= quγuratal-a （хугартал） 〜 čoki-（цохи-） たたく tata-（тата-） 引く daru-（дара-） 押す muski-（мушги-） ねじる iskül-（өшигл-） ける debse-（дэвсэ-） 踏みつける

(3)

ᠪᠤᠲᠠ	buta бут	粉砕・散乱表示；cf. ばらばら，ちりぢり	
用　法		a）/＿＋{3つの接尾辞}	b）/＿＋{若干の動詞}
堅いもの （ガラス類，石炭，石等）		① butači-（бутчи-） 何度も粉砕する ② butal-（бутал-） 散り散りにする ③ butara-（бутра-） 散り散りになる ＞ butarqai（бутархай） 散り散りになった	＝ butaratal-a （бутартал） ～ čoki-（цохи-） たたく debse-（дэвсэ-） 踏みつける nirge-（ниргэ-） 落雷する

(4)

ᠬᠡᠮᠬᠡ ᠬᠠᠮᠬ᠎ᠠ	kemke хэмх qamq-a хамх	粉砕・破壊表示；cf. こなごな	
用　法		a）/＿＋{3つの接尾辞}	b）/＿＋{若干の動詞}
堅いもの （木，石炭，骨等）		① kemkeči-（хэмхчи-） 何度も粉砕する ② kemkel-（хэмхэл-） 粉々にする ③ kemkere-（хэмхрэ-） 粉々になる ＞ kemkerkei（хэмхэрхий） 粉々になった	＝ kemkeretel-e （хэмхэртэл） ～ čoki-（цохи-） たたく tata-（тата-） 引く una-（уна-） 落ちる debse-（дэвсэ-） 踏みつける

（5）

<table>
<tr><td>ᠪᠢᠴᠠ</td><td>biča
бяц</td><td colspan="2">粉砕表示
；cf. ぐしゃっ，ぐちゃっ，がしゃっ，がしゃん</td></tr>
<tr><td colspan="2">用　法</td><td>a）/ __ +{3つの接尾辞}</td><td>b）/ __ +{若干の動詞}</td></tr>
<tr><td colspan="2">堅くて小さいもの（卵，米等の穀類，骨等）</td><td>① bičači-（бяцчи-）
何度も砕く
② bičal-（бяцал-）
粉々に砕く
③ bičara-（бяцра-）
粉々に砕ける
> bičarqai（бяцархай）
粉々に砕けた</td><td>＝ bičaratal-a
（бяцартал）
～ čoki-（цохи-）
たたく
baǰa-（база-）
握りしめる
adqu-（атга-）
握る
daru-（дара-）
押す
giski-（гишгэ-）
踏む
debse-（дэвсэ-）
踏みつける</td></tr>
</table>

（6）

<table>
<tr><td>ᠨᠢᠴᠠ</td><td>niča
няц</td><td colspan="2">粉砕表示（（5）とほぼ同じ）
；cf. ぐしゃっ，ぐちゃっ，がしゃっ，がしゃん</td></tr>
<tr><td colspan="2">用　法</td><td>a）/ __ +{3つの接尾辞}</td><td>b）/ __ +{若干の動詞}</td></tr>
<tr><td colspan="2">（5）とほぼ同じ</td><td>① ničači-（няцчи-）
何度も砕く
② ničal-（няцал-）
粉々に砕く
③ ničara-（няцра-）
粉々に砕ける
> ničarqai（няцархай）
粉々に砕けた</td><td>＝ ničaratal-a
（няцартал）
～ čoki-（цохи-）
たたく
baǰa-（база-）
握りしめる
adqu-（атга-）
握る</td></tr>
</table>

		daru-（дара-） 押す giski-（гишгэ-） 踏む debse-（дэвсэ-） 踏みつける

（7）

<table>
<tr><td>ᠵᠠᠳᠠ</td><td>ǰada
зад</td><td colspan="2">開放表示；cf. ぱかっ，ぱかっ</td></tr>
<tr><td colspan="2">用　法</td><td>a）/ __ +{3つの接尾辞}</td><td>b）/ __ +{若干の動詞}</td></tr>
<tr><td colspan="2">箱状のもの
（紙の箱，かご，袋，木のたる等）</td><td>① ǰadači-（задчи-）
めちゃくちゃに開ける
② ǰadal-（задал-）
開ける，分解する
③ ǰadara-（задра-）
開く，ほどける
> ǰadarqai（задархай）
開いた，ほどけた</td><td>= ǰadaratal-a
（задартал）
～ čoki-（цохи-）
たたく
tata-（тата-）
引く
čiki-（чихэ-）
詰める
iskül-（өшигл-）
ける
giski-（гишгэ-）
踏む</td></tr>
</table>

21

（8）

<table>
<tr><td>ᠳᠡᠯᠪᠡ</td><td>delbe
дэлбэ</td><td colspan="2">爆発・破裂表示；cf. ばーん，ぱーん，ぼーん</td></tr>
<tr><td colspan="2">用　法</td><td>a）/ __ +{3つの接尾辞}</td><td>b）/ __ +{若干の動詞}</td></tr>
<tr><td colspan="2">爆弾，地雷，火山，橋等</td><td>① delbeči-（дэлбэчи-）
何度も爆発させる
② delbel-（дэлбэл-）
爆発，破裂させる
③ delbere-（дэлбэрэ-）
爆発，破裂する
> delberkei（дэлбэрхий）
爆発，破裂した</td><td>= delberetel-e
（дэлбэртэл）
～ čoki-（цохи-）
たたく
tata-（тата-）
引く
čiki-（чихэ-）
詰める
üsür-（үсэр-）
とび散る</td></tr>
</table>

（9）

<table>
<tr><td>ᠡᠮᠲᠡ</td><td>emte
эмт</td><td colspan="2">破損表示；cf. ぽろっ，ぽろり</td></tr>
<tr><td colspan="2">用　法</td><td>a）/ __ +{3つの接尾辞}</td><td>b）/ __ +{若干の動詞}</td></tr>
<tr><td colspan="2">コップ，ナイフの刃，歯等</td><td>① emteči-（эмтчи-）
何度も端を割る
② emtel-（эмтэл-）
ものの端を砕く
③ emtere-（эмтрэ-）
ものの端が割れる
> emterkei（эмтэрхий）
ふちの欠けた</td><td>= emteretel-e
（эмтэртэл）
～ čoki-（цохи-）
たたく
tata-（тата-）
引く</td></tr>
</table>

（10）

<table>
<tr><td>ᠨᠤᠭᠤ</td><td>nuγu
нуга</td><td colspan="2">屈曲・屈折表示
；cf. ぐにゃっ，ぐにゃり，くにゃ，くにゃり，ぎくっ</td></tr>
<tr><td colspan="2">用　法</td><td>a）/ ＿ ＋{3つの接尾辞}</td><td>b）/ ＿ ＋{若干の動詞}</td></tr>
<tr><td colspan="2">紙，本，首，膝等</td><td>① nuγuči-（нугачи-）
何度も折り曲げる
② nuγul-（нугал-）
折り曲げる
③ nuγura-（нугара-）
折れ曲がる
＞ nuγurqai（нугархай）
折れ曲がった</td><td>＝ nuγuratal-a
（нугартал）
～ daru-（дара-）
押す
tata-（тата-）
引く
muski-（мушги-）
ねじる
giski-（гишгэ-）
踏む</td></tr>
</table>

（11）

<table>
<tr><td>ᠰᠤᠭᠤ</td><td>suγu
суга</td><td colspan="2">瞬間的に引き抜く動作表示
；cf. ぐいっ，さっ，すっ，ひゅっ</td></tr>
<tr><td colspan="2">用　法</td><td>a）/ ＿ ＋{3つの接尾辞}</td><td>b）/ ＿ ＋{若干の動詞}</td></tr>
<tr><td colspan="2">長目のもの
（釘，刀，羽毛，富くじ等）</td><td>① suγuči-（сугачи-）
何度も引き抜く
② suγul-（сугал-）
引き抜く
③ suγura-（сугара-）
抜ける，抜け落ちる
＞ suγurqai（сугархай）
抜けた</td><td>＝ suγuratal-a
（сугартал）
～ tata-（тата-）
引く
ergü-（өргө-）
持ち上げる
usur-（үсэр-）
とび散る</td></tr>
</table>

21

(12)

<table>
<tr><td>ᠲᠠᠰᠤ</td><td>tasu
тас</td><td colspan="2">切断・寸断表示 → 転じて，停止・中止・中断表示
；cf. すぱっ，ずばっ，ぷつっ，ぷつん</td></tr>
<tr><td colspan="2">用　法</td><td>a）/ __ +{3つの接尾辞}</td><td>b）/ __ +{若干の動詞}</td></tr>
<tr><td colspan="2">糸，ボタン等
→転じて，授業，仕事，計画，関係等</td><td>① tasuči-（тасчи-）
何度も切る
② tasul-（тасал-）
切る，切断する
③ tasura-（тасра-）
切れる
> tasurqai（тасархай）
切れた</td><td>= tasuratal-a
（тасартал）
～ čoki-（цохи-）
たたく
tata-（тата-）
引く
kirγa-（хярга-）
刈る
oγtul-（огтол-）
切る
čabči-（цавчи-）
切る
kirügede-（хөрөөдө-）
鋸でひく
qaǰa-（хаза-）
かむ</td></tr>
</table>

(13)

<table>
<tr><td>ᠬᠣᠪᠬᠤ</td><td>qobqu
ховх</td><td colspan="2">剥離表示；cf. ばりっ，ばりばり</td></tr>
<tr><td colspan="2">用　法</td><td>a）/ __ +{3つの接尾辞}</td><td>b）/ __ +{若干の動詞}</td></tr>
<tr><td colspan="2">貼ってある（くっついている）もの
(壁に貼ってあるポスター等)</td><td>① qobquči-（ховхчи-）
何度もはがす
② qobqul-（ховхол-）
はがす
③ qobqura-（ховхро-）
はがれる
> qobqurqai（ховхорхой）
はがれた</td><td>= qobquratal-a
（ховхортол）
～ čoki-（цохи-）
たたく
tata-（тата-）
引く
soru-（соро-）
吸う</td></tr>
</table>

（14）

ᠮᠤᠯᠲᠤ	multu мулт	離脱・分離表示 ；cf. すぽっ，すっぽり，すぽん，ごぼっ	
用　法		a）/ _ +{3つの接尾辞}	b）/ _ +{若干の動詞}
関節，ホック，くつわ，ひもで結んだもの等		① multuči-（мултчи-） 何度もはずす ② multul-（мултал-） はずす，ほどく ③ multura-（мултра-） はずれる，ほどける > multurqai（мултархай） はずれた，ほどけた	= multuratal-a （мултартал） ～ čoki-（цохи-） たたく tata-（тата-） 引く giski-（гишгэ-） 踏む oyu-（оё-） 縫う

（15）

ᠴᠣᠭᠤ	čoγu цоо	貫通表示；cf. ぐさっ，ぐさり，ずぶっ，ずぶり	
用　法		a）/ _ +{3つの接尾辞}	b）/ _ +{若干の動詞}
的，木の板，紙等		① čoγuči-（цоочи-） 何度も穴をあける ② čoγul-（цоол-） 穴をあける ③ čoγuru-（цооро-） 穴があく > čoγurqai（цоорхой） 穴のあいた	= čoγurutal-a （цоортол） - čoki-（цохи-） たたく buuda-（бууда-） 撃つ qadqu-（хатга-） 刺す qaǰa-（хаза-） かむ mere-（мэрэ-） かじる

（16）

<table>
<tr><td>ᠴᠤᠭᠤ</td><td>čuγu
цуу</td><td colspan="2">分割・亀裂表示；cf. ばりっ，ぱりっ</td></tr>
<tr><td colspan="2">用　法</td><td>a）/＿+{3つの接尾辞}</td><td>b）/＿+{若干の動詞}</td></tr>
<tr><td colspan="2">布類，丸太，コンクリートの壁，窓ガラス等</td><td>① čuγuči-（цуучи-）
何度も裂く
② čuγul-（цуул-）
裂く，断ち割る
③ čuγura-（цуура-）
裂ける，亀裂が入る
> čuγurqai（цуурхай）
裂けた，亀裂が入った</td><td>＝ čuγuratal-a
（цууртал）
～ čoki-（цохи-）
たたく
tata-（тата-）
引く</td></tr>
</table>

（17）

<table>
<tr><td>ᠨᠡᠪᠲᠡ</td><td>nebte
нэвт</td><td colspan="2">貫通・浸透表示
；cf. ぐさっ，ぐさり，ずぶっ，ずぶり
/びっしょり，ぐっしょり</td></tr>
<tr><td colspan="2">用　法</td><td>a）/＿+{3つの接尾辞}.</td><td>b）/＿+{若干の動詞}</td></tr>
<tr><td colspan="2">1. 矢，弾，針，釘等
2. 雨，水，油等の液体</td><td>① nebteči-（нэвтчи-）
何度も貫通させる
② nebtel-（нэвтэл-）
貫通させる，しみ通す
③ nebtere-（нэвтрэ-）
貫通する，しみ通る
> nebterkei（нэвтэрхий）
貫いた，一貫した</td><td>＝ nebteretel-e
（нэвтэртэл）
～ qarbu-（харва-）
射る
buuda-（бууда-）
撃つ
qadqu-（хатга-）
刺す
ǰüsü-（зүсэ-）
切る
qada-（хада-）
打つ
čoki-（цохи-）
たたく</td></tr>
</table>

		qara-（хара-） 見通す γar-（гар-） 通り抜ける / ～ nor-（нор-） ぬれる

練習問題

65

次の単語をモンゴル文字で書きなさい.

(1) хуга　(2) бяц　(3) дэлбэ　(4) тас　(5) цоо　(6) нэвт

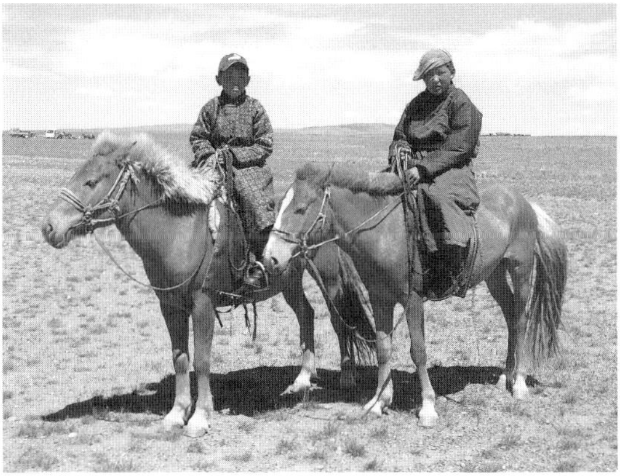

田舎の子供たち

21

第8章　派生接尾辞編

モンゴル語の独立形式である語は，形態的に名詞類（nominal class），動詞類（verbal class），不変化詞類（または小詞類）（particle class）の三つに大別される．そのため，モンゴル語の派生接尾辞による語形式には，以下のように計5つの派生方法が見られるという特徴がある．

〈モンゴル語の語の形態的分類〉

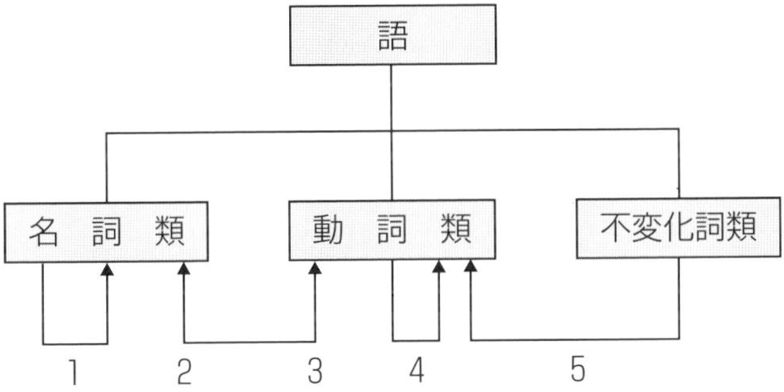

〈モンゴル語の派生接尾辞による語形成方法〉

1. 出名名詞接尾辞（Denominal nominal suffixes / N → N）
2. 出動名詞接尾辞（Deverbal nominal suffixes / V → N）
3. 出名動詞接尾辞（Denominal verbal suffixes / N → V）
4. 出動動詞接尾辞（Deverbal verbal suffixes / V → V）
5. 出小動詞接尾辞（Departicle verbal suffixes / P → V）

22 派生接尾辞（1）

名詞類（名詞・形容詞）から名詞類を派生する接尾辞
（нэрээс нэр үг бүтээх дагавар）

1.《～にたずさわる人（行為者）》

a.	ᠴᠢ	-či -ч	ᠲᠣᠭᠣᠭ᠎ᠠ	toγuγ-a тогоо 鍋	ᠡᠮ	em эм 薬
			↓		↓	
			ᠲᠣᠭᠣᠭᠠᠴᠢ	toγuγači тогооч 料理人	ᠡᠮᠴᠢ	emči эмч 医者
b.	ᠴᠢᠨ	-čin -чин	ᠮᠠᠯ	mal мал 家畜	ᠦᠰᠦ	üsü үс 毛
			↓		↓	
			ᠮᠠᠯᠴᠢᠨ	malčin малчин 牧民	ᠦᠰᠦᠴᠢᠨ	üsüčin үсчин 散髪屋

2.《～を有するもの（集合名詞）》

ᠲᠠᠨ	-tan / -ten -тан[4]	ᠠᠮᠢ	ami амь 生命	ᠡᠷᠳᠡᠮ	erdem эрдэм 学識
		↓		↓	
		ᠠᠮᠢᠲᠠᠨ	amitan амьтан 動物	ᠡᠷᠳᠡᠮᠲᠡᠨ	erdemten эрдэмтэн 学者

3. 《関連した意》

a.	-ᠭ᠎ᠠ / -ᠭᠡ	-γ-a / -ge -га4	ᠳᠠᠪᠬᠤᠷ ↓ ᠳᠠᠪᠬᠤᠷᠭ᠎ᠠ	dabqur давхар 二重の dabqurγ-a давхарга 層		
b.	-ᠭᠠᠢ / -ᠭᠡᠢ	-gai / -gei -гай3	ᠠᠨᠳᠠ ↓ ᠠᠨᠳᠠᠭᠠᠢ	anda анд 義兄弟 andaγai андгай 誓い	ᠭᠡᠷ ↓ ᠭᠡᠷᠭᠡᠢ	ger гэр ゲル，家 gergei гэргий （敬語）妻
c.	-ᠮᠠᠭ / -ᠮᠡᠭ	-maγ / -meg -маг4	ᠠᠢ ↓ ᠠᠶᠢᠮᠠᠭ	ai ай 範疇 ayimaγ аймаг アイマグ（モンゴルの行政単位）	ᠢᠷ ↓ ᠢᠷᠮᠡᠭ	ir ир 刃 irmeg ирмэг 隅，角
d.	-ᠷ	-r -р	ᠮᠥᠴᠢ ↓ ᠮᠥᠴᠢᠷ	möči мөч 四肢 möčir мөчир 枝		

22

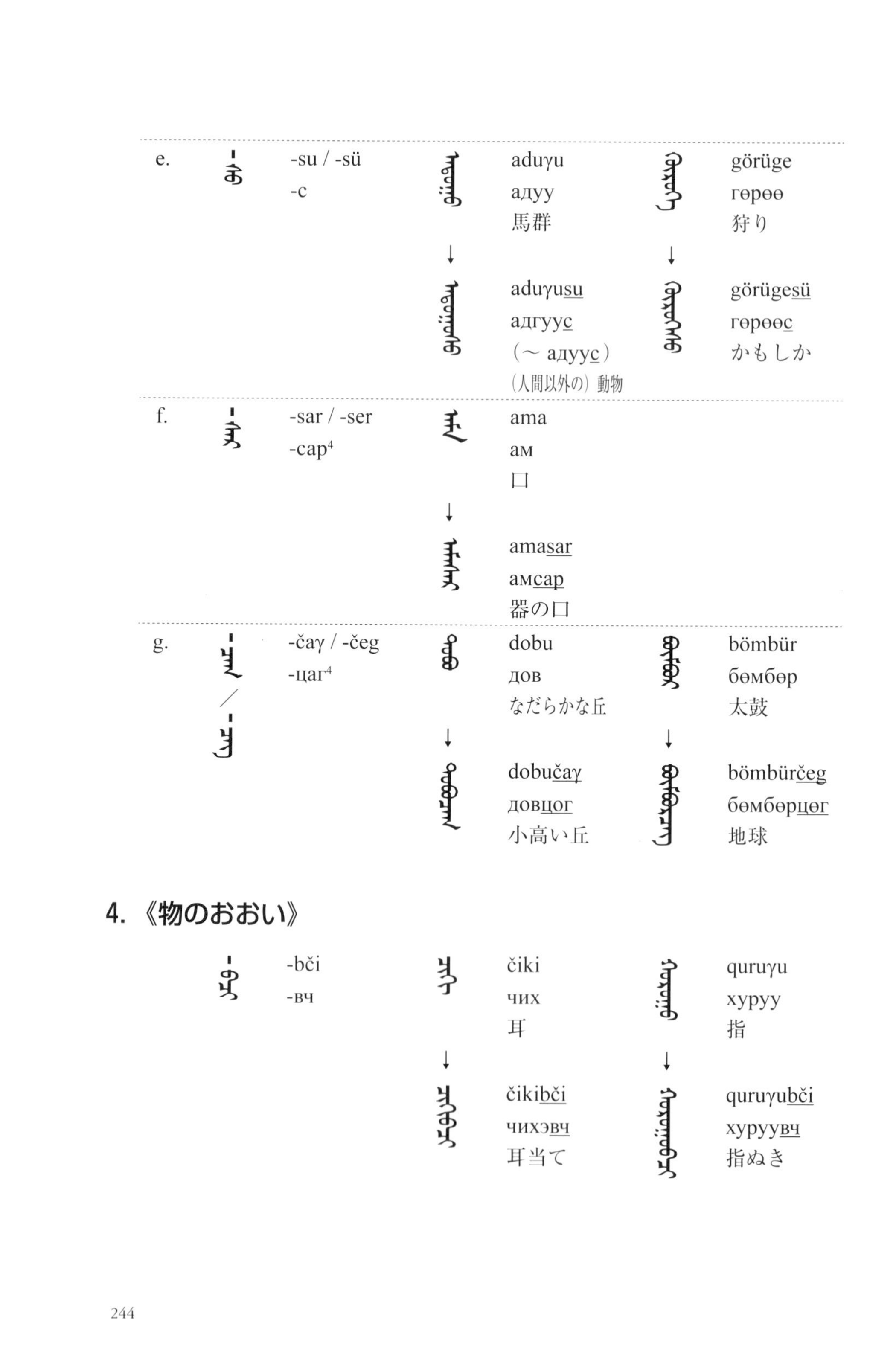

e.	-su / -sü -с	aduɣu адуу 馬群	görüge гөрөө 狩り
		↓	↓
		aduɣusu адгуус （～ адуус） （人間以外の）動物	görügesü гөрөөс かもしか
f.	-sar / -ser -сар[4]	ama ам 口	
		↓	
		amasar амсар 器の口	
g.	-čaɣ / -čeg -цаг[4]	dobu дов なだらかな丘	bömbür бөмбөр 太鼓
		↓	↓
		dobučaɣ довцог 小高い丘	bömbürčeg бөмбөрцөг 地球

4.《物のおおい》

-bči -вч	čiki чих 耳	quruɣu хуруу 指
	↓	↓
	čikibči чихэвч 耳当て	quruɣubči хуруувч 指ぬき

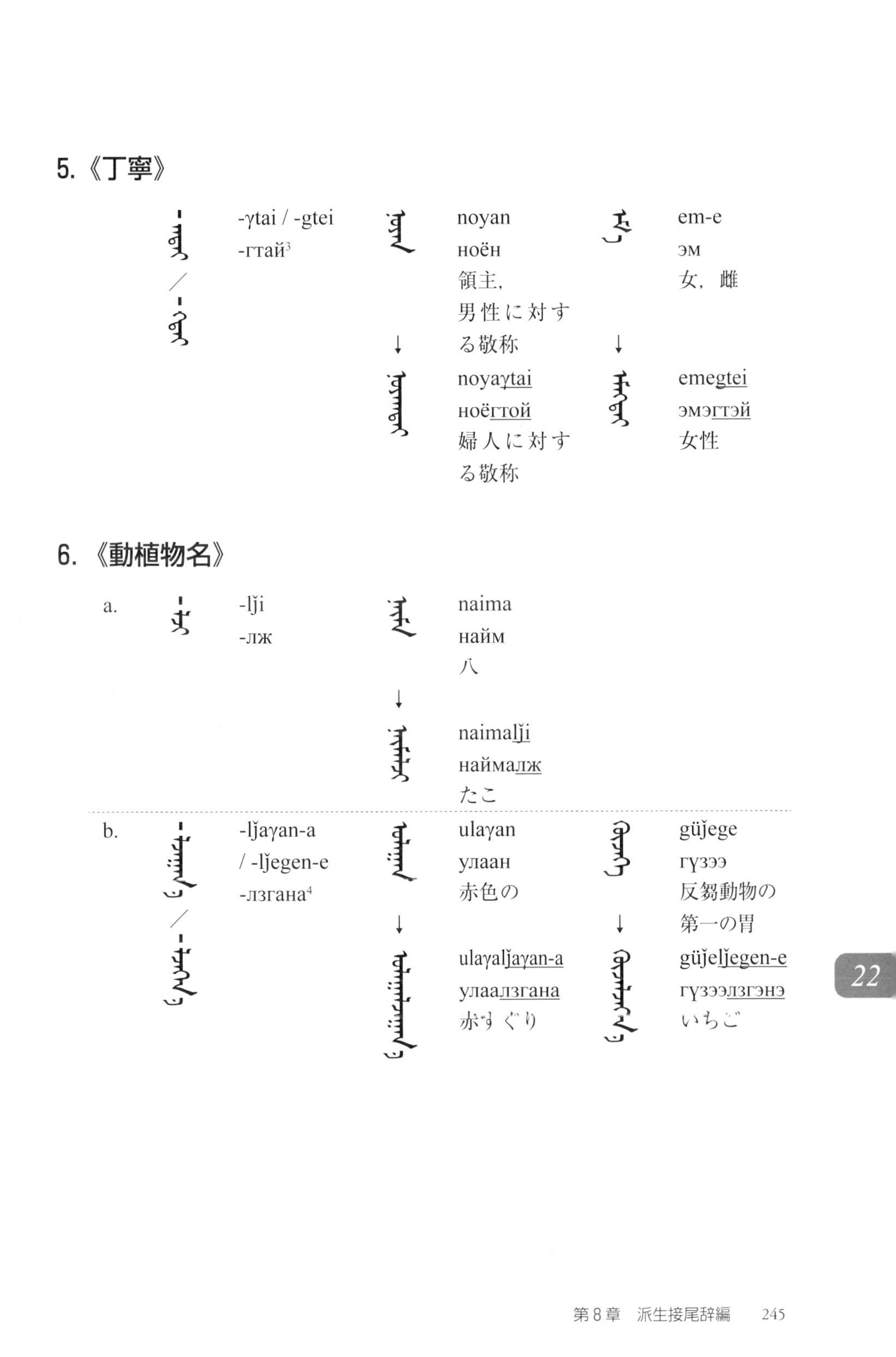

5.《丁寧》

	-γtai / -gtei -гтай[3]	noyan ноён 領主，男性に対する敬称 ↓ noyaγtai ноёгтой 婦人に対する敬称	em-e эм 女，雌 ↓ emegtei эмэгтэй 女性

6.《動植物名》

a.	-lǰi -лж	naima найм 八 ↓ naimalǰi наймалж たこ	
b.	-lǰaγan-a / -lǰegen-e -лзгана[4]	ulaγan улаан 赤色の ↓ ulaγalǰaγan-a улаалзгана 赤すぐり	güǰege гүзээ 反芻動物の第一の胃 ↓ güǰelǰegen-e гүзээлзгэнэ いちご

7.《親愛の意》

ᠯᠳᠠᠢ	-ldai / -ldei -лдай[3]	ᠭᠤᠷᠭᠤᠤᠯ	γurγuul гургуул きじ	ᠬᠡᠦᠬᠡᠨ	keüken хүүхэн 女性，娘
		↓		↓	
		ᠭᠤᠷᠭᠤᠤᠯᠳᠠᠢ	γurγuu<u>ldai</u> гурга<u>лдай</u> ナイチンゲール	ᠬᠡᠦᠬᠡᠯᠳᠡᠢ	keüke<u>ldei</u> хүүхэ<u>лдэй</u> 人形

8.《〜のある〈所属，所有〉》

a.	ᠲᠤ	-tu / -tü -т	ᠬᠠᠶᠢᠷ᠎ᠠ	qayir-a хайр 愛情	ᠬᠦᠨᠳᠦ	kündü хүнд 名誉
			↓		↓	
			ᠬᠠᠶᠢᠷᠠᠲᠤ	qayira<u>tu</u> хайр<u>т</u> 愛する	ᠬᠦᠨᠳᠦᠲᠦ	kündü<u>tü</u> хүндэ<u>т</u> 尊敬すべき
b.	ᠲᠠᠢ	-tai / -tei -тай[3]	ᠤᠬᠠᠭᠠᠨ	uqaγan ухаан 知性	ᠬᠦᠴᠦ	küčü хүч 力
			↓		↓	
			ᠤᠬᠠᠭᠠᠨᠲᠠᠢ	uqaγan<u>tai</u> ухаан<u>тай</u> 賢明な	ᠬᠦᠴᠦᠲᠡᠢ	küčü<u>tei</u> хүч<u>тэй</u> 強い

9.《～のない〈欠如〉》

	-ᠭᠤᠢ / -ᠭᠦᠢ	-γui / -güi -гүй	ᠭᠠᠢ	γai гай 害	ᠪᠦᠰᠡ	büse бүс 帯
			↓		↓	
			ᠭᠠᠶᠢᠭᠤᠢ	γayiγui гайгүй 大丈夫な	ᠪᠦᠰᠡᠭᠦᠢ	büsegüi бүсгүй 女性

10.《～を欲した，好んだ》

a.	-ᠰᠠᠭ / -ᠰᠡᠭ	-saγ / -seg -сaг⁴	ᠠᠵᠢᠯ	ajil ажил 仕事	ᠭᠡᠷ	ger гэр 家
			↓		↓	
			ᠠᠵᠢᠯᠰᠠᠭ	ajilsaγ ажилсаг 仕事熱心な	ᠭᠡᠷᠰᠡᠭ	gerseg гэрсэг 出無精な
b.	-ᠮᠰᠤᠭ / -ᠮᠰᠦᠭ	-msuγ / -msüg -мсаг⁴	ᠭᠣᠶᠤ	γoyu гоё 美しい	ᠬᠥᠩᠭᠡᠨ	könggen хөнгөн 軽い
			↓		↓	
			ᠭᠣᠶᠤᠮᠰᠤᠭ	γoyumsuγ гоёмсог おしゃれな	ᠬᠥᠩᠭᠡᠮᠰᠦᠭ	könggemsüg хөнгөмсөг 軽率な

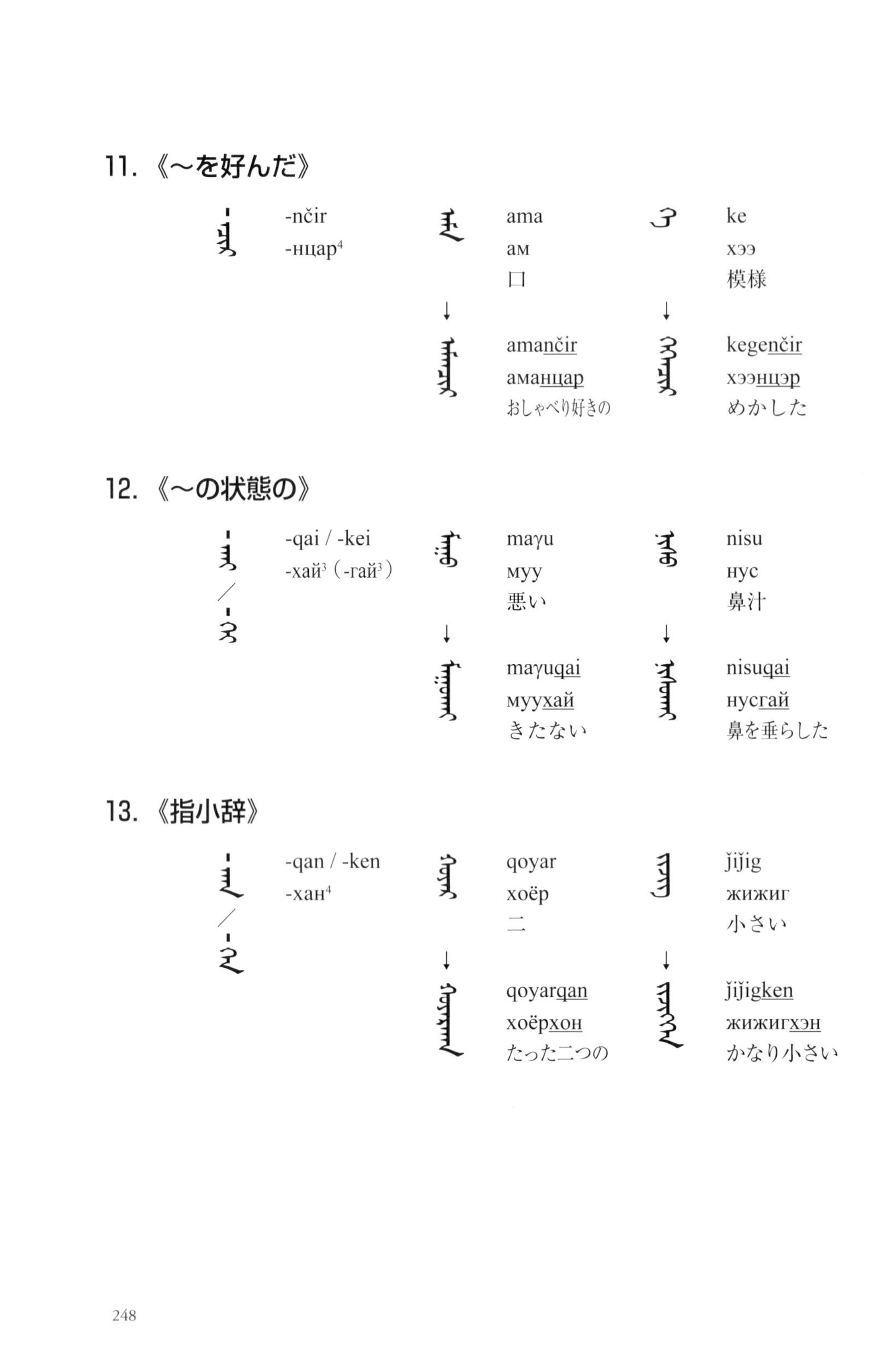

11. 《～を好んだ》

-nčir
-нцар[4]

ama
ам
口
↓
amančir
аманцар
おしゃべり好きの

ke
хээ
模様
↓
kegenčir
хээнцэр
めかした

12. 《～の状態の》

-qai / -kei
-хай[3]（-гай[3]）

maγu
муу
悪い
↓
maγuqai
муухай
きたない

nisu
нус
鼻汁
↓
nisuqai
нусгай
鼻を垂らした

13. 《指小辞》

-qan / -ken
-хан[4]

qoyar
хоёр
二
↓
qoyarqan
хоёрхон
たった二つの

ǰiǰig
жижиг
小さい
↓
ǰiǰigken
жижигхэн
かなり小さい

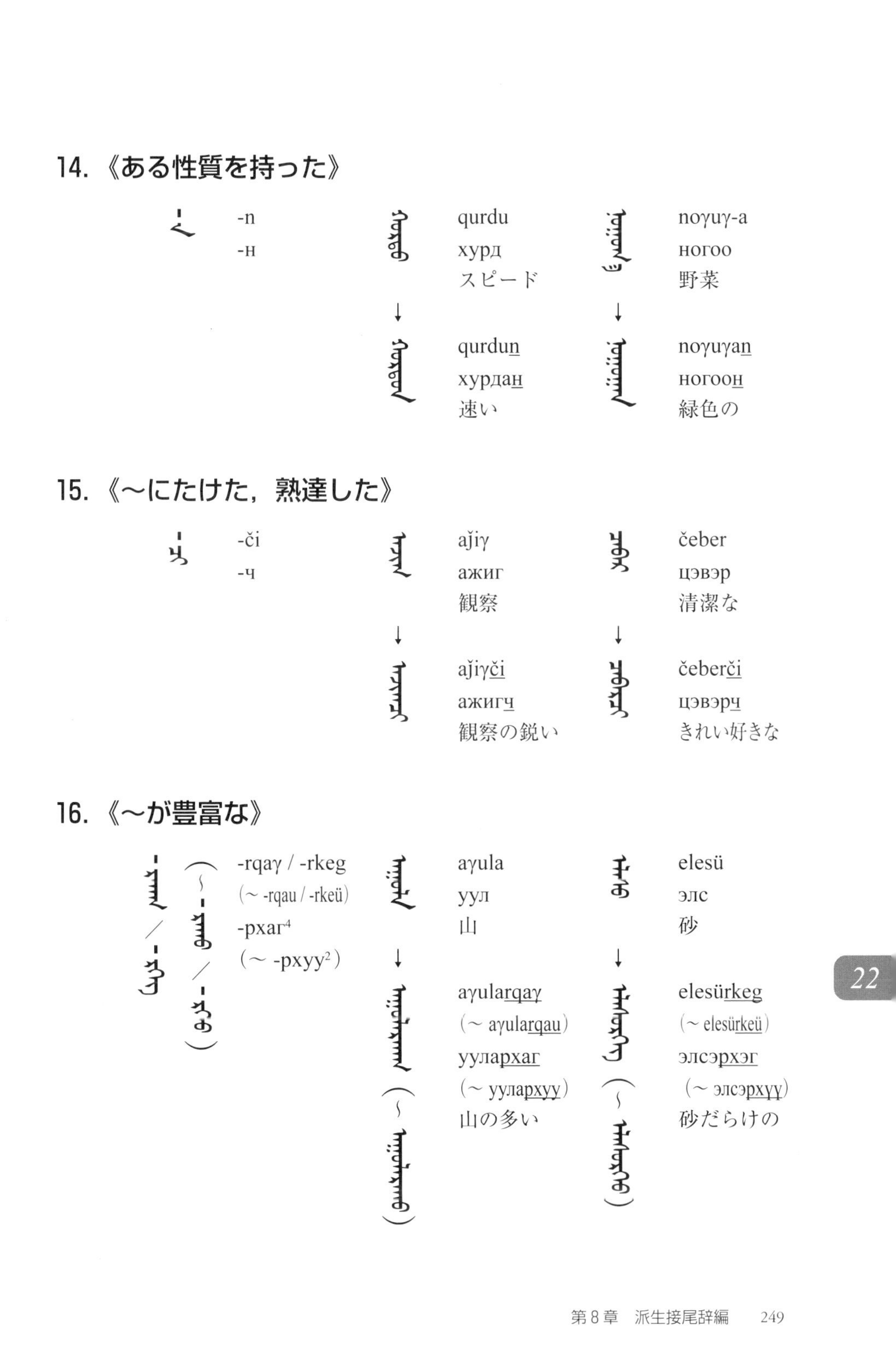

14. 《ある性質を持った》

-n
-н

qurdu
хурд
スピード
↓
qurdun
хурдан
速い

noγuγ-a
ногоо
野菜
↓
noγuγan
ногоон
緑色の

15. 《～にたけた，熟達した》

-či
-ч

aǰiγ
ажиг
観察
↓
aǰiγči
ажигч
観察の鋭い

čeber
цэвэр
清潔な
↓
čeberči
цэвэрч
きれい好きな

16. 《～が豊富な》

-rqaγ / -rkeg
（～ -rqau / -rkeü）
-рхаг⁴
（～ -рхүү²）

aγula
уул
山
↓
aγularqaγ
（～ aγularqau）
уулархаг
（～ уулархүү）
山の多い

elesü
элс
砂
↓
elesürkeg
（～ elesürkeü）
элсэрхэг
（～ элсэрхүү）
砂だらけの

17. 《〜の性質を帯びた》

ᠯᠢᠭ / ᠯᠢᠭ	-liγ / -lig -лаг⁴	ᠴᠢᠷᠠᠢ	čirai царай 顔	ᠰᠢᠬᠢᠷ	sikir чихэр 砂糖
		↓		↓	
		ᠴᠢᠷᠠᠶᠢᠯᠢᠭ	čirayi<u>liγ</u> царай<u>лаг</u> 器量の良い	ᠰᠢᠬᠢᠷᠯᠢᠭ	sikir<u>lig</u> чихэр<u>лэг</u> 甘い

66 **練習問題**

次の単語をモンゴル文字で書きなさい.

(1) тогооч　(2) чихэвч　(3) хүүхэлдэй

(4) ажилсаг　(5) уулархаг　(6) чихэрлэг

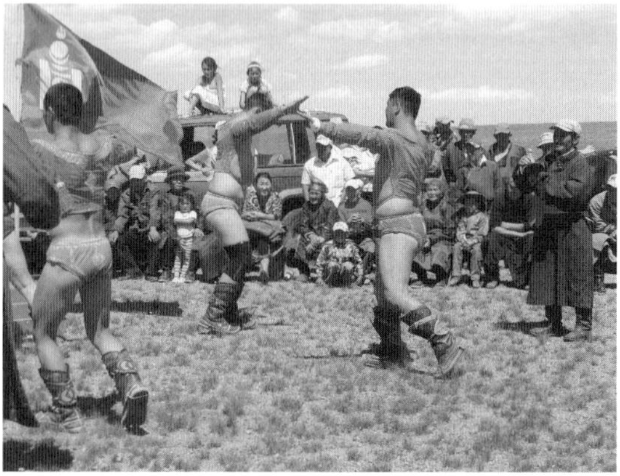

ブフ（モンゴル相撲）

23 派生接尾辞（2）

動詞類から名詞類(名詞・形容詞)を派生する接尾辞
(үйлээс нэр үг бүтээх дагавар)

1. 《抽象名詞》

a.	ᠭ᠎ᠠ ／ ᠭᠡ	-γ-a / -ge -aa⁴	ᠳᠠᠪᠠ	daba- дава- 越える	ᠲᠦᠯᠡ	tüle- түлэ- 燃やす
			+		+	
			ᠳᠠᠪᠠᠭ᠎ᠠ	dabaγ-a давaa 峠	ᠲᠦᠯᠡᠭᠡ	tülege түлээ 薪
b.	ᠭᠠᠨ ／ ᠭᠡᠨ	-γan / -gen -аан⁴	ᠪᠠᠶᠢᠯᠳᠤ	bayildu- байлда- 戦う	ᠲᠡᠮᠡᠴᠡ	temeče- тэмцэ- 闘う
			+		+	
			ᠪᠠᠶᠢᠯᠳᠤᠭᠠᠨ	bayilduγan байлдаан 戦争	ᠲᠡᠮᠡᠴᠡᠭᠡᠨ	temečegen тэмцээн 試合
c.	ᠪᠤᠷᠢ	-buri / -büri -вар⁴（-бар⁴）	ᠨᠠᠶᠢᠳᠠ	nayida- найда- 期待する	ᠰᠠᠯ	sal- сал- 別れる
			+		+	
			ᠨᠠᠶᠢᠳᠠᠪᠤᠷᠢ	nayidaburi найдвар 信頼	ᠰᠠᠯᠪᠤᠷᠢ	salburi салбар 分野

	ᠮᠤᠷᠢ	-muri / -müri -мар[4]	ᠦᠵᠡ + ᠦᠵᠡᠮᠦᠷᠢ	üǰe- үзэ- 見る + üǰemüri үзмэр 展示品	ᠬᠥᠳᠡᠯ + ᠬᠥᠳᠡᠯᠮᠦᠷᠢ	ködel- хөдөл- 動く + ködelmüri хөдөлмөр 労働
d.	ᠬᠤᠯᠠᠩ / ᠬᠦᠯᠡᠩ	-qulang / -küleng -галан[4]	ᠴᠠᠳ + ᠴᠠᠳᠬᠤᠯᠠᠩ	čad- цад- 満腹する + čadqulang цатгалан 満腹	ᠥᠯᠦᠰ + ᠥᠯᠦᠰᠬᠦᠯᠡᠩ	ölüs- өлс- 飢える + ölüsküleng өлсгөлөн 空腹
e.	ᠳᠠᠯ	-dal / -del -дал[4]	ᠶᠠᠪᠤ + ᠶᠠᠪᠤᠳᠠᠯ	yabu- ява- 行く + yabudal явдал 行為	ᠨᠡᠭᠦ + ᠨᠡᠭᠦᠳᠡᠯ	negü- нүү- 移動する + negüdel нүүдэл 遊牧
f.	ᠮᠵᠢ	-mǰi -мж	ᠰᠤᠷᠭᠠ + ᠰᠤᠷᠭᠠᠮᠵᠢ	surγa- сурга- 教える + surγamǰi сургамж 教訓	ᠰᠢᠭᠦ + ᠰᠢᠭᠦᠮᠵᠢ	sigü- шүү- 裁く + sigümǰi шүүмж 批評

g.	ᠮᠲᠠ	-mta / -mte -мт	ᠪᠠᠷᠢ + ᠪᠠᠷᠢᠮᠲᠠ	bari- бари- 握る barimta баримт 証拠，根拠	ᠪᠣᠭᠤ + ᠪᠣᠭᠤᠮᠲᠠ	boɣu- боо- 遮る boɣumta боомт 関門，港
h.	ᠬᠤᠢ ／ ᠬᠦᠢ	-qui / -küi -хуй[2]	ᠠ + ᠠᠬᠤᠢ	a- *a-（古形） 存在する aqui ахуй 存在，生活	ᠮᠡᠳᠡᠷᠡ + ᠮᠡᠳᠡᠷᠡᠬᠦᠢ	medere- мэдрэ- 感じる medereküi мэдрэхүй 感覚
i.	ᠬᠤᠨ ／ ᠬᠦᠨ	-qun / -kün -хуун[2]	ᠰᠢᠲᠠ + ᠰᠢᠲᠠᠬᠤᠨ	sita- шата- 燃える sitaqun шатахуун 燃料	ᠥᠭᠦᠯᠡ + ᠥᠭᠦᠯᠡᠬᠦᠨ	ögüle- өгүүлэ- 述べる ögülekün өгүүлэхүүн 述語

2. 《～するもの（行為者）》

a.	ᠭᠠᠴᠢ ／ ᠭᠡᠴᠢ	-ɣači / -geči -аач[4]	ᠵᠢᠷᠤ + ᠵᠢᠷᠤᠭᠠᠴᠢ	ǰiru- зура- 描く ǰiruɣači зураач 画家	ᠪᠢᠴᠢ + ᠪᠢᠴᠢᠭᠡᠴᠢ	biči- бичи- 書く bičigeči бичээч 書記

b.	ᠭᠴᠢ / ᠭᠴᠢ	-γči / -gči -гч	ᠬᠤᠳᠠᠯᠳᠤ + ᠬᠤᠳᠠᠯᠳᠤᠭᠴᠢ	qudaldu- худалда- 売る qudalduγči худалдагч 店員	ᠦᠵᠡ + ᠦᠵᠡᠭᠴᠢ	üǰe- үзэ- 見る üǰegči үзэгч 観客
c.	ᠭᠰᠠᠳ / ᠭᠰᠡᠳ	-γsad / -gsed -гсад^{4}	ᠰᠤᠷᠤᠯᠴᠠ + ᠰᠤᠷᠤᠯᠴᠠᠭᠰᠠᠳ	surulča- суралца- 勉強する surulčaγsad суралцагсад 就学者たち	ᠬᠡᠯᠮᠡᠭᠳᠡ + ᠬᠡᠯᠮᠡᠭᠳᠡᠭᠰᠡᠳ	kelmegde- хэлмэгдэ- 損害を受ける kelmegdegsed хэлмэгдэгсэд 犠牲者たち
d.	ᠭᠤᠯ / ᠭᠦᠯ	-γul / -gül -уул^{2}	ᠲᠠᠩᠨᠠ + ᠲᠠᠩᠨᠠᠭᠤᠯ	tangna- тагна- 探る tangnaγul тагнуул スパイ	ᠡᠷᠭᠢ + ᠡᠷᠭᠢᠭᠦᠯ	ergi- эргэ- 回る ergigül эргүүл パトロール，見回り

3. 《行為の結果》

a.	ᠭᠠᠰᠤ / ᠭᠡᠰᠦ	-γasu / -gesü -аас^{4}	ᠵᠢᠷᠤ + ᠵᠢᠷᠤᠭᠠᠰᠤ	ǰiru- зура- 描く ǰiruγasu зураас 線	ᠨᠥᠬᠦ + ᠨᠥᠬᠦᠭᠡᠰᠦ	nökü- нөхө- 補う nökügesü нөхөөс つぎ

b.	-ᠭ / -ᠭ	-γ / -g -г	ᠵᠢᠷᠤ + ᠵᠢᠷᠤᠭ	ǰiru- зура- 描く ǰiruγ зураг 絵	ᠪᠢᠴᠢ + ᠪᠢᠴᠢᠭ	bičï- бичи- 書く bičig бичиг 文字
c.	-ᠭ᠎ᠠ / -ᠭᠡ	-γ-a / -ge -га[4]（特に語幹末が л, р のとき）	ᠰᠢᠭᠤᠷ + ᠰᠢᠭᠤᠷᠭ᠎ᠠ	siγur- шуур- 吹き荒れる siγurγ-a шуурга 嵐	ᠡᠭᠦᠷ + ᠡᠭᠦᠷᠭᠡ	egür- үүр- 背負う egürge үүрэг 義務
d.	-ᠳᠠᠰᠤ	-dasu / -desü -дас[4]	ᠤᠭᠢᠶ᠎ᠠ + ᠤᠭᠢᠶᠠᠳᠠᠰᠤ	ugiya- угаа- 洗う ugiyadasu угаадас （洗った後の）汚水	ᠢᠯᠭ᠎ᠠ + ᠢᠯᠭᠠᠳᠠᠰᠤ	ilγa- ялга- 区別する ilγadasu ялгадас 排泄物
e.	-ᠵᠠ	-ǰa / -ǰe -з	ᠣᠯ + ᠣᠯᠵᠠ	ol- ол- 得る olǰa олз 獲物	ᠭᠠᠷ + ᠭᠠᠷᠤᠵᠠ	γar- гар- 出る γaruǰa гарз 損失

f.	ᠯ	-l -л	ᠭᠠᠷ	γar- гар- 出る	ᠪᠣᠳᠣ	bodu- бодо- 考える
			+		+	
			ᠭᠠᠷᠤᠯ	γaru<u>l</u> гара<u>л</u> 起源	ᠪᠣᠳᠣᠯ	bodu<u>l</u> бодо<u>л</u> 考え
g.	ᠮ	-m -м	ᠠᠯᠬᠤ	alqu- алха- 歩く	ᠬᠥᠭᠵᠢ	kögǰi- хөгжи- 楽しむ
			+		+	
			ᠠᠯᠬᠤᠮ	alqu<u>m</u> алха<u>м</u> 一歩	ᠬᠥᠭᠵᠢᠮ	kögǰi<u>m</u> хөгжи<u>м</u> 音楽，楽器
h.	ᠩ	-ng -н（г）	ᠳᠤᠭᠤᠢᠯᠠ	duγuyila- дугуйла- 円をつくる	ᠬᠦᠷᠢᠶᠡᠯᠡ	küriyele- хүрээлэ- 取り囲む
			+		+	
			ᠳᠤᠭᠤᠢᠯᠠᠩ	duγuyila<u>ng</u> дугуйла<u>н</u> サークル， グループ	ᠬᠦᠷᠢᠶᠡᠯᠡᠩ	küriyele<u>ng</u> хүрээлэ<u>н</u> 研究所
i.	ᠰᠤ	-su / -sü -с	ᠨᠢᠯᠪᠤ	nilbu- нулима- つばを吐く	ᠰᠢᠭᠦ	sigü- шүү- ろ過する
			+		+	
			ᠨᠢᠯᠪᠤᠰᠤ	nilbu<u>su</u> нулим<u>с</u> 涙	ᠰᠢᠭᠦᠰᠦ	sigü<u>sü</u> шүү<u>с</u> 汁

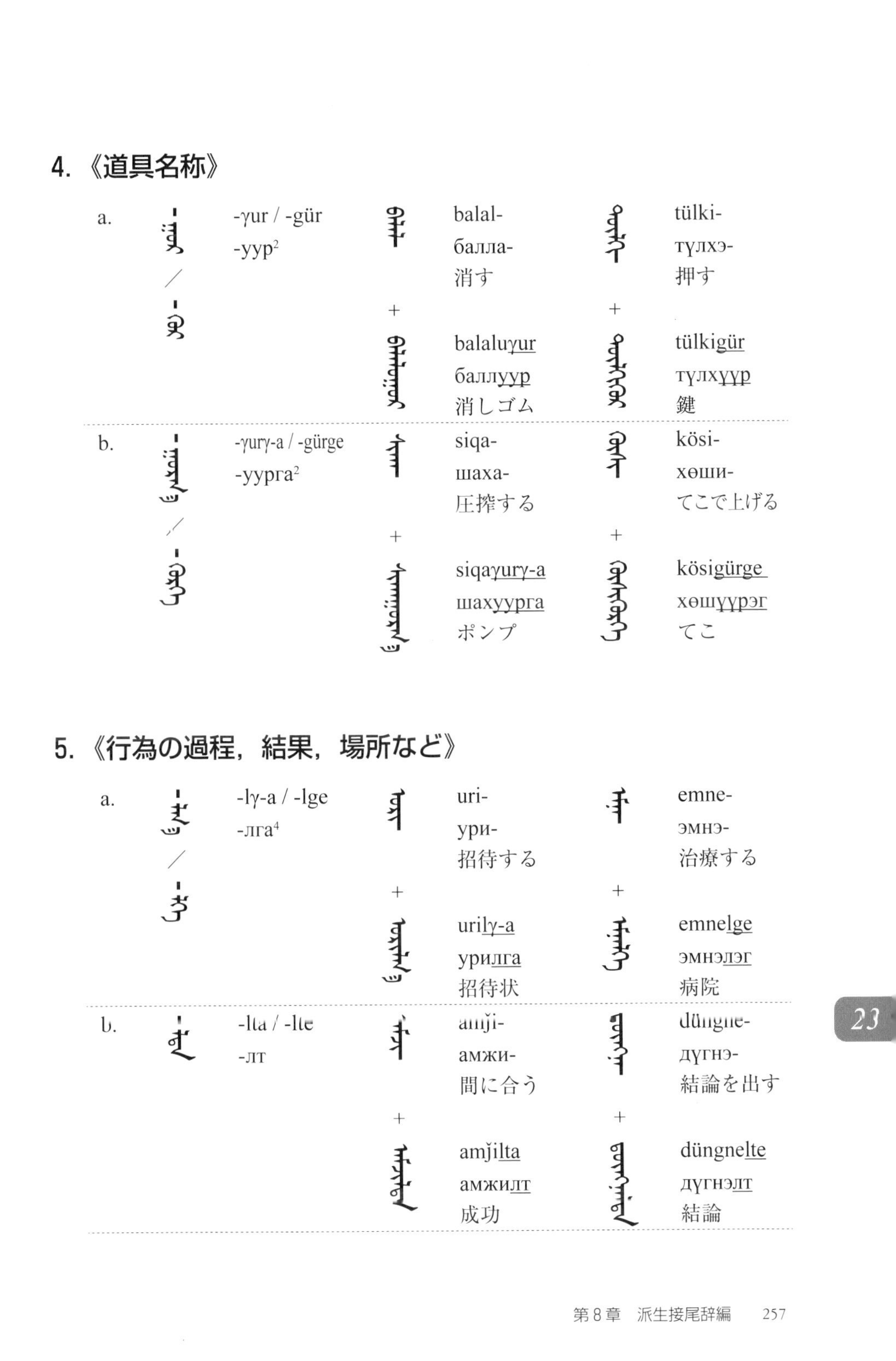

4. 《道具名称》

a.	-γur / -gür -уур^{2}	balal- балла- 消す + balaluγur баллуур 消しゴム	tülki- түлхэ- 押す + tülkigür түлхүүр 鍵
b.	-γurγ-a / -gürge -уурга^{2}	siqa- шаха- 圧搾する + siqaγurγ-a шахуурга ポンプ	kösi- хөши- てこで上げる + kösigürge хөшүүрэг てこ

5. 《行為の過程，結果，場所など》

a.	-lγ-a / -lge -лга^{4}	uri- ури- 招待する + urilγ-a урилга 招待状	emne- эмнэ- 治療する + emnelge эмнэлэг 病院
b.	-lta / -lte -лт	amǰi- амжи- 間に合う + amǰilta амжилт 成功	düngne- дүгнэ- 結論を出す + düngnelte дүгнэлт 結論

c.	-n -н	toγuri- тойро- 回る + toγurin тойрон 周囲	singge- шингэ- しみ込む + singgen шингэн 液体の，薄い
d.	-r -р	siba- шава- 塗る + sibar шавар 泥，粘土	belčige- бэлчээ- 草を食ませる + belčiger бэлчээр 牧草地
e.	-ri -рь	qubiya- хуваа- 分ける + qubiyari хуваарь 分配，区分	saγu- суу- 座る + saγuri суурь 基礎，土台
f.	-ča / -če -ц	niγu- нуу- 隠す + niγuča нууц 秘密	ki- хий- 作る + kiče хийц できばえ
g.	-si -ш	bula- була- 埋める + bulasi булш 墓	tüle- түлэ- 燃やす + tülesi түлш 燃料

6. 《行為の感情，場所》

a.	ᠯᠠᠩ	-lang / -leng -лан⁴	ᠵᠤᠰᠠ	ǰusa- зуса- 夏を過ごす	ᠵᠣᠪᠠ	ǰoba- зово- 苦しむ
			+		+	
			ᠵᠤᠰᠠᠯᠠᠩ	ǰusalang зуслан 夏の保養地	ᠵᠣᠪᠠᠯᠠᠩ	ǰobalang зовлон 苦しみ
b.	ᠮᠰᠢᠭ ／ ᠮᠰᠢᠭ	-msiγ / -msig -мшиг	ᠭᠠᠶᠢᠬᠠ	γayiqa- гайха- 驚く	ᠠᠶᠤ	ayu- ай- 恐れる
			+		+	
			ᠭᠠᠶᠢᠬᠠᠮᠰᠢᠭ	γayiqamsiγ гайхамшиг 驚き，驚異	ᠠᠶᠤᠮᠰᠢᠭ	ayumsiγ аймшиг 恐怖，恐れ

7. 《行為の結果生じた状態》

a.	ᠮᠠᠭ ／ ᠮᠡᠭ	-maγ / -meg -маг⁴	ᠬᠠᠭᠤᠷ	qaγur- хуур- だます	ᠵᠢᠩᠨᠡ	ǰingne- жигнэ- 蒸す
			+		+	
			ᠬᠠᠭᠤᠷᠮᠠᠭ	qaγurmaγ хуурмаг 偽りの，にせの	ᠵᠢᠩᠨᠡᠮᠡᠭ	ǰingnemeg жигнэмэг ビスケット
b.	ᠮᠠᠯ	-mal / -mel -мал⁴	ᠲᠣᠭᠲᠠ	toγta- тогто- 定まる	ᠬᠢ	ki- хий- 作る
			+		+	
			ᠲᠣᠭᠲᠠᠮᠠᠯ	toγtamal тогтмол 定期的な	ᠬᠢᠮᠡᠯ	kimel хиймэл 人工の

c.	-ᠩᠭᠤᠢ / -ᠩᠭᠦᠢ	-ngγui / -nggüi -нгуй[2]	ᠬᠠᠷᠢᠴᠠ + ᠬᠠᠷᠢᠴᠠᠩᠭᠤᠢ	qariča- харьца- 関係する qaričangγui харьцангуй 比較的	ᠬᠥᠭᠵᠢ + ᠬᠥᠭᠵᠢᠩᠭᠦᠢ	kögǰi- хөгжи- 発展する kögǰinggüi хөгжингүй 発展した， 先進的な
d.	-ᠩᠬᠠᠢ / -ᠩᠬᠡᠢ / -ᠩᠭᠢ	-ngqai / -ngkei / -nggi -нхай[3] / -нги[3]	ᠤᠬᠢᠯᠠ + ᠤᠬᠢᠯᠠᠩᠬᠠᠢ	ukila- уйла- 泣く ukilangqai уйланхай 泣き虫の	ᠡᠴᠡ + ᠡᠴᠡᠩᠬᠡᠢ	eče- эцэ- やせ衰える ečengkei эцэнхий やせ衰えた
			ᠵᠣᠭᠰᠤ + ᠵᠣᠭᠰᠤᠩᠭᠢ	ǰoγsu- зогсо- 止まる ǰoγsunggi зогсонги 停滞した	ᠰᠥᠭᠡ + ᠰᠥᠭᠡᠩᠭᠢ	söge- сөө- 声がかすれる sögenggi сөөнгө 声のかすれた
e.	-ᠭᠤ / -ᠭᠦᠦ	-γu / -güü -уу[2]	ᠶᠠᠳᠠ + ᠶᠠᠳᠠᠭᠤ	yada- яда- 力がない yadaγu ядуу 貧しい	ᠲᠡᠩᠴᠡ + ᠲᠡᠩᠴᠡᠭᠦᠦ	tengče- тэнцэ- つり合う tengčegüü тэнцүү 等しい

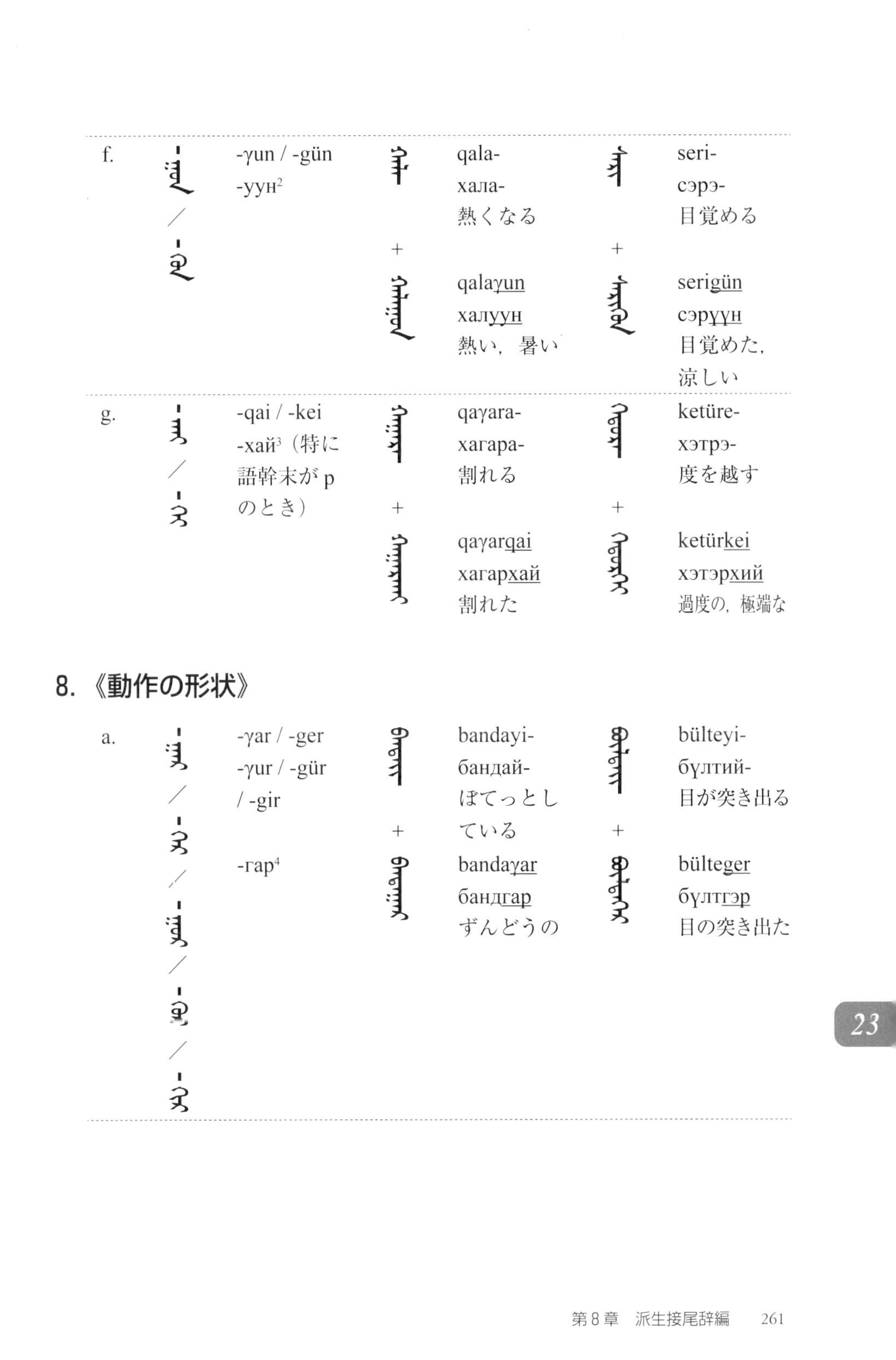

f.	-γun / -gün -үүн[2]	qala- хала- 熱くなる + qalaγun халуун 熱い，暑い	seri- сэрэ- 目覚める + serigün сэрүүн 目覚めた，涼しい
g.	-qai / -kei -хай[3]（特に語幹末が p のとき）	qaγara- хагара- 割れる + qaγarqai хагархай 割れた	ketüre- хэтрэ- 度を越す + ketürkei хэтэрхий 過度の，極端な

8. 《動作の形状》

a.	-γar / -ger -γur / -gür / -gir -гар[4]	bandayi- бандай- ぼてっとしている + bandaγar бандгар ずんどうの	bülteyi- бүлтий- 目が突き出る + bülteger бүлтгэр 目の突き出た

			ᠳᠣᠷᠰᠤᠶᠢ	dorsuyi- дорсой- 歯が突き出る	ᠪᠤᠷᠵᠢᠢ	burǰii- буржий- 毛が縮れる
			+		+	
			ᠳᠣᠷᠰᠤᠭᠤᠷ	dorsuγur дорсгор 出っ歯の	ᠪᠤᠷᠵᠢᠭᠢᠷ	burǰigir буржгар 縮れ毛の
b.	ᠭᠠᠢ / ᠭᠡᠢ	-γai / -gei -гай[4]	ᠨᠢᠯᠴᠠᠶᠢ	nilčayi- нялцай- ねばねばする	ᠬᠡᠯᠲᠡᠶᠢ	kelteyi- хэлтий- 傾く
			+		+	
			ᠨᠢᠯᠴᠠᠭᠠᠢ	nilčaγai нялцгай ねばねばした	ᠬᠡᠯᠲᠡᠭᠡᠢ	keltegei хэлтгий 斜めの

9. 《～するほどの，～に値する（行為の可能性）》

ᠮ᠎ᠠ	-m-a / -m-e -м	ᠭᠠᠶᠢᠬᠠ	γayiqa- гайха- 驚く	ᠥᠷᠥ ᠡᠪᠡᠳ	örü ebed- өрөвдө- 同情する
		+		+	
		ᠭᠠᠶᠢᠬᠠᠮ᠎ᠠ	γayiqam-a гайхам 驚くべきほどの	ᠥᠷᠥ ᠡᠪᠡᠳᠦᠮ᠎ᠡ	örü ebedüm-e өрөвдөм 同情すべき

10. 《習慣となった性格，熟達した性質》

a.	ᠮᠠᠬᠠᠢ / ᠮᠡᠬᠡᠢ	-maqai / -mekei -мхай^3	ᠠᠶᠤ	ayu- ай- 恐れる	ᠢᠳᠡ	ide- идэ- 食べる
			+		+	
			ᠠᠶᠤᠮᠠᠬᠠᠢ	ayumaqai аймхай 臆病な	ᠢᠳᠡᠮᠡᠬᠡᠢ	idemekei идэмхий 食いしん坊な
b.	ᠮᠠᠭᠠᠢ / ᠮᠡᠭᠡᠢ	-maγai / -megei -мгай^3	ᠴᠢᠳᠠ	čida- чада- できる	ᠲᠦᠷᠢ	türi- түрэ- 後ろから押す
			+		+	
			ᠴᠢᠳᠠᠮᠠᠭᠠᠢ	čidamaγai чадамгай 巧みな，有能な	ᠲᠦᠷᠢᠮᠡᠭᠡᠢ	türimegei түрэмгий 侵略的な
c.	ᠮᠠᠲᠠᠭᠠᠢ / ᠮᠡᠲᠡᠭᠡᠢ	-mataγai / -metegei -мтгай^3	ᠵᠣᠴᠢᠯᠠ	ǰočila- зочло- 客をもてなす	ᠢᠴᠢ	iči- ичи- 恥じる
			+		+	
			ᠵᠣᠴᠢᠯᠠᠮᠠᠲᠠᠭᠠᠢ	ǰočilamataγai зочломтгой 客をよくもてなす，客好きな	ᠢᠴᠢᠮᠡᠲᠡᠭᠡᠢ	ičimetegei ичимтгий 恥ずかしがり屋の

練習問題

67

23

次の単語をモンゴル文字で書きなさい．

(1) хөдөлмөр　(2) худалдагч　(3) тагнуул
(4) баллуур　(5) дүгнэлт　(6) зочломтгой

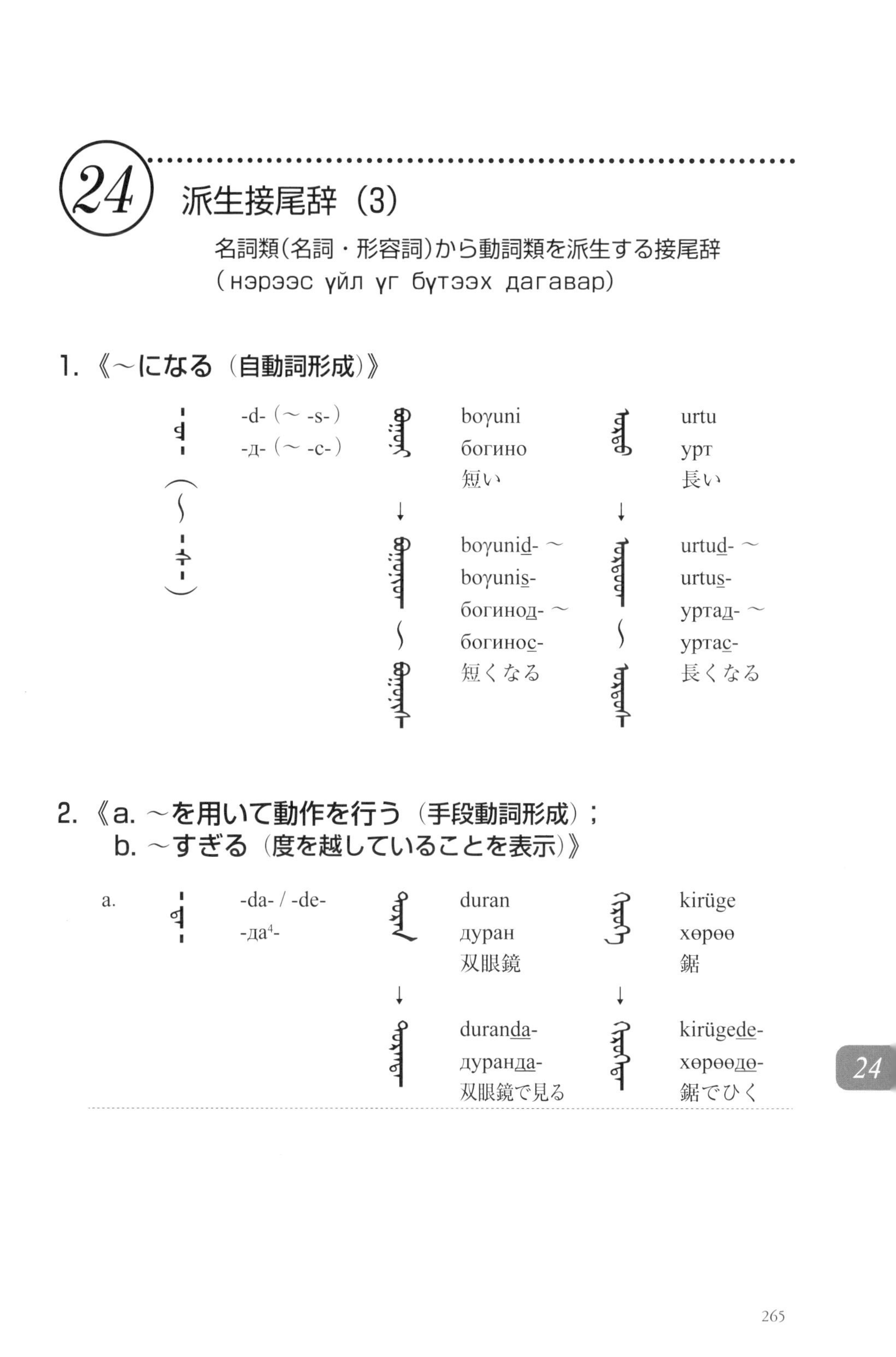

24 派生接尾辞（3）

名詞類(名詞・形容詞)から動詞類を派生する接尾辞
(нэрээс үйл үг бүтээх дагавар)

1.《～になる（自動詞形成）》

接尾辞	例 1	例 2
-d- (～ -s-) -д- (～ -с-)	boγuni богино 短い ↓ boγunid- ～ boγunis- богинод- ～ богинос- 短くなる	urtu урт 長い ↓ urtud- ～ urtus- уртад- ～ уртас- 長くなる

2.《a. ～を用いて動作を行う（手段動詞形成）；
b. ～すぎる（度を越していることを表示）》

	接尾辞	例 1	例 2
a.	-da- / -de- -да^4-	duran дуран 双眼鏡 ↓ duranda- дуранда- 双眼鏡で見る	kirüge хөрөө 鋸 ↓ kirügede- хөрөөдө- 鋸でひく

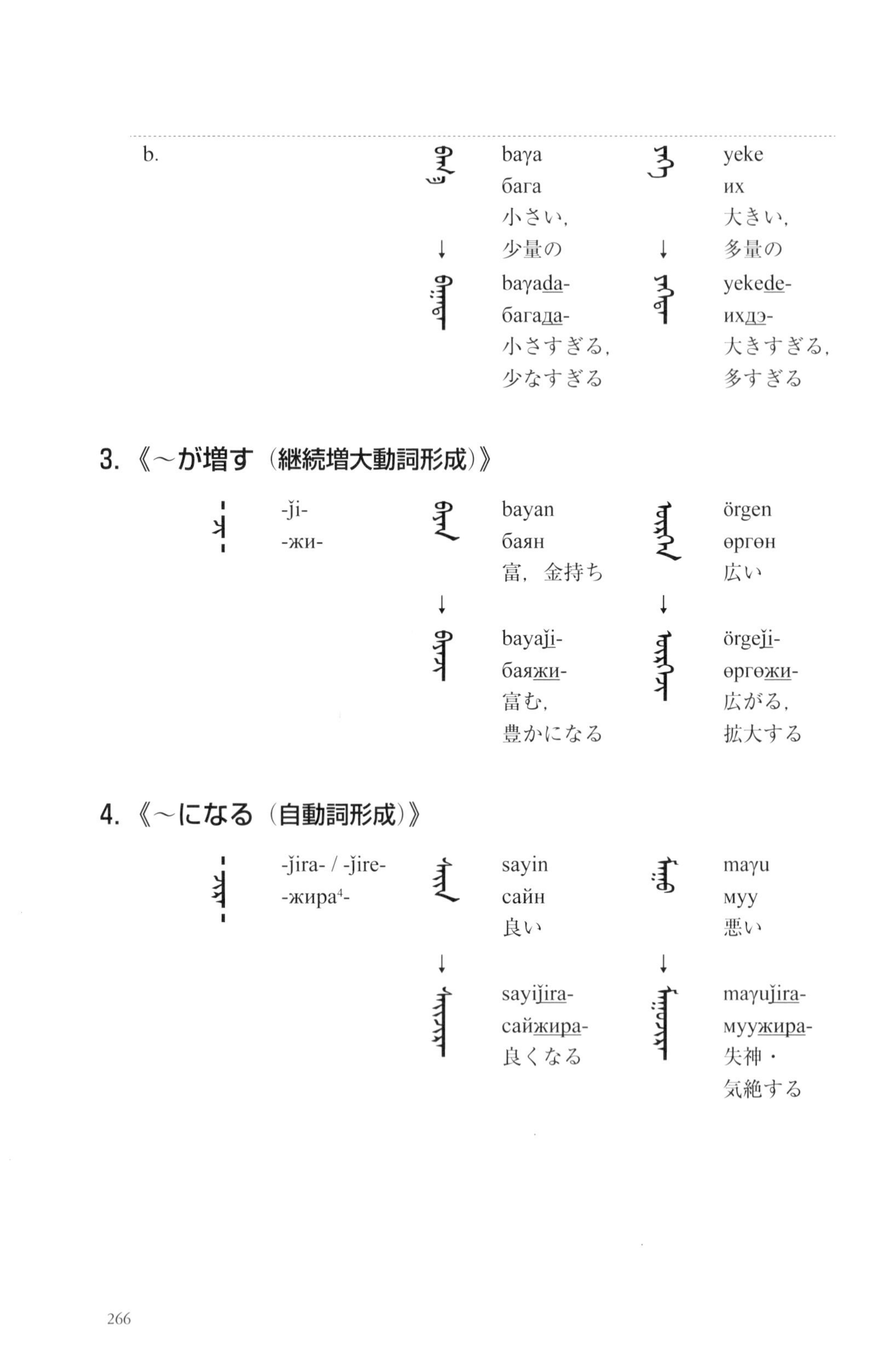

b.

baγa бага 小さい，少量の	yeke их 大きい，多量の
↓	↓
baγada- багада- 小さすぎる，少なすぎる	yekede- ихдэ- 大きすぎる，多すぎる

3. 《～が増す（継続増大動詞形成）》

-ǰi-
-жи-

bayan баян 富，金持ち	örgen өргөн 広い
↓	↓
bayaǰi- баяжи- 富む，豊かになる	örgeǰi- өргөжи- 広がる，拡大する

4. 《～になる（自動詞形成）》

-ǰira- / -ǰire-
-жира[4]-

sayin сайн 良い	maγu муу 悪い
↓	↓
sayiǰira- сайжира- 良くなる	maγuǰira- муужира- 失神・気絶する

5. 《主に，(1) ～を用いて動作を行う，～の状態にする（他動詞形成）；一部，(2) ～が生ずる，～の状態になる（自動詞形成）》

a. (1)	ᠯᠠ	-la- / -le- -ла^4-	ᠬᠠᠶᠢᠴᠢ	qayiči хайч はさみ	ᠴᠡᠪᠡᠷ	čeber цэвэр きれいな
			↓		↓	
			ᠬᠠᠶᠢᠴᠢᠯᠠ	qayiči<u>la</u>- хайч<u>ла</u>- はさみで切る	ᠴᠡᠪᠡᠷᠯᠡ	čeber<u>le</u>- цэвэр<u>лэ</u>- きれいにする
(2)			ᠰᠠᠯᠬᠢ	salki салхи 風	ᠠᠭᠤᠷ	aγur уур 怒り
			↓		↓	
			ᠰᠠᠯᠬᠢᠯᠠ	salki<u>la</u>- салхи<u>ла</u>- 風が吹く	ᠠᠭᠤᠷᠯᠠ	aγur<u>la</u>- уур<u>ла</u>- 怒る
b.	ᠨᠠ	-na- / -ne- -на^4-（語幹がм, н(г)の場合）	ᠰᠠᠮ	sam сам くし	ᠠᠩ	ang ан(г) 狩り
			↓		↓	
			ᠰᠠᠮᠨᠠ	sam<u>na</u>- сам<u>на</u>- 髪をとかす	ᠠᠩᠨᠠ	ang<u>na</u>- аг<u>на</u>- 狩りをする

6. 《～になる（自動詞形成）》

a.	ᠷᠠ	-ra- / -re- -ра^4	ᠬᠢᠮᠳᠠ	kimda хямд 安い	ᠬᠦᠢᠲᠡᠨ	küiten хүйтэн 寒い
			↓		↓	
			ᠬᠢᠮᠳᠠᠷᠠ	kimda<u>ra</u>- хямд<u>ра</u>- 安くなる	ᠬᠦᠢᠲᠡᠷᠡ	küite<u>re</u>- хүйт<u>рэ</u>- 寒くなる

b.	ᠯᠠ	-la- / -le- -ла^4-（語幹にpがある場合）	ᠬᠠᠷ᠎ᠠ ↓ ᠬᠠᠷᠠᠯᠠ	qar-a хар 黒い qarala- харла- 黒くなる	ᠰᠢᠷ᠎ᠠ ↓ ᠰᠢᠷᠠᠯᠠ	sir-a шар 黄色い sirala- шарла- 黄色くなる

7. 《～を誇張して示す（誇大動詞形成）》

a.	ᠷᠬᠠ／ᠷᠬᠡ	-rqa- / -rke- -рха^4-	ᠪᠠᠭ᠎ᠠ ↓ ᠪᠠᠭᠠᠷᠬᠠ	baq-a бах 満足 baqarqa- бахархa- 誇りに思う	ᠰᠡᠴᠡᠨ ↓ ᠰᠡᠴᠡᠷᠬᠡ	sečen цэцэн 賢い sečerke- цэцэрхэ- 見識ぶる，賢ぶる
b.	ᠯᠬᠠ／ᠯᠬᠡ	-lqa- / -lke- -лха^4-（語幹にpがある場合）	ᠰᠢᠷ᠎ᠠ ↓ ᠰᠢᠷᠠᠯᠬᠠ	sir-a шар 負けん気 siralqa- шаралха- 負けん気になる	ᠳᠡᠭᠡᠷ᠎ᠡ ↓ ᠳᠡᠭᠡᠷᠡᠯᠬᠡ	deger-e дээр 上（に） degerelke- дээрэлхэ- いじめる

8. 《自動詞形成》

a. -s- / -c-

umdaγ-a / ундаа / 飲み物 → umdaγas- / ундаас- / のどが渇く

kei / хий / 空気 → keyis- / хийс- / (風で) 吹き飛ぶ

9. 《～を欲する，望む（欲望動詞形成）》

-sa- / -se- / -ca⁴-

miq-a / мах / 肉 → miqasa- / махса- / 肉を食べたがる

törküm / төрхөм / 妻の実家 → törkümse- / төрхөмсө- / (妻が) 実家を恋しがる

10. 《～が生ずる，起こる，できる；～の状態になる（生起動詞形成）》

-tu- / -tü- / -та⁴-

qaγ / хаг / ふけ → qaγtu- / хагта- / ふけがでる

ünür / үнэр / におい → ünürtü- / үнэртэ- / においがする

11.《a. 相互に / 共同して～する（相互・共同動詞形成）；
b. ～を感じる，～の状態になる（自動詞形成）》

a.	ᠴᠠ	-ča- / -če- -ца⁴-	ᠬᠠᠶᠢᠨ	qayin хайн 引き分け	ᠮᠦᠷᠦᠢ	mörüi мөрий かけ
			↓		↓	
			ᠬᠠᠶᠢᠨᠴᠠ	qayinča- хайнца- 引き分ける	ᠮᠦᠷᠦᠶᠢᠴᠡ	mörüyiče- мөрийцө- かけをする
b.			ᠬᠠᠯᠠᠭᠤᠨ	qalaγun халуун 暑い	ᠳᠤᠷ᠎ᠠ ᠦᠭᠡᠢ	dur-a ügei дургүй 嫌いな
			↓		↓	
			ᠬᠠᠯᠠᠭᠤᠴᠠ	qalaγuča- халууца- 暑く感じる	ᠳᠤᠷᠠᠭᠦᠶᠢᠴᠡ	duragüyiče- дургүйцэ- 嫌いになる

12.《～にする，～とみなす，～化する（他動詞形成）》

a.	ᠴᠢᠯᠠ	-čila- / -čile- -чла⁴-	ᠴᠢᠬᠤᠯᠠ	čiqula чухал 重要な	ᠥᠭᠡᠷ᠎ᠡ	öger-e өөр 他の，別の
			↓		↓	
			ᠴᠢᠬᠤᠯᠠᠴᠢᠯᠠ	čiqulačila- чухалчла- 重要視する	ᠥᠭᠡᠷᠡᠴᠢᠯᠡ	ögerečile- өөрчлө- 変える

b.	ᠪᠴᠢᠯᠠ	-bčila- / -bčile- -вчла[4]-	ᠨᠠᠷᠢᠨ	narin нарийн 細い，細かい	ᠬᠥᠩᠭᠡᠨ	könggen хөнгөн 軽い
			↓		↓	
			ᠨᠠᠷᠢᠪᠴᠢᠯᠠ	nari<u>bčila</u>- нарий<u>вчла</u>- 詳細に見る	ᠬᠥᠩᠭᠡᠪᠴᠢᠯᠡ	könggebčile- хөнгө<u>вчлө</u>- 軽くする，やわらげる

13. 《～をわがものとする；～の状態になる（領有動詞形成）》

ᠰᠢ	-si- -ши-	ᠠᠮᠲᠠ	amta амт 味	ᠭᠡᠮ	gem гэм 罪
		↓		↓	
		ᠠᠮᠲᠠᠰᠢ	amta<u>si</u>- амт<u>ши</u>- 味をしめる	ᠭᠡᠮᠰᠢ	gem<u>si</u>- гэм<u>ши</u>- 後悔する

14. 《～になる（自動詞形成）》

ᠰᠢᠷᠠ	-sira- / -sire- -шира[4]-	ᠲᠠᠶᠢᠪᠤᠩ	tayibung тайван 平和（な）	ᠵᠦᠭ	ǰüg зүг 方向
		↓		↓	
		ᠲᠠᠶᠢᠪᠤᠰᠢᠷᠠ	tayibu<u>sira</u>- тайв<u>шира</u>- 落ち着く，静まる	ᠵᠦᠭᠰᠢᠷᠡ	ǰüg<u>sire</u>- зүг<u>ширэ</u>- 慣れる

15. 《～だとみなす，認める（容認動詞形成）》

-siya- / -siye- -шаа⁴-	sayin сайн 良い	töbeg төвөг 面倒，厄介
	↓	↓
	sayisiya- сайшаа- 賞賛する	töbegsiye- төвөгшөө- 面倒くさがる

68 **練習問題**

次の単語をモンゴル文字で書きなさい.

(1) хөрөөдө-　(2) сайжира-　(3) хямдра-

(4) бахарха-　(5) дургүйцэ-　(6) өөрчлө-

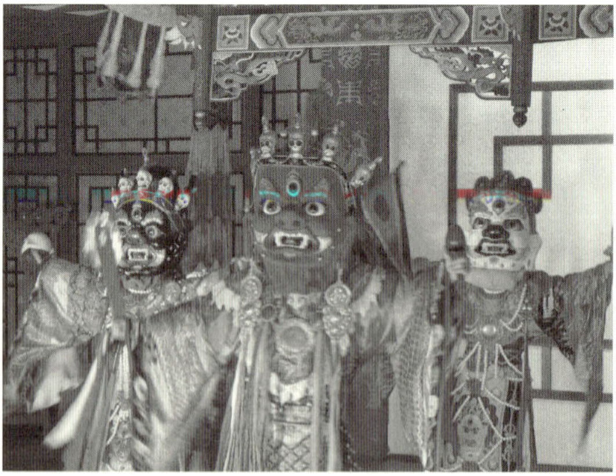

ツァム（仮面舞踏）

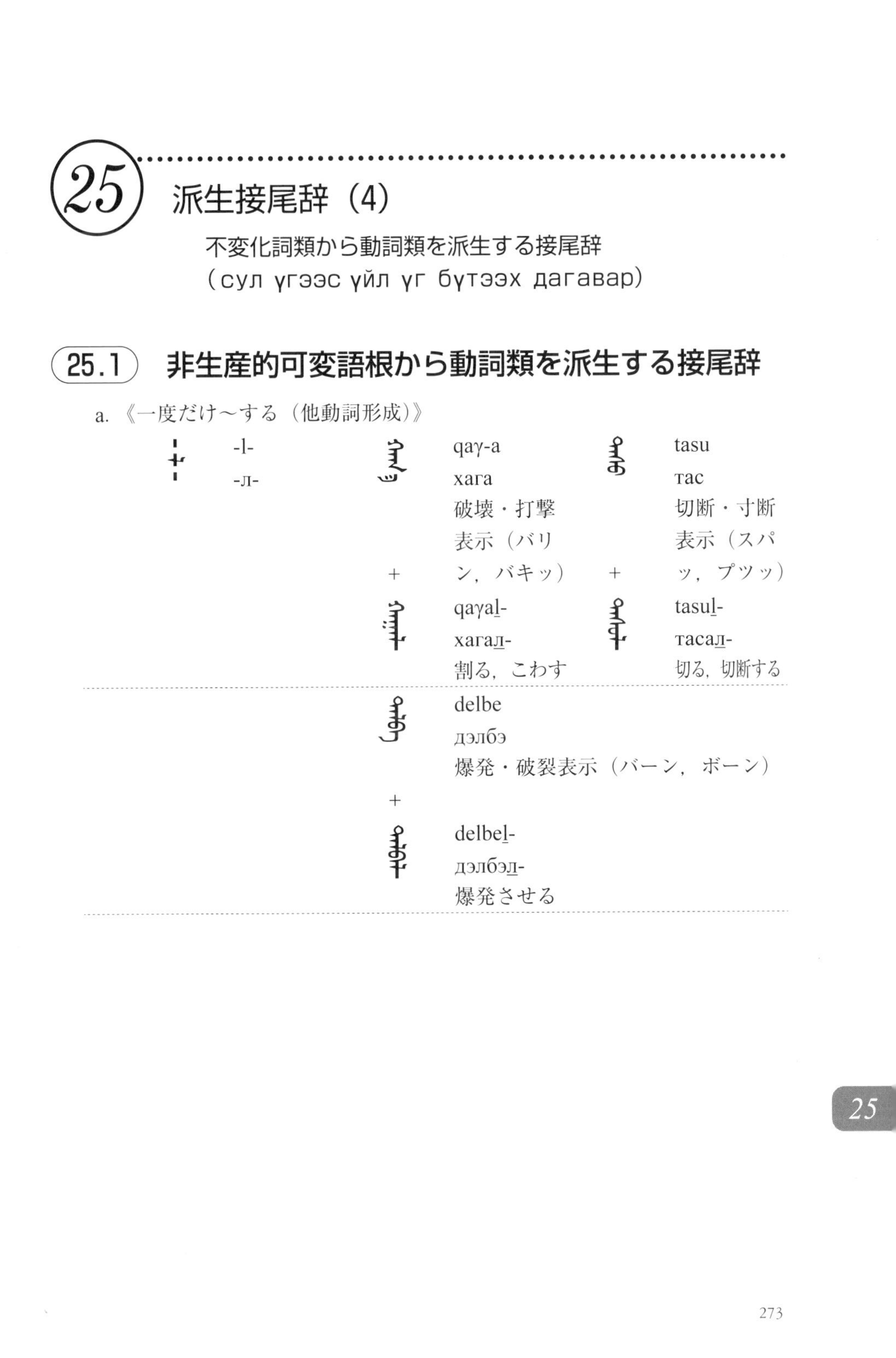

25 派生接尾辞（4）

不変化詞類から動詞類を派生する接尾辞
（сул үгээс үйл үг бүтээх дагавар）

25.1 非生産的可変語根から動詞類を派生する接尾辞

a. 《一度だけ～する（他動詞形成）》

-l-
-л-

qaγ-a
хага
破壊・打撃表示（バリン，バキッ）
+
qaγal-
хагал-
割る，こわす

tasu
тас
切断・寸断表示（スパッ，プツッ）
+
tasul-
тасал-
切る，切断する

---

delbe
дэлбэ
爆発・破裂表示（バーン，ボーン）
+
delbel-
дэлбэл-
爆発させる

---

b. 《～になる（自動詞形成）》

ᠷᠠ	-ra- / -re- -pa⁴-	ᠬᠠᠭᠠ + ᠬᠠᠭᠠᠷᠠ	同上 qaγara- хагара- 割れる， こわれる	ᠲᠠᠰᠤ + ᠲᠠᠰᠤᠷᠠ	同上 tasura- тасра- 切れる
		ᠳᠡᠯᠪᠡ + ᠳᠡᠯᠪᠡᠷᠡ	同上 delbere- дэлбэрэ- 爆発，破裂する		

c. 《何度も～する（反復動詞形成）》

ᠴᠢ	-či- -чи-	ᠬᠠᠭᠠ + ᠬᠠᠭᠠᠴᠢ	同上 qaγači- хагачи- 何度も割る， こわす	ᠲᠠᠰᠤ + ᠲᠠᠰᠤᠴᠢ	同上 tasuči- тасчи- 何度も切る
		ᠳᠡᠯᠪᠡ + ᠳᠡᠯᠪᠡᠴᠢ	同上 delbeči- дэлбэчи- 何度も爆発する		

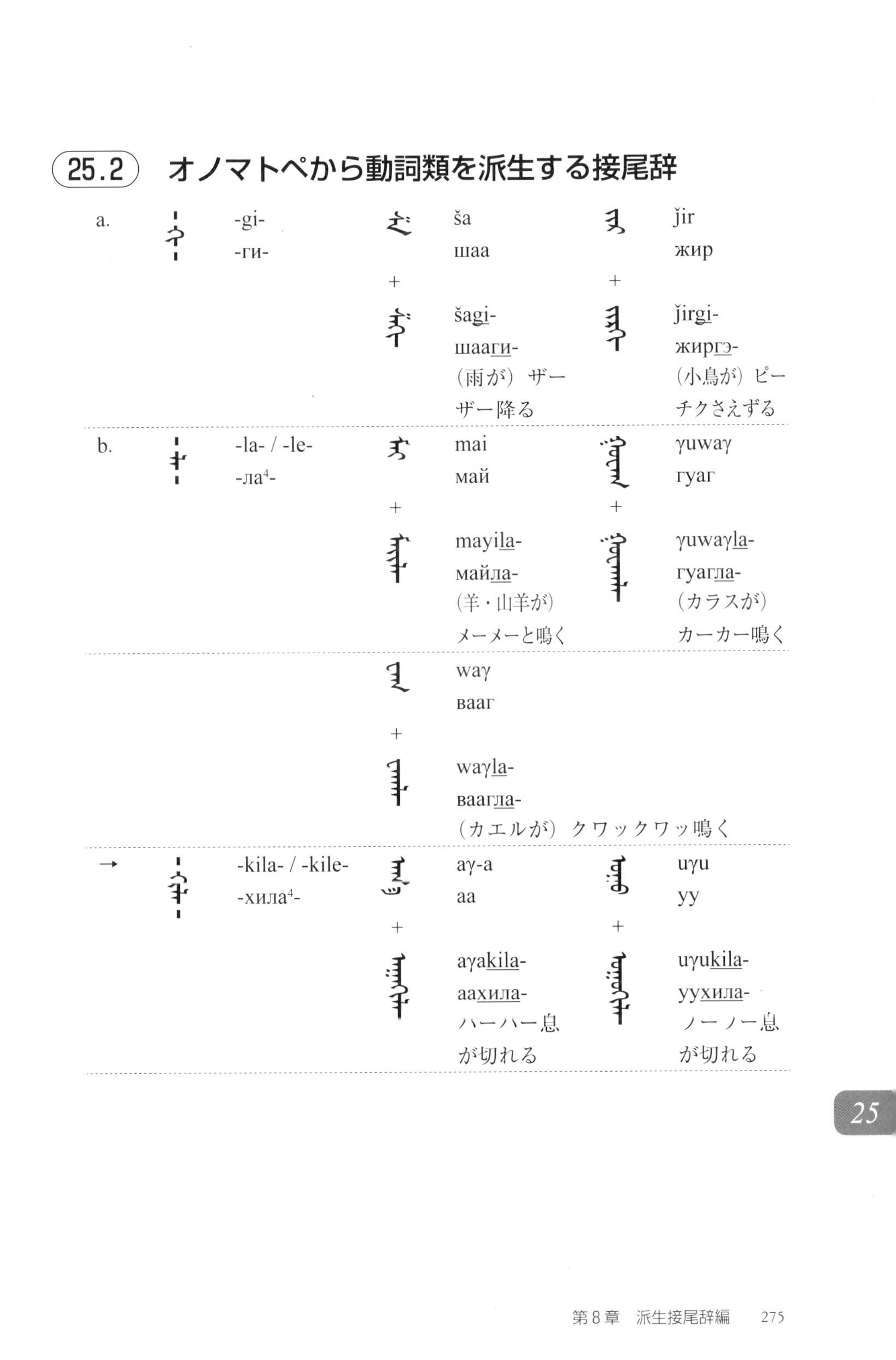

25.2 オノマトペから動詞類を派生する接尾辞

a.	-gi- -ги-	ša шаа + šagi- шааги- (雨が) ザーザー降る	ǰir жир + ǰirgi- жиргэ- (小鳥が) ピーチクさえずる
b.	-la- / -le- -ла⁴-	mai май + mayila- майла- (羊・山羊が) メーメーと鳴く	γuwaγ гуаг + γuwaγla- гуагла- (カラスが) カーカー鳴く
		waγ ваag + waγla- ваагла- (カエルが) クワックワッ鳴く	
→	-kila- / -kile- -хила⁴-	aγ-a аа + aγakila- аахила- ハーハー息が切れる	uγu уу + uγukila- уухила- ノーノー息が切れる

25

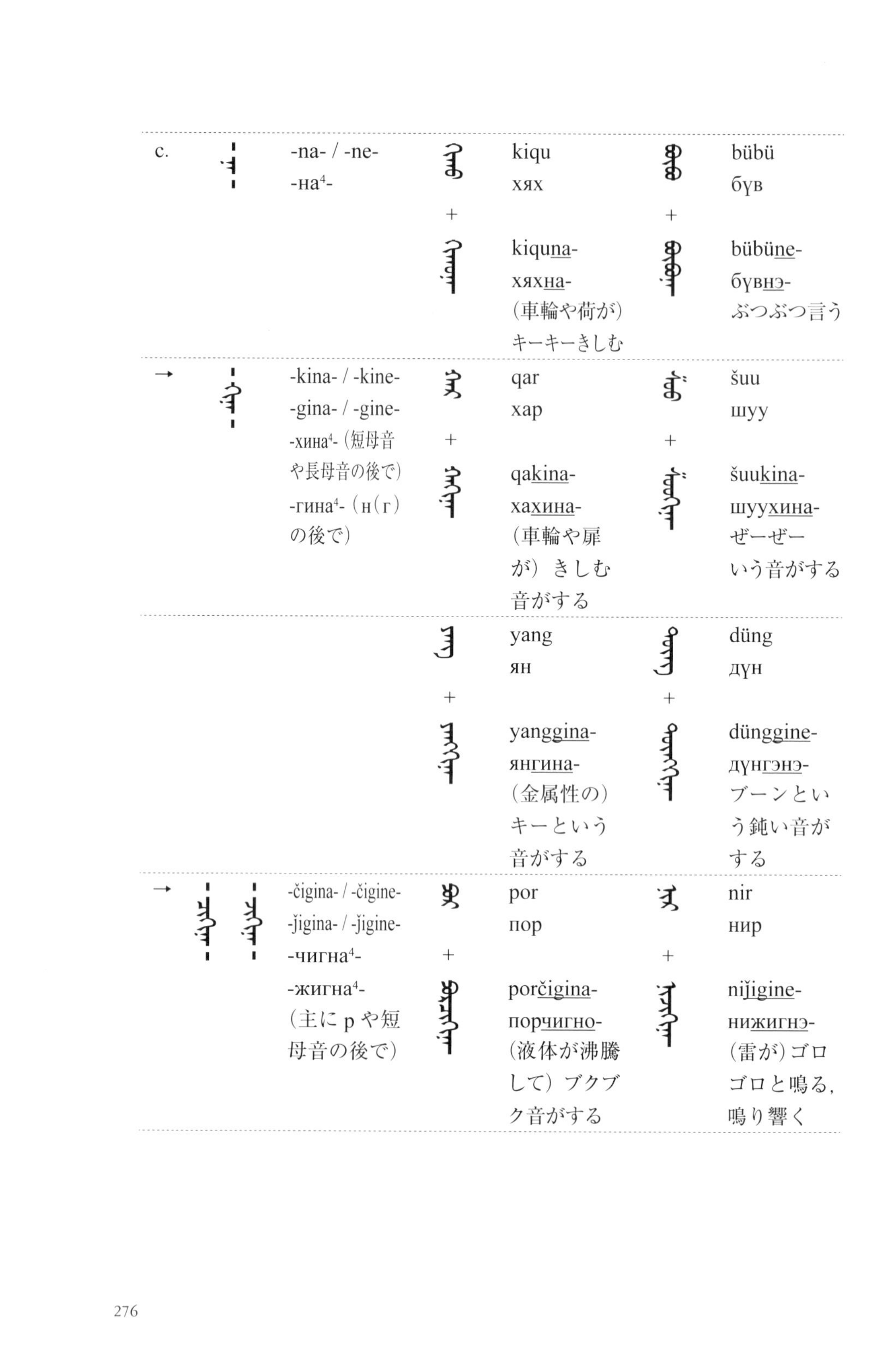

c.		-na- / -ne- -на[4]-		kiqu хях + kiquna- хяхна- (車輪や荷が)キーキーきしむ		bübü бүв + bübüne- бүвнэ- ぶつぶつ言う
→		-kina- / -kine- -gina- / -gine- -хина[4]- (短母音や長母音の後で) -гина[4]- (н(г)の後で)		qar хар + qakina- хахина- (車輪や扉が) きしむ音がする		šuu шуу + šuukina- шуухина- ゼーゼーいう音がする
				yang ян + yanggina- янгина- (金属性の)キーという音がする		düng дүн + dünggine- дүнгэнэ- ブーンという鈍い音がする
→		-čigina- / -čigine- -ǰigina- / -ǰigine- -чигна[4]- -жигна[4]- (主に p や短母音の後で)		por пор + porčigina- порчигно- (液体が沸騰して) ブクブク音がする		nir нир + niǰigine- нижигнэ- (雷が)ゴロゴロと鳴る，鳴り響く

→	ᠲᠤᠨᠠ	-tuna- / -tüne- -тна-	ᠪᠠᠪᠠ	baba бав	ᠬᠦᠬᠦ	kükü хүх
			+		+	
			ᠪᠠᠪᠠᠲᠤᠨᠠ	babatuna- бавтна- ぺちゃくちゃしゃべる	ᠬᠦᠬᠦᠲᠦᠨᠡ	kükütüne- хүхтнэ- ふっふっと口をすぼめて笑う
d.	ᠷᠠ	-ra- / -re- -ра⁴-	ᠮᠥᠭᠡ	möge мөө	ᠬᠡᠬᠡ	keke хэх
			+		+	
			ᠮᠥᠭᠡᠷᠡ	mögere- мөөрө- （牛が）モーと鳴く	ᠬᠡᠬᠡᠷᠡ	kekere- хэхрэ- げっぷをする
→	ᠬᠢᠷᠠ	-kira- / -kire- -хира⁴- （主に р，一部 ш，長母音の後で）	ᠬᠤᠷ	qur хур	ᠬᠦᠷ	kür хүр
			+		+	
			ᠬᠤᠷᠬᠢᠷᠠ	qurkira- хурхира- ぐーぐーいびきをかく	ᠬᠦᠷᠬᠢᠷᠡ	kürkire- хүрхэрэ- （猛獣が）うーっとうなる
e.	ᠰᠢ	-si- -ши-（г や н(г) の後で）	ᠲᠣᠭ	toγ тог	ᠭᠤᠩ	γung гун
			+		+	
			ᠲᠣᠭᠰᠢ	toγsi- тогши- （扉を）とんとんノックする	ᠭᠤᠩᠰᠢ	γungsi- гунши- 鼻声で話す

→	-ᠰᠢᠷᠠ-	-sira- / -sire- -шира^{4}-	ᠱᠠᠭ	šaγ шаг	ᠱᠣᠭ	šoγ шог
			+		+	
			ᠱᠠᠭᠰᠢᠷᠠ	šaγsira- шагшира- （カササギが）カシャ、カシャと鳴く	ᠱᠣᠭᠰᠢᠷᠠ	šoγsira- шогширо- （同情・遺憾などを示し）舌打ちする

69 練習問題

次の単語をモンゴル文字で書きなさい.

(1) тасал-　(2) дэлбэрэ-　(3) хагачи-

(4) жиргэ-　(5) порчигно-　(6) хурхира-

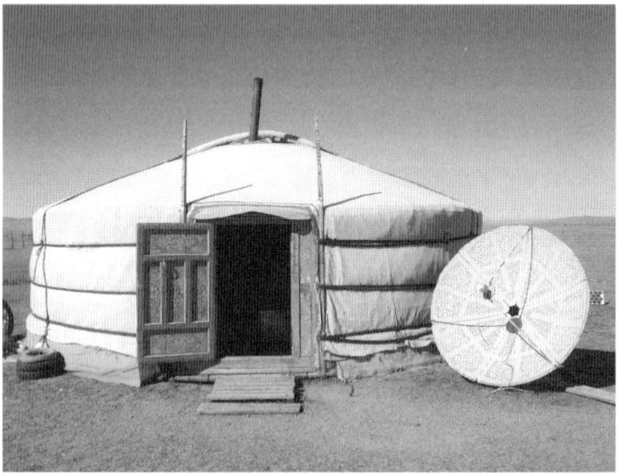

モンゴルのゲル（移動式住居）

第9章　ことわざ編

26　ことわざ（1）

1　ᠳᠤᠰᠤᠯ ᠢ ᠬᠤᠷᠢᠶᠠᠪᠠᠯ ᠳᠠᠯᠠᠢ᠂ ᠳᠤᠭᠤᠯᠤᠭᠰᠠᠨ ᠢ ᠬᠤᠷᠢᠶᠠᠪᠠᠯ ᠡᠷᠳᠡᠮ

/ dusul-i quriyabal dalai, duγuluγsan-i quriyabal erdem /
Дуслыг хураавал далай, Дуулсныг хураавал эрдэм
滴を集めれば海，聞いたことを集めれば学

説　明

“小さな水の滴を集めれば大きな海となるように，人から聞いたことを少しずつ集めればやがては大きな学識，教養となるものだ”というたとえから，一般に〈物事を成就するためには，何事もまず身近なところから一歩一歩着実に努力を重ねて行わなければならない〉という意を示す.

類　義

「塵も積もれば山となる」
（ごくわずかなものでも，たくさん積み重ねると非常に大きなものになる，ということ）
「千里の道も一歩から」
（どんな大事業でも，手近なところから着実に行わなければならない，ということ）

例 文

ᠲᠡᠦᠬᠡ ᠶᠢᠨ ᠪᠠᠭᠰᠢ ᠪᠠᠰᠠᠩᠬᠦᠦ ᠮᠠᠨ ᠤ ᠠᠩᠭᠢ ᠳᠤ ᠬᠢᠴᠢᠶᠡᠯ ᠣᠷᠤᠬᠤ ᠪᠣᠯᠭᠠᠨ ᠳᠠᠭᠠᠨ《ᠮᠣᠩᠭᠤᠯ ᠶᠣᠰᠤ ᠵᠠᠩᠰᠢᠯ ᠢᠶᠠᠨ ᠰᠠᠶᠢᠨ ᠮᠡᠳᠡᠳᠡᠭ ᠡᠪᠦᠭᠡᠳ ᠬᠥᠭᠰᠢᠳ ᠡᠴᠡ ᠡᠷᠲᠡᠨ ᠡᠴᠡ ᠤᠯᠠᠮᠵᠢᠯᠠᠯ ᠲᠠᠢ ᠦᠨᠳᠦᠰᠦᠨ ᠦ ᠪᠡᠨ ᠵᠠᠩ ᠵᠠᠩᠰᠢᠯ ᠤᠨ ᠲᠠᠯ᠎ᠠ ᠪᠠᠷ ᠨᠡᠷᠡᠯᠬᠡᠯᠭᠦᠢ ᠰᠠᠶᠢᠨ ᠠᠰᠠᠭᠤᠵᠤ ᠲᠡᠮᠳᠡᠭᠯᠡᠵᠦ ᠠᠪᠤᠪᠠᠯ ᠬᠣᠵᠢᠮ ᠳᠠᠭᠠᠨ ᠬᠡᠷᠡᠭ ᠪᠣᠯᠵᠤ ᠮᠡᠳᠡᠨ᠎ᠡ ᠰᠢᠦ᠂ ᠳᠤᠰᠤᠯ ᠢ ᠬᠤᠷᠢᠶᠠᠪᠠᠯ ᠳᠠᠯᠠᠢ᠂ ᠳᠤᠭᠤᠯᠤᠭᠰᠠᠨ ᠢ ᠬᠤᠷᠢᠶᠠᠪᠠᠯ ᠡᠷᠳᠡᠮ》ᠭᠡᠵᠦ ᠶᠠᠭᠤᠮ᠎ᠠ ᠯᠠ ᠪᠣᠯ ᠬᠡᠯᠡᠳᠡᠭ ᠪᠠᠶᠢᠵᠢ ᠪᠢᠯᠡ᠃

〔転　写〕

teüke-yin baγsi Basangküü man-u anggi-du kičiyel oruqu bolγan-daγan «mongγul yosu ǰangsil-iyan sayin mededeg ebüged kögsid-eče erten-eče ulamǰilal-tai ündüsün-ü-ben ǰang ǰangsil-un tal-a-bar nerelkelgüi sayin asaγuǰu temdegleǰü abubal qoǰim-daγan kereg bolǰu meden-e siü, **dusul-i quriyabal dalai, duγuluγsan-i quriyabal erdem**» geǰü yaγum-a la bol keledeg bayiǰi bile.

70 〔キリル文字〕

Түүхийн багш Баасанхүү манай ангид хичээл орох болгондоо : “Монгол ёс заншлаа сайн мэддэг өвгөд хөгшдөөс эртнээс уламжлалтай үндэснийхээ зан заншлын талаар нэрэлхэлгүй сайн асууж тэмдэглэж авбал хожимдоо хэрэг болж мэднэ шүү.

Дуслыг хураавал далай

Дуулсныг хураавал эрдэм” гэж юм л бол хэлдэг байж билээ.

- юм л бол（= дандаа）〔口語〕しょっちゅう，いつも

〔訳〕

歴史の先生バーサンフーは，私たちのクラスで授業をするたびに，「モンゴルの習慣をよく知っている老人たちに，昔から伝統的な民族の風俗習慣のことを遠慮しないで，しっかり聞いて記録しておけば，将来に役立つかもしれないぞ．〈滴を集めれば海，聞いたことを集めれば学〉」としょっちゅう言っていたものだよ．

2 ᠣᠷᠤᠯᠳᠤᠪᠠᠯ ᠨᠢᠭᠡ ᠶᠢ ᠪᠦᠲᠦᠭᠡᠳᠡᠭ᠂ ᠤᠷᠠᠯᠳᠤᠪᠠᠯ ᠨᠢᠭᠡ ᠨᠢ ᠲᠦᠷᠦᠭᠦᠯᠡᠳᠡᠭ

/ oruldubal nige-yi bütügedeg, uruldubal nige ni türügüledeg /

Оролдвол нэгийг бүтээдэг, Уралдвал нэг нь түрүүлдэг

努力すれば何かを実現する，競争すれば誰かが先頭に立つ

説明

“競争すれば必ず誰か一人が先頭に立つように，努力すれば必ず何か１つを実現するものだ”というたとえから，一般に〈人はその気になって努力すれば，どんなことでもできるものだ〉とか〈人はある１つの目的に向かって努力すれば，必ず成功を収めるものだ〉という意を示す．

類義

「為(な)せば成(な)る」

（その気になってやれば，どんなことでもできる，ということ）

例文

[illegible]

〔転　写〕

kӧdelmüri-yin kičiyel deger-e ǰirγuduγar anggi-yin eregtei keüked-üd čӧm-iyer-iyen kӧnggen tergen-ü ǰiǰigken ǰaγbur ǰokiyan bütügekü bolǰai. tegetel-e tabun suruγči «bide-ner yerü-eče-ben kiǰü dӧnggekü ügei bayiq-a» kemen qoyirγusin saγuγsan-du baγsi ni «ta-nar kiǰü čidalgüi yaγakiqu bui, **oruldubal nige-yi bütügedeg, uruldubal nige ni türügüledeg** gedeg biǰe de, kiged üǰe de, ǰabal čidan-a» geǰü urm-a qayiralaǰai.

71 〔キリル文字〕

Хөдөлмөрийн хичээл дээр зургадугаар ангийн эрэгтэй хүүхдүүд цөмөөрөө хөнгөн тэрэгний жижигхэн загвар зохион бүтээх болжээ. Тэгтэл таван сурагч : "Бид нар ерөөсөө хийж дөнгөхгүй байх" хэмээн хойргошин суусанд багш нь : "Та нар хийж чадалгүй яах вэ.

Оролдвол нэгийг бүтээдэг

Уралдвал нэг нь түрүүлдэг гэдэг биз дээ. Хийгээд үз дээ. Заавал чадна" гэж урам хайрлажээ.

• урам хайрлах 励ます，激励する

〔訳〕

技術の授業で六年の男子生徒たちが全員，軽自動車の小型模型を製作することになった．すると，五人の生徒が「僕たちは全然うまく作れないだろう」とぐずぐずしていると，先生は「あなたたちはもちろん作れるよ．〈努力すれば何かを実現する，競争すれば誰かが先頭に立つ〉というだろ．作ってみなさいよ．必ずできます」と励ました．

3 ᠰᠠᠨᠠᠵᠤ ᠶᠠᠪᠤᠪᠠᠯ ᠪᠦᠲᠦᠳᠡᠭ᠂ ᠰᠠᠵᠢᠯᠠᠵᠤ ᠶᠠᠪᠤᠪᠠᠯ ᠬᠦᠷᠳᠡᠭ

/ sanaǰu yabubal bütüdeg, saǰilaǰu yabubal kürdeg /

Санаж явбал бүтдэг, Сажилж явбал хүрдэг

思って行けば実現する，ゆっくり行けば到着する

説明

“思って行けば実現する，ゆっくり行けば到着する”のたとえから，一般に〈常にしっかりした目標を持ち続ければ，どんな事でもいつかは必ず成し遂げることができる〉という意を示す．

類義

「志(こころざし)ある者(もの)は事竟(ことつい)に成(な)る」

（しっかりした志さえ持っていれば，どんな事でも最後には必ず成し遂げることができる，ということ）

例文

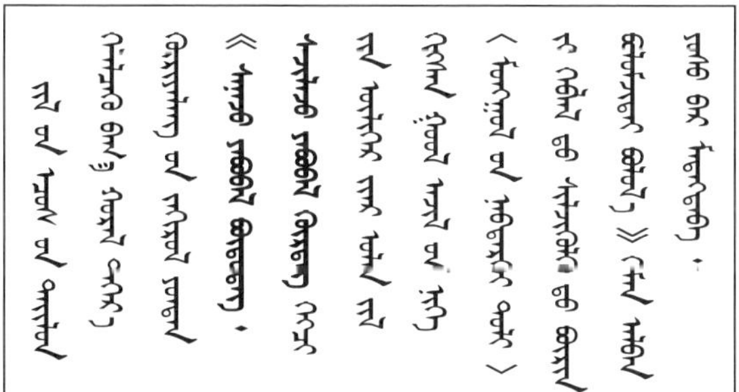

26

〔転　写〕

ǰil-ün ečüs-ün tayilun kelelčekü baγ-a qural deger-e küriyeleng-ün ǰakirul Yondan «**sanaǰu yabubal bütüdeg, saǰilaǰu yabubal kürdeg** gegči-yin üliger-iyer olan ǰil kigsen γoul aǰil-un nige 〈mongγul-un nebterkei toli〉-yi keblel-dü silǰigülkü-dü bürin bolumǰitai bolul-a» kemen alban yosu-bar medegdebe.

72 〔キリル文字〕

Жилийн эцсийн тайлан хэлэлцэх бага хурал дээр хүрээлэнгийн захирал Ёндон :

“**Санаж явбал бүтдэг**

Сажилж явбал хүрдэг гэгчийн үлгэрээр олон жил хийсэн гол ажлын нэг, «Монголын нэвтэрхий толь»-ийг хэвлэлд шилжүүлэхэд бүрэн боломжтой боллоо” хэмээн албан ёсоор мэдэгдэв.

〔訳〕

年末報告協議会議で研究所所長ヨンドンは，「〈思って行けば実現する，ゆっくり行けば到着する〉というたとえのように，何年も行った主な仕事の１つ，『モンゴル百科事典』を印刷に移すことが完全に可能になった」と公式に報告した．

73 **練習問題**

次の文をモンゴル文字で書きなさい．

⑴ Дуслыг хураавал далай, Дуулсныг хураавал эрдэм

⑵ Оролдвол нэгийг бүтээдэг, Уралдвал нэг нь түрүүлдэг

⑶ Санаж явбал бүтдэг, Сажилж явбал хүрдэг

⑷ «Монголын нэвтэрхий толь»-ийг хэвлэлд шилжүүлэхэд бүрэн боломжтой боллоо.

27 ことわざ (2)

4 ᠡᠳ᠋ ᠢᠶᠡᠷ ᠪᠡᠶ᠎ᠡ ᠪᠡᠨ ᠴᠢᠮᠡᠭᠦ ᠪᠡᠷ ᠡᠷᠳᠡᠮ ᠢᠶᠡᠷ ᠪᠡᠶ᠎ᠡ ᠪᠡᠨ ᠴᠢᠮᠡ

/ ed-iyer bey-e-ben čimekü-ber erdem-iyer bey-e-ben čime /

Эдээр биеэ чимэхээр Эрдмээр биеэ чим

物で自らを飾るよりも学で自らを飾れ

説明

“物で自らを飾るよりも学で自らを飾れ”というたとえから，一般に〈物や服で自らを飾るよりも，学問や学識で自らを飾る方が人生においてはるかに有意義なことである〉という意を示す．

このことわざは，学問を学ぶ重要性を説いたものである．

類義

「学問(がくもん)は一生(いっしょう)の宝(たから)」

（学問は一生を通じて人生の支えとなる大切なものである，ということ）

例 文

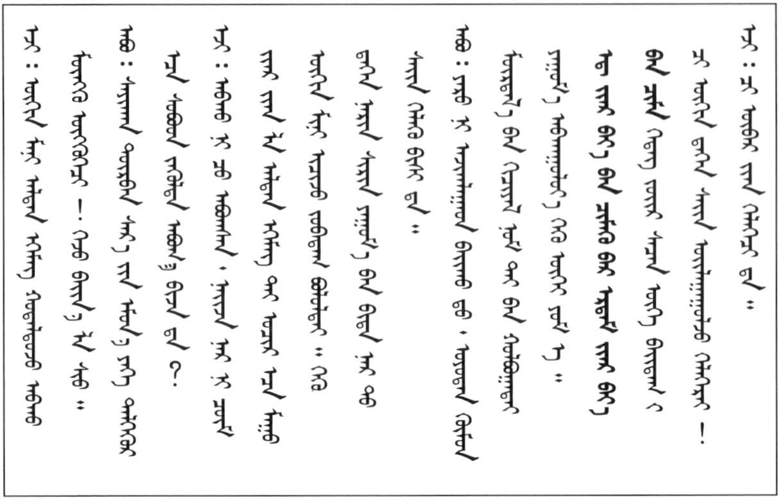

〔転　写〕

eǰi : ökin mani altan egemeg qudalduǰu abqu mönggü öggügeči! geǰü bayin-a la siü.

abu : sayiqan dörben sar-a-yin emün-e yeke delgegür-eče subud ǰegülte abuγ-a biǰe de?

eǰi : abqu ni ču abuγsan, nayiǰa-nar ni čöm-iyer-iyen le altan egemeg-tei učir-ača maγu ökin mini ičiǰü ǰobadaγ bolultai. gekü-degen narin sirin yaγum-a-ban bide-ner-tü sayin kelekü bisi de.

abu : yerü ni aǰiγlaγad bayiqu-du, oyutan kümün mörtel-e-ben kičiyel nom-tai-ban qolbuγatai yaγum-a abqaγuluy-a gekü ügei yum a. **ed-iyer bey-e-ben čimekü-ber erdem-iyer bey-e-ben čime** gedeg ǰüir sečen üge bayidaγ-i či ökin-degen sayin oyilaγaγulǰu kelegerei!

eǰi : či öber-iyen kelegeči de.

〔キリル文字〕 74

Ээж : Охин маань алтан ээмэг худалдаж авах мөнгө өгөөч! гэж байна лээ шүү.

Аав : Саяхан дөрвөн сарын өмнө их дэлгүүрээс сувдан зүүлт аваа биз дээ?

Ээж : Авах нь ч авсан. Найз нар нь цөмөөрөө л алтан ээмэгтэй учраас муу охин минь ичиж зовдог бололтой. Гэхдээ нарийн ширийн юмаа бид нарт сайн хэлэх биш дээ.

Аав : Ер нь ажиглаад байхад, оюутан хүн мөртлөө хичээл номтойгоо холбоотой юм авахуулъя гэхгүй юмаа.

Эдээр биеэ чимэхээр

Эрдмээр биеэ чим гэдэг зүйр цэцэн үг байдгийг чи охиндоо сайн ойлгуулж хэлээрэй!

Ээж : Чи өөрөө хэлээч дээ.

〔訳〕

母親：娘が金のイヤリングを買ってちょうだいと言っていたんですよ．

父親：つい最近，四ヶ月前に百貨店で真珠のネックレスを買っただろ．

母親：買うには買ったわ．彼女の友達はみんなが金のイヤリングを持っているので，かわいそうに娘は恥ずかしがっているようなの．でも，詳しいことは私たちにははっきり言わないのよ．

父親：だいたい注意して見ていると，学生なのに勉強と関係のあるものを買ってほしいとは言わないものだ．〈物で自らを飾るよりも学で自らを飾れ〉ということわざがあることを，おまえは娘によく分からせて言いなさい．

母親：あなたが自分で言ってよ．

5 ᠡᠷᠬᠡ ᠶᠢ ᠰᠤᠷᠬᠤ ᠪᠠᠷ ᠪᠡᠷᠬᠡ ᠶᠢ ᠰᠤᠷ

/ erke-yi surqu-bar berke-yi sur /

Эрхийг сурахаар Бэрхийг сур

わがままを学ぶよりも，厳しさを学べ

説　明

“わがままを学ぶよりも厳しさを学べ”というたとえから，一般に〈子供をしつけるときは，甘やかさず厳しく育てた方が，子供の将来のためになる〉という意を示す.

類　義

「可愛い子には旅をさせよ」（かわいい こ たび）

（愛する子は甘やかさず厳しく育てよ，ということ）

例　文

[illegible]

〔転　写〕

bütün sayin edür-ün örlüge čai uuγuǰu saγungγ-a-ban nökür ni abaγai-daγan «ayil-un keüked-üd-tei qaričaγulqu-du, man-u keüked-üd ger orun-u aǰil qunar-tu tusalalčaqu-daγan tung taγarauqan bolultai. či emünegür ni oruǰu čöm-i ni kikü čini ǰarim-daγan sayin ču yekengki-degen maγu ür-e daγaburi-tai bayiqu siü. baγ-a-ača ni amidural-un kečegüü berke-yi üǰegülǰü amsaγulqu keregtei geǰü boduǰu bayin-a. yerü ni čü **erke-yi surqu-bar berke-yi sur** gedeg biǰe de kö» kemen kelegsen-dü, abaγai ni «bi čü basa tegeǰü le bodudaγ bolbaču čaγ-iyan tulqu-bar čidaqu ügei örü ebedüged emünegür ni oruγad kičikekü yum» geǰei.

〔キリル文字〕 75

Бүтэн сайн өдрийн өглөө цай ууж суунгаа нөхөр нь авгайдаа : “Айлын хүүхдүүдтэй харьцуулахад, манай хүүхдүүд гэр орны ажил хунарт туслалцахдаа тун тааруухан бололтой. Чи өмнүүр нь орж цөмийг нь хийх чинь заримдаа сайн ч, ихэнхдээ муу үр дагавартай байх шүү. Багаас нь амьдралын хэцүү бэрхийг үзүүлж амсуулах хэрэгтэй гэж бодож байна.
Ер нь ч

Эрхийг сурахаар

Бэрхийг сур гэдэг биз дээ хө” хэмээн хэлсэнд, авгай нь : “Би ч бас тэгж л боддог боловч цагаа тулахаар чадахгүй, өрөвдөөд өмнүүр нь ороод хийчих юм” гэжээ.

〔訳〕

日曜日の朝，お茶を飲んで座りながら，夫が自分の奥さんに「他の家の子供たちと比べると，うちの子供たちは家事を手伝うのがとても苦手なようだ．おまえが先にすべてをするのは時には良いが，ほとんどは悪い結果となるものだよ．小さいときから生活の厳しさを経験させ味わわせる必要があると思うよ．そもそも〈わがままを学ぶよりも厳しさを学べ〉というだろ」と言ったところ，彼の奥さんは「私もその通りに思うけど，そのときになるとできなくて，かわいそうに思って先にしてしまうんです」と言った．

6 ᠥᠷᠢ ᠦᠭᠡᠢ ᠪᠣᠯ ᠪᠠᠶᠠᠨ᠂ ᠡᠪᠡᠳᠴᠢᠨ ᠦᠭᠡᠢ ᠪᠣᠯ ᠵᠢᠷᠭᠠᠯ

/ öri ügei bol bayan, ebedčin ügei bol ǰirγal /

Өргүй бол баян, Өвчингүй бол жаргал

借金がなければ金持ち，病気がなければ幸福

説明

“借金がなければ，お金はたまり精神的に豊かになれるし，また，病気にかからなければ，肉体的に健康で幸せな生活が送れる”というたとえから，一般に〈借金と病気は，ないことがこの世で一番の幸せだ〉という意を示す.

類義

「借銭（しゃくせん）と病（やまい）は隠（かく）すな」

（借金と病気は隠さないで早く適切な措置を講じた方がよい，ということ）

例文

〔転　写〕

«bangki-ača qoyar ǰil-ün emün-e küü-tei ǰigelegsen γurban say-a tögürig-iyen čaγan sar-a-yin emüneken arai geǰü tölüǰü daγusqal-a» geǰü küü ni kelekü-dü, abu ni «bolǰi de minu küü, **öri ügei bol bayan, ebedčin ügei bol ǰirγal** gedeg čini yeke ünen üge siü. ünen-i kelekü-dü, čimayi öri ǰigele-tei bayiqu-du minu sedkil tung taba ügei bayiγsan siü» kemen neliyed bayarlaγsan bayidal-tai kelebe.

〔キリル文字〕 76

“Банкнаас хоёр жилийн өмнө хүүтэй зээлсэн гурван сая төгрөгөө цагаан сарын өмнөхөн арай гэж төлж дуусгалаа” гэж хүү нь хэлэхэд, аав нь : “Болж дээ, миний хүү.

Өргүй бол баян

Өвчингүй бол жаргал гэдэг чинь их үнэн үг шүү. Үнэнийг хэлэхэд, чамайг өр зээлтэй байхад миний сэтгэл тун тавгүй байсан шүү” хэмээн нэлээд баярласан байдалтай хэлэв.

〔訳〕

「銀行から二年前に利子付きで借りた300万トグルグを旧正月直前にやっと返済した」と息子が言うと，彼の父親は「よかったな，おまえ．〈借金がなければ金持ち，病気がなければ幸福〉というのは全く本当のことだぞ．実を言うと，おまえが借金があるとき，おれはとても不安だったぞ」とかなり喜んだ様子で言った．

練習問題 77

次の文をモンゴル文字で書きなさい．

⑴ Эдээр биеэ чимэхээр Эрдмээр биеэ чим

⑵ Эрхийг сурахаар Бэрхийг сур

⑶ Өргүй бол баян, Өвчингүй бол жаргал

⑷ Үнэнийг хэлэхэд, чамайг өр зээлтэй байхад миний сэтгэл тун тавгүй байсан шүү.

第10章　慣用句編

28　慣用句（1）

1　ᠠᠮᠠ ᠪᠤᠵᠠᠷᠯᠠᠬᠤ / ama bujarlaqu /

АМ БУЗАРЛАХ

説　明

“口を汚す”という意から，一般に〈人に頼んで言ったことが実現しない，言うだけ無駄になる〉という意を表す．

類　義

「言（い）うだけ野暮（やぼ）」

（口に出して言わなくてもわかっているから，言う必要がない）

例　文

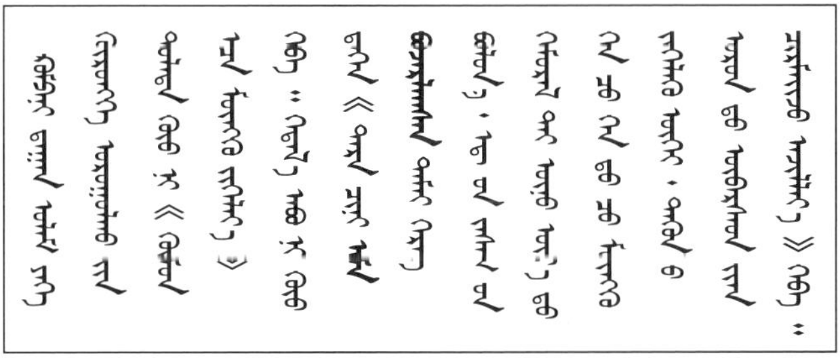

〔転　写〕

kompani-dayan ulam yeke körüngge oruɣulqu-yin tulada küü ni «kümün-eče möngge ǰigeley-e» gebe. getel-e abu ni küü-degen «tere čini **ama buǰarlaɣsan** demei kereg bolun-a, ed-ün ǰasaɣ-un kimural-tai önü üy-e-dü ken čü ken-dü čü mönggü ǰigelekü ügei, tegün-ü orun-du öbersed-iyen čirmayiǰu aǰillay-a» gebe.

78 〔キリル文字〕

Компанидаа улам их хөрөнгө оруулахын тулд хүү нь : “Хүнээс мөнгө зээлье” гэв. Гэтэл аав нь хүүдээ : “Тэр чинь **ам бузарласан** дэмий хэрэг болно. Эдийн засгийн хямралтай өнөө үед хэн ч хэнд ч мөнгө зээлэхгүй. Түүний оронд өөрсдөө чармайж ажиллая” гэв.

〔訳〕

自分の会社にもっと多く投資するために，息子が「人に金を借りよう」と言った．ところが，彼の父親が息子に「それは〈言うだけ無駄で〉無意味なことだ．経済危機にあるこの時機，誰も誰にも金を貸さない．その代わりに自分たちでがんばって働こう」と言った．

2 ᠠᠮᠢᠨ ᠳᠤ ᠣᠷᠤᠬᠤ / amin-du oruqu /

АМИНД ОРОХ

説　明

“命に入る”の意から，一般に

a. 〈(人の) 命を救う〉,

b. 〈非常に役に立つ〉という 2 つの意を表す.

類　義

(a. の意で)「命拾い（いのちびろ）いする」(命がなくなりそうなときに，運よく助かること)

例 文 a.

ᠲᠡᠷᠡ ᠵᠢᠯ ᠪᠢ ᠭᠣᠪᠢ ᠳᠤ ᠲᠥᠭᠡᠷᠢᠭᠡᠳ ᠥᠯᠥᠰᠴᠦ ᠴᠠᠩᠭᠠᠭᠠᠳ ᠦᠬᠦᠬᠦ ᠶᠢᠨ ᠳᠠᠪᠠᠭᠠᠨ ᠳᠡᠭᠡᠷ ᠡ ᠶᠠᠪᠤᠵᠤ ᠪᠠᠶᠢᠲᠠᠯ ᠠ ᠮᠠᠯ ᠡᠷᠢᠵᠦ ᠶᠠᠪᠤᠭᠰᠠᠨ ᠨᠤᠲᠤᠭ ᠤᠨ ᠮᠠᠯᠴᠢᠨ ᠡᠪᠦᠭᠡᠨ ᠲᠠᠭᠠᠷᠠᠯᠳᠤᠵᠤ ᠠᠮᠢᠨ ᠳᠤ ᠮᠢᠨᠢ ᠣᠷᠤᠵᠢ ᠪᠢᠯᠡ ᠃

〔転 写 a.〕

tere ǰil bi γobi-du tögeriged ölüsčü čangγaγad ükükü-yin dabaγan deger-e yabuǰu bayital-a mal eriǰü yabuγsan nutuγ-un malčin ebügen taγaralduǰu **amin-du** mini **oruǰi** bile.

〔キリル文字 a.〕 79

Тэр жил би говьд төөрөөд өлсөж цангаад үхэхийн даваан дээр явж байтал мал эрж явсан нутгийн малчин өвгөн тааралдаж **аминд** минь **орж** билээ.

〔訳 a.〕

その年私はゴビで道に迷い，飢えと渇きで死ぬ間際に歩いていると，家畜を捜しに行った地元の牧民の老人と出会い，私の〈命を救ってくれた〉んですよ．

例　文 b.

ᠠᠪᠤ ᠨᠢ᠄ ᠵᠠ ᠬᠦᠦ ᠮᠢᠨᠢ᠂ ᠬᠡᠭᠡᠷ᠎ᠡ ᠶᠢᠨ
ᠰᠢᠨᠵᠢᠯᠡᠭᠡᠨ ᠦ ᠠᠵᠢᠯ ᠳᠠᠭᠠᠨ ᠰᠠᠶᠢᠨ
ᠶᠠᠪᠤᠭᠠᠳ ᠢᠷᠡᠪᠡ ᠦᠦ? ᠶᠡᠬᠡ ᠥᠯᠥᠰᠴᠦ
ᠴᠠᠩᠭᠠᠪᠠ ᠤᠤ? ᠬᠦᠦ ᠨᠢ᠄ ᠰᠠᠶᠢᠨ
ᠶᠠᠪᠤᠯ᠎ᠠ᠂ ᠠᠪᠤ ᠠ᠃ ᠲᠠᠨ ᠤ ᠪᠡᠯᠡᠳᠬᠡᠵᠦ
ᠥᠭᠭᠦᠭᠰᠡᠨ ᠪᠣᠷᠴᠠ ᠵᠠᠷᠢᠮ ᠦᠶ᠎ᠡ ᠳᠦ
ᠦᠨᠡᠬᠡᠷ **ᠠᠮᠢᠨ ᠳᠤ ᠣᠷᠤᠵᠤ** ᠪᠠᠶᠢᠯ᠎ᠠ
ᠰᠢᠦ᠃ ᠠᠪᠤ ᠨᠢ᠄ ᠠᠰᠢᠭ ᠦᠢ ᠳᠡ᠃
ᠬᠡᠭᠡᠷ᠎ᠡ ᠶᠢᠨ ᠨᠥᠬᠥᠴᠡᠯ ᠳᠦ
ᠪᠣᠷᠴᠠ ᠶᠡᠬᠡ ᠰᠠᠶᠢᠨ ᠬᠣᠭᠣᠯᠠ
ᠪᠠᠶᠢᠳᠠᠭ ᠶᠤᠮ᠃

〔転　写 b.〕

abu ni : ǰa küü mini, keger-e-yin sinǰilegen-ü aǰil-daγan sayin yabuγad irebe üü? yeke ölüsčü čangγaba uu?

küü ni : sayin yabul-a, abu a. tan-u beledkeǰü öggügsen borča ǰarim üy-e-dü üneker **amin-du oruǰu** bayil-a siü.

abu ni : ašigüi de. keger-e-yin nököčel-dü borča yeke sayin qoγula bayidaγ yum.

80 〔キリル文字 b.〕

Аав нь : - За хүү минь, хээрийн шинжилгээний ажилдаа сайн яваад ирэв үү? Их өлсөж цангав уу?

Хүү нь : - Сайн явлаа, аав аа. Таны бэлтгэж өгсөн борц зарим үед үнэхээр **аминд орж** байлаа шүү.

Аав нь : - Ашгүй дээ. Хээрийн нөхцөлд борц их сайн хоол байдаг юм.

〔訳 b.〕

父：おまえ，野外調査に無事に行ってきたのか．飢えや渇きは大丈夫だったか．

息子：無事帰ってきたよ，お父さん．お父さんの準備してくれたボルツ（乾燥牛肉）は，ある時期本当に〈非常に役に立って〉いたよ．

父：それはよかった．野外では，ボルツはとても良い食事なんだよ．

3 ᠭᠠᠨᠵᠤᠭ᠎ᠠ ᠬᠣᠭᠣᠰᠤᠨ / γanǰuγ-a qoγusun /

ГАНЗАГА ХООСОН

説　明

“鞍ひもに結びつける獲物が空の”の意より，一般に

a. 〈狩りで捕った獲物がなく手ぶらの〉,

b. 〈もうけがない，利益がない〉

という2つの意を表す.

例　文 a.

ᠭᠠᠯᠲᠤ᠄ ᠠᠩ ᠶᠡᠬᠡ ᠠᠪᠠᠯᠠᠪᠠ ᠤᠤ ?
ᠠᠩᠴᠢᠨ᠄ **ᠭᠠᠨᠵᠤᠭ᠎ᠠ ᠬᠣᠭᠣᠰᠤᠨ** ᠢᠷᠡᠯ᠎ᠡ᠂
ᠣᠨᠤᠳᠤᠷ ᠴᠤ ᠬᠠᠩᠭᠠᠢ ᠳᠡᠯᠡᠬᠡᠢ ᠬᠡᠰᠢᠭ ᠢᠶᠡᠨ ᠥᠭᠬᠦ
ᠳᠤᠷ᠎ᠠ ᠦᠭᠡᠢ ᠪᠠᠢᠢᠭ᠎ᠠ
ᠪᠣᠯᠤᠯᠲᠠᠢ᠃

〔転　写 a.〕

Γaltu : ang yeke abalaba uu?

Angčin : **γanǰuγ-a qoγusun** irel-e, onudur ču qangγai delekei kesig-iyen ögkü dur-a ügei bayiγ-a bolultai.

〔キリル文字 a.〕 81

Галт : - Ан их авлав уу?

Анчин : - **Ганзага хоосон** ирлээ. Өнөөдөр ч хангай дэлхий хишгээ өгөх дургүй байгаа бололтой.

28

〔訳 a.〕

ガルト：狩りでたくさん捕りましたか.

猟師：〈手ぶらで〉来たよ．今日はハンガイの大地は恵みを与えるのが嫌なようだ.

例　文 b.

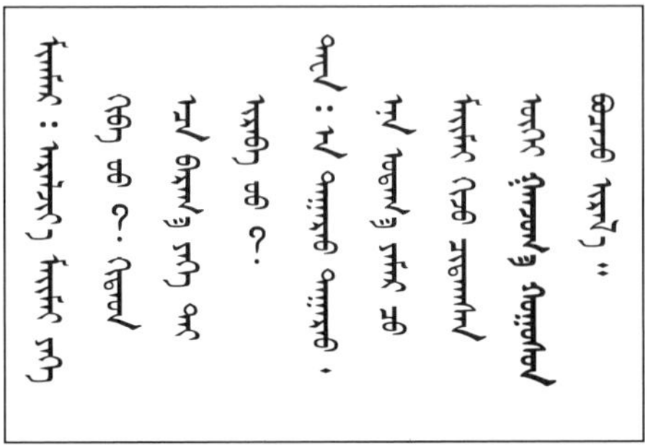

〔転　写 b.〕

Miγmar : araljiy-a mayimai yeke kibe üü? kitad-ača baraγ-a yeke-tei irebe üü?

Dawa : a taγarau taγarau, ene udaγ-a yamar ču mayimai kiǰü čidaγsan ügei **γanǰuγ-a qoγusun** bučaǰu irel-e.

82 〔キリル文字 b.〕

Мягмар : - Арилжаа наймаа их хийв үү? Хятадаас бараа ихтэй ирэв үү?

Даваа : - Аа тааруу тааруу. Энэ удаа ямар ч наймаа хийж чадсангүй. **Ганзага хоосон** буцаж ирлээ.

〔訳 b.〕

ミャグマル：商売をたくさんしたの？中国から品物をたくさん持って来た？

ダワー：ああ，全くよくない．今回何も商売できなかった．〈もうけなしで〉戻って来たよ.

4 ᠭᠠᠷ ᠭᠠᠨᠵᠤᠭᠠᠨ ᠳᠤ ᠬᠥᠯ ᠳᠥᠷᠦᠭᠡᠨ ᠳᠦ ᠬᠦᠷᠬᠦ /

γar γanǰuγan-du köl dörügen-dü kürkü /
ГАР ГАНЗАГАНД ХӨЛ ДӨРӨӨНД ХҮРЭХ

説　明

“手が鞍ひもに，足があぶみに届く”の意より，一般に〈(主に男性に対して) 成人する，成年になる，一人前になる〉という意を表す.

類　義

「人(ひと)と成(な)る」
（成人する，一人前の大人になる）

例　文

ᠳᠣᠷᠵᠢ ᠰᠠᠶᠢᠨ ᠡᠴᠢᠭᠡ ᠡᠬᠡ ᠶᠢᠨ ᠪᠤᠶᠠᠨ ᠳᠤ ᠶᠠᠮᠠᠷ ᠴᠤ ᠭᠠᠴᠢᠭᠳᠠᠬᠤ ᠵᠣᠪᠠᠬᠤ ᠶᠠᠭᠤᠮ᠎ᠠ ᠦᠭᠡᠢ ᠪᠡᠷ ᠭᠠᠷ ᠨᠢ ᠭᠠᠨᠵᠤᠭᠠᠨ ᠳᠤ ᠬᠥᠯ ᠨᠢ ᠳᠥᠷᠦᠭᠡᠨ ᠳᠦ ᠬᠦᠷᠦᠭᠰᠡᠨ ᠪᠢᠯᠡ᠃

〔転　写〕

Dorǰi sayin ečige eke-yin buyan-du yamar ču γačiγdaqu ǰobaqu yaγum-a ügei-ber **γar ni γanǰuγan-du köl ni dörügen-dü kürügsen** bile.

〔キリル文字〕 83

Дорж сайн эцэг эхийн буянд ямар ч гачигдах зовох юмгүйгээр **гар нь ганзаганд хөл нь дөрөөнд хүрсэн** билээ.

28

〔訳〕

ドルジは，立派な両親のおかげで何の不足も心配事もなく，〈一人前になった〉のである．

5 ᠳᠣᠯᠣᠭᠠᠨ ᠪᠦᠯᠴᠢᠷᠬᠠᠢ ᠪᠠᠨ ᠲᠣᠭᠠᠴᠢᠬᠤ

/ doluγan bulčirqai-ban toγačiqu /

ДОЛООН БУЛЧИРХАЙГАА ТООЧИХ

説　明

“七つの腺を数え上げる”の意より，一般に〈要ること，要らないこと何でもかんでもすべて逐一話す〉という意を表す．

類　義

「腹蔵（ふくぞう）なく話（はな）す」

（心の中に包み隠すことなく話す）

例　文

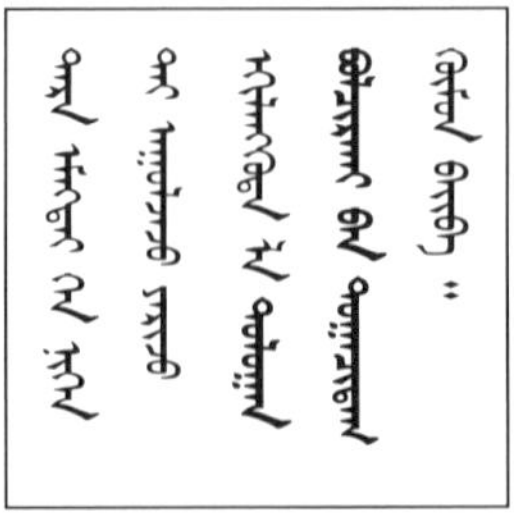

〔転　写〕

tere emegtei ken nigen-tei aγulǰaǰu yariǰu ekilenggüte le **doluγan bulčirqai-ban toγačidaγ** kümün bayiba.

〔キリル文字〕 84

Тэр эмэгтэй хэн нэгэнтэй уулзаж ярьж эхлэнгүүтээ л **долоон булчирхайгаа тоочдог** хүн байв.

〔訳〕

その女性は，誰かと会って話し始めるとすぐに，〈何でもかんでもすべて話す〉人だった.

練習問題 85

次の文をモンゴル文字で書きなさい.

(1) Эдийн засгийн хямралтай өнөө үед хэн ч хэнд ч мөнгө зээлэхгүй.

(2) Хээрийн шинжилгээний ажилдаа сайн яваад ирэв үү?

(3) Таны бэлтгэж өгсөн борц зарим үед үнэхээр аминд орж байлаа шүү.

(4) Өнөөдөр ч хангай дэлхий хишгээ өгөх дургүй байгаа бололтой.

29 慣用句（2）

◇6 ᠮᠣᠷᠳᠠᠬᠤ ᠶᠢᠨ ᠬᠠᠵᠠᠭᠠᠢ / mordaqu-yin qaǰaγai /

МОРДОХЫН ХАЗГАЙ

説　明

“馬に乗る時の誤り”，つまり“馬に乗る時，誤って乗って落馬する”のたとえより，一般に〈出だしの誤り，出だしのつまずき；出だしを誤る，出だしでつまずく〉という意を表す．

類　義

「始(はじ)めが大事(だいじ)」
（何事も最初が肝心であるということ）

例　文

[illegible]

〔転　写〕

tus ǰasaγ-un γaǰar-i oγčuraγsan yabudal-i **mordaqu-yin qaǰaγai** geǰü aǰiγlaγčid üǰeǰü bayin-a. učir ni ǰarim yamun-u sayid-iyar tuqai-yin salburi-yin-iyan tal-a-bar yaγu ču mededeg ügei, basa kegeli qaquuli-yin kereg-tü qolbuγdaǰu bayiγsan kümüs-i toquγan tomilaγsan bayiγsan aǰai.

86 〔キリル文字〕

Тус засгийн газрыг огцорсон явдлыг **мордохын хазгай** гэж ажиглагчид үзэж байна. Учир нь зарим яамны сайдаар тухайн салбарынхаа талаар юу ч мэддэггүй, бас хээл хахуулийн хэрэгт холбогдож байсан хүмүүсийг тохоон томилсон байсан ажээ.

〔訳〕

その政府が辞職したことを〈最初から失敗〉と観察者たちは見ている．なぜなら，一部の省の大臣に，その分野のことは何も知らない，また賄賂事件にかかわっていた人たちを任命していたからである．

7 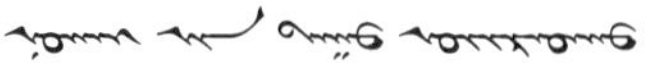 / noqai-yin daγu oyiradqu /

НОХОЙН ДУУ ОЙРТОХ

説　明

“犬の声が近づく”，つまり“道中，犬の声が聞こえると，目的地のゲル（家）は近い”の意より，一般に〈物事が終わりに近づく，間近に迫る〉という意を表す．

例　文

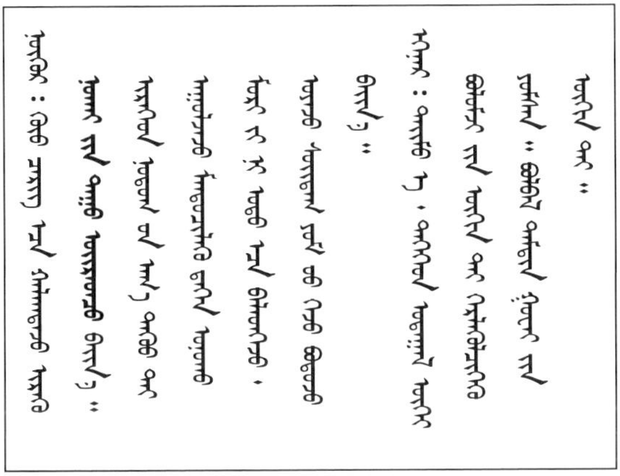

〔転　写〕

nökür : küü čerig-eče qalaγdaǰu irekü **noqai-yin daγu oyiradču** bayin-a. ireged nutuγ-un aq-a degüü-tei aγulǰaǰu mendüčilekü-degen unuqu mori-yi ni odu-ača beledkeǰü, uyaǰu soyidaγ yum uu geǰü boduǰu bayin-a.

ekener : teyimü e, tegeged udaγal ügei bolumǰi-yin ökin-tei gerlegülčikekü yumsan. bolbal Damdin γuwai-yin ökin-tei.

〔キリル文字〕 87

Нөхөр : - Хүү цэргээс халагдаж ирэх **нохойн дуу ойртож** байна. Ирээд нутгийн ах дүүтэй уулзаж мэндчилэхдээ унах морийг нь одооноос бэлтгэж, уяж сойдог юм уу гэж бодож байна.

Эхнэр : - Тийм ээ. Тэгээд удаалгүй боломжийн охинтой гэрлүүлчих юмсан. Болбол Дамдин гуайн охинтой.

〔訳〕

夫：息子が退役して戻って来る〈日が間近に迫って〉いる．帰って来てから故郷の兄弟と会ってあいさつする時，彼の乗る馬を今から準備し，調教しようかと考えている．

妻：そうですね．そして，長引かせずにふさわしい娘さんと結婚させたいものです．できればダムディンさんの娘さんと．

8 ᠨᠢᠳᠦ ᠠᠯᠳᠠᠮ᠎ᠠ / nidü aldam-a /

НҮД АЛДАМ

説　明

“目を失うほどの”の意より，一般に〈見渡す限りの，広大な〉という意を表す．

例　文

ᠵᠢᠯᠤᠭᠤᠴᠢ ᠄ ᠭᠠᠳᠠᠭᠠᠳᠤ ᠶᠢᠨ ᠬᠢᠨ
ᠮᠣᠩᠭᠣᠯ ᠤᠨ ᠨᠢᠳᠦ ᠠᠯᠳᠠᠮ᠎ᠠ
ᠲᠠᠯ᠎ᠠ ᠶᠢ ᠬᠠᠷᠠᠭᠠᠳ ᠦᠨᠡᠬᠡᠷ
ᠰᠡᠳᠬᠢᠯ ᠪᠠᠬᠠᠳᠤᠳᠠᠭ
ᠪᠠᠶᠢᠬ᠎ᠠ ᠠ ᠃
ᠭᠠᠵᠠᠷᠴᠢᠨ ᠄ ᠲᠡᠭᠡᠯᠭᠦᠢ ᠶᠠᠭᠠᠬᠢᠬᠤ ᠪᠤᠢ ᠃
ᠣᠯᠠᠨ ᠵᠢᠭᠤᠯᠴᠢᠨ ᠡᠨᠡ ᠲᠤᠬᠠᠢ
ᠥᠪᠡᠷ ᠦᠨ ᠢᠶᠡᠨ ᠨᠣᠮ ᠳᠤ
ᠪᠢᠴᠢᠭᠰᠡᠨ ᠰᠢᠦ ᠃

〔転　写〕

ǰiluγuči : γadaγadu-yin kin mongγul-un **nidü aldam-a** tal-a-yi qaraγad üneker sedkil baqadudaγ bayiq-a a.

γaǰarčin : tegelgüi yaγakiqu bui. olan ǰiγulčin ene tuqai öber-ün-iyen nom-du bičigsen siü.

〔キリル文字〕 88

Жолооч : - Гадаадынхан монголын **нүд алдам** талыг хараад үнэхээр сэтгэл бахархдаг байх аа.

Газарчин : - Тэгэлгүй яах вэ. Олон жуулчин энэ тухай өөрийнхөө номд бичсэн шүү.

〔訳〕

運転手：外国人たちは，モンゴルの〈見渡す限りの〉草原を見て，本当に誇りに思うだろう．

ガイド：もちろんそうですよ．多くの旅行者がこれについて自分の本に書いたよ．

9 ᠨᠢᠳᠦ ᠬᠤᠵᠢᠷᠯᠠᠬᠤ / nidü qujirlaqu /

НҮД ХУЖИРЛАХ

説明

“目にソーダを与える”の意より，一般に〈目を楽しませる，目の保養をする〉という意を表す．

類義

「目(め)の保養(ほよう)をする」

（美しいものや珍しいものを見て楽しむ）

例　文

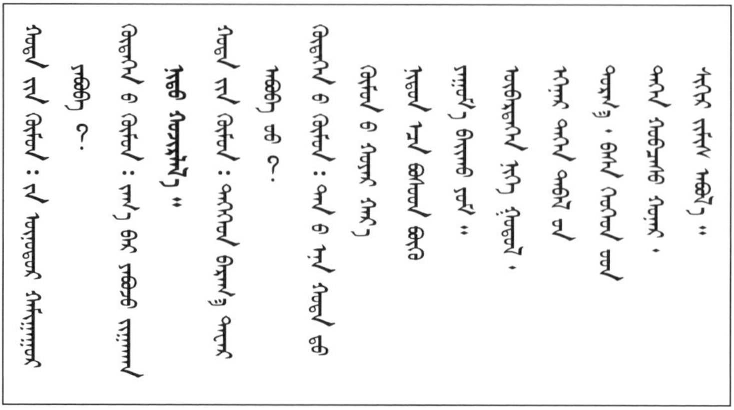

〔転　写〕

qota-yin kümün : ǰa önüdür qamiγaγur yabuba?

ködegen-ü kümün : ǰaq-a-bar yabuǰu ǰiγaqan **nidü quǰirlal-a.**

qota-yin kümün : tegeged baraγ-a tawar abuba uu?

ködegen-ü kümün : tan-u ene qota-du kümün-ü qoyar qar-a nidün-eče busud bükü yaγum-a bayiqu yum. öbertegen nige γutul, ekener-tegen debel-ün torγ-a, basa keüked-üd-tegen qubčasu qunar, sikir ǰimis abul-a.

89 〔キリル文字〕

Хотын хүн : - За өнөөдөр хаагуур явав?

Хөдөөний хүн : - Захаар явж жаахан **нүд хужирлалаа.**

Хотын хүн : - Тэгээд бараа тавaар авав уу?

Хөдөөний хүн : - Танай энэ хотод хүний хоёр хар нүднээс бусад бүх юм байх юм. Өөртөө нэг гутал, эхнэртээ дээлийн торго, бас хүүхдүүддээ хувцас хунар, чихэр жимс авлаа.

〔訳〕

町の人：さて，今日はどこへ行きましたか.

田舎の人：市場へ行って，少し〈目の保養をしたよ〉.

町の人：それで，品物は買いましたか.

田舎の人：おたくのこの町には，何でもかんでもほとんどすべての物があります．
　自分に靴を１足，妻にデールの絹，また子供たちに服，あめや果物を買ったよ．

- хүний хоёр хар нүднээс бусад бүх юм
（“人間の２つの黒目以外のすべてのもの”の意より）何でもかんでも，ほとんどすべての物

⑩ ᠨᠢᠭᠤᠷ ᠲᠠᠬᠠᠯᠠᠬᠤ / niγur taqalaqu /

НҮҮР ТАХЛАХ

説　明

“顔に蹄鉄をつける”の意より，一般に〈面目を保つ，名を汚さない〉という意を表す．

類　義

「面目（めんぼく）を保（たも）つ」
（恥ずかしくない結果を出して，期待や評判を裏切らず力のあるところを示す）

例文

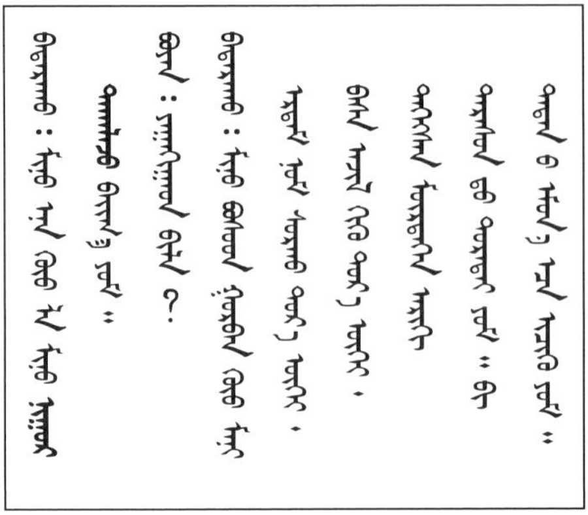

〔転　写〕

Badaraqu : minu ene küü le minu **niγur taqalaǰu** bayiγ-a yum.

Buyan : yaγakiγad bile?

Badaraqu : minu busud γurban küü mani erdem nom surqu dur-a ügei, basa aǰil kikü dur-a ügei, tegegsen mörtegen ariki darasun-du duratai yum. bi teden-ü emün-e-eče ičikü yum.

90

〔キリル文字〕

Бадрах : - Миний энэ хүү л миний **нүүр тахалж** байгаа юм.

Буян : - Яагаад билээ?

Бадрах : - Миний бусад гурван хүү маань эрдэм ном сурах дургүй, бас ажил хийх дургүй, тэгсэн мөртөө архи дарсанд дуртай юм. Би тэдний өмнөөс ичих юм.

〔訳〕

バドラフ：私のこの息子だけが私の〈面目を保って〉いるんです．

ボヤン：どうしてですか．

バドラフ：私の他の三人の息子は，学問を学ぶのが嫌いで，さらに仕事をするのも嫌いで，それなのに酒を飲むのが好きなんです．私は彼らの代わりに恥ずかしい思いをしています．

練習問題

91

次の文をモンゴル文字で書きなさい.

(1) Хүү цэргээс халагдаж ирэх нохойн дуу ойртож байна.

(2) Гадаадынхан монголын нүд алдам талыг хараад үнэхээр сэтгэл бахаддаг байх аа.

(3) Өөртөө нэг гутал, эхнэртээ дээлийн торго, бас хүүхдүүддээ хувцас хунар, чихэр жимс авлаа.

(4) Миний бусад гурван хүү маань эрдэм ном сурах дургүй, бас ажил хийх дургүй, тэгсэн мөртөө архи дарсанд дуртай юм.

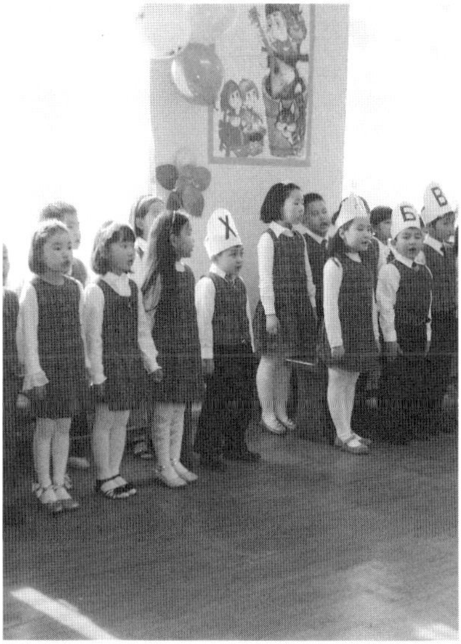

モンゴルの小学校の風景

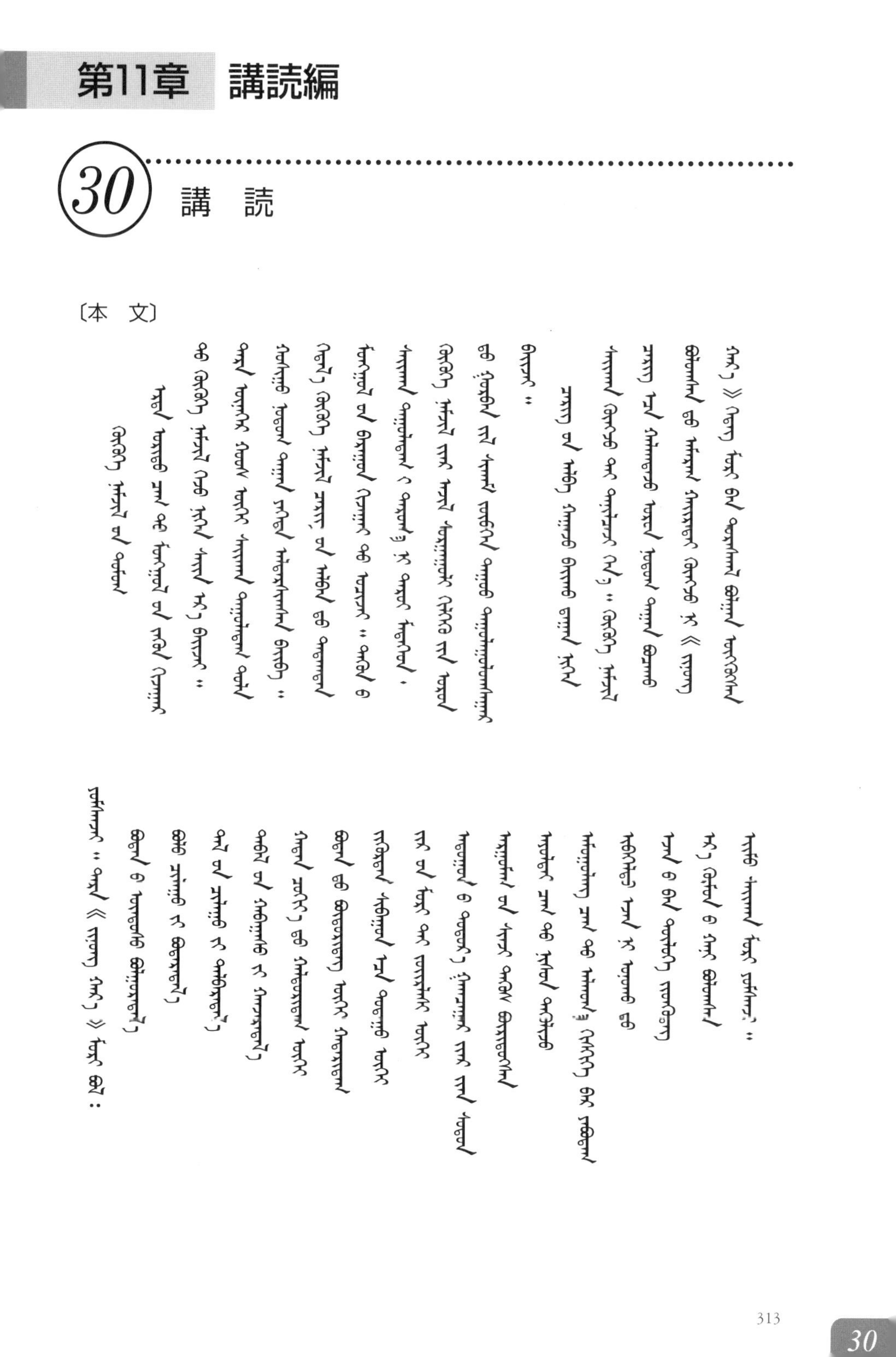

30 講　読

〔本　文〕

[illegible]

[illegible]

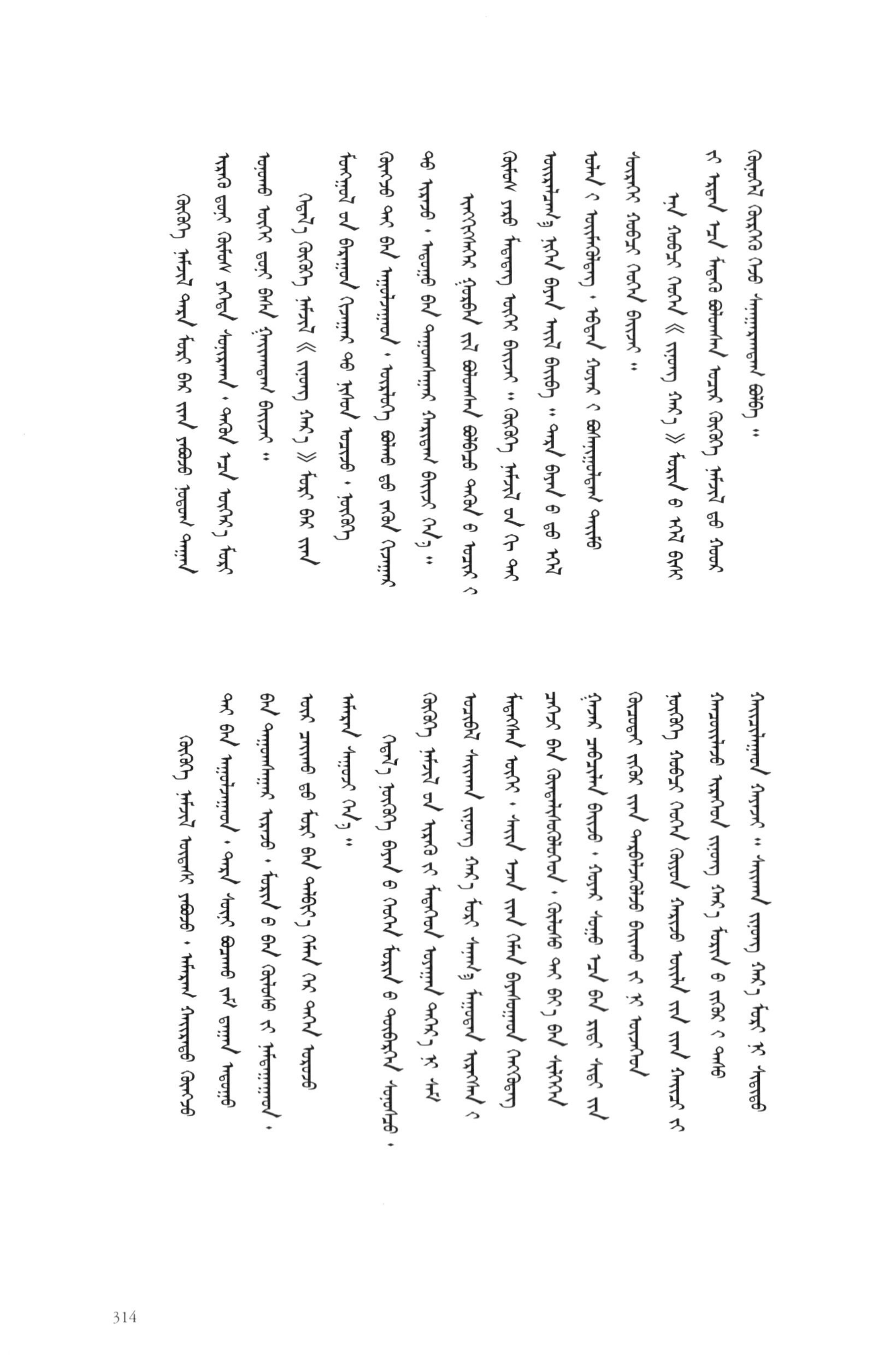

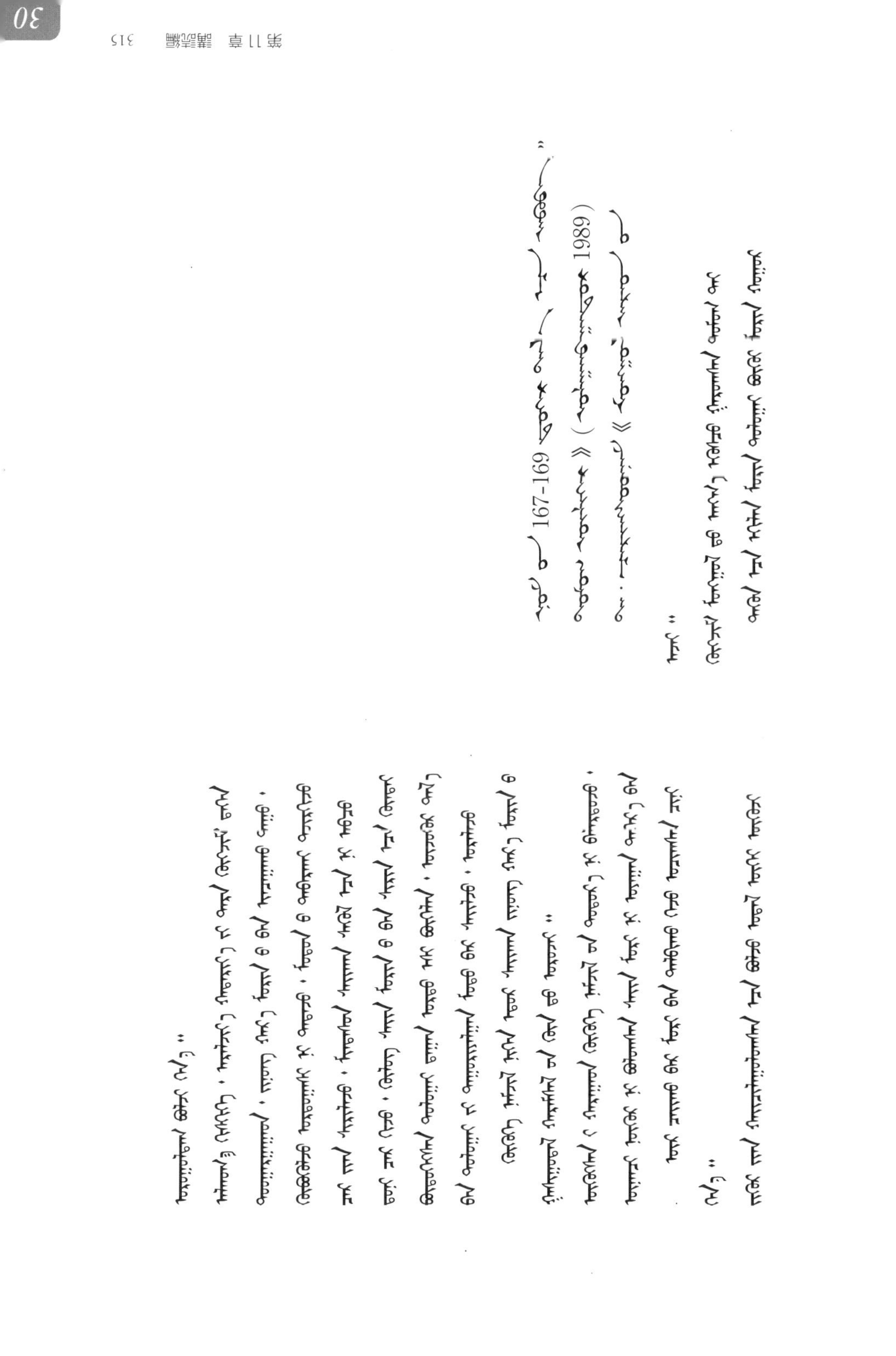

[illegible] ::

[illegible] ::

[illegible] ::

[illegible] ::

[illegible] 《[illegible]》 ([illegible] 1989) [illegible] 167-169 [illegible] ::

〔転　写〕

Köküge Namǰil-un domuγ

erte uridu čaγ-tu mongγul-un ǰegün kiǰaγar-tu Köküge Namǰil geǰü nigen sayin er-e bayiǰai. tere üneker qous ügei sayiqan daγuladaγ tula qosiγu nutuγ-taγan yekede aldarsiγsan bayiba. getel-e Köküge Namǰil čerig-ün alban-du tataγdan mongγul-un baraγun kiǰaγar-tu očiǰai. tegün-ü sayiqan daγuladaγ-i daruγ-a ni darui medeged, Köküge Namǰil-iyar aǰil surγaγuli kilgekü-yin orun-du γurban ǰil siqam ǰöbken daγuu daγulaγuluγsaγar bayiǰai.

čerig-ün alba qaγaǰu bayiqu-daγan nigen sayiqan güngǰü-tei tanilčaǰi gen-e. Köküge Namǰil čerig-eče qalaγdaǰu orun nutuγ-taγan bučaqu boluγsan-du amaraγ qayiratai güngǰü ni «J̌inung qar-a» gedeg mori-ban durasqal bolγan öggügsen yumsanǰai. tere «J̌inung qar-a» mori bol :

butan-u ündüsü bulγuratal-a
bulu čilaγu-yi butaratal-a
del-ün čilaγu-yi delberetel-e
debel-ün qabaγasu-yi qanǰaratal-a
qadan čokiy-a-du qalturidaγ ügei
butan-du büdürideg ügei qataridaγ
ǰigürten sibaγun-ača dutaγu ügei
ǰir-ün mori-tai ǰüirlesi ügei
aduγun-u dotur-a γaγčaγar-iyar-iyan sodun
arγumaγ sinǰi tegüs büridügsen
ayultai čaγ-tu nisün degüliǰü
amuγulang čaγ-tu alquγ-a giskige-ber yabudaγ
ibegeltü eǰen ni unuqu-du
eǰen-ü-ben tölüge ǰidküdeg
er-e kümün-ü qani boluγsan
eyimü sayiqan mori yumsanǰi.

Köküge Namǰil tere mori-bar-iyan yabuǰu nutuγ-taγan irekü-düni kümüs yekede sonirqan, tegün-eče öger-e mori unuqu ügei-düni basa γayiqadaγ bayiǰai.

getel-e Köküge Namǰil «J̌inung qar-a» mori-bar-iyan mongγul-un baraγun kiǰaγar-tu nisün očiǰu, nögüge güngǰü-tei-ben aγulǰaγad, örlüge bolqu-du ǰegün kiǰaγar-tu ireǰü, aduγu-ban taγuγsaγar qaridaγ bayiǰi gen-e.

inggigseger γurban ǰil boluγsan bolbaču tegün-ü učir-i kümüs yerü mededeg ügei bayiǰai. Köküge Namǰil-un-ki-tai oyiralčaγ-a nigen bayan ayil bayiba. tere bayan-u-du egel olan-i üimegüldeg, ebten qoyar-i busaniγuldaγ teyimü sürekei qobči keüken bayiǰai.

ene qobči keüken «J̌inung qar-a» morin-u egel bisi-yi erten-eče medekü boluγsan učir Köküge Namǰil-du qour könügel kürgekü geǰü sanaγarqadaγ bolba.

Köküge Namǰil üdesi yabuǰu, amaraγ qayiratu güngǰü-tei-ben aγulǰaγad, tere söni bučaqu ǰam-daγan aduγu-ban taγuγsaγar ireǰü, morin-u-ban kölüsü-i namdaγaγad, ür čayiqu-du mori-ban talbiy-a kemen ger-tegen oruǰu amaran saγuǰi gen-e.

getel-e nögüge bayan-u keüken morin-u töbergen sonusču, Köküge Namǰil-un irekü-yi mededeg uyaγan deger-e ni sem očibal sayiqan ǰinung qar-a mori sanaγ-a maγutan iregsen-i medegsen ügei, sayin eǰen-iyen kemen bayasuγad kengküdeg čegeǰi-ben köndelisügülüged, kölüsü-tei bey-e-ben silgegen γaǰar čabčilan bayiǰu, qoyar suγu-ača-ban ridi sidi-yin küčütei ǰigür-iyen derbelǰegülǰü bayiqu-yi ni üǰeged nögüge qobči keüken güyün qariǰu, üile-yin-iyen qayiči-yi qančuyilaǰu ireged ǰinung qar-a morin-u ǰigür-i tasu qayičilaγad qaγaǰai. sayiqan ǰinung qar-a mori ni siditü ǰigür-iyen qayičilaγuluγsan-ača bolǰu udal ügei üküǰi gen-e.

ür čayiqu-bar mori-ban talbiqu geǰü očiγsan čini ünenči nökür ni boluγsan sayin mori ni uyaγan deger-e-ben ükügsen-i qaraγad Köküge Namǰil-un dotur-a ni balartuǰu, γasiγudal qaramsal-un gün-dü oruǰai.

Köküge Namǰil nigen edür sayiqan ǰinung qar-a morin-u-ban toluγai-yi daγuriyalγan modu-bar seyilǰü, uralaǰu bütügegsen toluγai-daγan urtu esi bökelen, üǰügür tala-duni čar kiǰü, külüg sayin morin-u-ban sirin-eče köndei čar-iyan sirileǰü, mindasun sayiqan segül-eče ni abču köbügülǰü urtuγasi ni tataǰu, modun-u dabarqai türkiǰü duuγarγaγad, ǰinung qar-a morin-u-ban inčaγaqu daγu, alquγ-a giskiy-e, aralǰiy-a qatariy-a-yi tere kögǰim-degen oruγuldaγ bolǰi gen-e.

tegun-eče ekilen morin toluγai bukui morin quγur kögǰim mongγul-du angq-a egüsčü γaruγsan domuγ-tai aǰai.

Da. Čeringsodnam «Mongγul arad-un domuγ üliger»（Ulaγanbaγatur 1989）nom-un 167-169 düger tal-a-ača abuba.

〔キリル文字〕

92 ХӨХӨӨ НАМЖИЛЫН ДОМОГ

Эрт урьд цагт Монголын зүүн хязгаарт Хөхөө Намжил гэж нэгэн сайн эр байжээ. Тэр үнэхээр хосгүй сайхан дуулдаг тул хошуу нутагтаа ихэд алдаршсан байв. Гэтэл Хөхөө Намжил цэргийн албанд татагдан Монголын баруун хязгаарт очжээ. Түүний сайхан дуулдгийг дарга нь даруй мэдээд, Хөхөө Намжилаар ажил сургууль хийлгэхийн оронд гурван жил шахам зөвхөн дуу дуулуулсаар байжээ.

Цэргийн алба хааж байхдаа нэгэн сайхан гүнжтэй танилцаж гэнэ. Хөхөө Намжил цэргээс халагдаж орон нутагтаа буцах болсонд амраг хайртай гүнж нь «Жонон хар» гэдэг морио дурсгал болгон өгсөн юмсанжээ. Тэр «Жонон хар» морь бол :

Бутны үндэс булгартал
Бул чулууг бутартал
Дэлийн чулууг дэлбэртэл
Дээлийн хаваасыг ханзартал
Хадан цохиод халтирдаггүй
Бутанд бүдэрдэггүй хатирдаг
Жигүүртэн шувуунаас дутуугүй
Жирийн морьтой зүйрлэшгүй
Адууны дотор ганцаараа содон
Аргамгийн шинж төгс бүрдсэн
Аюултай цагт нисэн дүүлж
Амгалан цагт алхаа гишгээгээр явдаг
Ивээлт эзэн нь унахад
Эзнийхээ төлөө зүтгэдэг
Эр хүний хань болсон
Ийм сайхан морь юмсанж.

Хөхөө Намжил тэр мориороо явж нутагтаа ирэхэд нь хүмүүс ихэд сонирхон, түүнээс өөр морь унахгүйд нь бас гайхдаг байжээ.

93 Гэтэл Хөхөө Намжил «Жонон хар» мориороо Монголын баруун хязгаарт нисэн очиж, нөгөө гүнжтэйгээ уулзаад, өглөө болоход зүүн хязгаарт ирж, адуугаа туусаар харьдаг байж гэнэ.

Ингэсээр гурван жил болсон боловч түүний учрыг хүмүүс ер мэддэггүй байжээ. Хөхөө Намжилынхтай ойролцоо нэгэн баян айл байв. Тэр баяныд эгэл олныг үймүүлдэг, эвтэн хоёрыг бусниулдаг тийм сүрхий ховч хүүхэн байжээ.

Энэ ховч хүүхэн «Жонон хар» морины эгэл бишийг эртнээс мэдэх болсон учир Хөхөө Намжилд хор хөнөөл хүргэх гэж санаархдаг болов.

Хөхөө Намжил үдэш явж, амраг хайрт гүнжтэйгээ уулзаад, тэр шөнөө буцах замдаа адуугаа туусаар ирж, мориныхоо хөлсийг намдаагаад, үүр цайхад морио тавья хэмээн гэртээ орж амран сууж гэнэ.

Гэтэл нөгөө баяны хүүхэн морины төвөргөөн сонсож, Хөхөө Намжилын 94
ирэхийг мэдээд уяан дээр нь сэм очвол сайхан жонон хар морь санаа муутан ирснийг мэдсэнгүй, сайн эзнээ хэмээн баясаад хэнхдэг цээжээ хөндөлсүүлээд, хөлстэй биеэ шилгээн газар цавчлан байж, хоёр суганаасаа ид шидийн хүчтэй жигүүрээ дэрвэлзүүлж байхы нь үзээд нөгөө ховч хүүхэн гүйн харьж, үйлийнхээ хайчийг ханцуйлж ирээд жонон хар морины жигүүрийг тас хайчлаад хаяжээ. Сайхан жонон хар морь нь шидэт жигүүрээ хайчлуулснаас болж удалгүй үхэж гэнэ.

Үүр цайхаар морио тавих гэж очсон чинь үнэнч нөхөр нь болсон сайн морь нь уяан дээрээ үхсэнийг хараад Хөхөө Намжилын дотор нь балартаж, гашуудал харамслын гүнд оржээ.

Хөхөө Намжил нэгэн өдөр сайхан жонон хар мориныхоо толгойг дууриалган модоор сийлж, урлаж бүтээсэн толгойдоо урт иш бөхлөн, үзүүр талд нь цар хийж, хүлэг сайн мориныхоо ширнээс хөндий цараа ширлэж, мяндсан сайхан сүүлнээс нь авч хөвүүлж уртааш нь татаж, модны давирхай түрхэж дуугаргаад, жонон хар мориныхоо янцгаах дуу, алхаа гишгээ, арилжаа хатирааг тэр хөгжимдөө оруулдаг болж гэнэ.

Түүнээс эхлэн морин толгой бүхий морин хуур хөгжим Монголд анх үүсч гарсан домогтой ажээ.

[Д.ЦэрэнсоднОм. “Монгол ардын домог үлгэр” (Улаанбаатар, 1989) номын 167-169 дүгээр талаас авав]

〔訳〕

フフー・ナムジルの伝説

昔々，モンゴルの東の端にフフー・ナムジルという一人の立派な男がいた．彼は本当にずばぬけて上手に歌うので，故郷では非常に有名になっていた．ところが，フフー・ナムジルは兵役に取られ，モンゴルの西の端に行ってしまった．彼が上手に歌うのを隊長がすぐに知り，フフー・ナムジルに訓練をさせる代わりに，三年近くもただ歌だけを歌わせていたのだった．

兵役についているとき，一人の美しい諸侯の娘と知り合ったそうだ．フフー・ナムジルが兵役を解かれ，故郷に戻ることになったとき，愛する諸侯の娘が《ジョノン・ハル》という自分の馬を記念にあげたのだった．その《ジョノン・ハル》の馬は，

低木の根っこが抜けるほど
丸石が粉々になるほど
峰の石が爆発するほど
服の縫い目が裂けるほど
切り立った岩に滑らないで
低木につまずかずに駆ける
鳥に劣らない
普通の馬と比べようのない
馬の中で唯一とび抜けた
良馬の特徴が完全に備わった
危険なときに飛び越え
平穏なときに普通の歩き方で進む
保護する主人が乗ると
その主人のために懸命になる
男の仲間となった，

そんなすばらしい馬であった．

フフー・ナムジルがその馬で出かけ故郷に戻ってくることに人々はひどく関心を示し，それ以外の馬に乗らないことにもまた不思議に思うのであった．

ところが，フフー・ナムジルは，《ジョノン・ハル》の馬でモンゴルの西の端に飛んで行き，例の諸侯の娘と会って，朝になると東の端に戻って来て，馬を追いかけながら帰ってくるのだったそうだ．

こうして，三年たったが，そのわけを人々は全く知らなかった．フフー・ナム

ジルの家の近所に，ある金持ちの家があった．その金持ちの家には，大衆を大騒ぎさせる，仲良しの二人を引き離す，そういうひどい告げ口をする女がいた．

この告げ口をする女は，《ジョノン・ハル》の馬が尋常でないことをずっと前から知っていたので，フフー・ナムジルに害をもたらそうとたくらむようになった．

フフー・ナムジルは，夕方出かけ，愛する諸侯の娘と会って，その夜戻る途中，馬を追いながら帰って来て，自分の乗った馬の汗を静めてから，夜明けに馬を放とうと思って家に入りひと休みしたそうだ．

ところが，例の金持ちの女が，馬のひづめの音を聞き，フフー・ナムジルの帰って来るのを知り，馬のつなぎひもの所にこっそり行ったところ，美しいジョノン・ハルの馬は悪意をいだく者がやって来たのに気づかず，（自分の良き御主人様だ）と喜んで胸部を横に振り，汗をかいた体を震わせ，地面を前足で何度もけりながら，両脇の下から魔法の力をもった翼をバタバタはためかせているのを見て，例の告げ口をする女は，走って家に帰り，裁縫ばさみを袖の中に入れてやって来て，ジョノン・ハルの馬の翼をパチンとはさみで切ってしまった．美しいジョノン・ハルの馬は，魔法の翼をはさみで切られたために間もなく死んでしまったそうだ．

夜が明けるや，馬を放とうと思って行ったところ，親友となった良馬が馬のつなぎひもの所で死んでいるのを見て，フフー・ナムジルの意識はもうろうとなり，深い悲しみに陥った．

フフー・ナムジルは，ある日美しいジョノン・ハルの馬の頭をまねて木で彫り，見事に創作した頭に長い柄を固定し，その先の方に胴体をつけ，その駿馬の皮で空の胴体をおおい，絹糸のような美しいしっぽを引き伸ばして縦に張り，樹脂を塗って音をかなで，ジョノン・ハルの馬のいななく声や歩き方，走り方をその楽器に取り入れるようになったそうだ．

それ以来，馬の頭を持つ楽器，「馬頭琴」がモンゴルで最初に起こった伝説が生まれたのである．

（D. ツェレンソドノム，『モンゴル民間説話』（ウラーンバータル，1989），pp.167–169より引用）

95

練習問題

次の文をモンゴル文字で書きなさい.

(1) Эрт урьд цагт Монголын зүүн хязгаарт Хөхөө Намжил гэж нэгэн сайн эр байжээ.

(2) Түүний сайхан дуулдгийг дарга нь даруй мэдээд, Хөхөө Намжилаар ажил сургууль хийлгэхийн оронд гурван жил шахам зөвхөн дуу дуулуулсаар байжээ.

(3) Хөхөө Намжил тэр мориороо явж нутагтаа ирэхэд нь хүмүүс ихэд сонирхон, түүнээс өөр морь унахгүйд нь бас гайхдаг байжээ.

(4) Түүнээс эхлэн морин толгой бүхий морин хуур хөгжим Монголд анх үүсч гарсан домогтой ажээ.

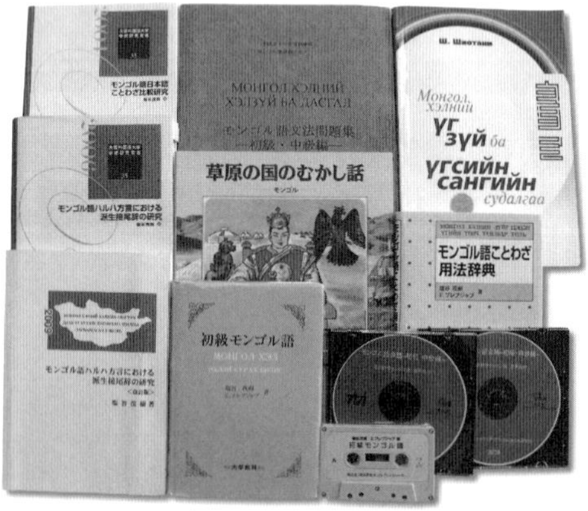

モンゴル語語学教材

解　答

第 2 課

練習問題（2.1）

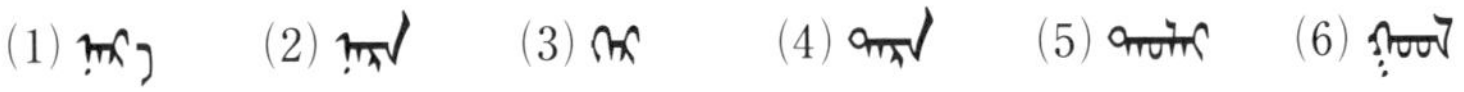

練習問題（2.2）

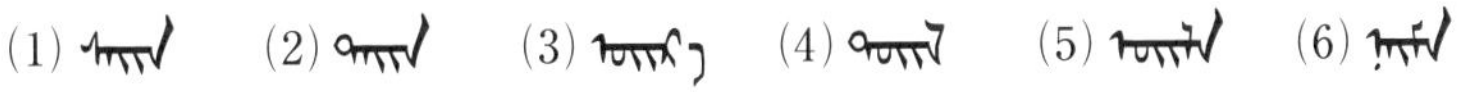

第 3 課

練習問題（3.1）

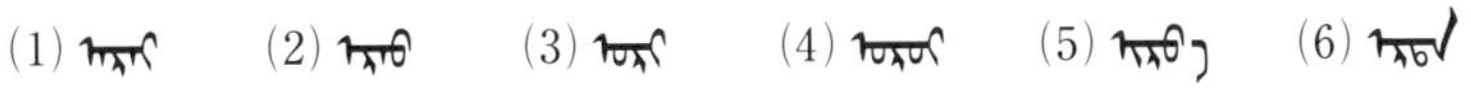

練習問題（3.2）

練習問題（3.3）

練習問題（3.4）

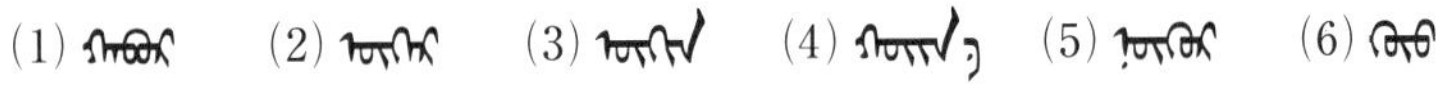

練習問題（3.5）

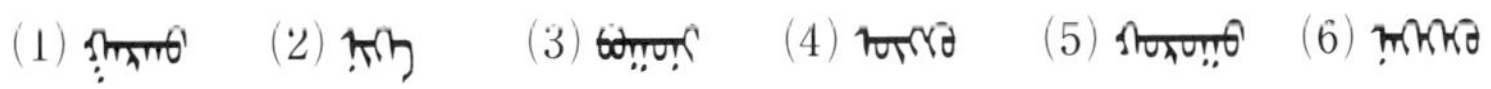

練習問題（3.6）

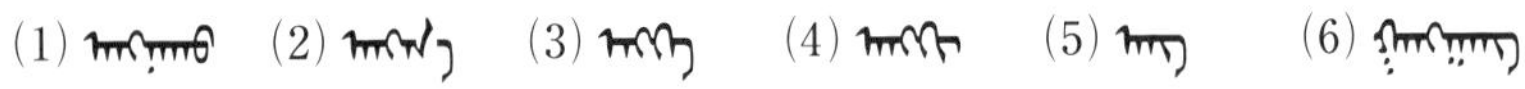

練習問題（3.7）

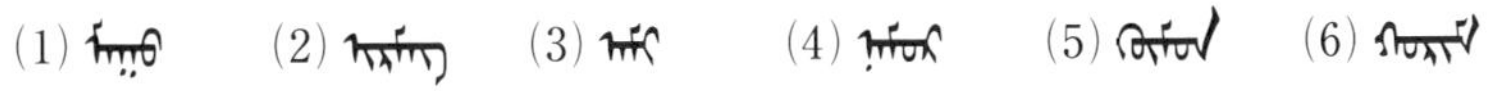

練習問題（3.8）

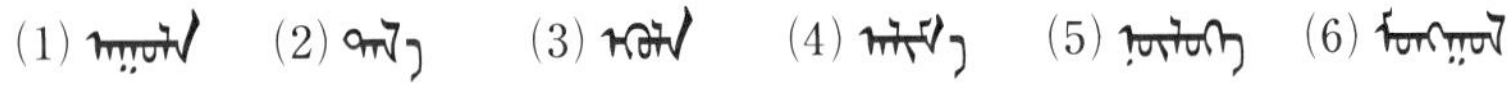

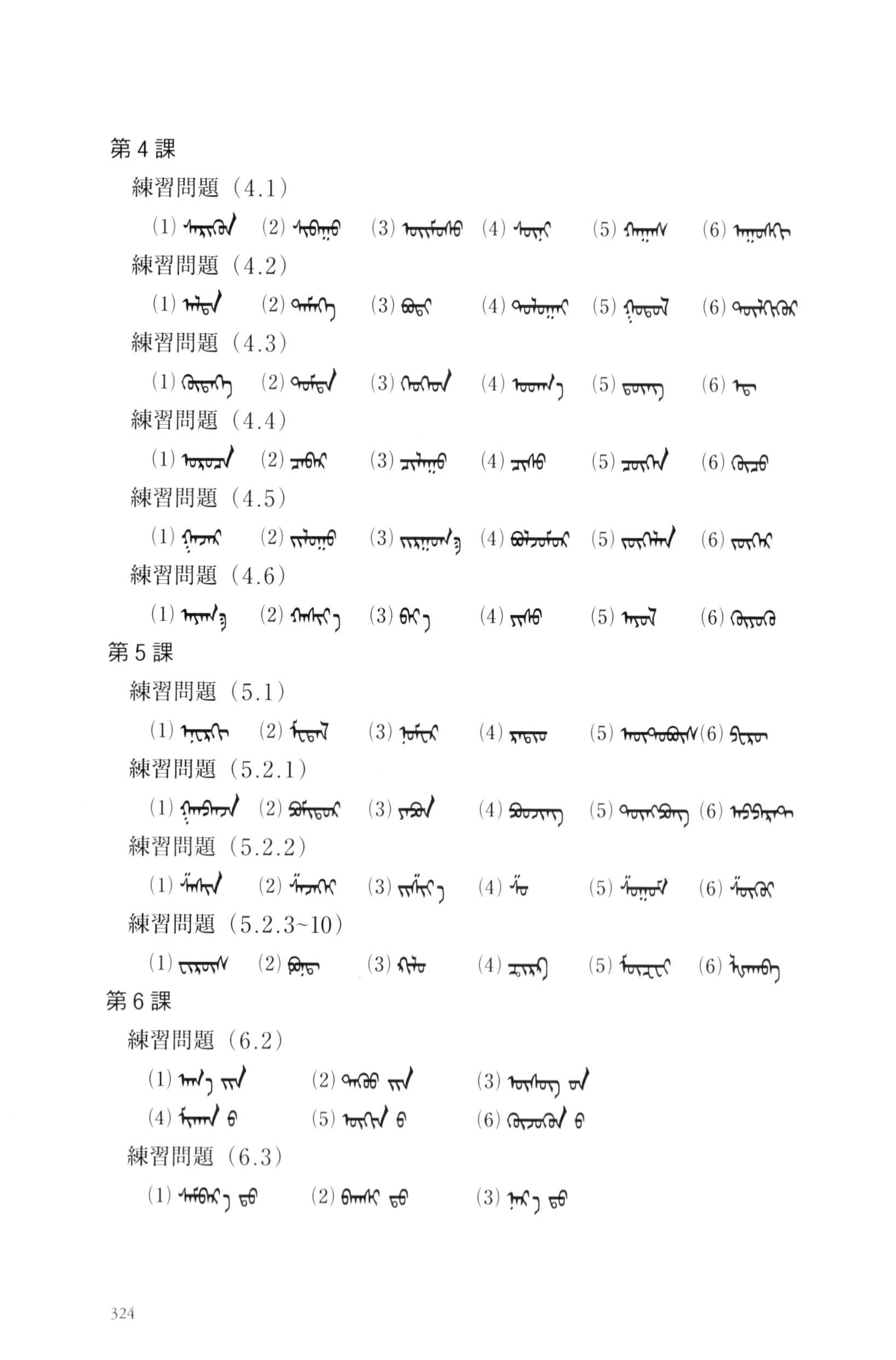

第４課

練習問題（4.1）

(1)　(2)　(3)　(4)　(5)　(6)

練習問題（4.2）

(1)　(2)　(3)　(4)　(5)　(6)

練習問題（4.3）

(1)　(2)　(3)　(4)　(5)　(6)

練習問題（4.4）

(1)　(2)　(3)　(4)　(5)　(6)

練習問題（4.5）

(1)　(2)　(3)　(4)　(5)　(6)

練習問題（4.6）

(1)　(2)　(3)　(4)　(5)　(6)

第５課

練習問題（5.1）

(1)　(2)　(3)　(4)　(5)　(6)

練習問題（5.2.1）

(1)　(2)　(3)　(4)　(5)　(6)

練習問題（5.2.2）

(1)　(2)　(3)　(4)　(5)　(6)

練習問題（5.2.3~10）

(1)　(2)　(3)　(4)　(5)　(6)

第６課

練習問題（6.2）

(1)　(2)　(3)

(4)　(5)　(6)

練習問題（6.3）

(1)　(2)　(3)

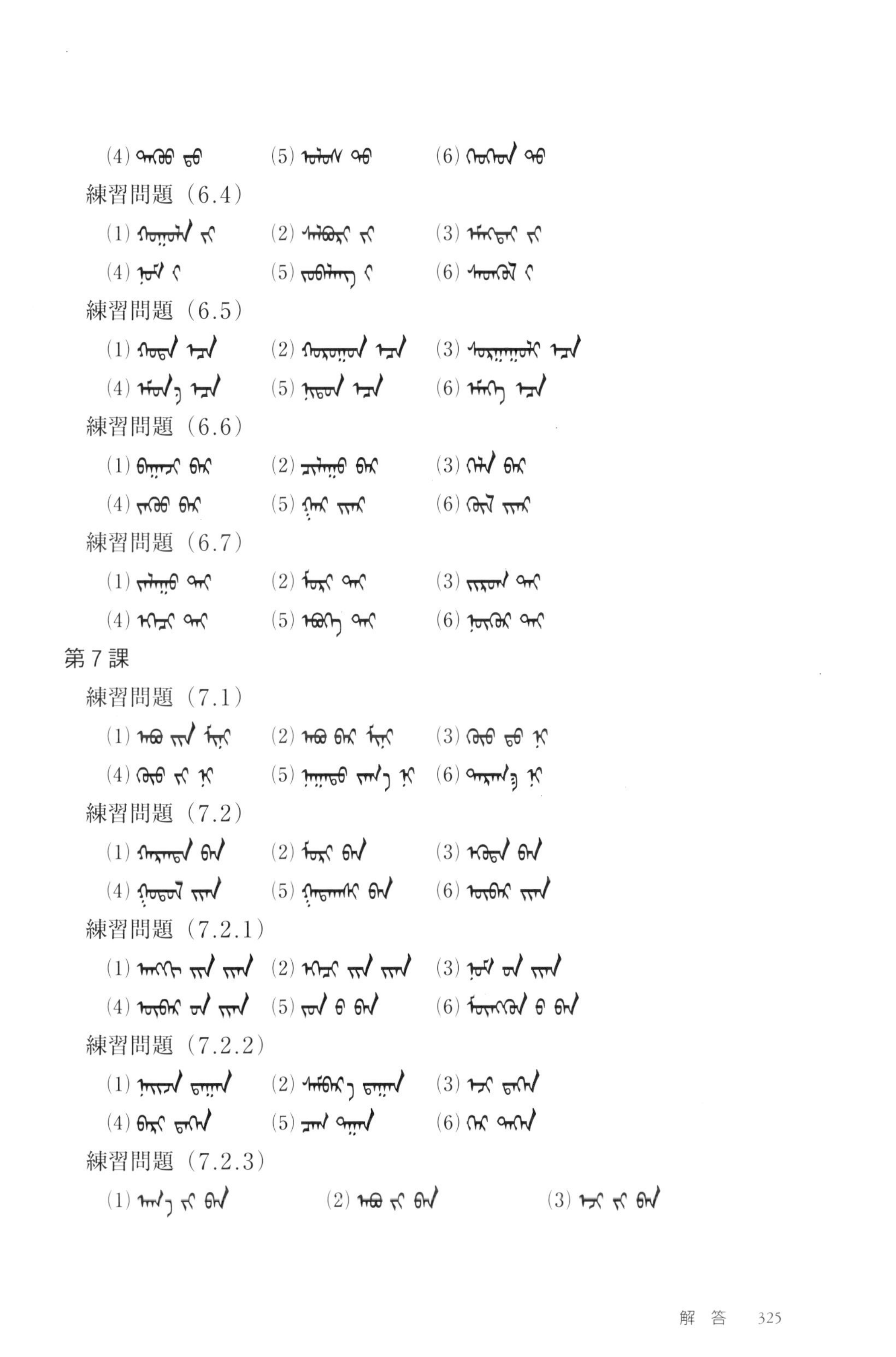

(4) [illegible] (5) [illegible] (6) [illegible]

練習問題（6.4）

(1) [illegible] (2) [illegible] (3) [illegible]

(4) [illegible] (5) [illegible] (6) [illegible]

練習問題（6.5）

(1) [illegible] (2) [illegible] (3) [illegible]

(4) [illegible] (5) [illegible] (6) [illegible]

練習問題（6.6）

(1) [illegible] (2) [illegible] (3) [illegible]

(4) [illegible] (5) [illegible] (6) [illegible]

練習問題（6.7）

(1) [illegible] (2) [illegible] (3) [illegible]

(4) [illegible] (5) [illegible] (6) [illegible]

第７課

練習問題（7.1）

(1) [illegible] (2) [illegible] (3) [illegible]

(4) [illegible] (5) [illegible] (6) [illegible]

練習問題（7.2）

(1) [illegible] (2) [illegible] (3) [illegible]

(4) [illegible] (5) [illegible] (6) [illegible]

練習問題（7.2.1）

(1) [illegible] (2) [illegible] (3) [illegible]

(4) [illegible] (5) [illegible] (6) [illegible]

練習問題（7.2.2）

(1) [illegible] (2) [illegible] (3) [illegible]

(4) [illegible] (5) [illegible] (6) [illegible]

練習問題（7.2.3）

(1) [illegible] (2) [illegible] (3) [illegible]

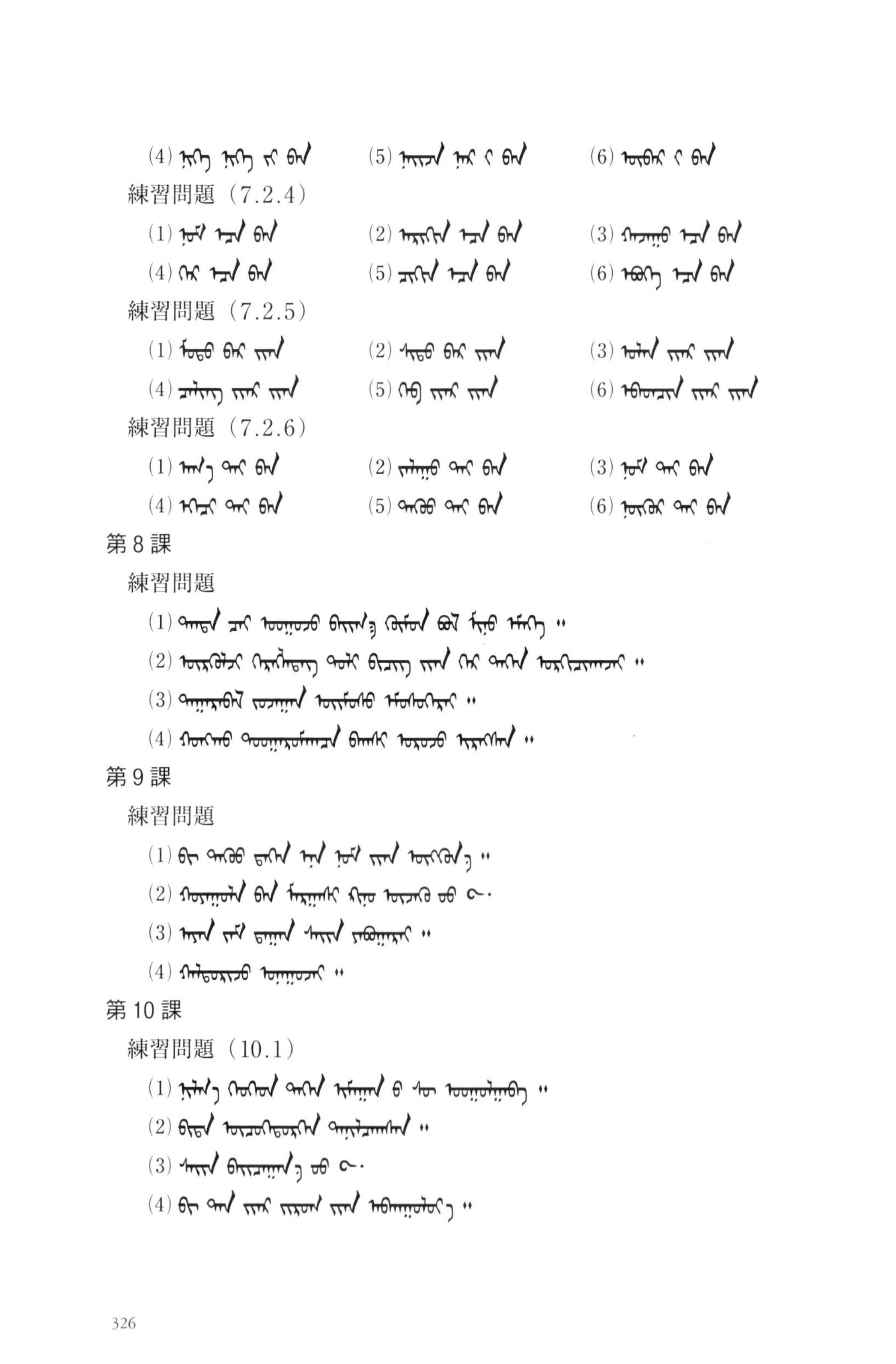

(4) [illegible]　(5) [illegible]　(6) [illegible]

練習問題（7.2.4）

(1) [illegible]　(2) [illegible]　(3) [illegible]

(4) [illegible]　(5) [illegible]　(6) [illegible]

練習問題（7.2.5）

(1) [illegible]　(2) [illegible]　(3) [illegible]

(4) [illegible]　(5) [illegible]　(6) [illegible]

練習問題（7.2.6）

(1) [illegible]　(2) [illegible]　(3) [illegible]

(4) [illegible]　(5) [illegible]　(6) [illegible]

第 8 課

練習問題

(1) [illegible]

(2) [illegible]

(3) [illegible]

(4) [illegible]

第 9 課

練習問題

(1) [illegible]

(2) [illegible]

(3) [illegible]

(4) [illegible]

第 10 課

練習問題（10.1）

(1) [illegible]

(2) [illegible]

(3) [illegible]

(4) [illegible]

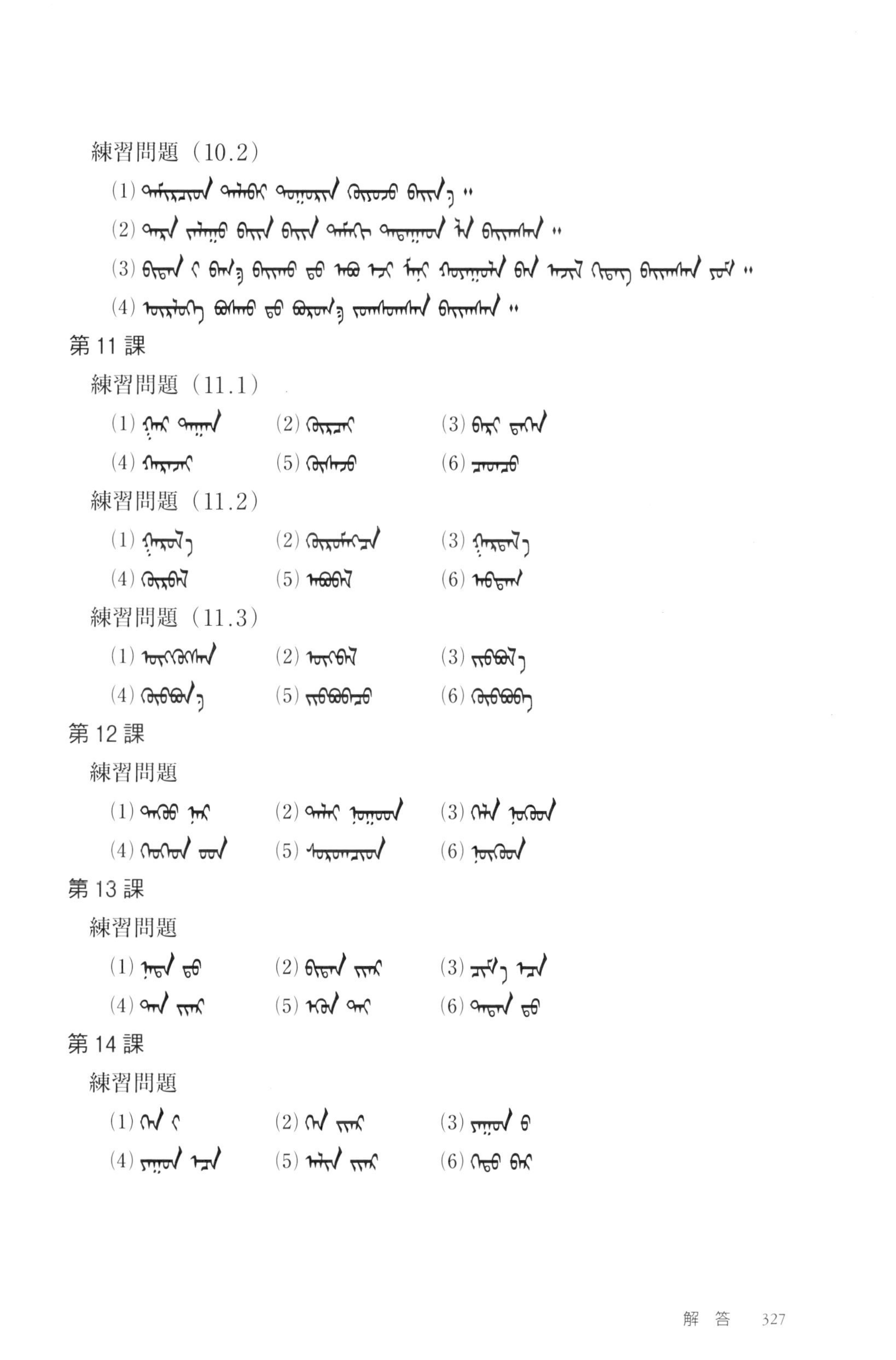

練習問題（10.2）

(1) [illegible]

(2) [illegible]

(3) [illegible]

(4) [illegible]

第 11 課

練習問題（11.1）

(1) [illegible] (2) [illegible] (3) [illegible]

(4) [illegible] (5) [illegible] (6) [illegible]

練習問題（11.2）

(1) [illegible] (2) [illegible] (3) [illegible]

(4) [illegible] (5) [illegible] (6) [illegible]

練習問題（11.3）

(1) [illegible] (2) [illegible] (3) [illegible]

(4) [illegible] (5) [illegible] (6) [illegible]

第 12 課

練習問題

(1) [illegible] (2) [illegible] (3) [illegible]

(4) [illegible] (5) [illegible] (6) [illegible]

第 13 課

練習問題

(1) [illegible] (2) [illegible] (3) [illegible]

(4) [illegible] (5) [illegible] (6) [illegible]

第 14 課

練習問題

(1) [illegible] (2) [illegible] (3) [illegible]

(4) [illegible] (5) [illegible] (6) [illegible]

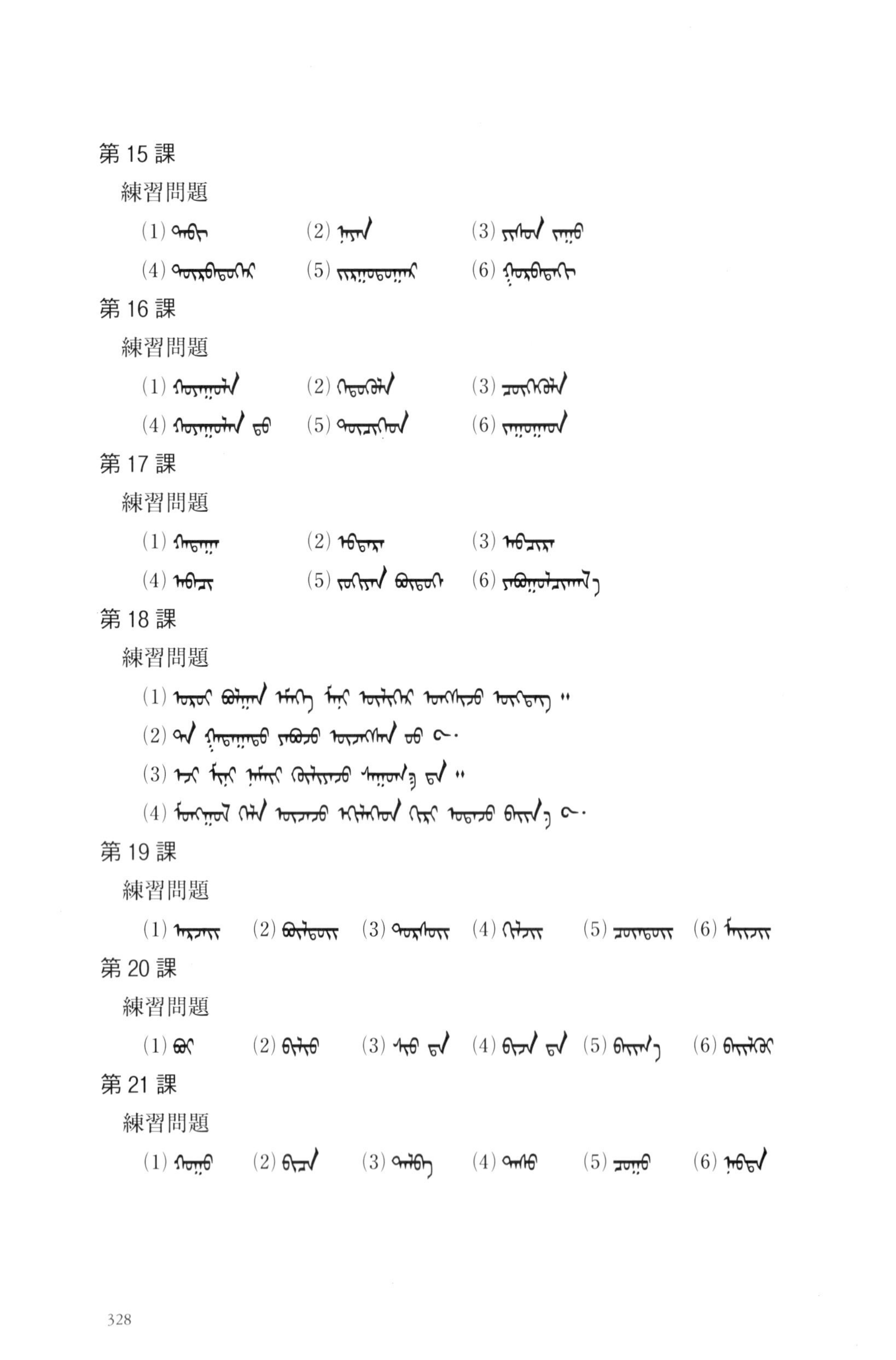

第 15 課

練習問題

(1) [illegible]　(2) [illegible]　(3) [illegible]

(4) [illegible]　(5) [illegible]　(6) [illegible]

第 16 課

練習問題

(1) [illegible]　(2) [illegible]　(3) [illegible]

(4) [illegible]　(5) [illegible]　(6) [illegible]

第 17 課

練習問題

(1) [illegible]　(2) [illegible]　(3) [illegible]

(4) [illegible]　(5) [illegible]　(6) [illegible]

第 18 課

練習問題

(1) [illegible]

(2) [illegible]

(3) [illegible]

(4) [illegible]

第 19 課

練習問題

(1) [illegible]　(2) [illegible]　(3) [illegible]　(4) [illegible]　(5) [illegible]　(6) [illegible]

第 20 課

練習問題

(1) [illegible]　(2) [illegible]　(3) [illegible]　(4) [illegible]　(5) [illegible]　(6) [illegible]

第 21 課

練習問題

(1) [illegible]　(2) [illegible]　(3) [illegible]　(4) [illegible]　(5) [illegible]　(6) [illegible]

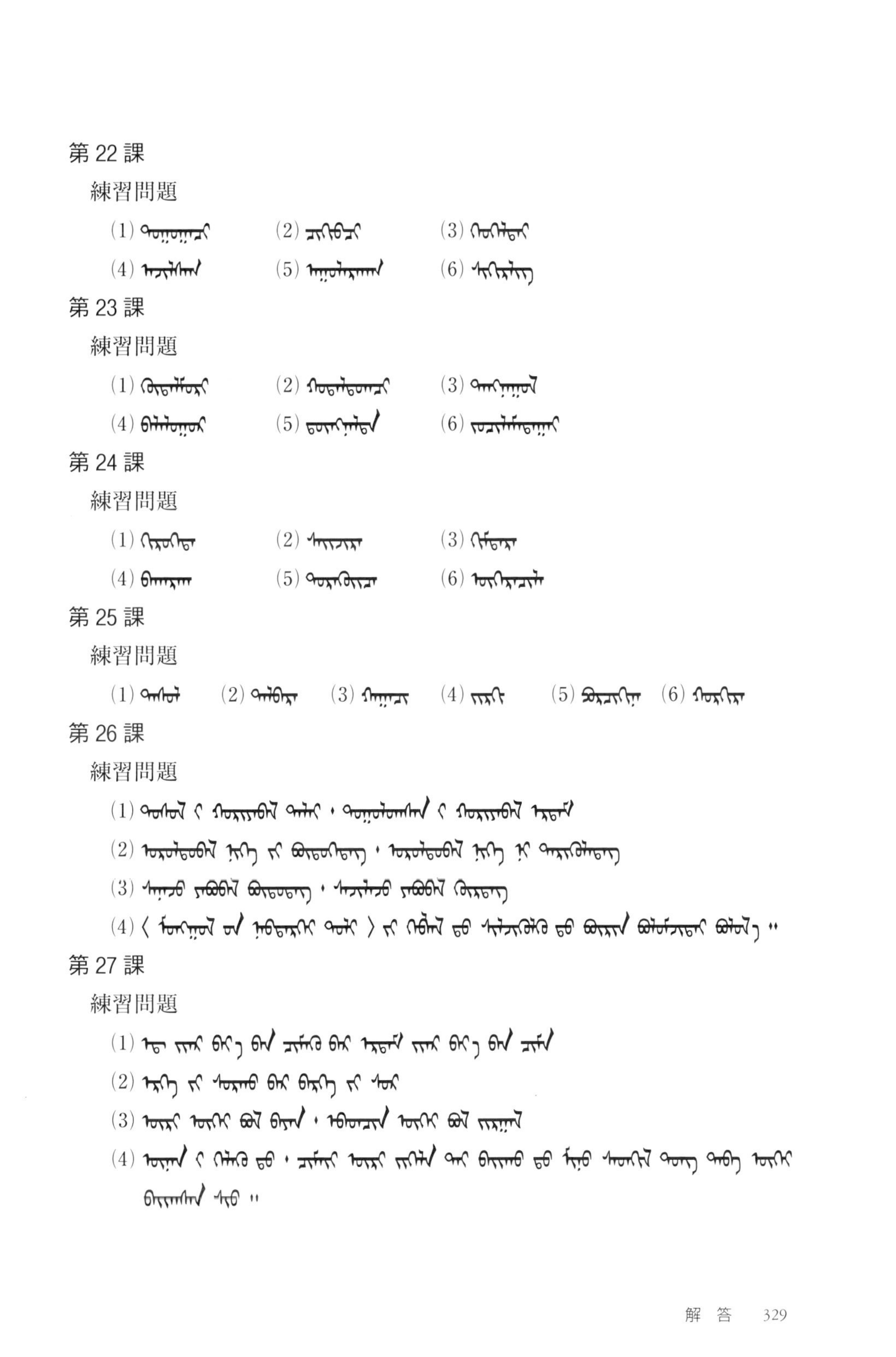

第 22 課

練習問題

(1) [illegible]　(2) [illegible]　(3) [illegible]

(4) [illegible]　(5) [illegible]　(6) [illegible]

第 23 課

練習問題

(1) [illegible]　(2) [illegible]　(3) [illegible]

(4) [illegible]　(5) [illegible]　(6) [illegible]

第 24 課

練習問題

(1) [illegible]　(2) [illegible]　(3) [illegible]

(4) [illegible]　(5) [illegible]　(6) [illegible]

第 25 課

練習問題

(1) [illegible]　(2) [illegible]　(3) [illegible]　(4) [illegible]　(5) [illegible]　(6) [illegible]

第 26 課

練習問題

(1) [illegible]

(2) [illegible]

(3) [illegible]

(4) [illegible]

第 27 課

練習問題

(1) [illegible]

(2) [illegible]

(3) [illegible]

(4) [illegible]

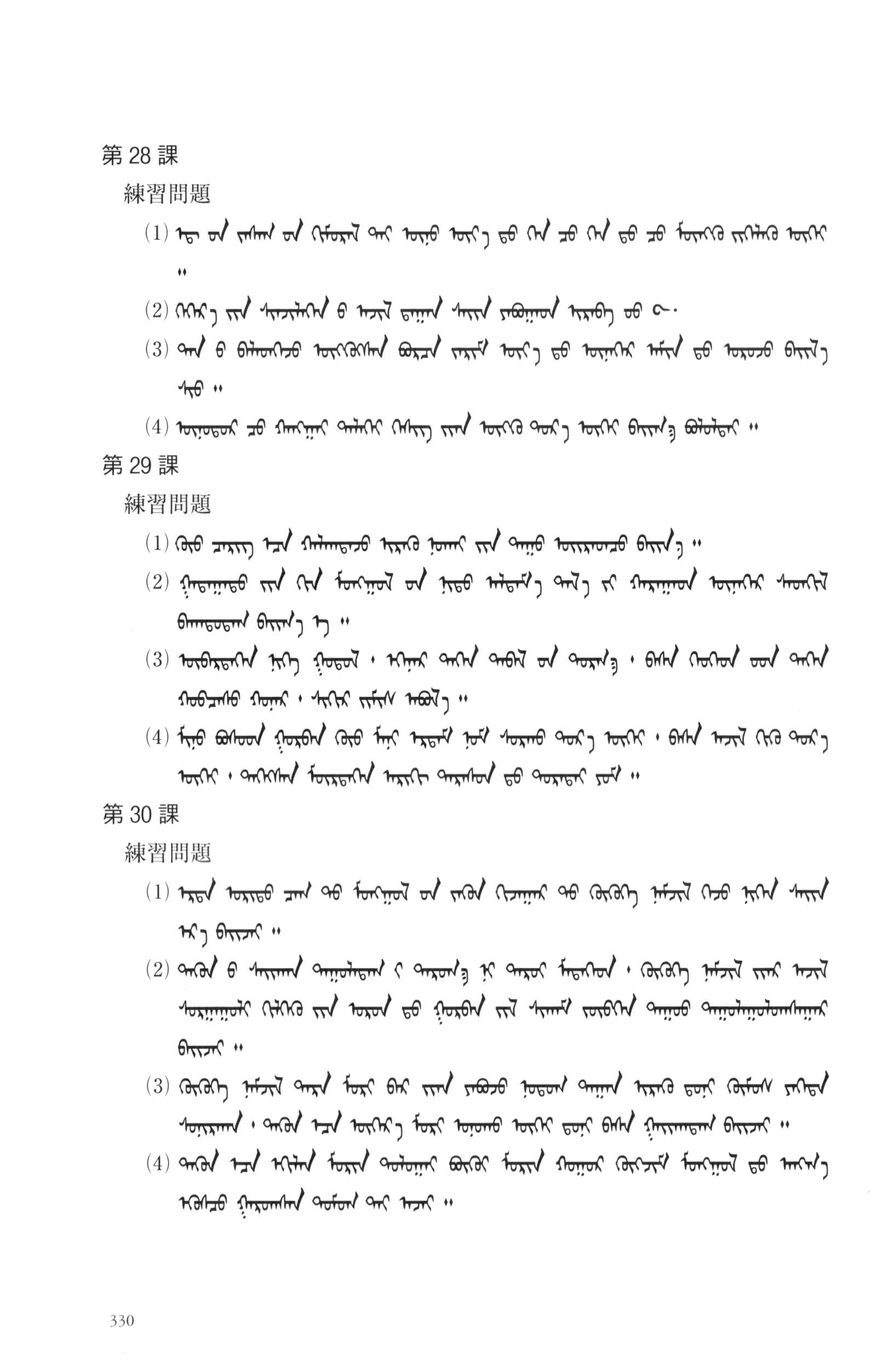

第28課

練習問題

(1) [illegible]

(2) [illegible]

(3) [illegible]

(4) [illegible]

第29課

練習問題

(1) [illegible]

(2) [illegible]

(3) [illegible]

(4) [illegible]

第30課

練習問題

(1) [illegible]

(2) [illegible]

(3) [illegible]

(4) [illegible]

語彙集

〈若干の注意事項〉

1. [　] は「隠れた n / н」(の付加した語形) 及び「隠れた г」を表す.
2. 「–」(長いハイフン) は，キリル文字綴りでは省略されない正書法上のハイフンを示す．モンゴル文字転写では，分離形や名詞語幹への語尾の付加を表す.
3. 「-」(短いハイフン) は名詞語幹を示し，キリル文字の綴りにおいて，その接尾辞が，前の名詞類に離さず続けて書かれることを表す.
4. 「=」は動詞語幹を示す.

文字配列：А Б В Г Д Е Ё Ж З И Й К Л М Н
О Ө П Р С Т У Ү Ф Х Ц Ч Ш (Щ) (Ъ) (Ы) (Ь) Э Ю Я

A

аа (a) ああ！
аав (abu) お父さん
аалз [-ан] (aγalǰi[n]) 蜘蛛
аахилах (aγakila=) ハーハー息が切れる
ааш [-ин] (aγasi[n]) 気性
ав (aba) 狩り
аваачих (abači=) 持って行く
авах (ab=) 取る；買う；(自分のために)(十分に) …する
авахуулах (abqaγul=) 取らせる，取ってもらう
авга (abuγ–a) 叔父
авгай (abaγai) 妻，夫人
авиа [-н] (abiy–a[n]) 音声
авир (aburi) 性格
авирах (abari=) よじ登る
аврага (aburγu) 巨大な
автах (abta=) 取られる
автобус (aṳ̈ṭobṳ̈s) バス
авчрах (abčira=) 持って来る
агаар (aγar) 大気，空気
агнах (angna=) 狩る，狩りをする
агуй (aγui) 洞窟
агуулга (aγulγ–a) 内容
агшин (gšan) 瞬間
адил (adali) 同じ
адуу [-н] (aduγu[n]) 馬(群)
адуус [-ан] (aduγusu[n]) → адгуус
адгуус [-ан] (aduγusu[n]) けもの，動物
аж (aǰi) 営み
ажиг (ajıγ) 観察
ажиглагч (aǰiγlaγči) 観察者
ажиглагчид (aǰiγlaγčid) 観察者たち
ажиглах (aǰiγla=) 観察する
ажигч (aǰiγči) 観察の鋭い
ажил (aǰil) 仕事
ажиллах (aǰilla=) 働く
ажилсаг (aǰilsaγ) 仕事熱心な

ажилчин（ajilčin）労働者
ажээ（ajai）…だったのである
аз（aja）幸運
Ази（Azi）アジア
ай（ai）範疇
айл（ayil）家庭；隣近所
айлгах（ayulγa=）恐れさせる，こわがらせる
аймаг（ayimaγ）アイマグ〈モンゴルの行政単位〉
аймхай（ayumaqai）臆病な
аймшиг（ayumsiγ）恐怖，恐れ
айх（ayu=）恐れる，怖がる
алба [-н]（alba[n]）公務，勤め
албан（alban）公務の，公式な
алга$_1$（alaγ-a）ない
алга$_2$ [-н]（alaγ-a[n]）掌
алгадах（alaγada=）平手打ちする
алгадуулах（alaγadaγul=）平手打ちさせる・される
алдах（alda=）失う
алдам（aldam-a）失うほどの
алдарших（aldarsi=）有名になる，名声を博する
алим [-ан]（alim-a[n]）リンゴ
алт [-ан]（alta[n]）黄金
алтан（altan）黄金の
Алтанцөгц（Altančọgüče）〈地名〉アルタンツグツ
алхаа（alquγ-a）歩み
алхам（alqum）一歩
алхах（alqu=）歩く
аль [алин]（ali[n]）どれ，どの
ам [-ан]（ama[n]）口
аманцар（amančir）おしゃべり好きの
амар（amar）簡単な，易しい
амарцгаах（amaračaγa=）大勢の人が一斉に休む
амгалан（amuγulang）安寧な，平穏な
Америк（Amẹrịka）アメリカ
амжилт（amjilta）成功
амжих（amji=）間に合う
амраг（amaraγ）愛しの；愛人
амрах（amara=）休む
амсар（amasar）器の口
амсах（amsa=）味見する；経験する
амсуулах（amsaγul=）味わわせる；経験させる
амт [-ан]（amta[n]）味
амтших（amtasi=）味をしめる
амь [амин]（ami[n]）命
амьдрал（amidural）生活，暮らし
амьсгал（amisqul）呼吸
амьтан（amitan）生き物，動物
ан [-г]（ang）（狩りの)獲物，鳥獣
анализ（analiz）分析
анар（anar）ザクロ
ангайх（angγayi=）(口を)開ける
ангалзах（angγalja=）(口を)パクパクする
анги（anggi）クラス
ангилал（anggilal）分類
Англи（Anggli）イギリス
анд（anda）義兄弟
андгай（andaγai）誓い
анивалзах（anibalja=）(目を)パチパチする
аних（ani=）(目を)閉じる
анир（anir）音；音信
анх [-ан]（angq-a[n]）最初，初め
анхдугаар（angqaduγar）初回(の)
аппарат（apparat）機器
ар（aru）後ろ
араа [-н]（araγ-a[n]）臼歯
арав（arba）10
аравдахь（arbadaki）10 番目の
аравдугаар（arbaduγar）10 番目(の)
арай（arai）少し：～ gejü やっとのことで

арваад（arbaγad）10 ぐらい（の）

арван（arban）10 の

арвин（arbin）多い

арвуул [-ан[-г]]（arbaγula[n]）10 個 / 人とも

арга（arγ-a）方法

аргамаг（arγumaγ）良馬

ард（arad）民衆，大衆

арзайх（arǰayi=）髪がぼさぼさである

арилжаа$_1$（aralǰiy-a）交易

арилжаа$_2$（aralǰiy-a）馬の走り方の一種

арслан [-г]（arslan）ライオン

архи [-н]（ariki[n]）酒

аршаан（rasiyan）鉱泉

асар 非常に

асуудал（asaγudal）問題

асуух（asaγu=）尋ねる

ат [-ан]（ata[n]）去勢ラクダ

атаа [-н]（ataγ-a[n]）嫉妬

атгах（adqu=）握る

аугаа 偉大な

ах$_1$（a=）存在する

ах$_2$（aq-a）兄；年上の男性

ахуй（aqui）存在；生活

ац [-ан]（ača[n]）分岐

ач（аči）孫

ачаа [-н]（ačiy-a[n]）積荷

ашгүй（ašigüi）〈間投詞〉よかった

ашиг（asiγ）利益

аугаа（auγ-a）偉大な

аюул（ayul）危険

аюултай（ayultai）危険な

ая（ay-a）旋律

аяар（ayar）ゆっくり

аяга [-н]（ayaγ-a[n]）椀

аян（ayan）旅

аянга [-н]（ayungγ-a[n]）雷

Б

ба（ba）…及び

Баасанхүү（Basangküü）〈人名〉バーサンフー

баатар（baγatur）英雄，勇者；登場人物

бавнах（babana=）→ бавтнах

бавтнах（babatuna=）ぺちゃくちゃしゃべる

баг（baγ）チーム；お面

бага（baγ-a）小さい；少ない；幼い

багадах（baγada=）小さすぎる，少なすぎる

багаж（baγaǰi）道具

багана（baγan-a）柱

багасгах（baγasqa=）小さくする

багваахай（baγbaqai）コウモリ

багш（baγsi）先生

базах（baǰa=）わしづかみする

байгаа（bayiγ-a）ある，している

байгууллага（bayiγululγ-a）機関

байдал（bayidal）状態，状況

байз (bayiǰa)〈=я^3 +〉じゃ（…しましょう）ね / よ

байлгүй（bayilgüi）…であろう，…じゃないの

байлдаан（bayilduγan）戦争

байлдах（bayildu=）戦う

байн（bayin）：～ ～ しょっちゅう

байнга（bayingγu）常時

байх$_1$（bayiq-a）…だろう

байх$_2$（bayi=）ある

байцгаах（bayičaγa=）大勢の人が一斉にいる

байшин [-г]（bayising）建物

балартах（balartu=）朦朧となる

балгад（balγad）複数の古代都市遺跡

балгас [-ан]（balγasu[n]）古代都市遺跡

баллах（balal=）消す
баллуур（balaluγur）消しゴム
бандайх（bandayi=）ぼてっとしている
бандгар（bandaγar）ずんどうの
банк [-ан]（bangki）銀行
банди（bandi）小僧
бар(с)（bars）トラ
бараа [-н]（baraγ–a[n]）商品；織物
барилга（barilγ–a）建物
баримт（barimta）証拠，根拠
барих（bari=）握る；建てる
баруун（baraγun）西(の)；右(の)
бас（basa）…も，また
Бат（Batu）〈人名〉バト
батга（badq–a）にきび
батлах（batula=）保証する，裏付ける
бах（baq–a）喜び，満足
бахархах（baqarqa=）誇りに思う
бахдах（baqadu=）喜ぶ；満足する
баяжих（bayaǰi=）富む，豊かになる
баян（bayan）豊かな，富んだ；金持ち
баяр（bayar）喜び
баярлах（bayarla=）喜ぶ
баясах（bayas=）喜ぶ
баячууд（bayačud）金持ちたち
би（bi）私
бид [-эн]（bide[n]（/ bida[n]））私たち
бие（bey–e）体
биз（biǰe）…でしょう
бий（bui）ある
бийр（bir）筆
билүү（biliü）〈疑問詞のない文末で〉…だったかな
билээ（bile）…だったね；〈疑問詞のある文末で〉…だったかな
битүү（bitegüü）閉じた
бичиг（bičig）文字；書物
бичих（biči=）書く
бичээч（bičigeči）書記
биш（bisi）…ではない
богино（boγuni）短い
богинодох（boγunid=）短くなる
богиносох（boγunis=）短くなる
бодогч（boduγči）考える人；計算する人
бодол（bodul）考え
бодох（bodu=）考える；計算する
бойпор（boyipur）香炉
бол（bol）…ならば，…は；…だろうか
болбол（bolbal）…になれば，できれば
болгон（bolγan）…毎に
болгох（bolγa=）…にする；熟させる
болжмор（bolǰumur）ヒバリ
болов уу（bolbau）…だろうか
боловсруулагдах（bolbasuraγuluγda=）精練される
боловч（bolbaču）…だけれども
бололтой（bolultai）…のようである
боломж（bolumǰi）可能性，見込み
болор（bolur）水晶
болох（bol=）…になる；熟す
боов [-он]（boubu[n]）練り子菓子
боомт（boγumta）関門；港
боох（boγu=）包む；遮る
бор（boru）浅黒い
борви [-н]（borbi[n]）アキレス腱
бороо [-н]（boruγ–a[n]）雨
борц（borča）乾燥牛肉，ボルツ
босгох（bosqa=）起こす，立てる
босох（bos=）起きる，立つ
ботго [-н]（botuγu）幼ラクダ
боть（boti）巻
бөгс [-өн]（bögse[n]）臀部，尻
бөжин [-г]（böjüng）子ウサギ
бөмбөлөг（bömbülig）風船
бөмбөрцөг（bömbürčeg）地球
бөмбөр（bömbür）太鼓

бөрт（börtü）黒灰斑
Бөхмөрөн（Bökemọ̈ren）〈地名〉ブフムルン
бөхлөх（bökele=）固定する
буга（buγu）シカ
бугуй（baγuu）手首
будах（budu=）染める
будуулах（buduγul=）染めさせる，染めてもらう
будда（buḍḍha）仏陀
булан [-г]（bulung）角，隅
бузар（buǰar）汚い
бузарлах（buǰarla=）汚す
бул（bulu）こしき；ローラー：～ чулуу 大きな丸石
булах（bula=）埋める
булгарах（bulγura=）根こそぎになる
булчирхай（bulčirqai）腺
булш [-ин]（bulasi[n]）墓
бум [-ан]（bum）10万（の）
буржгар（burǰigir）縮れ毛の
буржийх（burǰii=）毛が縮れる
буруу（buruγu）間違い
бусад（busud）他の
бусних（busani=）壊滅する
бусниулах（busaniγul=）壊滅させる
бут$_1$（buta）破砕的に，ばらばらに
бут$_2$ [-ан]（buta[n]）灌木，低木
бутархай（butarqai）散り散りになった
бутлах（butal=）散り散りにする
бутрах（butara=）散り散りになる
бутчих（butačı=）何度も粉砕する
буу [-н]（buu）銃
буудах（buuda=）撃つ
бууз [-ан]（buuǰa[n]）肉まん
буур [-ан]（buur-a[n]）種ラクダ
буцах（buča=）帰る，戻る
буцлах（bučal=）沸く，沸騰する
буян（buyan）徳，善行
бүвнэх（bübüne=）ぶつぶつ言う
бүгд（bügüde）全て
бүгдээр（bügüdeger）皆で
бүгэх（büggü=）伏せる
бүдрэх（büdüri=）つまづく
бүл（bülü）母方のいとこ
бүлтгэр（bülteger）目の突き出た
бүлтийх（bülteyi=）目が突き出る
бүлэг（bülüg）グループ
бүр（büri）…毎
бүрдэх（bürid=）全て具わる，完備する
бүрэн（bürin）全ての，完全な
бүс [-эн]（büse[n]）帯
бүсгүй（busegui）女性
бүтэн（bütün）完全な，全くの：～ сайн өдөр 日曜日
бүтэх（bütü=）事が成る，実現する
бүтээл（bütügel）著作
бүтээх（bütüge=）実現させる；創作する
бүх（bükü）全ての
бүхий（büküi）…のある
бүхэл（büküli）完全な，丸々の；整数の
бэ（bui）…か〈в, м, н で終わる語の後の Wh 疑問助詞．cf.вэ〉
бэлгэ（belge）兆し，しるし
бэлтгэх（beledke=）準備する
бэлчээр（belčiger）牧草地
бэлчээх（belčige=）草を食ませる
бэлэг（beleg）贈物
бэр（beri）嫁
бэрх（berke）困難な，難しい
бяслаг（bisilaγ）チーズ
бялзуухай（bilǰuuqai）スズメ
бямба（bimba）土曜
бяц（biča）ぐしゃっと
бяцархай（bičarqai）粉々に砕けた
бяцлах（bičal–）粉々に砕く
бяцрах（bičara=）粉々に砕ける

бяцчих（bičači=）何度も砕く

В

ваа（wa）カビ

вааг（waγ）クワックワッ，ゲロゲロ〈カエルの鳴き声〉

ваaглах（waγla=）（カエルが）クワックワッ鳴く

ваар（waγar）瓦

вена（wẹna）静脈

винтов（winṭow）ライフル銃

вирус（wirụ̈s）ウイルス

вольт（wolit）ボルト，電圧

вэ（bui）…か〈бэの付加条件以外で用いるWh疑問助詞〉

Г

гаа（γa）ショウガ

гааль（γayili）関税

гавьяа [-н]（γabiy-a[n]）功績

гадаа（γadaγ-a）外（で）

гадаад（γadaγadu）外国（の）

гадаадынхан（γadaγadu-yin kin）外国人たち

гадагш（γadaγsi）外へ

гадна（γadan-a）外側，外面

газар（γaǰar）場所；機関：засгийн ～ 政府

гай（γai）害

гайгүй$_1$（γai ügei）害のない

гайгүй$_2$（γayiγui）大丈夫な

гайхам（γayiqam-a）驚くべきほどの

гайхамшиг（γayiqamsiγ）驚き，驚異

гайхах（γayiqa=）驚嘆する；不思議がる

гал（γal）火

галт$_1$（γaltu）火のついた

Галт$_2$（Γaltu）〈人名〉ガルト

ганган（γangγang）おしゃれな

ганжуур（γanǰuur）（大蔵経の）仏説部

ганзага [-н]（γanǰuγ-a[n]）鞍ひも

ганпанз（γanpanǰa）（麺の）のし板

ганц（γaγča）単独の，唯一の

ганцаар（γaγčaγar）単独で

гар（γar）手，腕

гарал（γarul）起源

гарах（γar=）出る；登る；（…し）始める

гаргах（γarγa=）出す

гарз [-ан]（γaruǰa[n]）損失

гаруй（γarui）…余りの

гархи [-н]（γaraq-a[n]）金属環

гачигдах（γačiγda=）困窮する

гашуудал（γasiγudal）悲しみ，悲哀

герц（hẹrc）ヘルツ

гийгүүлэгч（geyigülügči）子音

гилжийх（gilǰii=）首が傾く

гишгэлэх（giskile=）何度も踏む

гишгэх（giski=）踏む

гишгээ（giskige）踏み

гитар（giṭar）ギター

гишүүд（gesigüd）構成員たち

гишүүн（gesigün）構成員

говь（γobi）ゴビ

гоё（γoyu）美しい

гоёмсог（γoyumsuγ）おしゃれな

гол$_1$（γoul）川

гол$_2$（γoul）主な，主要な

гонзгой（γonǰuγui）楕円形の

Готов（Γotub）〈人名〉ゴトブ

гөрөө（görüge）狩り

гөрөөс [-өн]（görügesü[n]）大型の草食動物；カモシカ

гөрөх（görü=）三つ編みにする

грамм（gram）グラム

групп（grüp）グループ

гуаг（γuwaγ）カーカー〈カラスの鳴き声〉

гуаглах（γuwaγla=）（カラスが）カーカー鳴く

гуай（γuwai）…さん
гуйх（γuyu=）請う，お願いする
гунших（γungsi=）鼻声で話す
гурав（γurba）3
гуравдахь（γurbadaki）3番目の
гуравдугаар（γurbaduγar）3番目(の)
гурван（γurban）3の
гурвуул [-ан[-г]]（γurbaγula[n]）3つ / 人とも
гургалдай（γurγuuldai）ナイチンゲール
гургуул（γurγuul）キジ
гутал（γutul）靴
гуч（γuči）30
гучаад（γučiγad）30ぐらい(の)
гучдугаар（γučiduγar）30番目(の)
гучин（γučin）30の
гүвээ [-н]（gübege[n]）低く長い丘陵
гүзээ [-н]（güǰege[n]）瘤胃〈反芻動物の第1胃〉
гүзээлзгэнэ（güǰelǰegen–e）イチゴ
гүйлгэх（güyülge=）走らせる
гүйх（güyü=）走る
гүйхэн（güiken）浅い
гүн（gün）深い
гүнж（güngǰü）皇女，王女，姫
гүрэн（gürün）国家
гүү [-н]（gegüü）母馬
гүүр（güür）橋
гэгч（gegči）…と言う
гэгээ [-н]（gege[n]）光
гэдрэг（gedergü）逆向きに
гэдэг（gedeg）…と言う
гэдэс [гэдсэн]（gedesü[n]）腹
гэж（geǰü）…と，…と言って
гэзэг [гэзгэн]（geǰige[n]）お下げ髪；長髪
гэм（gem）罪
гэмт（gemtü）罪のある
гэмших（gemsi=）後悔する
гэнэт（genedte）突然
гэр（ger）家；天幕，ゲル：～ орон 家屋敷
гэргий（gergei）〈敬語〉妻
гэрлүүлчи(хэ)х（gerlegülčike=）結婚させてしまう
гэрлэх（gerle=）結婚する
гэрсэг（gerseg）出無精な
гэрээ [-н]（ger–e）契約
гэсгэх（geske=）融かす
гэтэл（getel–e）ところが
гэх（ge=）言う；〈=х / =я^3 +〉…するつもりである
гэхдээ（gekü–degen）しかし，だが
гээд（ged）…と言って；…など
гялайх（gilayi=）光る
гялалзах（gilalǰa=）キラキラ光る
гярхай（giraqai）目ざとい

Д

даа[4]（da / de）…だね；(命令形に続けて語気を和らげる)…しなさいよ
даарах（daγara=）凍える
даах（daγaγa=）持ちこたえる，請け負う
даваа$_1$（dawa）月曜
Даваа$_2$（Dawa）〈人名〉ダワー
даваа$_3$ [-н]（dabaγ–a[n]）峠
давах（daba=）越える
давирхай（dabarqai）樹脂
давхарга（dabqurγ–a）層
давхар（dabqur）二重の
давхих（dabki=）疾走する
дагавар（daγaburi）接尾辞；付随した(もの)
дагах（daγa=）従う
дал（dala）70
далаад（dalaγad）70ぐらい(の)
далай（dalai）海
далан（dalan）70の
далдугаар（daladuγar）70番目(の)

Далх（Dalha）〈人名〉ダルハ
Дамдин（Damdin）〈人名〉ダムディン
дампуу（dampuu）破産した
дандаа（dangdaγan）いつも，しょっちゅう
дар（ḍar–a）：～ эх 女神
дараа（daraγ–a）後，次
дарах（daru=）圧する，押す
дарга（daruγ–a）長，上司
дарс [-ан]（darasu[n]）果実酒，ワイン
дарүй（darui）すぐに，直ちに；すなわち
даяг（daẏiγ）蔵蒙字典
даяийх（daẏii=）八の字脚である
депо（ḍẹpo）機関車庫
депутат（ḍẹpüṭat）代議士
дийлдэх（deyilde=）負ける
дийлэх（deyil=）勝つ，負かす
диск（ḍisḳ）ディスク
дов [-он]（dobu[n]）なだらかな丘
довцог（dobučaγ）小高い丘
доёх（doẏi=）ついばむ
долдугаар（doluduγar）7 番目（の）
долоо（doluγ–a）7
долоодахь（doluγadaki）7 番目の
долоон（doluγan）7 の
долуул [-ан[-г]]（doluγula[n]）7 つ / 人とも
домбо [-н]（dombu[n]）ポット
домог（domuγ）伝説，説話
донгаа（ḍongγ–a）〈植物〉サイカチ
Дондог（Donduγ）〈人名〉ドンドグ
доо（da）→ даа^4
доош（doγuγsi）下へ
дор（dour–a）下
Дорж（Dorǰi）〈人名〉ドルジ
дорно（dorun–a）東
дорсгор（dorsuγur）出っ歯の
дорсойх（dorsuyi=）出っ歯である
дотогш（dotuγsi）内側へ
дотор（dotur–a）中；心中，内心
дотно（dotunu）親しい
дохио [-н]（dokiy–a[n]）合図
дөл（ḍöl）丘の平地
дөнгөж（dönggeǰü）やっと
дөнгөх（döngge=）どうにかやる
дөнө（dön–e）4 才オス〈主に牛，ラクダに対し〉
дөнөн（dönen）4 才の〈牛・ラクダ〉
дөө（de）→ даа^4
дөрвөлжин [-г]（dörbelǰin）四角形（の）
дөрвөн（dörben）4 の
дөрвүүл [-эн[-г]]（dörbegüle[n]）4 つ / 人とも
дөрөв（dörbe）4
дөрөвдүгээр（dörbedüger）4 番目（の）
дөрөвдэх（dörbedeki）4 番目の
дөрөө [-н]（dörüge[n]）あぶみ
дөч（döči）40
дөчдүгээр（döčidüger）40 番目（の）
дөчин（döčin）40 の
дөчөөд（döčiged）40 ぐらい（の）
дугаар（ḍuγar）番号
дугуй（duγui）車輪
дугуйлан [-г]（duγuyilang）サークル，グループ
дугуйлах（duγuyila=）円をつくる
дунд（dumda）真ん中，中間
дуран [-г]（duran）望遠鏡，双眼鏡
дурандах（duranda=）望遠鏡で見る
дургүй（dur–a ügei）嫌いな
дургүйцэх（duragüyiče=）嫌いになる，嫌気がさす
дурсгал（durasqal）記念（品）
дусал（dusul）滴
дутуу（dutaγu）足りない
дуу$_1$ [-н]（daγu[n]）音声，音，声
дуу$_2$ [-н]（daγuu）歌
дуугарах（duuγar=）音が出る，鳴る

дуугаргах（duuγarγa=）音を出させる，鳴らせる
дуулах$_1$（daγula=）歌う
дуулах$_2$（duγul=）聞く
дуулдах（duγulda=）聞こえる
дуулуулах（daγulaγul=）歌わせる
дууриалгах（daγuriyalγa=）似せる
дууриах（daγuriya=）真似る
дуусах（daγus=）終る
дуусгах（daγusqa=）終える
дүгнэлт（düngnelte）結論
дүгээр（ḍüger）→ дугаар
дүгнэх（düngne=）結論を出す
дүн$_1$（dung）ドーン，ゴーン〈低く延続的な音〉
дүн$_2$ [-г]（ḍüng）結果
дүнгэнэх（dünggine=）低く延続的な音が鳴る
дүнчүүр（ḍüngsiγur）1 億
дүрслэх（dürsüle=）描写する
дүү（degüü）弟・妹，年下の人
дүүлэх（degüli=）ジャンプする，跳び越える
дүүпүү（ḍeüfụ̈）豆腐
дүүрэн（dügüreng）満ちた
дэвсгэр（dcbiskcr）敷物
дэвсэх$_1$（debis=）敷く
дэвсэх$_2$（debse=）踏みつける
дэгд（ḍigde）〈植物〉リンドウ
дэглэм（diglim）規律
дэд（deḍ）副の
дэдлэх（deḍle=）2 番目になる
дэл（del）（馬の）たてがみ；たてがみ状に連なったもの
дэлбэ$_1$（delbe）破裂的に，ばーんと
дэлбэ$_2$（delbi）花弁
дэлбэлэх（delbel–）爆発・破裂させる
дэлбэрхий（delberkei）爆発・破裂した
дэлбэрэх（delbere=）爆発・破裂する
дэлбэчих（delbeči=）何度も爆発させる
дэлгүүр（delgegür）店：их ～ 百貨店，デパート
дэлдийх（deldeyi=）耳が大きく突き出る
дэлхий（delekei）世界
дэлүү [-н]（deligüü[n]）脾臓
дэмий（demei）無駄な，無意味な
дэр [-эн]（der–e[n]）枕
дэрвэлзүүлэх（derbelǰegül=）はためかせる
дээ（de）→ даа[4]
дээл（debel）モンゴル服
дээр（deger–e）上（に）
дээрэлхэх（degerelke=）いじめる
дээш（degegsi）上へ

Е

Европ（ewụ̈ropa）ヨーロッパ
егөө [-н]（yögege[n]）風刺
ер$_1$（yere）90
ер$_2$（yerü）一般；〈否定語を伴って〉全く（…ない）：～ нь 一般に，そもそも
ердүгээр（yeredüger）90 番目（の）
ерөөл（irügel）祝詞
ерөөсөө（yerü-eče-ben）全然，全く
срэн（ycrcn）90 の
ерээд（yereged）90 ぐらい（の）
ес（yisü）9
есдүгээр（yisüdüger）9 番目（の）
есдэх（yisüdüger）9 番目の
есөн（yisün）9 の
есүүл [-эн[-г]]（yisügüle[n]）9 つ / 人とも

Ё

Ёндон（Yondan）〈人名〉ヨンドン
ёр（iru–a）（凶）兆
ёс [-он]（yosu[n]）道理；規則，決まり
ёсоор（yosu–bar）…に従って，…に応じて

Ж

жаахан（ǰiγaqan）少しの；幼い
жагар（ǰaγar）天竺，インド
жар（ǰira）60
жараад（ǰiraγad）60 ぐらい(の)
жаран（ǰiran）60 の
жаргал（ǰirγal）幸福；喜び
жардугаар（ǰiraduγar）60 番目(の)
живаа（ǰiu-a）1000 万(の)
живэх（ǰib(bü)=）沈む
жигнэмэг（ǰingnemeg）ビスケット
жигнэх（ǰingne=）蒸す
жигүүр（ǰigür）翼
жигүүртэн（ǰigürten）鳥類
жижиг（ǰiǰig）小さい
жижигхэн（ǰiǰigken）かなり小さい
жийрэг（ǰigirig）パッキング
жийрэглэх（ǰigirigle=）(当て物を)差し挟む
жил（ǰil）年（度）
жимс [-эн]（ǰimis）果物
жин [-г]（ǰing）重さ
жир（ǰir）チュンチュン，ピーチク〈小鳥のさえずり〉
жирийн（ǰir-ün）普通の
жиргэх（ǰirgi=）(小鳥が)さえずる
жишээ [-н]（ǰišiy-e[n]）例
жолоо [-н]（ǰiluγu[n]）手綱
Жонон（J̌inung）：～ хар ジョノン・ハル〈馬の名前〉
жонш [-ин]（ǰongsi[n]）へげ石
жөтөө [-н]（ǰitüge[n]）嫉妬
жудаг（ǰudaγ）品性，品徳
журнал（žurnal）雑誌；日誌
жуулчин（ǰiγulčin）旅行者
жүрж（ǰürǰi）ミカン

З

за$_1$（ǰa）はい
за$_2$（ǰ-a）：буй ～ …であろう
заавал（ǰabal）必ず
заалгах（ǰiγalγa=）教えさせる，教わる
заах（ǰiγa=）教える，示す
зав（ǰab）暇
завсарлагаа（ǰabsarlaγ-a）途中休憩
загас [-ан]（ǰiγasu[n]）魚
загвар（ǰaγbur）模型；型見本
загнах（ǰangna=）叱る
загнуулах（ǰangnaγul=）叱られる
зад（ǰada）ぱかっと開いて
задгай（ǰadaγai）開けっぴろげの
задархай（ǰadarqai）開いた，ほどけた
задлах（ǰadal=）開ける；分析する
задрах（ǰadara=）開く，ほどける
задчих（ǰadači=）何度も・めちゃくちゃに開ける
зал（zaγal）大広間
залуу（ǰalaγu）若い；青年
зам（ǰam）道
зан [-г]（ǰang）性格；風俗，習慣
зандан（zandan）〈植物〉ビャクダン
заншил（ǰangsil）習慣
зарах（ǰaru=）使う；派遣する；売る
зарим（ǰarim）若干の
заримдаа（ǰarim-daγan）時には，時々
заримдаг（ǰarimduγ）不完全な
засаг（ǰasaγ）政権，政府；行政：эдийн ～ 経済
засах（ǰasa=）整える，直す
засуулах（ǰasaγul=）整えさせる，整えてもらう
захиа [-н]（ǰakiy-a[n]）手紙
захирал（захирал）所長，校長，支配人
захирах（ǰakira=）命令する

зах（ǰaq-a）襟；端；市場
зовлон [-г]（ǰobalang）苦しみ
зовох（ǰoba=）苦しむ
зогсонги（ǰoγsunggi）停滞した
зогсосхийх（ǰoγsuski=）一瞬止まる
зогсох（ǰoγsu=）止まる
зодох（ǰodu=）なぐる
зодолдох（ǰoduldu=）なぐり合う
зоо [-н]（ǰọ）背中の両筋
зориг（ǰoriγ）勇気
зохиох（ǰokiya=）創作する
зочломтгой（ǰočilamataγai）客好きな
зочлох（ǰočila=）客をもてなす
зөвхөн（ǰöbken）ただ（…のみ），単に（…だけ）
зөгий（ǰögei）ミツバチ
зөөлөн（ǰögelen）柔らかい
зузаан（ǰuǰaγan）厚い
зун（ǰun）夏
зураас [-ан]（ǰiruγasu[n]）線
зураач（ǰiruγači）画家
зураачид（ǰiruγačid）画家たち
зураг（ǰiruγ）絵；写真
зурах（ǰiru=）描く
зургаа（ǰirγuγ-a）6
зургаан（ǰirγuγan）6 の
зургаадахь（ǰirγuγadaki）6 番目の
зургадугаар（ǰirγuduγar）6 番目（の）
зургуул [-ан[-г]]（ǰirγuγula[n]）6 つ / 人とも
зусах（ǰusa=）夏を過ごす
зуслан [-г]（ǰusalang）夏の保養地
зуу [-н]（ǰaγu[n]）100
зуугаад（ǰaγuγad）100 ぐらい（の）
зуудугаар（ǰaγuduγar）100 番目（の）
зуун（ǰaγun）100 の
зүг（ǰüg）方向
зүгширэх（ǰügsire=）慣れる
зүгээр（ǰüger）大丈夫な
зүй（ǰüi）道理，理
зүйр（ǰüir）喩え，比喩：～ цэцэн үг ことわざ
зүйрлэх（ǰüirle=）喩える
зүйрлэшгүй（ǰüirlesi ügei）喩えられない
зүсэх（ǰüsü=）すぱっと切り分ける
зүтгэх（ǰidkü=）尽力する，懸命に行う
зүү [-н]（ǰegüü）針
зүүлт（ǰegülte）ペンダント，ネックレス，アクセサリー
зүүн（ǰegün）東（の）；左（の）
зүүнш（ǰegünsi）東・左へ
зэвсэг（ǰebseg）武器
зэгзийх（ǰegǰeyi=）細くてすらりとしている
зээл（ǰigele）借金
зээлэх（ǰigele=）（お金を）借りる

И

ивээл（ibegel）庇護，加護
ивээлт（ibegeltü）庇護の，加護の
ид（ridi）神通力，魔力
идэмхий（idemekei）食いしん坊な
идэх（ide=）食べる
ий$_1$（ei）おお怖い
ий$_2$（i）うわ！
ийм（eyimü）こんな
ийн（eyin）このような
ийш（eyisi）こちらへ
илбэ [-н]（yilwi / yẹlwi）手品
илүү（ilegüü）余分な；…余りの
ингэ [-н]（ingge[n]）母ラクダ
ингэх（inggi=）こうする
индүү [-н]（indeü）アイロン
ир（ir）刃
ирмэг（irmeg）へり，角
ирүүлэх（iregül=）来させる

ирэгсэд（iregsed）来た人々
ирэх（ire=）来る
ирээдүй（iregedüi）将来
исгий [-н]（isegei）フェルト
их（yeke）大きな；多量の
ихдэх（yekede=）大きすぎる；多すぎる
ихэд（yekede）大いに
ихэнх（yekengki）大多数の，殆どの
ихэнхдээ（yekengki-degen）多くの場合
ихэр（iker-e）双子
ичимтгий（ičimetegei）恥ずかしがり屋の
ичих（iči=）恥じる，恥ずかしがる
иш [-ин]（esi[n]）柄

К

какао（ḳaḳaọ）カカオ
касс [-ан]（ḳas）レジ
кило（ḳilọ）キロ
кино [-н]（ḳinọ）映画
кирилл（ḳiril）キリル（文字）
компани（ḳompani）会社
кофе [-н]（ḳofẹ）コーヒー
курс（ḳürs）コース

Л

л（la / le）…だけ，…こそ〈限定を表す〉
лаа（la）ロウソク
лав（lab）必ず
лал（lalu）イスラム
лийр（liir）梨
лимбэ（lingbü）横笛
лонх [-он]（longqu[n]）瓶
лөөлий（löülüi）不成功の
лхагва（lhaγba）水曜
Лхагвасүрэн（Lhaγbasụrüng）〈人名〉
ルハグワスレン
лугаа^2（-luγ-a / -lüge）…と
луу$_1$（luu）竜
луу$^2_2$（uruγu）→ руу^2
лүгээ（-lüge）→ лугаа^2
лүү$_1$（lüü）枝編みの篭
лүү$_2$（uruγu）→ луу
лэглийх（legleyi=）毛深くある

М

маань（mani）私たちの〈名詞に後置する〉
май（mai）（羊や山羊の）メーメーという
鳴き声
майжийх（mayiǰii=）足ががに股である
майлах（mayila=）（羊や山羊が）メーメー
と鳴く
мал（mal）家畜
малгай（malaγai）帽子
малчид（malčid）牧民たち
малчин（malčin）牧民
манай（man-u / manai）私たちの
манайд（man-u-du / manai-du）私たち
のもとに
манж（manǰu）満洲
маргааш（marγasi）明日；翌日
мах [-ан]（miq-a[n]）肉
махсах（miqasa=）肉を食べたがる
машин（masin）車；機械
маяг（maẏiγ）形式
медаль（mẹdal）メダル
минут（nimụt）分
миний（minu）私の
минь（mini）私の〈名詞に後置する〉
мод [-он]（modu[n]）木
мотоцикл（moṭociḳl）オートバイ
Монгол（Mongγul）モンゴル
монголчууд（mongγulčud）モンゴル人たち
мордох（morda=）騎乗する；出発する
морь [морин]（mori[n]）馬
морьд（morid）複数の馬
мөнгө [-н]（mönggü[n]）銀；お金

мөөг [-өн]（mögü[n]）キノコ
мөөм [-өн]（mömü）乳房
мөөрөх（mögere=）(牛が)モーと鳴く
мөр [-өн]（mörü[n]）肩
мөрий（mörüi）賭け
мөрийцөх（mörüyiče=）賭けをする
мөрөн（mören）大河
мөртлөө（mörtel-e-ben）…だけれども：
тэгсэн ～ それなのに
мөс [-өн]（mösü[n]）氷
мөч [-ин]（möči[n]）四肢
мөчир（möčir）枝
музей（müzẹi）博物館
мулт（multu）脱落的に，すぽっと
мултархай（multurqai）外れた，ほどけた
мултлах（multul=）外す，ほどく
мултрах（multura=）外れる，ほどける
мултчих（multuči=）何度もはずす
муу（maγu）悪い；愛しい
муужирах（maγuǰira=）失神・気絶する
муур（muur）ネコ
муутан（maγutan）悪い(ものを有する)人
муухай（maγuqai）汚い，不快な
мухлаг（muqulaγ）屋台店
мушгих（muski=）ねじる
мэдрэх（medere=）感じる
мэдрэхүй（medereküi）感覚
мэдэгдэх$_1$（medegde=）感じられる，わかる
мэдэгдэх$_2$（medegde=）知らせる，通知する
мэдэх（mede=）知る；〈=ж / =ч +〉…かもしれない
мэндчилэх（mendüčile=）挨拶する
мэрэх（mere=）(堅いものを)かじる
мэх（meke）詭計
мэхийх（meküyi=）おじぎする
мянга（mingγ-a）1000
мягмар$_1$（miγmar）火曜
Мягмар$_2$（Miγmar）〈人名〉ミャグマル
мянгаад（mingγaγad）1000ぐらい(の)
мянган（mingγan）1,000の
мяндас [мяндсан]（mindasu[n]）絹糸

Н

наад（naγadu）こちら側の
наадам（naγadum）祭典
наадах（naγadqu）遊ぶ
нааш（nasi）手前へ，こちら側へ
нагац（naγaču）母方の親族
над（nada）〈би の斜格語幹〉
надаар（nada-bar）私によって
надаас（nada-ača）私から
надад（nada-du）私に
надтай（nada-tai）私と
найдах（nayida=）期待する
найдвар（nayidaburi）信頼
найз（nayiǰa）友達
найм（naima）8
наймаа（nayimaγ-a / mayimai）商売
наймалж（naimalǰi）カニ；タコ
найман（naiman）8の
наймдахь（naimadaki）8番目の
наймдугаар（naimaduγar）8番目(の)
наймуул [-ан[-г]]（naimaγula[n]）8つ/人とも
намайг（nam-a-yi / namayi）私を
намар（namur）秋
намдаах（namdaγa=）低くさせる；静める
намдах（namda=）低くなる；静まる
Намжил（Namǰil）〈人名〉ナムジル
нар$_1$（nar）…たち
нар$_2$ [-ан]（nara[n]）太陽
нарийвчлах（naribčila=）詳細に見る
нарийн（narin）細い；細かい
нас [-ан]（nasu[n]）年齢

ная（naya）80
наяад（nayaγad）80 ぐらい(の)
наядугаар（nayaduγar）80 番目(の)
наян（nayan）80 の
нижигнэх（niǰigine=）轟く，轟音が鳴る
ний（nei）打解けた
нийвий（niibi）左官ごて
нийх（nigi=）鼻をかむ
нир（nir）轟き音
ниргэх（nirge=）落雷する
нисгэх（niske=）飛ばす
нисэх（nis=）飛ぶ
ногоо [-н]（noγuγ-a[n]）野菜
ногоон（noγuγan）緑色の
ноднин [-г]（nidunun）去年
ноёгтой（noyaγtai）淑女
ноёд（noyad）領主たち
ноён（noyan）領主；紳士
нойр（noyir）眠り
ноль（noli）ゼロ，0
ном（nom）本；学問；経典
номер（nomẹr）番号
номин（nomin）瑠璃
номхон（nomuqan）おとなしい
норох（nor=）濡れる
нохой（noqai）イヌ
нөгөө（nögüge）別の，例の
нөлөө [-н]（nölüge[n]）影響
нөхөд（nöküd）友たち
нөхөөс [-өн]（nökügesü[n]）つぎ，補布
нөхөр（nökür）友；夫
нөхөх（nökü=）補う
нөхцөл（nöküčel）条件；語尾
нөр（nöri）固執性の
нуга（nuγu）屈曲的に，ぐにゃっと
нугалах（nuγul=）折り曲げる
нугарах（nuγura=）折れ曲がる
нугархай（nuγurqai）折れ曲がった
нугачих（nuγuči=）何度も折り曲げる
нулимах（nilbu=）つばを吐く
нулимс [-ан]（nilbusu[n]）涙
нум [-ан]（numu[n]）弓
нурах（nura=）崩れる
нуруу [-н]（niruγu[n]）背中；モンゴル文字の中心線；山脈；堆積
нурших（nuršu=）くどくど言う
нус [-ан]（nisu[n]）鼻汁
нусгай（nisuqai）鼻垂れの
нутаг（nutuγ）里，地元，故郷
нуугдах（niγuγda=）隠れる
нуур（naγur）湖
нуух（niγu=）隠す
нууц（niγuča）秘密
нүд [-эн]（nidü[n]）目
нүр（nür-e）〈植物〉コケモモ
нүүдэл（negüdel）遊牧
нүүр [-эн]（niγur）顔
нүүх（negü=）移動する，引っ越す
нүх [-эн]（nüke[n]）穴
нь（ni）その，それらの，彼(女)(ら) の〈名詞に後置する〉
нэвт（nebte）貫通して；ぐっしょりと
нэвтлэх（nebtel=）貫通させる；しみ通す
нэвтрэх（nebtere=）貫通する；しみ通る
нэвтчих（nebteči=）何度も貫通させる
нэвтэрхий（nebterkei）透徹した，通暁した
нэг（nige）1(の)；同じ；不特定の，ある…
нэгдүгээр（nigedüger）1 番目(の)
нэгдэх（nigedeki）1 番目の
нэгэн（nigen）1 の；ついたち
нэлээд（neliyed）かなり，相当
нэмэх（neme=）加える
нэр（ner-e）名前，名称；名詞
нэрэлхэх（nerelke=）遠慮する
нээх（negege=）開ける
ня-бо（nibu / ni · bo）会計員 <нягтлан

бодогч の略＞
нягтлах（niγtala=）綿密に行う
нялх（nilq-a）生まれたばかりの
нялцайх（nilčayi=）ねばねばする
нялцгай（nilčaγai）ねばねばした
ням（nim-a）日曜
нярай（nirai）新生児
няц（niča）ぐしゃっと
няцархай（ničarqai）粉々に砕けた
няцлах（ničal=）粉々に砕く
няцрах（ničara=）粉々に砕ける
няцчих（ničači=）何度も砕く

О

ов（ob）計略
овог（obuγ）苗字；氏族
овор（obur）相貌
огтлох（oγtul=）切断する
огцрох（oγčura=）辞職する
одон [-г]（odun）勲章
одоо（odu）今
одоохон（oduqan）今すぐ
одох（od=）行く
ой（oi）森
ойлгох（oyilaγa=）理解する
ойлгуулах（oyilaγaγul-）理解させる
ойм（oyimu）丸木舟
ноймс [-он]（oyimusu[n]）靴下
ойр（oyir-a）近い
ойролцоо（oyiralčaγ-a）近隣の，付近の
оиртох（oyırad=）近づく，接近する
оёулах（oyuγul=）縫わせる
оёх（oyu=）縫う
олгох（olγu=）授ける
олз [-он]（olǰa[n]）獲得物
олон（olan）多くの；皆，大衆
олох（ol-）得る
олуул [-ан[-г]]（olaγula[n]）多人数の
он（on）年
онгон（ongγun）神聖な
онгоц [-он]（ongγuča[n]）飛行機
ондоо（onduu）別の
Онон（Onun）オノン（河）
онох（onu=）当てる
онцгой（ončuγui）特別な
оньсго（onisuγ-a）なぞなぞ
оо$_1$（ọ / ou-a）粉
оо$_2$（ou）おお！
опер（opẹr）オペラ
ор [-он]（oru[n]）ベッド
органик（orγaniγ）有機物の
орой$_1$（orui）晩
орой$_2$（orui）頂上，頂
оролдох（oruldu=）努力する，取り組む
оролцох（orulča=）参加する
орон（orun）地域，くに
оронд（orun-du）場所に；〈属格 +〉…の
代わりに
ороох（oriya=）巻く
орох（oru=）入る
оруулах（oruγul=）入れる
орхих（orki=）置き去りにする；（完全に）（…して）しまう
орц（oruča）入口
орцгоох（oručaγa=）大勢で一斉に入る
орчим（orčim）…ぐらいの
орь（ori）若い
Осака（Osaḳa）大阪の
отгон（odqan）末子の
охид（ökid）少女たち
охин（ökin）娘；少女
охор（oqur）短い
очир（wčir）金剛杵
очих（oči=）行く，赴く
оюутан（oyutan）学生

Ө

өв（öb）遺産
өвгөд（ebüged）おじいさんたち
өвгөн（ebügen）おじいさん
өвдөх（ebed=）痛む，病む
өвөл（ebül）冬
өвөө（ebüge）おじいちゃん
өвөр$_1$（ebür）懐
өвөр$_2$（öbür）南面
өвөтгөх（ebedke=）痛める
өвчин（ebedčin）病気
өвчүү [-н]（ebčigüü[n]）みぞおち
өглөө [-н]（örlüge[n]）朝
өгөлцөх（öggülče=）与え合う
өгөх（ög(gü)=）与える；(…して)あげる，くれる
өгүүлбэр（ögülebüri）文
өгүүлэх$_1$（öggügül=）与えさせる
өгүүлэх$_2$（ögüle=）述べる
өгүүлэхүүн（ögülekün）述語
өдөр（edür）日，日中
өеө（öyüge）傾斜した
өлгөх（elgü=）掛ける
өлмий（ölmei）つま先
өлсгөлөн [-г]（ölüsküleng）空腹(な)
өлсөх（ölüs=）飢える
өмнө（emün–e）前；南
өмнөхөн（emüneken）少し前の
өмнөш（emünesi）南・前へ
өмнүүр（emünegür）前辺りに
өмсгөх（emüske=）着せる
өндөг [өндгөн]（öndege[n]）たまご
өнөө（önü）現在；今日
өнөөдөр（önüdür）今日
өнцөг（önčüg）かど
өл（ölü）灰白色の
өлсөх（ölüs=）腹が空く，飢える
өмнө（emün–e）南；前
өмнөөс（emün–e–eče）南・前から；…を代表して；…の代わりに；…のために
өмнөш（emünesi）南・前へ
өмсөх（emüs=）着る，履く
өнгө [-н]（öngge[n]）色
өндөр（öndür）高い
өнөө（önü）今の
өнөөдөр（önüdür）今日
өнөөх（önüki）今さっきの物
өө（ọ̈）瑕疵
өөв（öüb）えっ何？
өөр$_1$（öber）自分，自身
өөр$_2$（öger–e）他の，別の；〈奪格 +〉…以外の
өөрсөд（öbersed）自分たち
өөрсдөө（öbersed–iyen）自分たちで
өөрчлөх（ögerečile=）変える
өр$_1$ [-өн]（öri[n]）負債，借金
өр$_2$ [-өн]（örü[n]）みぞおち
өргөжих（örgeǰi=）広がる，拡大する
өргөн（örgen）広い
өргөх（ergü=）持ち上げる
өрнө（örün–e）西
өрнөх（örni=）発展する
өрөвдөм（örü ebedüm–e）同情すべき
өрөвдөх（örü ebed=）同情する
өрөө [-н]（örüge[n]）部屋
өсгий [-н]（ösügei）かかと
өсгөх（öske=）育てる，増やす
өсөх（ös=）育つ，増える
өтгөн（ödken）濃い
өчигдөр（öčügedür）昨日
өчигдөрхөн（öčügedürken）つい昨日
өшиглөх（iskül=）蹴る

П

паа（pa）何とまあ

паалан [-г]（palang）珐瑯
пагдгар（paγdaγar）ずんぐりした
пар（par）：～ ～ パチパチ〈爆ぜる音〉
Перу（Pẹrụ̈）ペルー
пийпаа（pipa）琵琶
помидор（pomidor）トマト
пор（por）：～ ～ ブクブク〈液体の沸騰音〉
поршень（poršẹni）ピストン
порчигнох（porčigina=）（液体が沸騰して）ブクブク音がする
пөмбийх（pömbüyi=）丸くある
программ（program）プログラム
пуужин [-г]（puuǰing）ロケット
пүрэв（pürbü）木曜
пүүс（püse）商店
пэмбийх（pembeyi=）膨れている
пэнс（pẹngse）たらい
пял（pila）小皿

Р

радио（radiọ）ラジオ
ресторан（rẹsṭoran）レストラン
рид（ridi）神通力，魔法の力
роман（roman）小説
рубль（rübli）ルーブル〈ロシアの貨幣単位〉
руу^2（uruγu）〈方向格〉……へ
рүү（uruγu）→ руу^2
Рэгдэн（Regden）〈人名〉レグデン

С

сажлах（saǰila=）ゆっくり行く
сай（sai）川の跡
сайд（sayid）大臣
сайжирах（sayiǰira=）良くなる
сайн（sayin）良い；元気な
сайхан（sayiqan）素晴らしい，立派な
сайшаах（sayisiya=）賞賛する
салах（sal=）別れる
салбар（salburi）分枝；部門；学部；分野
салхи [-н]（salki[n]）風
салхилах（salkila=）風が吹く
сам（sam）くし
самбар（sambar-a）黒板
самнах（samna=）髪をとかす
сан [-г]（sang）倉
санаа [-н]（sanaγ-a[n]）思い
санаархах（sanaγarqa=）もくろむ
санагалзах（sanaγalǰa=）よくよく考える
санах（sana=）思う
сар$_1$（sar-a）月（年月の）：цагаан ～ ツァガーン・サル，(旧)正月
сар$_2$ [-ан]（sara-n）月（天体の）
сахар（saqar）砂糖
сампин（sampin）そろばん
сая$_1$（say-a）100 万
сая$_2$（saẏi）先ほど
саяхан（saẏiqan）つい先ほど
сийлэх（seyil=）彫る
сийрэг（seyireg）まばらな
сод（sodu）英明な，傑出した
содон（sodun）英明な，傑出した
соёл（soyul）文化
соёо [-н]（soyuγ-a[n]）牙
сойх（soyi-）後ろに引いて止める；食餌制限する
солих（soli=）交換する
солонго [-н]（solungγ-a[n]）虹
Солонгос（Solungγus）韓国；朝鮮
сонин（sonin）新聞
сонирхох（sonirqa=）興味を示す，関心を持つ
сонсдох（sonusta=）聞こえる
сонсох（sonus=）聞く
сорох（soru=）吸う
сөд（södü）〈植物〉ワレモコウ
сөөнгө（sögenggi）しゃがれ声の

сөөх（söge=）（声が）しゃがれる
сөхөх（sekü=）めくり上げる，開ける
спорт（sport）スポーツ
сувд [-ан]（subud）真珠
суга$_1$（suγu）引っこ抜けて
суга$_2$ [-н]（suγu）脇の下
сугалах（suγul=）引き抜く
сугарах（suγura=）抜ける，抜け落ちる
сугархай（suγurqai）抜けた
сугачих（suγuči=）何度も引き抜く
судлал（sudulul）研究
судлах（sudul=）研究する
сунах（sun(g/u)=）伸びる
сурагч（suruγči）学習者，生徒
сурагчид（suruγčid）学習者たち
суралцагсад（surulčaγsad）就学者たち
суралцах（surulča=）勉強する
сурах（sur=）学ぶ
сургамж（surγamǰi）教訓
сургах（surγa=）学ばせる，教える
сургууль（surγaγuli）学校；教練，訓練
суулгах（saγulγa=）座らせる
суурь [суурин]（saγuri[n]）基礎，土台
суух（saγu=）座る；住む；（ずっと…して）いる
сүй（süi）税；結納
сүйд（süid）災禍
сүм（süm–e）寺
сүрхий（sürekei）もの凄い，すさまじい
сүү [-н]（sụ̈[n]）ミルク
сүүл$_1$（segül）最後；最近
сүүл$_2$ [-эн]（segül）尾
сэм（sem）こっそり，ひそかに
сэрүүн（serigün）涼しい；目覚めた
сэтгүүл（sedkül）雑誌
сэтгэл（sedkil）心

Т

та [-н]（ta[n]）あなた
тааралдах（taγaraldu=）出くわす，遭遇する
тааруу（taγarau）あまり良くない
таарууxан（taγarauqan）少々あまり良くない
тав（tabu）5
таваар（tawar）商品，品物
таван（tabun）5の
тавгүй（taba ügei）落ち着かない，不安な
тавдахь（tabudaki）5番目の
тавдугаар（tabuduγar）5番目（の）
тавиад（tabiγad）50ぐらい（の）
тавин（tabin）50の
тавих（talbi=）置く；放つ
тавуул [-ан[-г]]（tabuγula[n]）5つ / 人とも
тавь（tabi）50
тавьдугаар（tabiduγar）50番目（の）
тагнах（tangna=）探る
тагнуул（tangnaγul）スパイ
тагш [-ин]（taγša）浅い木椀
тайван（tayibung）平和
тайвширах（tayibusira=）静まる，落ち着く
тайлан [-г]（tayilun）報告
такси（taḳsi）タクシー
тал$_1$（tal–a）草原
тал$_2$（tal–a）面；紙面，頁
талаар（tal–a–bar）…の面で
талбай（talabai）グランド；広場
талх [-ан]（talq–a[n]）パン
тамирчин（tamirčin）スポーツ選手
тамхи [-н]（tamaki[n]）タバコ
тан（tan）〈та の斜格語幹〉
танаас（tan–ača）あなたから
танай（tanai）あなた方の

танаар（tan-iyar）あなたによって
танд（tan-du）あなたのもとに
танилцах（tanilča=）知り合う
таних（tani=）識る，面識がある
тантай（tan-tai）あなたと
таны（tan-u / tanai）あなたの
таныг（tan-i）あなたを
тань（tani）あなた(方)の〈名詞に後置する〉
тар（tar）精力
тариф（tarif）料金表
тас（tasu）切断的に，ぷつりと，ばっさり
тасархай（tasurqai）切れた
таслах（tasul=）切る
тасрах（tasura=）切れる
тасчих（tasuči=）何度も切る
татагдах（tataγda=）引かれる；吸われる；徴用される
татах（tata=）引く；吸う；徴用する
тах [-ан]（taq-a[n]）蹄鉄
тахлах（taqala=）蹄鉄を付ける
теле（tẹlẹ）テレビの；遠隔操作の
тив（tib）大陸
тийм（teyimü）そんな；はい
тийн（teyin）そんな
тийш（teyisi）あちらへ
титан（tiṭan）チタン
титэм（titim）冠
тог（toγ）〈堅い物の衝撃音〉トントン
тогооч（toγuγaci）料理人
тогоруу [-н]（toγuruu）鶴
тогтмол（toγtamal）定期的な；定まった
тогтох（toγta=）定まる
тогших（toγsi=）(扉を)ノックする
тод（todu）はっきりとした，明瞭な
той（toi）宴席
тойрон（toγurin）周囲
тойрох（toγuri=）回る
Токио（Toḳiọ）東京
толбо [-н]（tolbu[n]）斑点
толгод（toluγad）複数の小丘
толгой（toluγai）頭；小丘
толь [толин]（toli[n]）辞書；鏡
томилох（tomila=）任命する
тооно [-н]（toγunu）天窓
тоочих（toγači=）数え上げる，列挙する
тор [-он]（tour）網
торго [-н]（torγ-a[n]）絹
тос [-он]（tosu[n]）油；バター
тохой（toqui）ひじ
тохоох（toquγa=）任命する
төв（töb）中心
Төвд（Tobed）チベット
төвөг（töbeg）面倒，厄介
төвөгшөөх（töbegsiye=）面倒くさがる
төвөргөөн（töbergen）ひづめの音
төгрөг（tögürig）円形の，円い；トゥグリグ〈モンゴルの貨幣単位〉
төгс（tegüs）完全な，無欠な
төгсөх（tegüs=）終る；卒業する
төлөх（tölü=）支払う
төлөө（tölüge）〈属格 +〉…のために；…の代わりに
төмпөн [-г]（töngpüng）洗面器
төмс [-өн]（tömüsü[n]）芋
төөрөх（tögeri=）道に迷う
төр（törü）政府
төрхөм（törküm）妻の実家
төрхөмсөх（törkümse=）(妻が) 実家を恋しがる
туйл（tuyil）極点
тул（tula）〈主格（/ 属格）+〉…なので
тулах（tul=）支える；接近する
тулд（tulada）〈属格 +〉…のために
тун（tung）極めて，とても
тунах（tun(g/u)–）澄む
тус$_1$（tus）当該，その

тус$_2$（tusa）利益
тусгай（tusqai）特殊な，特別な
туслалцах（tusalalča=）助け合う
туслах（tusala=）手助けする
тухай（tuqai）〈属格 / =x +〉…について
тухайн（tuqai-yin）当該，その
тууж（tuγuǰi）中篇小説
туулай（taulai）ウサギ
туух（taγu=）追い立てる
тууш（tuuš）真っ直ぐな
тууштай（tuuštai）果断な
түлхүүр（tülkigür）鍵，キー
түлхэх（tülki=）押す
түлш [-ин]（tülesi[n]）燃料
түлэх（tüle=）燃やす
түлээ [-н]（tülege[n]）薪
түм [-эн]（tüme[n]）1 万
түмэн（tümen）1 万の；多くの；大衆
түргэн（türgen）速い，急速な
түрүү [-н]（türügüü[n]）前，先頭；先ほど
түрүүлэх（türügüle=）先頭に立つ
түрхэх（türki=）塗り付ける
түүвэр（tegübüri）選集
түүгээр（tegün-iyer / tegüber）あれ・それによって；彼(女)によって
түүн（tegün）〈тэр の斜格語幹〉
түүнд（tegün-dü）あれに，それに；彼(女)に
түүний（tegün-ü）あの，その；彼(女)の
түүнийг（tegün-i）あれを，それを；彼(女)を
түүнтэй（tegün-tei）あれと，それと；彼(女)と
түүнээс（tegün-eče）あれから，それから；彼(女)から
түрэмгий（türimegei）侵略的な
түрэх（türi=）後ろから押す
түүх [-эн]（teüke[n]）歴史
ТҮЦ（—）キオスク <Түргэн Үйлчилгээний Цэг の略>
түшмэд（tüsimed）官吏たち
түшмэл（tüsimel）官吏
тэврэлдэх（teberildü=）抱き合う
тэврэх（teberi=）抱く
тэг（teg）零
тэгэлгүй（tegel ügei）そうしない(で)：～ яах вэ もちろんそうだ
тэгэх（tege=）そうする
тэгээд（tegeged）そして
тэд [-эн]（tede[n]）あれら；彼(女)ら
тэмдэглэх（temdegle=）記す
тэмцэх（temeče=）闘う
тэмцээн（temečegen）試合
тэмээ [-н]（temege[n]）ラクダ
тэнгэр（tngri）天；神
тэнд（tende）そこ(に)
тэнцүү（tengčegüü）等しい
тэнцэх（tengče=）つり合う
тэнэх（tenü=）さまよう
тэр [-эн]（tere[n]）あれ，それ；彼(女)
тэрбум（terbum）10 億
тэрэг [тэргэн]（terge[n]）車；荷車

У

уг（uγ）根本
угаадас [угаадсан]（ugiyadasu[n]）(洗った後の)汚水
угаах（ugiya=）洗う
удаа（udaγ–a）回
удаалгүй（udaγal ügei）長引かさない(で)
удаах（udaγa=）久しくさせる
удалгүй（udal ügei）じきに，間もなく
удах（uda=）久しくなる
уйланхай（ukilangqai）泣き虫の
уйлах（ukila=）泣く
уйтан（uyitan）窮屈な

улаалзгана（ulaγalǰaγan-a）赤すぐり
улаан（ulaγan）赤い
Улаанбаатар（Ulaγanbaγatur）オラーンバータル，ウランバートル
улам（ulam）ますます，更に
уламжлал（ulamǰilal）伝統
улирал（ularil）季節
улс（ulus）国；人々
унаа [-н]（unuγ-a[n]）乗り物
унах$_1$（una=）落ちろ；倒れる
унах$_2$（unu=）乗る
ундаа [-н]（umdaγ-a[n]）飲み物
ундаасах（umdaγas=）のどが渇く
унтах（unta=）眠る
унших（ungsi=）読む
унь [унин]（uni[n]）ゲルの梁棒
ур$_1$（ur）瘤
ур$_2$ [-ан]（ur-a[n]）技芸
урагшилга（uruγsilaγ-a）（モンゴル文字の）a / e の連写左払い
уралдах（uruldu=）競争する
урам（urm-a）意気，鼓舞
уран$_1$（uran）技芸の，芸術的な
уран$_2$（üran）ウラン
урилга（urilγ-a）招待状
урих（uri=）招待する
урлах（urala=）芸術的に作る
урт（urtu）長い
уртааш（urtuγasi）長さ・縦で
уртдах（urtuda=）長すぎである
уртсах（urtus=）長くなる
урттах（urtud=）→ уртсах
уруул（uruγul）唇
урьд（uridu）以前，過去
ус [-ан]（usu[n]）水
услах（usula=）水を与える
утаа [-н]（utuγ-a[n]）煙
утас [утсан]（utasu[n]）電話；糸
утга（udq-a）意味
уу[2]（uu / üü）…か〈юу[2] の付加条件以外で用いる Yes-No 疑問助詞〉
уул [-ан]（aγula[n]）山
уулархаг（aγularqaγ）山の多い
уулархуу（aγularqau）山の多い；山のような
уулгах（uuγulγa=）飲ませる
уулзах（aγulǰa=）会う
уулс（aγulas）山々
уур$_1$（aγur）蒸気；怒り
уур$_2$（uur）生まれつきの
уурлах（aγurla=）怒る
уух（uuγu=）飲む
уухилах（uγukila=）フーフー息が切れる
уушги [-н]（aγuski[n]）肺
ухаан（uqaγan）知恵
ухаантай（uqaγantai）賢明な
ухна（uqun-a）種ヤギ
учир（učir）理由，事情：～ нь そのわけは
учраас（učir-ača）…なので
уяа [-н]（uyaγa[n]）つなぎひも
уярах（uyara=）感動する，じんとくる
уях（uya=）縛る

Ү

үг [-эн]（üge-n）言葉
үгүй（ügei）ない；いいえ
үд（üde）正午
үдэш（üdesi）夕方
үзмэр（üjemür）展示品
үзүүлэх（üjegül=）見せる，示す
үзүүр（üjügür）先，先端
үзэг（üjüg）ペン
үзэгч（üjegči）見る人，観客
үзэгчид（üjegčid）見る人たち
үзэм（üjüm）干しブドウ
үзэх（üje=）見る；学ぶ；(…して)みる

үзэцгээх（üǰečege=）大勢で一斉に見る
үе（üy–e）節，関節；世代；時
үен [-г]（üyeng）< 動物 > テン
үер（üyer）洪水
үй（üi）：～ олон 数多い
үйл（üile）行い，行為；動詞；針仕事，
裁縫
үйлдэх（üiled=）行う；作る
үйлдвэр（üiledbüri）工場
үйлчилгээ [-н]（üilečilege[n]）サービス
үймүүлэх（üimegül=）混乱させる
үймэх（üime=）混乱する
үлгэр$_1$（üliger）民話
үлгэр$_2$（üliger）見本，手本，モデル
үлдээх（üledege=）残す
үлдэх（ülede=）残る
үндэс [үндсэн]（ündüsü[n]）根；民族
үнэ（ün–e）値段
үнэг [-эн]（ünege[n]）キツネ
үнэн（ünen）本当の
үнэнч（ünenči）正直者の，誠実な，忠実な
үнэр（ünür）におい
үнэртэх（ünürtü=）においがする
үнэхээр（üneker）本当に
үр（ür–e）種；結果；子供
үргэлж（ürgülǰi）たえず，しょっちゅう
үргээх（ürgügekü）(動物を)驚かす
үрс（üres）〈үр の複数形〉
үрээ [-н]（üriy–e [n]）去勢馬（3～5才の）
үс [-эн]（üsü[n]）毛
үсрэх（üsür=）跳ぶ；飛び散る
үсчин（üsüčin）散髪屋，理髪師
үсэг（üsüg）文字
үхэр（üker）牛
үхэх（ükü=）死ぬ
үү$_1$ [-н]（eü）いぼ
үү$_2$（üü）→ уу^2
үүгээр（egün–iyer / egüber）これによって
үүд [-эн]（egüde[n]）ドア，扉
үүл [-эн]（egüle[n]）雲
үүн（egün）〈энэ の斜格語幹〉
үүнд（egün–dü）これに
үүний（egün–ü）この
үүнийг（egün–i）これを
үүнтэй（egün–tei）これと
үүнээс（egün–eče）これから
үүр$_1$（egür）巣
үүр$_2$（ür）曙：～ цайх 夜が明ける
үүрэг（egürge）義務
үүрэх（egür=）背負う
үүсэх（egüs=）生じる

Ф

фонд（foṇḍ）基金
форм（form）形式

Х

-х（ki）…の(もの)
хаа$_1$ [-н]（qa）前足
хаа$_2$（qamiγ–a）どこに
хаагдах（qaγaγda=）閉まる
хаагуур（qamiγaγur）どの辺り(を/で/に)
хаалга [-н]（qaγalγ–a[n]）扉
хаан（qaγan）ハーン
хаана（qamiγ–a）どこに
хаанаас（qamiγ–a–ača）どこから
хаах（qaγa=）閉める；職務に服する
хааяа（qaya）時々
хаваас（qabaγasu）縫い目，縫合部
хавар（qabur）春
хавь（qabi）付近
хаг（qaγ）(物体表面の)付着物；ふけ
хага（qaγ–a）ぱりんと，ばきっと
хагалах（qaγal=）壊す，割る；開墾する；
手術する
хагас（qaγas）半分

хагарах（qaγara=）壊れる，割れる
хагархай（qaγarqai）壊れた，割れた
хагачих（qaγači=）何度も壊す
хагтах（qaγtu=）ふけがでる
хад [-ан]（qada[n]）岩
хадах（qada=）突き刺す，打ち込む
хажуу（qaǰaγu）傍ら，隣
хазах（qaǰa=）（がぶりと）咬む
хазгай（qaǰaγai）傾いた；誤った
хайн（qayin）引き分け
хайнцах（qayinča=）引き分ける
хайр（qayir-a）愛，愛情
хайрлах（qayirala=）愛する；お与えになる
хайрт（qayiratu）愛する，愛しの
хайртай（qayiratai）愛する，愛しの
хайх（qayi=）探す
хайч [-ин]（qayiči[n]）鋏
хайчлах（qayičila=）鋏で切る
халаах（qalaγa=）熱する
халагдах（qalaγda=）解職される；交替される
халах$_1$（qala=）熱くなる；紅潮する
халах$_2$（qala=）解職する；交替する
халуун（qalaγun）熱い，暑い
халууцах（qalaγuča=）暑く感じる
халтирах（qalturi=）つるりと滑る
хамт（qamtu）一緒に
хамх（qamq-a）破砕的に，こなごなに
ханах（qan(g/u)=）満足する
хангай（qangγai）沃野，ハンガイ
хандив（qandib）寄付
ханиад [-ан]（qaniyadu[n]）風邪
ханз（qanǰu）オンドル
ханзрах（qanǰara=）（縫い目が）裂ける，裂開する
ханцуй（qančui）袖
ханцуйлах（qančuyila=）袖の中に入れる
хань（qani）友，連れ，伴侶

хар$_1$（qar）堅い物から出る衝撃音
хар$_2$（qar-a）黒い
хараал（qariyal）罵り
харагдах（qaraγda=）見える
харамсал（qaramsal）残念，無念
харандаа（qaranda）鉛筆
харах（qara=）見る，眺める
харвах（qarbu=）射る
хариу [-н]（qariγu）答え，返事
хариулах（qariγul=）放牧する
харих（qari=）帰る
харлах（qarala=）黒くなる
харьцангуй（qaričangγui）比較的
харьцуулах（qaričaγul=）比較する
харьцах（qariča=）関係する
хасах（qasu=）減らす
хатаах（qataγa=）乾かす
хатах（qata=）乾く
хатгах（qadqu=）刺す
хатираа（qatariy-a）（馬の）速足，だく足
хатирах（qatari=）（馬が）速足する，だく足で進む
хахинах（qakina=）（油が切れて）きしむ
хахууль（qaquuli）賄賂，まいない
хацар（qačar）ほお
хашаа [-н]（qašiy-a[n]）柵
хашгирах（qaskir=）叫ぶ
хаяг（qaẏiγ）住所
хаях（qaya=）捨てる
хаяулах（qayaγul=）捨てさせる
хии（kei）気体，空気
хиймэл（kimel）人工の
хийлгэх（kilge=）させる；作らせる
хийсэх（keyis=）（風で）吹き飛ぶ
хийх（ki=）する；作る；入れる
хийц（kiče）作り，できばえ
хийчих（kičike=）→хийчихэх
хийчихэх（kičike=）してしまう；作って

しまう；入れてしまう
хир（kiri）程度
хичээл（kičiyel）授業
хичнээн（kečinen）どれだけの
хишиг（kesig）恵み
хов（qob）讒言，告げ口，誹謗
ховоо [-н]（qobuγu[n]）井戸桶
ховх（qobqu）剥離的に
ховхлох（qobqul=）はがす
ховхорхой（qobqurqai）はがれた
ховхрох（qobqura=）はがれる
ховхчих（qobquči=）何度もはがす
ховч（qobči）讒言をよく言いふらす，告げ口好きな
хог（qoγ）ごみ
хоёр（qoyar）2；2つの
хоёрдахь（qoyardaki）2番目の
хоёрдугаар（qoyaduγar）2番目(の)
хоёрны（qoyar-un / qoyaran-u）2分の
хоёрон（qoyar / qoyaran）ふつか
хоёрхон（qoyarqan）たった2つの
хоёул [-ан[-г]]（qoyaγula[n]）2つ / 人とも
хожим（qoǰim）のち，後
хойно（qoyin-a）後ろに
хойргоших（qoyirγusi=）ぐずぐず尻込みする
хойт（qoyitu）北の
хойш（qoyisi）北・後ろへ
холбогдох（qolbuγda=）関係する，関わる
холбоо [-н]（qolbuγ-a[n]）関係
холбоотой（qolbuγatai）関係のある
холбох（qolbu=）つなぐ，結び付ける
хонох（qonu=）泊まる
хонх [-он]（qongqu[n]）鈴，ベル
хонь [хонин]（qoni[n]）ヒツジ
хоол [-он]（qoγula[n]）食事
хоорондо（qoγurundu）あいだ
хоосон（qoγusun）からの，手ぶらの
хор₁（qour）害，危害
хор₂（qour-a）毒，毒薬
хорвоо（qoru-a）世界
хорго（qorγu）櫃
хорин（qorin）20の
хориод（qoriγad）20ぐらい(の)
хориул [-ан[-г]]（qoriγula[n]）20個 / 人とも
хорол（qorlu）法輪
хорь（qori）20
хорьдугаар（qoriduγar）20番目(の)
хос（qous）ペア，対
хосгүй（qous ügei）無二の，無類の，無双の
хослох（qousla=）対にする
хот（qota）都市
хоцрох（qočur=）遅れる
хошин（qošung）冗談の
хошуу [-н]（qosiγu[n]）〈(旧) 行政単位〉ホショー，旗(き)
хө（kö）〈口調を整える疑問助詞〉なあ
хөвөн [-г]（köbüng）綿
хөвөө [-н]（köbege[n]）辺縁，へり
хөвөх₁（köb(bü)=）浮く
хөвөх₂（köbü=）ほぐし伸ばす
хөвүүлэх（köbügül=）ほぐし伸ばさせる
хөгжингүй（kögǰinggüi）発展した，先進的な
хөгжих（kögǰi=）発展する；楽しむ
хөгц [-өн]（kögečü）かび
хөгжим（kögǰim）音楽；楽器
хөгшид（kögsid）老人たち
хөгшин（kögsin）老いた；老人
хөдлөх（ködel=）動く
хөдөлгөх（ködelge=）動かす
хөдөлмөр（ködelmüri）労働
хөдөө [-н]（ködege[n]）田舎
хөзөр（köǰür）トランプ

хөл（köl）足，脚
хөлдөөх（köldege=）凍らせる
хөлдөх（kölde=）凍る
хөлс [-өн]（kölüsü[n]）汗；賃金
хөлслөх（kölüsüle=）賃借りする
хөлт（költü）脚付きの
хөмрөг [хөмрөгөн]（kömürge[n]）倉庫
хөнгөн（könggen）軽い
хөнгөвчлөх（könggebčile=）軽くする，軽減する
хөнгөмсөг（könggemsüg）軽率な
хөндий（köndei）空洞の
хөндлөн [-г]（köndelen）横
хөндөлсүүлэх（köndelisügül–）横に振る
хөнөөл（könügel）害，損害，危害
хөө [-н]（kö̤）すす
хөөх（kögege=）追う
хөрөнгө [-н]（körüngge[n]）資本；財産；酵母
хөрөө [-н]（kirüge[n]）鋸
хөрөөдөх（kirügede=）鋸をひく
хөтлөх（kötül=）引いて行く
хөх（köke）青い
Хөхөө（Köküge）：～ Намжил〈人名〉フフー・ナムジル
хөшиглөх（köskülе=）肉をこそぐ
хөших（kösi=）てこで上げる
хөшүүрэг（kösigürge）てこ
хуваарь（qubiyari）分配，区分
хуваах（qubiya=）分配する，分ける
хувилах$_1$（qubila=）コピーする
хувилах$_2$（qubil=）変化する
хувилгах（qubilγa=）変化させる
хувин [-г]（qubing）バケツ
хувцас [хувцсан]（qubčasu[n]）衣服
хувь（qubi）分け前；部数；パーセント
хувьсгал（qubisqal）革命
хуга（quγu）ばきっと，ぼきっと
хугалах（quγul=）折る，壊す
хугарах（quγura=）折れる，壊れる
хугархай（quγurqai）折れた，壊れた
хугачих（quγuči=）何度も折る
худал（qudal）うそ
худалдагч（qudalduγči）店員
худалдах（qudaldu=）売る
хужир（qujir）（天然の）ソーダ，炭酸ナトリウム
хужирлах（qujirla=）ソーダを与える
хуй（qui）（刀剣の）さや
хунар（qunar）〈一定の語に後置し関係する諸々を表す〉：ажил ～ 諸々の仕事：хувцас ～ 衣服，衣料品
хураах（quriya=）集める
хурал（qural）会議
хурд [-ан]（qurdu[n]）速さ，スピード
хурдан（qurdun）速い
хурим（qurim）結婚式
хуруйгүй（qurui ügei）→ эрүй
хуруу [-н]（quruγu[n]）指
хуруувч（quruγubči）指ぬき
хурхирах（qurkira=）いびきをかく
хутга [-н]（kituq-a[n]）ナイフ
хуулах（qaγul=）書き写す
хууль（qauli）法律
хуур（quγur）弦楽器
хуурах（qaγur=）だます
хуурмаг（qaγurmaγ）偽りの，にせの
хуууртах（qaγurta=）だまされる
хуш（quši）朝鮮松
хүзүү [-н]（küjügüü[n]）首
хүйтрэх（küitere=）寒くなる
хүйтэн（küiten）寒い
хүлэг（külüg）駿馬
хүлээх（küliye=）待つ
хүмүүс（kümüs）人々
хүн（kümün）人

хүнд$_1$（kündü）重い
хүнд$_2$（kündü）名誉
хүндэт（kündütü）尊敬すべき
Хүннү（Hüngnü）匈奴
хүргэх（kürge=）届ける，至らせる
хүрхэрэх（kürkire=）咆哮を上げる
хүрэх（kür=）届く；至る，着く
хүрээлэн [-г]（küriyeleng）研究所
хүрээлэх（küriyele=）取り囲む
хүсэх（küse=）望む
хүү（küü）息子；男の子；利子
хүүхэд（keüked）子供
хүүхэлдэй（keükeldei）人形
хүүхэн（keüken）女性，娘
хүч [-ин]（küčü[n]）力
хүхтнэх（kükütüne=）（口を閉じたまま）ふっふっと笑う
хүчтэй（küčütei）強い；力のある
хэв（keb）型；態
хэвлэл（keblel）印刷，出版
хэвлэх（keble=）印刷・出版する
хэд（kedü）いくつ
хэддүгээр（kedüdüger）何番目（の）
хэддэх（kedüdeki）何番目の
хэдий（kedüi）どのくらいの
хэдийгээр（kedüi-ber）いつごろ；いくら（…であろうとも）
хэдийд（kedüi-dü）いつ
хэдийн（kedüyin）すでに，とっくに
хэдүүл [-эн[-г]]（kedügüle[n]）何個 / 人とも
хэдэн（kedün）いくつの；何日
хэзээ [-н]（kejiy-e[n]）いつ
хэл [-эн]（kele[n]）言語；舌
хэлбэр（kelberi）形
хэлмэгдэх（kelmegde=）損害を受ける
хэлмэгдэгсэд（kelmegdegsed）犠牲者たち
хэлтгий（keltegei）傾いた，斜めの
хэлтийх（kelteyi=）傾く
хэлэлцэх（kelelče=）話し合う
хэлэх（kele=）言う
хэмх（kemke）破砕的に，こなごなに
хэмхлэх（kemkel=）粉々する
хэмхрэх（kemkere=）粉々になる
хэмхчих（kemkeči=）何度も粉砕する
хэмхэрхий（kemkerkei）粉々になった
хэмээх（keme=）言う
хэн（ken）誰
хэнхдэг（kengküdeg）胸部
хэр（kiri）どの程度の；限度
хэрвээ（kerbe）もし
хэрэг（kereg）必要；用事；事柄；事件
хэрэглэх（keregle=）使う
хэрэгтэй（keregtei）必要な
хэсэг（keseg）部分
хэтрэх（ketüre=）度を越す
хэтэрхий（ketürkei）過度の，極端な
хэхрэх（kekere=）げっぷをする
хэцүү（kečegüü）困難な，難しい
хээ [-н]（ke）模様
хээл（kegeli）賄賂，袖の下
хээнцэр（kegenčir）めかした
хээр（keger-e）草原，野外
хязгаар（kijaγar）境界，端
хямд（kimda）安い
хямдрах（kimdara=）安くなる
хямрал（kimural）危機；衝突
Хятад（kitad）中国
хяр（kir-a）尾根
хяргах（kirγa=）剪毛する
хяхнах（kiquna=）キーキーきしむ

Ц

цааш（činaγsi, časi）あちらへ
цавчих（čabči=）叩き切る；（前足で地面を）蹴る

цавчлах（čabčila=）何度も叩き切る；（前足で地面を）何度も蹴る
цаг$_1$（čaγ）時，時間；時候，時節；天候
цаг$_2$ [-ан]（čaγ）時計
цагаан（čaγan）白い
цагдаа（čaγdaγ–a）警察
цадах（čad=）満腹する
цай [-н]（čai）お茶
цайх（čayi=）白くなる，白む
цалин [-г]（čaling）給料
цангах（čangγa=）喉が渇く
цар（čar）〈弦楽器の〉共鳴箱
царай（čirai）顔
царайлаг（čirayiliγ）器量の良い
цатгах（čadqa=）満腹させる
цатгалан（čadqulang）満腹
цацлага（čačulγ–a）（モンゴル文字の）a / e の分離形
цирк（cirḳ）サーカス
цонх [-он]（čongqu[n]）窓
цоо（čoγu）貫通して，ぐさっと
цоож [-ин]（čouǰi[n]）錠前
цоолох（čoγul=）穴をあける，穿孔する
цоорох（čoγuru=）穴があく
цоорхой（čoγurqai）穴のあいた
цоочих（čoγuči=）何度も穴をあける
цохилох（čokila=）何度もたたく
цохио [-н]（čokiy–a）切り立った岩
цохих（čoki=）たたく，打つ
цочих（čoči=）びっくりする
цөм（čöm）皆，全て
цөөн（čögen）少ない
цөөхөн（čögeken）わずかばかりの
цөөхүүл（čökegüle）少人数の
цув（čuba）雨合羽
цугларах（čuγlara=）集まる
цус [-ан]（čiεu[n]）血
цуу（čuγu）真っ二つに裂けて
цуулах（čuγul=）真っ二つに裂く
цуурах（čuγura=）真っ二つに裂ける
цуурхай（čuγurqai）裂けた，亀裂が入った
цуучих（čuγuči=）何度も裂く
цүндийх（čündüyi=）腹が突き出る
цүү [-н]（čü̦）木棒
цэвэр（čeber）清潔な
цэвэрлэх（čeberle=）掃除・清掃する
цэвэрч（čeberči）きれい好きな
Цэвээн（Čeweng）〈人名〉ツェウェーン
цэг [-эн]（čeg）点；地点，拠点
цэр [-эн]（čer）痰
цэрэг（čerig）兵，兵隊；軍隊
Цэрэнсодном（Čeringsodnam）〈人名〉ツェレンソドノム
цэцэг（čečeg）花
цээж [-ин]（čegeǰi[n]）胸
цэцэн（sečen）賢い
цэцэрхэх（sečerke=）見識ぶる，賢者ぶる
Цээпил（Čepel）〈人名〉ツェーピル

Ч

ч（ču / čü）…も〈付加を表す〉
чадамгай（čidamaγai）巧みな，有能な
чадалгүй（čidalgüi）できない
чадах（čida–）できる
чам（čim–a）〈чи の斜格語幹〉
чамаар（čim–a–bar）君によって
чамаас（čim–a–ača）君から
чамайг（čim–a–yi / čimayi）君を
чамд（čim–a–du）君に
чамтай（čim–a–tai）君と
чанар（činar）品質，性質
чанах（čina=）煮る
чанга（čingγ–a）強烈な
чармайх（čirmayi=）努力する，頑張る
чи（či）君
чимэх（čime=）飾る

чиний（činu）君の
чинь（čini）君の〈名詞に後置する〉
чих [-эн]（čiki[n]）耳
чихэвч（čikibči）耳当て；ヘッドホン
чихэр（sikir）砂糖；キャンディー
чихэрлэг（sikirlig）甘い
чихэх（čiki=）詰め込む
чоно（činu–a）オオカミ
чөлөө [-н]（čilüge[n]）自由；休暇
чулуу [-н]（čilaγu[n]）石
чухал（čiqula）重要な
чухалчлах（čiqulačila=）重要視する
чухам（čuqum）いったい
чүдэнз [-эн]（čüdenǰe[n]）マッチ

Ш

шаа [-н]（ša）紗
шаагих（šagi=）(雨が)ザーザー降る
шаамийх（šamayi=）あごが前へ突き出る
шавар（sibar）泥，粘土
шавах（siba=）(泥などを)塗る
шаг（šaγ）：～ ～ ガチャガチャ
шагширах（šaγsira=）(カササギが)カシャ，カシャと鳴く
шар$_1$（sir–a）黄色い
шар$_2$（sir–a）負けん気
шаралхах（siralqa=）負けん気になる
шарлах（sirala=）黄色くなる
шатах（sita=）燃える
шатахуун（sitaqun）燃料
шахам（siqam）…近い
шахах（siqa=）圧搾する
шахуурга（siqaγurγ–a）ポンプ
шашин（šasin）宗教
шевро（šẹwrọ）ヤギ革（靴用）
шив（sib）：～ дээ …のようだね
шиг（siγ / sig）…のような
шид（sidi）神通力，魔法
шидэт（siditü）魔法の
шидэх（side=）投げる
ший [-н]（si）劇
шилбэ [-н]（silbi[n]）すね；モンゴル文字の長い歯
шилгээх（silgege=）振る
шилжих（silǰi=）移る
шилжүүлэх（silǰigül=）移す
шингэн（singgen）(液体が)薄い
шингэх（singge=）しみ込む
шинж（sinǰi）特徴，特性
шинжилгээ [-н]（sinǰilege[n]）研究，分析，調査
шинэ（sin–e）新しい
шир [-эн]（siri[n]）〈大型動物の〉皮革
ширийн（sirin）：нарийн ～ 詳細な，詳しい
ширлэх（sirile=）皮革を取り付ける
ширээ [-н]（sirege[n]）机
шогширох（šoγsira=）(同情・遺憾などを示し)舌打ちする
шоколад（šoḳolaḍ）チョコレート
шонхойх（šongquyi=）鼻先が突き出て尖る
шоо [-н]（šọ）さいころ
шороо [-н]（sirui）土
шошго（šosiγ–a）ラベル，札
шөвөг（sibüge）錐(きり)
шөл [-өн]（šölü[n], silü[n]）スープ
шөнө（söni）夜
штаб（šṭab）司令部
шувуу [-н]（sibaγu[n]）鳥
шувууд（sibaγud）複数の鳥
шугам（šuγum）線
шуу$_1$ [-н]（šu(u)）前腕
шуу$_2$（šuu）ざわめき音
шуудан [-г]（siudan）郵便
шуурах（siγur=）吹き荒れる
шуурга（siγurγ–a）嵐

шуухинах（šuukina=）鼻息が鳴る
шүд [-эн]（sidü[n]）歯
шүлэг（silüg）詩
шүр [-эн]（širü[n]）珊瑚
шүхэр（sikür）傘
шүү（siü）（…だ）よ
шүүгээ [-н]（šügüi）戸棚
шүүмж（sigümǰi）批評
шүүс [-эн]（sigüsü[n]）汁
шүүх$_1$（sigü=）裁く
шүүх$_2$（sigü=）ろ過する
шээс [-эн]（sigesü[n]）小便
шээх（sige=）小便する
шээзгий [-н]（šeǰegei）小篭〈畜糞拾い用〉

Э

эв（eb）仲の良さ
эвдрэх（ebdere=）壊れる
эвдэх（ebde=）壊す
эвлэрэх（eblere=）仲直りする
эвтэй（ebtei）仲の良い
эвтэн（ebten）仲良し
эвэр（eber）つの
эгнээ [-н]（engnege[n]）列
эгч（egeči）姉
эгшиг（egesig）母音
эгшигт（egesigtü）母音持ちの
эгэл（egel）普通の
эд（eḍ）品物：～ийн засаг 経済
эд [-эн]（ede[n]）これら
эдлэх（eḍle=）用いる
эзэн（eǰen）主，持主
эл（el–e）この，本
элбэг（elbeg）豊富な
элит（elit）エリート
элс [-эн]（elesü[n]）砂
элсэрхүү（elesürkeü）砂だらけの
элсэрхэг（elesürkeg）砂だらけの
элч（elči）使者
эм$_1$（em）薬
эм$_2$（em–e）女；メス
эмнэлэг（emnelge）病院
эмнэх（emne=）治療する
эмхтгэгдэх（emkidkegde=）編纂される
эмхтгэх（emkidke=）編纂する
эмтлэх（emtel=）ものの端を砕く
эмтрэх（emtere=）ものの端が割れる
эмтчих（emteči=）何度も端を割る
эмтэрхий（emterkei）ふちの欠けた
эмч（emči）医者
эмэгтэй（emegtei）女性
эмэгтэйчүүд（emegteyičüd）女性たち
эмээ（emege）お婆ちゃん
эн [-г]（eng）幅で
энд（ende）ここ(に)
энерги（enẹrgi）エネルギー
энх（engke）平和な，平安な
энэ [-н]（ene[n]）これ
Энэтхэг（Enedkeg）インド
энэхүү（ene kü）正にこの
эр（er–e）男；オス
эргүүл（ergigül）パトロール，見回り
эргэнэг（ergineg）食器棚
эргэх（ergi–）回る
эрдэм（erdem）学識，学問
эрдэмтэд（erdemted）学者たち
эрдэмтэн（erdemten）学者
эрдэнэ（erdeni）宝
эрдэнэс（erdenis）複数の宝
эрт [-эн]（erte[n]）早い；昔
эрүй（erüi）：～ хуруйгүй めちゃくちゃな
эрүү$_1$（eregüü）刑
эрүү$_2$ [-н]（ereü）下あご
эрүүл（eregül）健康な
эрх$_1$（erke）権利
эрх$_2$（erke）甘やかされた

эрэг [эргэн]（ergi[n]）岸；ネジ
эрэгтэй（eregtei）男性
эрэгтэйчүүд（eregteyičüd）男性たち
эрэх$_1$（ere=）強く括る
эрэх$_2$（eri=）探す
эрээн（eriyen）まだらの
эсгий [-н]（isegei）フェルト
эх$_1$（eke）母
эх$_2$ [-эн]（eki[n]）最初
эхлэх（ekile=）始める；(…し)始める；始まる
эхнэр（ekener）妻
эцэг（ečige）父
эцэнхий（ečengkei）やせ衰えた
эцэс（ečüs）最後
эцэх（eče=）やせ衰える
ээ（e）へえ！
ээж（eǰi）お母さん
ээмэг（egemeg）イヤリング

Ю

юм$_1$ [-ан]（yaγum-a[n]）もの；～л бол いつも，しょっちゅう
юм$_2$（yum）…である
юмсан（yumsan）〈=x +〉(…したい)ものだ
юмсанж（yumsanǰi）→ юмсанжээ
юмсанжээ（yumsanǰai）…であったのだ
юнгэр（yüngger）カラシ
юу$^2{}_1$（uu / üü)）…か〈長母音・二重母音終わりの語に付く際の Yes-No 疑問助詞 уу^2 のバリエーション〉
юу$_2$ [н]（yaγu[n]）何
юүлэх（yegüle=）注ぎ移す
юү（üü）→ юу^2

Я

яагаад（yaγakiγad）どうして，なぜ
яам [-ан]（yamu[n]）省，省庁，官庁
яах（yaγaki=）どうする
явагсад（yabuγsad）行った人々
явах（yabu=）行く
явдал（yabudal）事柄；行為；歩調
явуулах（yabuγul=）行かせる；送る
явцуу（ibčuu）窮屈な
явчи(ха)х（yabučiqa=）行ってしまう
ядах（yada=）力がない，できない
ядуу（yadaγu）貧しい
ялангуяа（ilangγuy-a）とりわけ，特に
ялгадас [ялгадсан]（ilγadasu）排泄物
ялгах（ilγa=）区別する
ямаа [-н]（imaγ-a[n]）山羊
ямар（yamar）どんな；いかなる，任意の
ян（yang）カン，キン〈薄い金属の音〉
янцгаах（inčaγa=）いななく
янгинах（yanggina=）金属性の音がする
Япон（Yapon）日本
яр（yar-a）潰瘍
ярах（ira=）分ける
яриа [-н]（yariy-a[n]）話
ярих（yari=）話す，しゃべる

参考文献

内蒙古大学蒙古学研究院，蒙古語文研究所編（1999），『蒙漢辞典（増訂本）』，内蒙古大学出版社，呼和浩特.

岡田和行 編訳，小沢重男 監修（1989），*Монгол хэл сурах бичиг*, Монгол улсын их сургууль, монгол хэлний тэнхим, 東京外国語大学，東京.

塩谷茂樹，E. プレブジャブ（2001），『初級モンゴル語』，大学書林，東京.

塩谷茂樹，E. プレブジャブ（2006），『モンゴル語ことわざ用法辞典』，大学書林，東京.

塩谷茂樹（2007），『モンゴル語ハルハ方言における派生接尾辞の研究』，大阪外国語大学学術研究双書 35，大阪.

塩谷茂樹，ヤマーフー・バダムハンド（2009），『モンゴル語文法問題集―初級・中級編―』，東京外国語大学アジア・アフリカ言語文化研究所，東京.

塩谷茂樹（2009），『モンゴル語ハルハ方言における派生接尾辞の研究〈改訂版〉』，大阪.

《新蒙漢詞典》編委会編（2007），『新蒙漢詞典』，商務印書館，北京.

庄垣内正弘（2001），「ウイグル文字」『言語学大辞典』［世界文字辞典］，三省堂，東京.

清格爾泰（1992）『蒙古語語法』，内蒙古人民出版社，呼和浩特.

中嶋善輝（2009），『モンゴル語・日本語小辞典』，東京外国語大学アジア・アフリカ言語文化研究所，東京.

橋本勝，E. プレブジャブ（1996），『モンゴル文語入門』，大阪外国語大学，大阪.

フフバートル（1993），『モンゴル語基礎文法』，たおフォーラム.

フフバートル（1997），『続モンゴル語基礎文法』，インターブックス.

樋口康一（2001），「蒙古文字」『言語学大辞典』［世界文字辞典］，三省堂，東京.

ヤマーフー・バダムハンド（2010），『モンゴル語の形状語に関する研究』，大阪大学言語社会学会博士論文シリーズ Vol.52，大阪.

Lubsangdorj, J., Vacek, J. (2004), *Colloquial Mongolian*, An Introductory Intensive Course, Charles University, Prague.

Lessing, F. D. (1960), *Mongolian-English Dictionary*, University of California Press, Berkeley and Los Angeles.

Lubsangǰab, Č. (1992), *Mongγul bičig-ün qadamal toli*, Ulaγanbaγatur.

Poppe, N. (1954), *Grammar of Written Mongolian*, Otto Harrassowitz, Wiesbaden.

Tserenpil, D., Kullmann, R. (1996), *Mongolian Grammar*, Ulaanbaatar.

Дамдинсүрэн, Ц., Осор, Б. (1983), *Монгол Үсгийн Дүрмийн Толь*, Улаанбаатар.

Институт Языка и Литературы Академии Наук Монголии, Институт Языкознания Российской Академии Наук (2001-2002), *Большой Академический Монгольско Русский Словарь* I-IV, Москва.

Лувсанвандан, Ш. (1966), *Орчин цагийн монгол хэл зүй*, Улаанбаатар.
Шинжлэх Ухааны Академи Хэл Зохиолын Хүрээлэн (2008), *Монгол Хэлний Дэлгэрэнгүй Тайлбар Толь* I-V, Улаанбаатар.

塩谷茂樹（しおたに・しげき）

1960年石川県生まれ．1991年，京都大学大学院文学研究科言語学専攻，博士後期課程単位取得退学．現在，大阪大学名誉教授．1980年～1982年，モンゴル国立大学留学．専門はモンゴル語学（形態論及び語彙論），モンゴル口承文芸 （ことわざ，慣用句）を主な研究分野とする．主な著書に，『モンゴル語ことわざ用法辞典』（2006，大学書林），『初級モンゴル語練習問題集』（2011，大学書林），『モンゴルのことばとなぜなぜ話』（2014，大阪大学出版会）など．

中嶋善輝（なかしま・よしてる）

1971年愛知県生まれ．2006年，大阪外国語大学言語社会研究科言語社会専攻，博士後期課程修了．現在，大阪大学人文学研究科准教授．1992年～1994年 ウランバートル在住，1997年～1999年 中国・内蒙古大学留学，1999年～2000年　中国・新疆大学留学．専門はモンゴル語学，アルタイ言語学，チュルク語学を主な研究分野とする．主な著書に，『カザフ語文法読本』（2013，大学書林），『簡明ウズベク語辞典』（2015，大阪大学出版会），『簡明ウズベク語文法』（2015，大阪大学出版会）など．

大阪大学外国語学部　世界の言語シリーズ 3

モンゴル語

発行日　2011年 3 月31日　初版第 1 刷　〔検印廃止〕
2017年 8 月 1 日　初版第 2 刷
2025年 8 月 1 日　初版第 3 刷

著者　塩谷茂樹・中嶋善輝

発行所　大阪大学出版会
代表者　三成賢次
大阪府吹田市山田丘2-7　大阪大学ウエストフロント
電話　06-6877-1614　FAX　06-6877-1617
URL　https://www.osaka-up.or.jp

印刷・製本　株式会社 遊文舎

ISBN 978-4-87259-327-3 C3087